U0906341

中国经济项目感谢力拓公司（Rio Tinto）通过力拓公司与澳大利亚国立大学中国合作项目对“中国经济前沿”丛书的出版所提供的资助。

中国经济再平衡与可持续增长

REBALANCING AND SUSTAINING GROWTH IN CHINA

〔澳〕HUW MCKAY　宋立刚／主编

本书撰稿人

蔡昉：中国社会科学院人口与劳动经济研究所，北京。

Tsun Se Cheong：西澳大学商学院经济系，柏斯。

Sylvie Démurger：里昂大学国家科学研究中心，里昂。

Jane Golley：澳大利亚国立大学中华全球澳大利亚研究中心，堪培拉。

Anders C. Johansson：斯德哥尔摩经济学院，斯德哥尔摩。

Sherry Tao kong：澳大利亚国立大学商业与经济学院经济系，堪培拉。

Lillie Lam：国际清算银行亚太区办事处，香港。

马国南：国际清算银行亚太区办事处，香港。

Huw McKay：西太平洋银行，悉尼；澳大利亚国立大学经济学院，堪培拉。

Robert McCauley：国际清算银行货币与经济局，瑞士。

曲玥：中国社会科学院人口与劳动经济研究所，北京。

石敏俊：中国科学院虚拟经济与数据科学研究中心，北京。

宋立刚：澳大利亚国立大学 Crawford 公共政策学院，堪培拉。

田巍：北京大学光华管理学院应用经济系，北京。

Rod Tyers：西澳大学商学院经济系，柏斯。

王碧珺：北京大学中国经济研究中心，北京。

Andrew Watson：阿德莱德大学社会科学学院，阿德莱德。

Yanrui Wu：西澳大学商学院经济系，柏斯。

向晶：南京农业大学经济与管理学院农业经济系。

杨朝峰：中国科学技术信息研究所，北京。

杨红：瑞士联邦水科学与技术研究所，苏黎世。

余淼杰：北京大学中国经济研究中心，北京。

张晓波：国际食品政策研究所发展战略和管理司，华盛顿。

张中祥：复旦大学经济学院，上海。

张卓颖：中国科学院研究生院，北京。

赵志耘：中国科学技术信息研究所，北京。

钟甫宁：南京农业大学经济与管理学院农业经济系，南京。

目　录

CONTENTS

第一章
再平衡中国经济以维持长期增长

Huw Mckay　宋立刚

迎接国内结构调整对持续增长的挑战，在对全球平衡、稳定和治理承担更多责任的同时主张发展的权利并且不纯粹因为规模大而受到惩罚，以及代表相对弱小的发展中国家的利益是目前中国要应对的主要问题。无论中国成功或者失败，都将对世界其他地区产生显著的影响。

——迈克尔·斯宾塞（2011：198）

引　言

对再平衡中国经济增长的呼吁首先源于中国内部的结构问题，同时还源于它同世界其他地区的关系。与中国在 21 世纪头一个十年的国际收支盈余同步发生的是经济增长和发展所面临的不断深化的内部结构性风险。这些结构性挑战包括产生于动态内部转型的增长构成、中国的贸易定位、资源使用轨迹和二氧化碳排放、分配的福利问题以及国际约束。目前，中国被认为有必要面对这些挑战以便在未来将增长路径带入更可持续的轨道（Deer and Song，2012）。今年的《中国前沿》将考察在国内外不确定性增加的背景下中国在处理经济失衡和维持增长方面所面临的挑战。

从传统经济向现代经济体系的转型必须经历重大的并且经常是快速的

经济结构变迁——广泛的工业化进程、城市化和农业改革（Syrquin，1988）。转型经济挑战会作为快速结构变迁的结果出现，如果处理不当，将会对未来增长造成风险。快速的结构变迁还可能带来福利挑战，因为收入分配平等所需要的制度设定可能不会出现。如此一来，最好是将对平衡经济增长的追求看作一个宽泛的政策目标，这一政策目标在于限制增长的风险和减少对福利的负面影响。因此，这不应该被表达为一个具体的目标，诸如减少经常账户盈余或者提高劳动收入份额。这一政策的角色在于在设计和实施一个框架，这一框架能够在最小化寻租机会的同时减少扭曲，鼓励和奖励创新，均等化获得教育、就业、社会保障和投资资本的机会。对实现这一环境的要求将会创造对制度改革的需求，从而使结构变迁以破坏性最小的方式进行。

中国巨大的总量失衡——被粗略地概括为国内消费失衡——和反映过度储蓄的外部收支盈余已经广为人知。失衡的国内消费通常是指以支出法衡量的国内生产总值（GDP）中相对于消费而言过高的，以及直到最近一直在增长的投资份额。外部收支失衡通常是指中国的经常账户、贸易账户和私人金融账户盈余。尽管可以被打上“失衡”这一标签的中国经济特征众多——包括汇率水平、城乡收入分割、沿海—内陆分割以及在获取信贷、教育、社会保障和住房机会上的不对等——在某种程度上，它们都与基本的宏观经济结构和外部收支有关，同时也反映了基本宏观经济结构和外部收支状况。

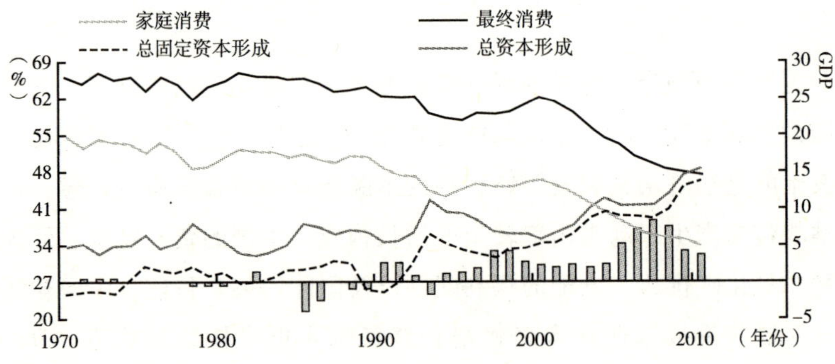

图 1-1 中国：GDP 中的消费份额，1978 ~ 2010 年

资料来源：CEIC 数据，http：//www. ceicdata. com/China. html。

图1－1显示了以GDP广义支出法衡量所得到的1978～2010年的中国经济增长构成。图中显示了三个明显的大体趋势：从1990年代晚期开始GDP中的投资份额有急剧的上升，同时最终产品消费和家庭消费份额急剧下降，而净出口在2002年以后开始在较小规模的基础上迅速上升。中国GDP中高的投资份额意味着非常快速的资本积累率。中国GDP中的投资支出所占份额（使用总资本构成衡量——即包括存货）从2000年的35%迅速增长到了2010年的48%，增长了13个百分点。[①] GDP支出中高的投资份额在处于工业化进程的经济体中相当常见，例如1960年代的日本和1970年代的韩国，特别是在高速（赶超）经济增长的早期（Fukumoto and Muto，2011；Knight and Wang，2011；Mckay and Song，2010：表1）。在资本缺乏和有大量剩余劳动力的转型经济体中，由快速资本积累所推动的赶超增长可以维持好几十年。中国相对较低的人均收入和人均资本存量，再加上相对较低的（政策抑制的）城市化率和相对落后的中部和内陆省份，意味着中国大陆的集中式增长可能比包括中国台湾和韩国在内的相邻国家和地区持续更长的时间。

无论如何，由于中国当前所处的对其越来越不利的国际环境，以及其作为世界最大的制造品出口国、产出国和产品消费国所具有的分量，其投资拉动型增长模式正在遭到越来越多的审视。此外，资源密集型增长——通过高污染和高能耗取得的增长——的代价正在加速显现。总支出中较低的家庭消费份额是高边际储蓄倾向和国家水平上的低工资收入份额（和不断下降的真实农村收入）的共同结果。迄今为止，中国已经避免过一次重大的经济减速和衰退，但是特定部门中的周期性过度投资已经成为每一次持续性繁荣的特征，特别是2004～2007年和2009～2010年年间的重工业和刺激性住房供给以及交通基础设施繁荣（Mckay，2011）。

中国GDP中的投资支出份额的急剧上升对应着最终消费支出份额的下降。图1－2显示最终消费支出的下降是由不断下降的家庭消费份额所导致的。1979～2010年年间，总家庭消费支出下降了13个百分点。家庭消费支出份额的下降则是由未能被城镇消费增长所抵消的农村家庭消费份额下降所

① 注意同期总固定资产形成（GFCF）的增长略小于总资产形成（GCF），反映了存货在每一期结束时候的周期性上涨。使用一个跨期更长的样本，对比2010年和1994年，显示GCF增长了GDP的8个百分点，而GFCF增长了12个百分点。这反映了不断增长的商业化和企业部门效率减少了作为经济转型初期特征的高存货。

引起的。在这一时期，政府支出份额较低且从 15% 下降到了 13%。① 结果是，中国的消费支出份额维持在了一个相对较低的水平上。

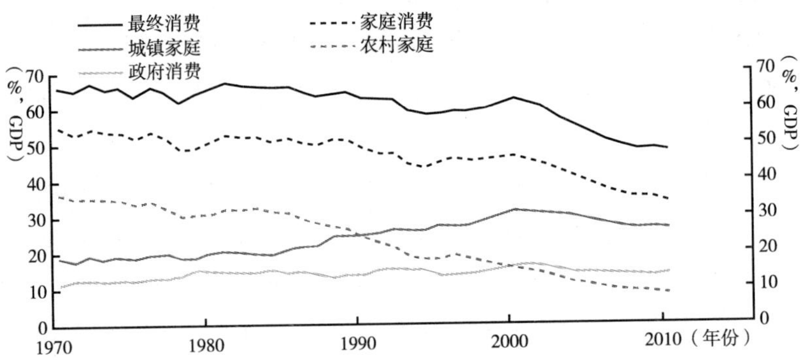

图 1-2 中国 GDP 中的最终消费支出份额，1978~2010 年

资料来源：CEIC 数据，http：//www. ceicdata. com/China. html。

如 Mckay 和 Song（2010）所表明的和图 1-3 所显示的，2004~2008 年年间，中国贸易盈余的快速增长是由中国重型机械和交通贸易平衡的极大改善所推动的。机械和交通贸易余额的增加抵消了不断增大的初级产品贸易赤字。

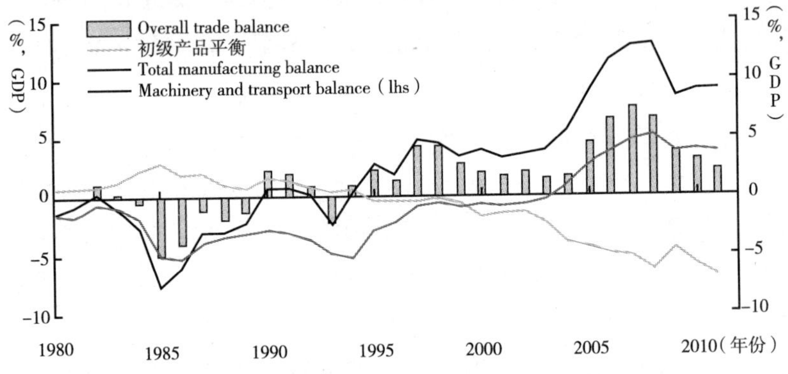

图 1-3 中国的贸易差额，按大部门分解，1993~2009 年

注释：初级产品包括农产品、燃料和其他矿物资源。

资料来源：CEIC 数据，http：//www. ceicdata. com/China. html. 在 Mckay 和 Song（2010）的基础上更新了数据。

① 注意政府的收入份额在这一时期是增加的，但是由于公共收入中用于资本形成的部分上升，从而导致了公共消费处于低水平。参见本书由 Ma 等所作章节中对公共储蓄的讨论。

中国的总制造品贸易差额早从 1994 年开始就处于净盈余状态，但是主要集中在低附加值工业品上，并且最初被重型机械和交通部门的净赤字所抵消了；然而，机械和交通设备贸易差额从 2004 年到 2008 年年间转为盈余并且迅速上升。机械和交通设备贸易差额的转变是 2000 年代早期重工业投资增加的结果（Anderson，2008）。2000 年代早期重工业投资的增加导致了从 2004 年（即产能开始投入使用的那一年）开始的重工业制造品产出的急剧上升，不断扩大的海外市场份额和国内的进口替代。然而产出快速增长的同时，国内和国外需求并没有匹配性的增长，因此，市场份额的上升造成了不断下降的价格、更低的利润率以及不断恶化的贸易条件（McKay and Song，2010）。

由中国的结构性失衡所带来的许多挑战是经历快速增长和发展的转型经济体差不多都有的。这是由于从传统到现代经济的经济转型过程都必须经历诸如工业化和城市化等一系列相互关联的结构转型过程。这一经济结构转型通常以集中的工业增长，不断上升的投资份额，急剧上升的生产能源密集度和对资源的需求，以及不断下降的消费支出份额为特征。

然而，就中国经济而言，改革前重工业结构以及制度和政策风格的遗产导致了以不断扩大的失衡为特征的增长模式。这些不断扩大的失衡比在其他工业化进程中所见到的更为明显，且在中国改革初期并未出现。的确，由于家庭收入在传统国有部门以外的劳动密集型生产迅速增长的基础上得到提高，以现有的标准来看中国在 1980 年代的增长模式非常平衡。然而，由于 1990 年代制度改革的止步不前，中国的国内支出和外部失衡在 2000 年代扩大了。这强化了投资拉动的产业结构，特别是在重工业生产和房地产发展方面。当前的增长模式凸显了停滞的结构改革领域的机会成本，这些领域包括迁移和劳动力市场体系、垂直的财政关系、国有企业和金融系统。

应对中国的经济失衡需要进行经济政策改革以引导一个新的增长模式，这要求对当前产业结构和相关的制度安排进行重大调整。关键在于改变经济主体运行的经济环境和激励结构。再平衡政策的目标是通过提高最终支出中消费的相对份额来提升中国经济的内部吸收能力，而不是通过减弱出口的影响；以及通过改善了的市场机制将资源从相对低效的部门转移到经济中更富生产力的部门。

有三组市场增进型的制度改革是必要的：劳动力体系改革、金融体系改革和政府体系改革，特别是在涉及地方政府和国有企业的部门中。中国经济和世界经济的相互依赖也表明了这些渠道在改善国际失衡上的重要性（Deer and Song，2012）。

中国迁移工人的有效的（相对于空间的）城市化是再平衡中国宏观经济最有效的和最现实的短期政策措施。制度性改革可以加速中国移民和城市化的长期进程，这将提升国内需求，从而减少中国宏观经济的内部和外部失衡，并改变当前失衡的产业结构。通过消除进入城市的障碍和确保平等地享有社会住房、教育、健康和社会保障①来实现农村迁移工人城市化的政策将很可能增加迁移工人的消费（Song et al.，2010）。

并且，该城市化进程要求对城市基础设施（诸如公共交通和公用设施供给）和服务行业进行投资。这一效果，再加上迁移工人更高的国内消费，将会推动增长和结构转变。城市化农村迁移工人还有助于整合中国分割的劳动力市场，为长期真实工资的上涨提供基础。真实工资的上涨可以通过提高国内需求中的家庭消费②以及为真实汇率升值提供基础来加速结构转变。这还能够推动中国产业结构转向第三产业。第三产业部门将会从收入得到改善的家庭部门所拥有的更广和更深的消费篮子中受益。这将对就业产生积极影响，并使未来增长在质的方面得到改善。

给定再平衡中国产业结构这一目标，要在资本配置，资本成本和国内金融改革同汇率安排的联系这三个相关领域实现再平衡必须对资本市场进行改革。尽管中国以银行为主导的金融体系在改革期间显著深化了其资产基础，中国的正规信贷配置体系仍然很窄，主要导向国有部门，因为国有银行（SOBs）继续主导着这一部门。中国的国有商业银行部门以相对低于私人市场中通行价格的价格水平或者以名义 GDP 增长率这一宽泛指标作为价格进行资本配置，这强化了过宽的投资结构和支出失衡。

---

① 本书由 Andrew Watson 所作的一章提倡对退休收入体系进行商业化，这一建议同我们的想法一致。

② 思考这一关系的另外一种方式是通过单位劳动力成本和工资—利润比。如果工人得到的支付低于他们的生产率，单位劳动力成本就会下降而利润会上升。这正是过去十年间所发生的。改变这一动态关系的方向——支付完全的工资（或者即使是一段时期的向上调整工资）——将会降低利润，提高工资份额，提升消费，同时还可能降低投资，尽管对不同部门影响的差异以及由单位劳动力成本上升所导致的资本和劳动相对价格的变动使得对投资的影响不明确。

很难在不实行汇率制度自由化或开放金融（资本）账户的情况下发展国内金融市场。这两个方面是相互增强的，尽管是周期性的（McKay, 2007）。汇率仍然是中国货币政策的锚，任何向浮动性货币的转变都需要转向一个不同的锚。当前建立银行间借贷市场和进而建立短期基准利率作为锚的努力呈现出了一丝希望。然而，实际来讲，这一市场仍然不成熟，流动性仍然多变，其独立地锚定货币政策的能力仍然是一个遥远的猜测。目前，所有针对金融自由化的处方都应该在现有体制背景下提供。

一个可行的改革是将中国巨大的非正规金融部门纳入官方金融体系，同时移除行政性施加的银行存款利率上限和贷款利率下限。改革的目标将会是建立一个合法的小型非银行金融存贷款机构部门。[①] 这些企业将会同银行体系展开竞争，为家庭和中小企业（SMEs）提供基于市场的合同条款。一旦这一改革措施有时间形成推动力，就可以开始将目标移向作为银行体系更进一步市场法则化的私人资本流出的自由化。这还能够获得增大银行贷存比的好处，从而增大银行批发融资需求，深化银行间融资市场，增强利率作为货币政策工具的效果，并从而适应所必需的放弃汇率锚的转型；然而果真如此的话，关于金融改革周期性的观点又将再度登场。在资产价格较低和近年来准财政贷款扩张导致巨额遗留贷款的情况下，金融资产恶化的可能性支持采取更谨慎的方法以避免不必要的波动。无论准确的时间框架为何，如果想要资本配置为实现最终的再平衡目标贡献积极力量，那么深化 SOBs 改革都是一个必须完成的任务。最近的官方评论[②]和将利率自由化纳入“十二五”规划的做法为实现这一希望提供了一些基础。

当前地方政府的投资模式，特别是在房地产投资上扮演的角色，以及高的重工业投资份额导致中国经济在每一个投资拉动的经济繁荣阶段经济都重复性的过热（Mckay, 2011），是引起中国周期性宏观经济失衡的关键因素。1994 年财政改革以来，主要的政府收入收归中央，而地方政府仍然承担主要的公共和社会支出责任，特别是在健康和教育上（图 1－4）。这种财政和

① 最近中国影子银行的出现表明这一目标并不遥远。通过 CEIC 得到的官方数据显示非银行融资（和银行表外活动）占到了 2010 年“总社会融资”的 44%，这是实质性的。的确，接下来非银行金融的放缓是导致 2012 年前半年经济活动减速的主要因素。

② 根据亚洲华尔街日报的报道，温家宝总理在 2012 年 4 月份的一次广播讲话中提到了 SOBs 的垄断势力。

政府体系不仅导致了地方政府最大化增长的强劲激励，也导致了通过增加新的投资，例如房地产投资，而非通过提高消费来实现增长的压倒一切的财政激励。在这些投资领域，地方政府可以直接或间接地获得收入。

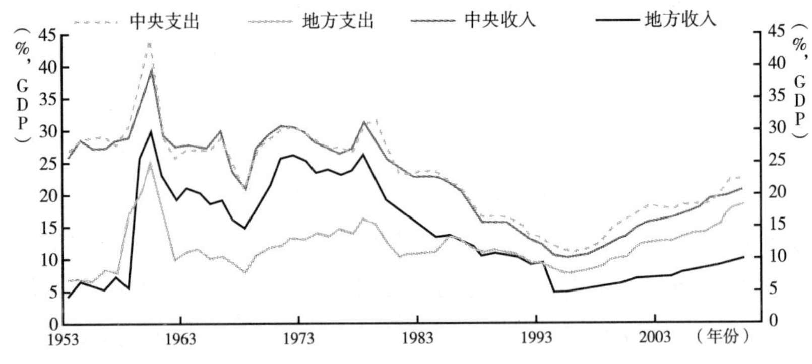

图 1－4　各级政府收入和支出

资料来源：CEIC 数据，http：//www. ceicdata. com/China. html。

当前地方政府投资——更宽泛的，包括支出——的情形可以通过将更多的支出投向社会住房、教育和社会服务（诸如健康、退休收入、交通、失业保险、公共空间和环境舒适度）来更好地满足中国当前城市人口和迁移人口的需要。在中央和地方财政体系改革上，还有更多需要做的，包括将当前的土地交易税制度转向财产评估制度。减少对住房转手和土地销售的依赖将会消除当前体制下的两项最严重的激励扭曲，同时，转向住房实施定期估价征税将会减弱投资者空置房产（无人租赁的）的意愿，从而实现住房供给的有效增加。将当前严重的顺周期的收入源（土地销售）转向类似的年金流将会实质性地增强地方政府的财政可持续性。最近允许地方政府发行债券的举措，尽管打开了地方融资平台，是有助益的政策，但是并没有击中要害。

再平衡中国经济还要求改革国有企业（SOEs）部门。这既有即期的原因也有长期原因。尽管中国的 SOEs 产出不再占到总产出的多数，SOEs 在战略性垄断部门仍然占有主导地位（Xiao et al.，2009）。2000 年以来重工业利润和企业储蓄的上升大部分来自国有企业。国有企业的垄断地位还对旨在走向更均衡增长路径的中国产业结构改革形成了长期挑战。尽管非国有部门产出占到了 2007 年工业产出的大部分，超过 53% 的非农固定资产投资来自国有企业，而与此同时国有企业只雇佣了 13% 的劳动力（Brandt and Zhu，2010）。这种投资和劳动雇佣的不相符反映了 SOEs 所在的重工业的资本密集性。然而，它们同时表明了无效率的跨部门资本配置，而这也反映了中国要素市场仍然存在巨大的扭曲，这一扭曲一直在使国有企业部门不成比例地受益（Huang and Wang，2010）。因此使中国经济转向国内需求需要让非国有企业有更好的机会获得资本，减少它们进入国有企业占主导部门的障碍，将这些相同领域进一步对外商直接投资开放，更进一步地私有化和更多地强调涉及股利支付的股东权利。如果能够通过改善要素市场来允许更多的资源进入充满生气的非国有部门，总的机会成本就能够进一步减小乃至最小化。除非中国深化国有企业改革，否则这一目标无法实现。

在硬基础设施上的投资，从通信到交通运输，仍然是长期增长的中心。但是从水泥和钢铁生产到机械和交通产品生产等特定的重工业领域也存在明显的周期性过度投资倾向。竞争和反托拉斯政策对于更充分地再分配垄断租是必需的（Tyers and Lu，2008），特别是在中国的战略垄断和支柱产业。开放分享所有权和贸易可以潜在地将储蓄再分配给更广泛的投资者和允许新的商业进入。与此同时，通过统一包括民营企业和外资企业在内的所有企业的公司税税率来进行公司税改革可以潜在地将更多的企业储蓄和利润再分配给消费者。这表明，再平衡的任务同样依赖于中国如何改革和加强其监管体系，特别是同竞争、市场进入和税收有关的那些。

随着城市化和工业化的结构进程有效地走向成熟，发展早期阶段的高投资率会逐渐转向消费份额的缓慢上升。当映射到人均 GDP 时，一系列发展指标就会呈现出为人们所熟知的倒 U 型（有时被称作库兹涅茨曲线，例如：McKay，2008）。因此，预期中国的内部吸收能力会随着时间上升是完全合理的；然而，尽管中国内部吸收能力的上升从定义上看能够减少中国的外部盈余，这并不意味着中国的经常账户会立即转入赤字；事实上，眼下可能仍然会存在双顺差。基于以下的原因，中国的经常账户盈余在近些年有所缓和：a）对出口品需求的疲软；b）进口品一篮子价格的快速上升；c）对进口资源的强劲需求。尽管这一下降的一个基本特点是明显的周期性，因此我们不能将最近的一个绝对值水平看作“跳转点”，但是经常账户重新回到 2007 年的水平几乎是不可能的。Ma 等对经常账户的粗略估计为讨论和辩论提供了好的起点，其估计显示在未来十年平均经常账户水平将会趋向于占到

GDP的1%。

无论如何，当前正在形成的压力都将最终说服中国加速其结构调整的步伐。这一结构调整包括与实现完全可兑换和人民币国际化同步的资本账户开放。与此同时，中国实现再平衡目标的最终成功还取决于中国的主要贸易伙伴如何克服它们自身的结构问题。美国的经验表明，虽然深层的衰退能够减小外部失衡，通过财政扩张来消除民间需求收缩的消极后果会显著地降低政策弹性。欧洲的经验则表明，老龄化的、缺乏劳动力市场弹性和汇率弹性、资本账户开放的发达经济体会发现同其调整失衡的任务相伴而生的还有金融不稳定和不断增加的政治风险。日本的经历是一个警示，它表明有时候即使是投资份额的快速下降也无法带来外部再平衡。在需求中心和相对价格持续变化的情况下，维持一个使资产负债表恢复正常所需要的扩张速度，是全球经济将面临的挑战。

处理中国的经济失衡问题要求必须进行经济政策改革以促进更可持续的经济增长模式。更可持续的增长模式将从根本上改变中国的产业结构和贸易定位。再平衡要求采取策略以清除来自传统国有重工业结构、政府结构和支持它们的宏观金融体系的要素价格扭曲、成本扭曲。

市场增进型的制度改革将会是减小中国宏观经济失衡的中心所在。转型的下一个阶段必须在四个关键领域确立一个改革策略：迁移和劳动力市场体系、政府体制改革（具体到地方政府，应强调一个可持续的财政政策和更好的支出决策）、国有部门占主导地位的非金融部门改革和整个金融体系的改革。这些战略性领域中的每一个都构成了路径依赖链条上的一个关键环节。而这一链条构成了中国当前和未来的结构轨迹。这些部门的改革将会在与实现平等（当代的和跨代际的）、平衡和可持续性相关的一系列次级舞台上产生强大的正向乘数效应和溢出效应。

本书的结构

我们以这一陈述开篇："政策的角色应该是设计和实施一个框架，这一框架可以在最小化寻租机会的同时减少扭曲，鼓励和奖励创新，均等化获得教育、就业、社会保障和投资资本的机会。"本书的每一章都致力于应对再平衡问题。第一部分包括那些在一个广泛的宏观经济框架下直接处理这一问题的文章。第二部分包括那些从部门或子部门角度出发分析不平衡的章节。

第一部分的开篇一章由 Rod Tyers 完成，本章将再平衡的需要刻画为对内向型增长的探求。为了搭建讨论的框架，Tyers 提出了一个政策体制的选单，这些政策看起来在实现最终目的上是很有希望的。这些政策随后对经由强调大企业寡头垄断权力的中国经济模式进行了检验。

从一个复杂的中等收入陷阱概念出发——“区别存在于收敛过程中的‘自然’减速……和强大的既得利益所导致的过早停滞之间”——Tyers 发现成功的内向型转变需要对寡头垄断租进行更猛烈的攻击。以什么样的方式？Typers 认为，无论是相对于价格管制还是服务上的外来竞争，纯粹的私有化和产业分割都提供了更少的希望。

Anders C. Johansson 所写的章节提出了一个强有力的主张，即金融抑制是导致中国经济内部和外部失衡的根源。他认为全面综合的金融改革应该成为任何试图纠正失衡的协同努力的中心，尽管他可能强调了必须考虑正确的排序。通过在一个完整的框架内讨论中国金融抑制政策的显而易见的国内外症状，Johansson 逐步建立了一个极富说服力的陈述，即众多表面上看来不相干的问题都可以从这个角度富有成效地进行考虑。

在第四章中，Guonan Ma，Robert McCauley 和 Lillie Lam 以他们在中国的储蓄率方面取得的令人印象深刻的近期成果作为基础。本章着力之处是基于储蓄—投资视角的经常账户盈余，以及浮于表面的汇率。他们首先对该领域的状况进行了回顾，接着对下一个十年储蓄份额和投资份额的未来变动进行了有根据的预测，此外还对采用各种方法所绘制的真实汇率历史变动轨迹做了考察。笔者总结认为随着储蓄份额相对于投资份额的更快下降和相当可观的已经发生的（以及未来的）人民币真实汇率升值（作者认为这将继续发挥作用），经常账户盈余很可能在未来几年减少。

第五章和第六章可以放在一起考虑。在第五章，曲玥、蔡昉和张晓波认为由于沿海不断上涨的成本压力的驱使，“飞雁”正在往内陆转移。在第六章，余淼杰和田巍为中国加工贸易的”DNA”提供了一个丰富的和高度细分的图景。这些“飞雁”中的许多正属于加工贸易。Que 等人从经验上证明了来自沿海的推力何以会产生。他们表明沿海省份所占的制造业活动份额遵循一个倒 U 型，在要素价格上涨到一个临界值水平之前，集聚的好处在一开始会不断吸收来自内地的资本。该临界值水平是开始向西部转移的信号。通过充分挖掘通过创造性地合并交易和企业层面贸易信息所得到的巨大的数据库，余和田对加工贸易做了极为详尽的描述，包括主体、对象、地点以及方式。作为对该章节描述性部分的补充，他们估计了加工部门的生产率增长，并总结认为加工部门的生产率增长低于从事普通贸易的企业。

第一部分最后一章由王碧珺所写。王提出了一个问题：中国的对外直接投资（ODI）是否能够通过改善增长质量对再平衡问题做出积极贡献。她认为在没有更多有关 ODI 动机和特征的详尽知识的情况下，这一问题是无法回答的。为了获得这一洞见，王展示了关于已获得批准的交易的数据。这些数据经过了适当的清理，以适于研究再平衡问题。在王看来，如果进行 ODI 是源于资源保障的视角，正如它目前所做的那样，它便消除了经济体的一个瓶颈。但是这也可能降低以更根本的方式改变增长模式的激励。如果进行 ODI 是出于获取战略性资产，就更有希望实现再平衡。这种情况下，ODI 将同时产生直接的和内在的影响以改善增长的质量。在日本的发展历程中对结构变迁发挥了强有力作用的效率寻求型 ODI 尚未被看做驱动中国企业 ODI 的主要因素。

第一部分最后两章反映了本书诸多特点中的一个：即认识到分类数据——无论是来自企业、省、县或者是单个行业——在理解中国的宏观经济趋势上面具有巨大的价值并且不应该成为部门专家们的唯一领域。第二部分各章节一脉相承，提供了一些极富吸引力的信息，这些信息涉及不平等的空间特征、迁移决策、农村人口和代际流动。这些数据中的一些来自官方；还有一些则来自艰苦的调查工作。

近来，收入不平等问题已经成为政策制定者关注的焦点。本书从诸多角度为有关这一问题的争论做出了贡献。第一部分研究在宽泛的宏观经济框架下触及了不平等问题，在此基础上，Tsun Se Cheong 和 Yanrui Wu 所作第八章中的详细结果极大地增进了我们有关中国收入不平等空间方面的知识——都到县级水平。进一步地，在第十章，Jane Golley 和 Sherry Tao Kong 对澳大利亚国立大学中国和印度尼西亚乡城迁移（RUMiCI）调查数据库进行了深入探究，拓展了我们对跨代际和地区教育机会（引起不平等的一个根本性因素）的理解。

Cheong 和 Wu 对收入不平等的空间分布进行了详尽的研究。他们的工作非常与众不同，因为从县级水平开始，他们在五个不同的空间层次上估计了导致不平等的原因。他们发现省内人均产出的差异——即同一省内各县之间收入水平的差异——是总体不平等水平的重要来源。他们认为这使得政策制定具有了很强的地方性成分。进一步地，他们发现在内陆地区（县际不平等占主导地位）、沿海地区和东北地区（地市间不平等是另一个主要因素），不平等具有不同的空间特征。

Golley 和 Kong 对三部分人群：城镇居民、农村居民和乡城迁移人口教育程度的代际特征进行了详细研究。他们从一个多层次问题开始："跨代际教育程度的持续反映了遗传因素，非均等的机会抑或是非均等的回报?"他们通过给出有关以上三部分人群教育程度的代际持续/流动性的证据来处理这一问题。他们发现，城镇和农村地区教育回报的非均等特征，从儿童早期开始的农村教育投入的匮乏，以及分割的城镇劳动力市场扭曲了寻求教育，特别是初中以上教育的激励；城镇居民有更强的向上移动的激励，农村居民的激励较少，乡城移民则介于两者之间。这强化和扩大了城乡分割。

第九章和第十一章在农村社区，以及它们当中实际的和潜在的内部移民方面提供了新的研究视角。在第九章，Sylvie Demurger 为进入移民决策（是否离家，去哪里（去多远）和去多久）的复杂的经济和社会演算提供了一些引人注目的见解。她的分析框架很大程度上归功于"劳动力迁移的新经济学"。该分析框架以家庭为基本的决策单位，而家庭以最小化收入风险为目标。该章研究的边界超出了经济的、土地的和地理的因素以纳入社会和家庭网络的影响。研究显示社会网络对远距离迁移的移民决策有显著的影响，而只有家庭网络对较短途的迁移有显著影响。第十一章对 2010 ~ 2011 年冬季在中国农村一些重点人口迁出地区所开展的一个新的人口调查进行了初步的描述。钟甫宁和向晶对他们的样本和官方家庭调查进行了对比讨论，详细介绍了他们所采用的方法论和搜集方法，对于数据的基本轮廓给出了初步的总结。期望随着时间推进可以从这个项目获得更多的信息。

任何人都无法在不提及社会保障网络的情况下对中国的失衡进行良好的讨论。然而，针对这一重大政策领域所做的详细工作出人意料的少。Andrew Watson 所写的第十二章主要关注老龄社会中退休收入的提供，他的研究填补了该领域研究存在的缺口。Watson 强调了这样一个事实，即当前的体系是充满矛盾的，一个地理上流动的劳动力市场不安地伴随着一个地理上僵化的社会保障系统。在对社会保障的历史发展和当前政策进行了权威性描述之后，Watson 建议采用一个以为所有公民提供均等机会为特征的、一体化的、便携的、由中央筹资和管理的体系。这一章强烈推荐给那些在某个阶段发现自己含糊其辞地建议在中国进行社会保障改革，却没有准确意识到哪些措施是必要的那些人。

接下来的一章，由赵志耘和杨朝峰所写，审视了中国在产业链升级和成为一个具有国际竞争力的创新者方面所做的努力。这些努力是中国在一个积极的道路上走向更平衡的经济的一个重要条件。在一开始，作者指出中国当前高技术产业正在经受弱创新力、低技术密集度和低经济效益的折磨。他们断言，在发达国家寻求“技术封锁”战略的情况下，对中国而言至关重要的是建立本土创新能力，由进口技术扮演补充性的角色。在他们看来，这意味着应该推出企业偏好的具有创新性潜力的产业政策。他们还为政策设计提供了一个可操作性建议。这一建议将会很快被那些信奉“得到衡量的得到执行”这一准则的人所认可。他们认为在区域水平上高技术产出的定量目标应该被强调寻求更复杂生产的定性化的目标所取代。更进一步地，他们认为应该采用竞争政策以消除进入壁垒（并附注到中国的大型企业比小企业更缺乏创新性），政府应当扮演一个引导性的角色，而市场力量应该起到催化作用，同时应当注意到创新想法商业化的内在制度性弱点。

本书由论述中国资源禀赋的两章作为总结。第十五章论述了中国对能源供给保障的追求，第十四章则着眼于中国为维持水源供给质量和丰富性所做的努力。在第十四章，杨红、张卓颖和石敏俊适时地提醒到，水污染和水资源匮乏问题都将危害到经济增长。他们强调，中国的产业结构——使得中国成为一个虚拟水（或间接耗水）的净出口者——与其作为水资源穷国的身份是不相容的。他们还在国家以下的层面进行了分析，强调经济活动的区域分布使得水密集度高的制造业布局在了水资源贫乏的地区。

能源安全仍然是一个在中国内外容易引起情绪激动的问题。张忠祥所作的本书最后一章，旨在处理那些在他看来围绕着中国和国际能源安全问题的“错觉和误解”。巧合的是，夏威夷东西方中心，也是张的学术家庭之一，看起来是一个用于调解有时候看来是刺耳的谈论的理想之地。张提出了许多重要的观点。首先，对于中国而言，能源安全实际上是石油安全。其次，马六甲海峡是中国战略性弱点中最主要的一环，给定中国在该区域弱小的地缘政治影响力和使用这一狭窄水域的不成比例的进口量。他将这一现实同中国的一种感觉，即西方世界对中国的“石油封锁”是一个真实的威胁，联系到了一起；接下来他通过对这一论点进行系统分解来化解对立。最后，他强调中国国家开发银行，国外相关石油方和中国国内石油公司之间的石油换贷款交易在减少能源风险方面并不成功。这主要是因为中国石油企业在将石油带回国内供国内消费方面并未显示出清晰偏好。在国内市场，石油价格被设定在低于国际市场通行价格的水平上。进一步地，他认为在净效应意义上，中国的投资是在增加全球潜在供给，这有益于所有的石油消费者。

参考文献

Anderson, J. , 2008, ‘China's industrial investment boom and the renminbi’, in M. Goldstein and N. Lardy (eds), *Debating China's Exchange Rate Policy*, Peterson Institute for International Economics, Washington, DC, pp. 61 – 69.

Asian Wall Street Journal, 2012, ‘Chinese premier blasts banks’, *Asian Wall Street Journal*, 4 April, viewed 15 May, http://online.wsj.com/article/SB1000142405270230475040457732176242266842 8.html.

Brandt, L. and Zhu, X. , 2010, *Accounting for China's growth*, IZA Discussion Paper No. 4764, Institute for the Study of Labour, Bonn.

Deer, L. and Song, L. , 2012, ‘China's approach to rebalancing: a conceptual and policy framework’, *China and World Economy*, vol. 20, no. 1, pp. 1 – 26.

Fukumoto, T. and Muto, I. , 2011, *Rebalancing China's economic growth: some insights from Japan's experience*, Bank of Japan Working Paper Series 2011 No. E – 5, Bank of Japan, Tokyo.

Huang, Y. and Wang, B. , 2010, ‘Cost distortions and structural imbalances in China’, *China & World Economy*, vol. 18, no. 4, pp. 1 – 17.

Knight, J. and Wang, W. , 2011, *China's macroeconomic imbalances: causes and consequences*, Bank of Finland Institute for Economies in Transition Discussion Papers No. 15, Bank of Finland, Helsinki.

McKay, H. , 2007, ‘Reforming China's exchange arrangements: monetary and financial sovereignty, sequencing and the foreign exchange market’, in R. Garnaut and L. Song (eds), *China: Linking markets for growth*, Asia Pacific Press, Canberra, pp. 290 – 315.

McKay, H. , 2008, *Metal intensity in comparative historical perspective: China, North Asia, the United States & Kuznets curve*, Global Dynamic Systems Centre Working Paper 006, The Australian National University, Canberra.

McKay, H. , 2011, ‘China's turbulent half-decade’, in L. Song and J. Golley (eds), *Rising China: Global challenges and opportunities*, ANU E Press, Canberra, pp. 9 – 27.

McKay, H. and Song, L. , 2010, ‘China as a global manufacturing powerhouse: strategic considerations and structural adjustment', *China & World Economy*, vol. 18, no. 1, pp. 1 –32.

Song, L., Wu, J. and Zhang, Y., 2010, 'Urbanisation of migrant workers and expansion of domestic demand', *Social Sciences in China*, vol. 31, no. 3, pp. 194 –216.

Spence, M., 2011, *The Next Convergence: The future of economic growth in a multispeed world*, University of Western Australia Press, Perth.

Syrquin, M., 1988, 'Patterns of structural change', in H. Chenery and T. N. Srinivasan (eds), *Handbook of Development Economics*, North-Holland, Amsterdam, pp. 203 –273.

Tyers, R. and Lu, F., 2008, 'Competition policy, corporate saving and China's current account surplus', Working Papers in Economics and Econometrics No. 496, College of Business and Economics, The Australian National University, July.

Xiao, G., Yang, X. and Janus, A., 2009, 'State-owned enterprises in China: reform dynamics and impacts', in R. Garnaut, L. Song and W. T. Woo (eds), *China's New Place in a World in Crisis: Economic, geopolitical and environmental dimensions*, ANU E Press, Brookings Institution Press and Social Sciences Academic Press, Canberra, pp. 155 –178.

（张川川　译）

第二章
寻求内向型增长

Rod Tyers*

引 言

在中国以外存在一个广泛的共识，即认为中国的增长将会，而且应当更多地以不断上升的家庭消费而非出口来支撑①，此共识近年来得到了中国国内的认同。虽然国外的看法是中国出口导向的增长为其改善对外贸易条件，以更低的成本进行投资，融资和政府支出做出了显著的贡献。这种看法背后占主导地位的政治力量似乎是对不断下滑的总体经济绩效的担忧，至少与中国相比有相对高的失业和显而易见的制造业“外包”状况。②

然而中国增长给全球带来的利益是脆弱的，而且创造了这些利益的中国体制面临着潜在的、引起不稳定的内部和外部威胁。基于这一原因，隐约出

---

* 本章所做研究由澳大利亚研究委员会探索项目资助，编号：DP0557885。该研究的一部分是在北京大学中国经济研究中心访问期间完成的。特别感谢北京大学的卢锋和黄玲在该课题上的建设性讨论，以及 Peter Dixon、Yew-Kwang NG、James Giesecke、李远芳、余森杰、卜永祥和其他 CCER 和 CoPS 学术研讨会的参与者。最近，最新一版稿子得到了宋立刚、Huw McKay 和 Warwick McKibbin 的宝贵评论。澳大利亚国立大学的 Pingkun Hsu、中国经济研究中心的刘流以及西澳大利亚大学商学院的张颖和 Tsun Se Cheong 担任了研究助理。

① 国外观点，特别是美国的观点，参见 Bergsten 等（2008）和 Lardy（2006，2012）。再平衡包括外部账户在内的中国经济的中国官方路线，参见 Wen（2007，2011）和 Yi（2011）。

② 国外针对中国经济政策体制的敌意被过去十年间巨大的经常账户盈余和西方存在的一些看法进一步激怒了。这些想法中的一些认为中国的政治体制否定了基本人权，还有一些认为中国庞大的政府和国防力量代表着一种战略威胁。参见 Tyers（即将发表）。

现了广泛出现于其他发展中地区的“中等收入陷阱”（世界银行，2010）。像国外针对持续的出口导向的经济增长的政治敌意一样，贸易伙伴经济体的糟糕表现明显地给中国政府带来了压力。在内部，存在一个不断收紧的劳动力市场，预示着以出口导向为标志的增长自然终结的刘易斯转折点。[①] 此外，有理由认为增加了的公共投资和培育增加了的私人消费在当前有巨大的政治价值。中国制造业扩张的高环境成本还没有被完全考虑到，同时还有与存在于国有部门的垄断租金相关的、扩大了的收入不平等问题，而解决这些问题将存在政治上的困难。[②] 这一不平等与中国外围的社会经济分层是同步发生的，该分层已经导致了增加了的阶级、民族和地区冲突。

已经有力地摆脱了贫困的发展中国家目前所存在的中等收入“减速”是不断引起更多兴趣的主题（Easterly，2001；Eichengreen et al.，2011），焦点是存在于自然减速和过早停滞之间的差别。由于递减的物质资本和人力资本回报以及减弱了的“赶超”投资激励（Lucas，2000），穷国在接近全面工业化的收敛过程中会出现自然减速。而强大的反对最后赶超阶段所必需的经济政策改革的既得利益的存在则会导致过早停滞（Haber et al.，2008；Riedel，2011）。[③] 减速被视作“陷阱”的那种观念源于集体利益和领导集团利益的分歧，后者与抽租行为（腐败）相关。抽租行为（腐败）会在真实人均收入水平达到中等程度时达到巅峰。

如果确实如此，那么阻碍中国未来增长的垄断租和既得利益存在于何处？“内转”会加剧与减速相关联的风险吗？金融部门是垄断租和既得利益的所在地之一。非常高的储蓄给金融部门在不同的投资机会上实现资源有效配置提出了挑战。这一过程中的许多薄弱环节部分源于对国有金融机构的保护，已经引起了相当程度的注意（Riedel，2007；Walter and Howie，2011）。

---

① 中国刘易斯转折点出现的时间是一个存在争议的话题，正如存在于 Cai（2010）、Garnaut（2010）and Meng（2011）所表达观点中的对立所显示的那样。这些只是从众多文献中选取的一些。然而，很少有人怀疑转折已经在进行之中，即使对于最近的真实工资上涨是否表明转折点的出现也少有共识。

② 对制度改革和产业改革日程以及其困难的讨论，可参见 Deer 和 Song（2012）、Riedel（2011）、Tyers 和 Lu（2008）。

③ 与这些问题相关的是政治经济学领域已建立的一些文献。这些文献起源于 Mancur Olson（1965）和 Gordon Tulloch（1967）以及提出“欧洲硬化症”一词的文献。“欧洲硬化症”用于描述由于欧洲的利益集团冲突和寻租所导致的停滞。

然而从减少受保护经济部门垄断租金的进一步产业改革中可能得到的潜在收益超出了金融部门本身，包括了相对受到保护的国有重工业和服务业。由于政治敏锐性，产业改革较少渗透到这些部门。如果这些改革是内向型增长所要求的，那么实现这种增长在政治上就会是困难的。然而，这种改革为出口导向的经济增长提供了有效的替代，这种替代的增长方式同时有助于变革中国的经济结构和劳动力市场结构。

还有许多其他实现内向型增长的方式，包括十分重要的支持国内创新和人力资本积累的政策和制度发展。这些是稳态增长的引擎。在本章我们关注那些在后出口导向时代能够进一步转变中国经济结构的替代性选择。这些选择包括扩大的政府和进一步的产业改革，这其中有纯粹的私有化、国有企业（SOEs）分割、价格帽管制以及重工业和服务业部门的外商直接投资（FDI）。使用中国经济的一个数学模型，本章对这些转型的经济影响进行了评估。该模型捕捉到了国有寡头垄断企业的行为和下一步产业改革的影响。结果显示内向驱动型增长的最大潜能，正如所预期的那样，存在于重工业和服务业的进一步改革。模拟结果表明进一步增长的最好前景是使用更紧的价格帽管制以打击垄断租和通过外商直接投资提升服务业生产率。其中第一点会遭到当前享有垄断租的那些人的抵制，而第二点则抑制了中国政府保护服务业免受外资影响的愿望。

第二节评论出口导向型增长的相对优点，指出中国选择转向内向型增长的原因和讨论内在产生的变革性增长的来源。第三节回顾了中国经济的具体结构，以及总体绩效相对于真实汇率的敏感性。第四节描述了使用的模型和数据库的构建。第五节比较了内源性增长的几种情景。第六节总结。

对出口导向型增长的远离

经济发展的首要特点是将人口从低劳动生产率的农业部门转移到城市就业。在城市部门物质资本的可及性确保了有更高的收入和能够更有效地获得基础服务。这要求从农村到城市的移民至少在初期有基本的（主要是初等的）教育和培训。这些条件的满足能够提供适于从事轻工业生产的劳动力。如果中国的产权保护和出口基础设施服务是充分的，经过充分培训的工人的可获得性就能够吸引来自国内储蓄和国外直接投资的资本。在“东亚模式”

中，大部分来自农村的移民进入了制造业部门，尽管有一些进入了同样得到扩张的建筑和其他服务业部门。[①] 在最后阶段，从中等水平向高等水平人均收入的转变需要进一步的教育和培训，以适应复杂服务业的增长。

出口导向型增长的优点

在“东亚模式”的早期阶段，轻工业产品地区性供给的增长会超出本地需求。轻工业的比较优势是通过贸易开放实现的，因此国内劳动力通过出口进行了转化。很明显，这一变革同样使得那些已经完成了工业化的贸易伙伴受益。这是因为国际贸易条件的变化对他们而言是正向的：轻工业进口品很便宜，而他们所出口的技术密集型耐用（消费和资本）品会有更高的需求。并且，由于这些发展中经济体以这种方式进行的对外开放为一体化的全球经济进一步提供了低技术水平的劳动力，FDI 的机会就很丰富，而这些工业化国家的储蓄者可以因此获得更高的回报。特别地，“东亚模式”还提供了高储蓄的家庭和企业，他们为全球经济供给了超额储蓄。这些超额储蓄为工业化经济体以增进经济增长的方式进行投资和政府支出提供了融资。[②]

向内看的选择

“东亚模式”的变种作为贫穷国家进行赶超的占主导地位的基础原则已经有一个多世纪了（Dooley et al.，2004）。那么为什么中国现在应当选择“向内看”？原因是多方面的。首先，不可避免地，中国将会停止依赖劳动密集型产品的出口，并以日本、中国、韩国、中国台湾和中国香港之前的方式向复杂产业链的上游移动。这通常伴随着农村向城镇移民的放缓和真实工资率的加速上涨——刘易斯“转折点”（1955）。对于转折点的临近仍然存在激烈的争论，经过最谨慎考虑的证据显示中国可能距离刘易斯转折点仍然很远（Cai，2010；Golley and Meng，2011）。尽管如此，与中国的“一胎”政策相关的人口转型确实加速了刘易斯转折点的到来，并且劳动力成本在近些年也确实急剧增长了。即使劳动力收紧的过程是平滑的，与此相关的向较

① 印度模式的不同之处在于农村到城市的移民主要去了服务业，而制造业受到管制和基础设施约束的限制。参见 Bardhan（2010）。

② 尽管事实上，在这些国家便宜的信贷并不总是引起增长增进型的支出，他们在公共和私人支出上的过失并非亚洲高储蓄的错。

缓慢增长的转型仍然可能是突然的和具有破坏性的，像日本在 1980 年代晚期所经历的那样[①]，因此，中国政府寻求确保平滑的转型是有可能的。

第二个重要的原因在于中国出口流入地区的增长已经放缓。如果仍然以当前的速度出口，将增大贸易条件进一步快速恶化的前景，因此，中国可从出口导向型增长获得的好处就会更小。[②] 第三点是由出口目的地国家对过去十年中中国经常账户盈余的反对和对中国政策所感受到的不公平以及贸易伙伴国在制造业上的就业损失所带来的政治压力。当大量的中国工人进入现代部门这一过程被认为与西欧和美国十分之一的非自愿性失业相关时，对中国出口的政治攻击和一般意义上的反华仇视就更容易发生。这种关联性在政策辩论上有很高水平的支持，特别是在美国（Bernanke，2006；Krugman，2010）。

西方的激烈反应本质上是重商主义的，并且大部分都指向中国的汇率。在美国认为中国操纵汇率的看法源于美元作为储备货币的角色以及由于缺乏竞争而要求进行货币贬值时所面临的困境。在 1980 年代，这种怒气撒在了日本身上，导致了广场协议的签订以及日元的大规模破坏性升值（Goyal and Mckinnon，2003；Hamada and Okada，2009），并且最终导致了美国“1988 年汇率与国际经济协调法案”的出台，这一法案将美国对货币操纵的“防御”正规化了。贫困和与此关联的低工资水平在美国的政策辩论中被看做不公平的贸易优势而不是被看做由扩大贸易来解决的问题。人民币对美元的潜在真实汇率自 2004 年以来已经大幅升值并将继续升值这一事实似乎并没有引起美国方面文献的注意（Tyers and Zhang，2011）。[③]

最后，中国正因为政治权利缺失和其对待藏族和回族等对现状不满的少数民族的方式而遭受持续的批评。这些批评有时是正当的，但是通常源于对中国成为潜在战略对手的恐惧，以及对附加的政治和宗教权力的维护会在这样一种竞争中削弱中国的想法。尽管对中国政府及其政策的外部批评有时候是出于良好的意图，但大多却是出于排外目的并且是在忽略和漠视中国增长

---

① 关于日本 1980 年代晚期开始停滞的文献很多。参见 Hayashi 和 Prescott（2002）、Tyers（2011）。

② 这呈现出“贫困化”增长的前景，这一点作为中国出口扩张的一个结果已经被热烈地讨论过，至少对于那些同中国竞争的、比中国小的、更贫穷的出口者而言是这样的（Bhagwati，1987）。

③ 尽管美国方面的文献继续受到抑制，由盖特纳所领导的美国财政部——“货币操纵”标签的守护人——已经不断努力强调真实汇率所发生的调整是他们不愿意引例中国的背后论点之一。感谢 Huw McKay 注意到这一点。

对西方所带来的巨大收益的情况下频繁地做出的。然而，在中国内部，不平等已经成为一个主要的政治问题，而通过投资来“转向内部”的做法已经作为一种将增长的成果转移给发展滞后的地区和农业部门的获得了正当性的方式。

增长的内部来源

对增长的潜在内部贡献有很多，包括在创新领域和人力资本增长方面改善了的政策执行（Robertson，2011）以及迁移工人的城市化（Song et al.，2010）。接下来的部分所关注的焦点是增长的一些特定来源，它们是出口导向型经济增长的自然继承者，将推动中国经济结构的进一步转型。

给定在 2008 ~ 2009 年全球衰退期间中国激增的公共投资的显而易见的成就，政府自然被引导将扩张的政府活动看做未来增长的一个内在来源。并且发展中国家对作为增长基础的公共品供给的不足十分常见。就中国的情况而言，这些公共品包括支持基础教育和高等教育的设施和监管机构、交通运输和通信设施、养老保险、医疗保险和环境保护。同其他发展中国家相比，中国政府是幸运的，它于 1994 年实施了一项明智的税法，使其得以获得不断增加的经济活动份额。这意味着中央政府的税收以快于国内生产总值（GDP）的速度增加，而正是这一点允许在不增加财政赤字的情况下实现公共投资的大幅增长（Jia and Liu，2009）。[①] 因此，依赖于挤出的程度和储蓄者中的李嘉图等价是否成立，政府活动的上升可能通过减少家庭收入在国外资产和产品上的支出来帮助扩大中国的 GDP。家庭收入投向国外资产和产品会支持国外总需求而非国内需求。然而，除了相对短期的一次性的总产出变化之外，还不清楚扩张的政府活动能在多大程度上发挥作用。

一个重要的、未被利用的增长来源是将产业改革扩大到重工业和服务业。这些部门的国有企业受到了相对保护，阻止了大的外资所有权。其结果之一是这些企业——为依靠更具竞争性的轻工业出口部门的发展而快速扩张的经济体提供基本原材料和服务——利润丰厚（Lu et al.，2008）。与此同时，这些企业以上缴红利的方式给予中央政府微不足道的回报，使它们的利

① 北京财政赤字温和增加的一个更少公开的原因是不断增加的省级公共项目支出的大量资金来自商业银行，因此与储蓄率上升，至少是隐性的政府担保联系到了一起。这就是联邦政府目前为止所担心的表外项目。感谢 Huw McKay 对此所做的观察。其核心含义是私人储蓄在省级水平上为公共投资提供了资金。

润并没有再分配给它们的公共所有者。相反，它们的利润被用于再投资了。结果，储蓄或消费这一部分国民收入决策被从家庭手中剥夺了，极大地增加了中国的超额储蓄——超过中国 GDP 的一半。①

巨大的潜在增长存在于对这些垄断租的再分配。对这些垄断租的再分配将会使中间品更为廉价并能够培育总产出增长，同时提高私人消费。许多可能的手段可以实现对垄断租的再分配，其中的一些已经被尝试过。

（1）纯私有化。将国有企业利润返还给私人家庭并培育消费，提升对中国产品和服务的国内需求。

（2）国有企业分割。将会施加更多的企业间竞争从而减少成本加成。

（3）对国有企业定价更严厉的规制。至少在理论上可以迫使企业以平均成本定价，消除垄断租和降低价格水平。

以下各节的分析对这些选择进行了考察。

中国的结构、绩效和真实汇率

转向内部的影响相当重要地依赖于中国潜在实际汇率的后续变化，或者其全球竞争力水平。这一特别的敏感性源于表 2－1 所描述的经济结构。这一经济结构有四个突出的特点。

（1）大部分非农就业存在于出口导向的轻工业部门——实际上，这部分的就业超过了农业就业。

（2）轻工业部门主导了中国的出口。

（3）轻工业是相对竞争的——价格加成很低，因此纯利润或经济利润只占到了总收入很小的一部分。

（4）国有企业占主导的能源、金属和服务部门劳动密集度较低，同时它们是寡头垄断的，产生了大量的垄断租。

由于出口企业是高度竞争性的，产生了极少的纯利润并承担了大部分新的或“现代部门”就业，未来的就业表现对国内工资和出口价格的相对比值非常敏感，从而还对中国的真实汇率非常敏感。

---

① Kuijs（2006）、Kuijs 和 He（2007）、Tyers 和 Lu（2008）考察了过去十年中企业储蓄对中国总储蓄率和经常账户盈余的贡献。

表 2-1　中国经济的结构，ca 2005*

百分比	新增增加值比重占 GDP 比重(%)	总生产就业比重(%)	总出口比重(%)	纯利润占总收入比重(%)
农业	13	24	2	0
石油、煤炭、金属	16	11	10	20
轻制造业	29	33	82	5
服务业	42	32	6	20
总　计	100	100	100	12

* 纯利润计算自对会计利润的国民统计估计，减去了服务业优惠利率所要求的回报。此处显示的是总税收和公司储蓄以及它们占总收入的份额。

资料来源：Model 数据库，来自 Dimaranan 和 McDougall（2002），国家数据更新至 2005 年。

然而能够对扩大中国经济做出重要贡献的内向型政策变化都会影响真实汇率。首先考虑政府扩张的情况。政府支出增加导致真实汇率升值的渠道有很多。

蒙代尔－弗莱明效应

当金融资本全球流动时，即使是不完全的流动，增加的政府借款仍然会提高国内产出和引起金融资本流入（Fleming，1962；Mundell，1963）。净效应是提高国内产品相对于（供给更富弹性的）国外产品和服务的需求，从而使真实汇率升值。

不可贸易品需求效应

一旦政府将其支出集中于非可贸易服务，政府扩张就改变了总需求构成使其流向更缺乏供给弹性的国内产品并抬高了这些产品的相对价格，从而导致真实汇率上升。①

寡头垄断租效应

增加的政府支出提高了对国内产品的国内需求，减少了平均企业产出中的出口份额。因为国外需求更富有弹性，减少了寡头垄断企业面临的需求弹性，同时又提高了它们的加成水平。并且，由于这些企业主要存在于受到保护的重工业和大量的不可贸易的服务业部门，价格的上涨将会通过提高非可贸易服务的价格和增加竞争性出口部门面临的成本使真实汇率升值（Tyers

① De Gregorio 等（1994），Froot and Rogoff（1995）以及最近 Galstyan 和 Lane（2009）认识到扩大政府支出会通过这一渠道引起真实汇率升值，即使是公共支出，至少在短期内也会引起真实汇率升值。

and Lu，2008）。思考这一点的一个方式是超额利润是通过减少产出供给获得的，因此寡头垄断企业降低了大量非可贸易部门的生产率。

在评估财政扩张方面，通常会发现，财政扩张对真实汇率的负向效应更多地被产生的总需求扩张所抵消了。一个关键机制是政府支出的增加至少是暂时地减少了国民储蓄率，这要求李嘉图等价失效。由于减少了国民储蓄，压缩了表现为外汇储备积累的国外支出渗漏，经常账户盈余得以减少且更多的支出进入了国内部门而非国外经济体。这会产生导致国内通货膨胀或者抑制通货紧缩的效果。如果是后者，就将稳定名义工资和价格水平的关系，从而维持一个稳态就业水平。Tyers 和 Huang（2009）对中国政府支出采用了这一短期做法。在本研究中，关注的焦点是长期发挥作用的变革性增长来源，因此此处所考虑的政府扩张在定位上是长期的，并且因此是依赖于税收筹资的。

回到寡头垄断定价对真实汇率的影响，我们还考虑了实施进一步产业改革这一选项。在减少寡头垄断加成的程度上，产业改革将会使真实汇率贬值，从而保持中国出口制造业部门的竞争力。

在中国服务业部门 FDI 的更多的选择提供了增长的服务业生产率。这同样会通过减少非可贸易品相对价格使真实汇率贬值。为了量化其对中国总体经济绩效的影响，本章提供了一个有关中国经济的完整模型。

一个中国经济的寡头垄断模型

为了捕捉寡头垄断 SOEs 的行为，我们采用了关于中国经济的比较静态宏观经济模型。模型嵌入了多层产业结构，其中所有的行业都被作为寡头垄断行业对待，每一个行业中的企业都供给差异化产品并相互影响产品价格。[①] 该模型在 Tyers（2012）一文中以及 Tyers 和 Lu（2008）的附录中进行了详细讨论。此处对相关的要素进行简要概括。

行为基础

模型具有新古典基础，包括最终消费品、中间需求以及由资本部门创造的需求，这与大多数总体经济模型的做法相同，同时假定嵌套的

① 该模型是 Harris、Cunasekera 和 Tyers（1990）模型的远亲，尽管被显著的一般化了，以包括进宏观经济行为。

CES 偏好。[①] 政府支出为外生政策变量，但是通过一个嵌套的常弹性替代（CES）系统在各商品和服务间进行再分配，而政府收入则来自同时包括直接（收入）税和间接税的税收体系。直接（收入）税分别对劳动和资本收入征收，间接税则对自产品消费和进出口征收。[②] 对资本品部门需求的总投资水平表现为 Q 型，受到国内建成资本的正向影响以及融资利率的负向影响。融资利率从一个开放的“债券市场”获得，在该市场中，对国内和国外债券进行了差异化处理以表现中国的资本控制。储蓄来自储蓄率相同的集体家庭以及储蓄率随着行业变化的企业。同时假定 SOEs 的企业储蓄（留存利润）取决于纯（经济）利润的规模。国外直接投资和官方外汇储备积累均用于完整化中国的外部金融账户。[③]

模型与通常做法的区别之处在于对生产的设定明确地考虑了寡头垄断。每一个行业中的企业都供给差异化的产品。这些企业拥有随产品变化的固定成本且作用于价格。可变成本取决于柯布 - 道格拉斯生产技术，使得平均可变成本在要素和中间品价格不变的情况下为常数，但是平均总成本随总产出下降。[④] 企业在平均可变成本之上策略性地选择一个成本加成，将价格提高到平均可变成本以上且不会被现存竞争者拉低价格的能力决定了任何的纯利润水平，并且从长期上决定了新企业进入的可能。

因此，假定行业中的每一个企业 i 生产一个唯一的产品种类，面临一个弹性为 ε_i（<0）的向下倾斜的需求曲线。最优加成由方程 2 - 1 给出

$$m_i = \frac{p_i}{v_i} = \frac{1}{1 + \frac{1}{\varepsilon_i}} \qquad \forall i \qquad \text{（方程 2 - 1）}$$

在方程 2 - 1 中，p_i 是产品价格，v_i 是平均可变成本，ε_i 是企业面临的需求弹性。企业在考虑其他企业定价行为的基础上选择其最优价格水平。接下来将行业 i 的一个推测变量参数定义为任何企业 k 对企业 j 价格的影响。对于这一参数，非合作（纳什）寡头对应一个零值，而对于完全卡特尔则取值为 1。尽管不能轻易地估计企业间价格合谋的水平，但是对中国的每一个行业我们都依据加成和需求弹性的先验知识对企业间价格合谋水平进行了校准。

---

① 例如，参见 Dixon 等（1982）。

② 收入税与统一税率近似，税率为各种情况下收入和税基的商。

③ 下文中，中国收支平衡表中的资本、金融和官方次级账户一律称作“资本账户”。

④ 尽管企业在产品市场上是寡头垄断的，在购买初级要素和中间品投入上没有垄断力量。

模型行为的关键在于某一个行业的产出都有五个不同的需求来源。从而行业 i 中企业所面临的需求弹性 ε_i 取决于这五个市场中的需求弹性和某一个市场所占的国内产品份额。这五项需求分别是最终需求（F）、投资需求（V）、中间品需求（I）、出口需求（X）和政府需求（G）。对于行业 i，适用于上述的弹性[①]是全部五项需求的组合（见方程 2 - 2）。[②]

$$\varepsilon_i = S_i^F \varepsilon_i^F + S_i^V \varepsilon_i^V + S_i^I \varepsilon_i^I + S_i^X \varepsilon_i^X + S_i^G \varepsilon_i^G \qquad \forall i \qquad \text{（方程 2 - 2）}$$

在方程 2 - 2 中，S_i^j 表示对于每一个需求来源 j 在市场 i 中的国内产品份额。这些份额参数在模型中是完全内生的。

因此，企业的策略性行为以及寡头垄断的经济成本一方面受到企业合谋行为的影响，另一方面受到企业所面临的需求来源构成的影响，两者都通过各类需求的平均弹性起作用。因此，当经济冲击改变了需求构成时，它们还改变了企业所面临的平均需求弹性。当平均需求弹性下降时，寡头垄断企业会增大成本加成并攫取更多的垄断租。当然，垄断租的取得依赖于成本，尤其是固定成本。如果一个行业中有新的进入者，固定成本就会随企业数目上涨，增大平均总成本，从而增大维持盈亏平衡所需的成本加成。

模型结构

表 2 - 2 详细地给出了模型的范围。表 2 - 3 和表 2 - 4 分别给出了各行业的要素密集度、初始需求份额、需求弹性和成本加成。模型化的是一个很小的经济体，意味着它没有能力影响进口品的边际价格，但是其出口产品和

表 2 - 2　模型范围

地区	中国 世界其他地区
主要要素	土地 自然资源（矿产、能源储备） 熟练（专业）劳动力 非熟练（生产）劳动力 物质资本

① 见原著第 29 页页下注 19。

② 对这些弹性的表述是多而杂乱的。在 Tyers and Lu（2008）一文的附录中有推导。

续表

行业	农业 金属,包括钢铁,矿产和(非煤炭)采矿 煤矿开采和生产 石油生产和提炼 加工农业 电子设备 汽车 化学、橡胶和塑料制品 纺织业 其他制造业 电力供应和分配 煤气供应和分配 通信 保险和金融 交通 建筑 其他服务业

资料来源：对 Dimaranan 和 McDougall（2002）第六版 GTAP 数据的 57 个行业加总得到。

表 2－3　分行业要素密集度 a

	资本	生产劳动力	熟练劳动力	土地和自然资源
农业	11	59	0	30
金属和金属矿产	66	27	5	2
煤炭	28	30	3	39
石油	86	5	1	8
加工农业	38	54	8	0
电子设备	66	26	8	0
汽车	59	35	6	0
化学产品	62	32	6	0
纺织业	40	53	7	0
其他制造业	68	27	5	0
电力	69	21	10	0
煤气制造和生产	49	37	14	0
通信	92	5	3	0
保险和金融	80	12	8	0
交通	78	18	4	0
建筑	56	37	7	0
其他服务业	54	27	19	0

a 表中为根据数据库计算的每一个行业总增加值中的要素份额。资本份额包括纯利润。水平加总值为 100%。资料来源：模型数据库（社会会计矩阵），源自 Dimaranan 和 McDougall（2002）。

表 2 - 4　初始需求份额、弹性和加成 a

	需求份额(%)					需求弹性					平均需求弹性	行业加成[b]
	中间品	最终品	出口	投资	政府	中间品	最终品	出口	投资	政府		
农业	53	40	4	3	0	-10.2	-28.6	-40.1	-15.6	-16.0	-18.8	1.06
金属和金属矿产	84	3	10	2	1	-2.9	-4.4	-8.9	-2.8	-2.8	-3.5	1.39
煤炭	61	4	33	0	2	-3.6	-6.1	-11.2	-2.4	-2.5	-6.2	1.19
石油	58	12	5	14	12	-2.1	-2.8	-6.2	-2.3	-2.1	-2.4	1.69
加工农业	50	34	15	0	1	-12.0	-30.8	-26.8	-16.4	-17.0	-20.7	1.05
电子设备	24	4	65	6	0	-2.7	-6.4	-9.8	-2.9	-2.9	-7.5	1.15
汽车	46	8	15	29	1	-4.8	-10.0	-16.9	-3.4	-3.7	-6.6	1.18
化学产品	77	6	17	0	0	-3.6	-6.3	-10.4	-2.5	-2.5	-4.9	1.26
纺织业	45	11	44	0	0	-6.5	-16.9	-25.7	-10.4	-10.2	-16.1	1.07
其他制造业	43	5	35	16	0	-2.6	-7.1	-9.5	-4.0	-4.0	-5.5	1.22
电力	84	13	1	1	1	-6.4	-12.3	-21.0	-7.5	-7.7	-7.3	1.16
煤气制造和生产	50	10	0	8	32	-4.9	-7.7	-13.4	-4.8	-4.9	-5.2	1.24
通信	42	24	1	5	27	-1.7	-1.4	-5.1	-1.5	-1.7	-1.7	2.45
金融	57	29	2	3	8	-1.8	-2.6	-6.6	-2.2	-2.2	-2.2	1.86
交通	53	18	8	7	14	-1.3	-1.6	-5.9	-1.6	-1.5	-1.8	2.26
建筑	4	2	0	86	8	-2.5	-5.1	-12.3	-4.4	-4.0	-4.3	1.30
其他服务业	46	21	4	4	25	-3.4	-8.6	-11.7	-3.1	-2.8	-4.7	1.27

a 所有变量在模型中均为内生变量。此处为初始（基期）值。

b 行业加成是生产者价格同平均可变成本的比值。

资料来源：模型数据库（社会会计矩阵），源自 Dimaranan 和 McDougall（2002）以及 2005 年国民统计数据。

与其相竞争的国外产品有差异，从而面临有限的需求弹性。消费者价格指数是从家庭总支出函数推导到的（消费税）税后国内消费品和（关税）税后进口品价格指数的一个柯布 - 道格拉斯组合。CPI 的计算公式有助于分析福利影响。由于集体效用同样被定义为一般产品消费量的柯布 - 道格拉斯组合，总经济福利的比例性变动与真实国民总产出（GNP）同步。

国内拥有的物质资本数量在短期内和长期内都是固定的，因此总资本存量的变动会影响外资所有权份额并继而影响流向国外的所得。在接下来展示的试验中，自始至终都假定一个长期闭包。[①] 国内和国外资本债权是差异化的，物质资本是同质的并且可以在行业间完全自由流动，因此在国内和国外债券收益（利息率）之间存在一个源于金融资产差异（即源于对内和对外的资本控制的保留）和内生性储备管理政策的楔子。所有的真实单位要素回报都是可变的，而国内要素供给是固定的。一个固定的寡头垄断结构被保留下来，假定 SOEs 得到保护以免受竞争性进入的影响，并且如果发生损失将防止其退出。与中国迄今为止的财政保守主义相一致，基础财政赤字保持不变，外生性支出变化由税率的内生性变动来处理。

对比替代性的体制

为量化自然减速的情形，模拟以持续性的出口导向型增长和刘易斯转折点的出现开始。然后考虑政府扩张——首先通过提高消费税融资，接着通过提高企业税融资。在产业改革上，考虑四种类型。首先，通过允许所有的 SOEs 利润以私人家庭集体性收入的形式进行积累来模拟纯私有化。其次，尝试了 SOEs 的三重分割，以引起更富竞争性的定价。再次，施加价格帽管制以迫使成本加成回到恰好可以充分覆盖平均成本的水平。最后，考虑将服务业部门对外商直接投资开放这一选项，从而在服务业部门培育加速的生产率增长。如此一来，这些模拟考虑了能够为中国的 GDP 提供主要增长动力的政策变化。这些推动力可以取代由出口导向型增长所产生的推动力。

进一步的出口导向型增长

这一模拟通过对生产率的一些代表性冲击和允许劳动供给上升的闭包阐

① 这同 Tyers 和 Huang（2009）所给出的本质上为短期的结果相反。

释了持续的出口导向型增长。农业部门的劳动生产率增加表明其继续释放出工人的能力，同时，轻工业出口部门的全要素生产率也有一个上升，以代表持续流入该部门的 FDI 的影响。还有一个比较任意性的真实生产工资的增加，这在该模拟中被设定为外生，从而使得现代部门的劳动供给可以增长。正如预期的那样，工人继续从农业部门释放出来，国外资本流入和扩张十分显著。结果在表 2 – 5 第一列给出。①

表 2 – 5　模拟的出口导向型增长和政府扩张效应[a]

百分比变化	持续的出口导向型增长[b]	超出刘易斯拐点的出口导向型增长[c]	政府通过征收25%消费税进行扩张政策[d]	政府通过征收30%公司税进行扩张政策[e]
真实 GDP	16.6	4.9	2.6	-1.7
真实 GNP	9.3	3.9	-8.9	0.6
真实汇率	1.3	3.5	1.3	2.0
出口/GDP	19.1	5.8	-7.9	-10.0
消费/GDP	-8.7	-2.9	-2.1	0.8
经常账户盈余/GDP	17.0	-3.2	-4.4	-2.4
生产雇佣	17.7	0.0	0.0	0.0
真实生产工人工资	2.0[e]	7.2	-3.5	-3.3
真实熟练工人工资	18.4	4.1	-1.5	-0.7
物质资本存量	19.8	5.3	-1.4	-1.5
真实国内资本收入[f]	-3.8	-3.2	-13.6	-7.1

a 所有模拟都是在长期模式下进行的——内生性资本存量和超额储蓄的外生性外部回报率以及农业和其他部门间工人的完全流动性。然而，寡头垄断企业的数目是给定的，所以纯利润是内生的。

b 该模拟保留了当前的政策体制，采用了 4% 的农业部门劳动生产率增长以持续地释放出工人，和由持续的 FDI 引起的 4% 的轻工业部门生产率增长，以及真实生产工资 2% 的外生性增长。因此，现代部门的劳动供给得以大幅度增长。

c 此处没有要求农业生产率增长，生产工人的供给是给定的。

d 这些模拟代表了税收融资的财政扩张，在通过消费税融资的情况下，这将政府支出占 GDP 的份额提高了四分之一；在通过资本收入税融资的情况下，将政府支出占 GDP 的份额提高了三分之一。

e 在出口导向型经济增长的情况下，真实生产工资的增长是任意给定的 2% 的外生性增长。

f 真实国内资本收入指国内自由资本在减去税收和折旧后所取得的收入。

资料来源：所描述模型的模拟结果。

刘易斯转折点

此处，我们采用相同的冲击，改变闭包设定以使劳动供给固定而真实工

① 国内资本所有者的真实净收入事实上有微弱下降。这是由于在这种情况下总储蓄持续增加，同时又保留了资本控制。额外的储蓄不完全地转向了外汇储备，而国内债券收益下降。

资内生，区别在于农业部门没有与工人不断离开相关联的生产率增进，结果在表 2－5 第二列给出。在这种情况下，不再有剩余工人，因此增长只来自生产率变化并且大大降低了。然而，真实生产工资上涨得更快，而经常账户盈余由于受保护部门纯利润的下降（效果上，工人以资本损失为代价获得利益）以及继而下降了的公司储蓄而减少。经常账户因为储蓄变动而恢复平衡，并且 SOEs 的垄断租以有利于工作家庭的方式进行了“自然的”再分配。如果在冲击中政府可以维持一个稳定的政策，同时增长明显放慢，中国经济的许多其他的结构问题也都将被纠正。

消费税支撑的政府扩张

长期上政府活动的扩张必须得到来自税收的资金支持。此处可选择的工具是消费税。此处所进行的政策试验是令 GDP 中的政府份额随意性地上涨 25%。这要求消费税收入增长税基的 14%，是一个巨大的负面冲击，导致真实国内要素收入在新的国内价格水平上收缩。表 2－5 第三列所显示的结果进一步证实了国内工人和国内资本都受到了损失，从而真实 GNP 缩水；然而，真实 GDP 有微弱的增加。这是由于保留了大量的国外资本，而这部分收入不被征收消费税，而且以国外价格计价的资本真实回报率在真实劳动力成本下降的基础上增加了。受保护的重工业和服务业部门在这种情况下得到扩张，而私人家庭和工人的情况变差了。

企业税支撑的政府扩张

如果政府支出由企业税或者资本收入提供资金支持，税收的净效果就会像表 2－5 最后一列给出的那样。将 GDP 中政府份额提高 30% 需要资本收入税税基增加 7.7%。由于公司储蓄依赖于利润，利润的下降同时导致了经常账户盈余的减少。除了国内资本所有者真实收入的显著下降外，这一政策对总体经济活动没有什么影响。因此，扩大政府规模，至少通过税收扩大政府规模，在当前模型假设下很少能提供真实的长期扩张。① 一个关键点是政府

① 另外一个衡量由债券融资支持的类似扩张的效果的实验发现真实 GDP 和 GNP 都萎缩了。这一结果由 Tyers 和 Huang（2009）在短期模型中进行了考察，他们发现通常的凯恩斯模型扩张更多的是被垄断价格增长和相关的真实汇率升值抵消了。

扩张情形下需求的内部转向，这减少了出口产品份额，因此减小了寡头垄断企业面临的需求弹性。结果是更温和的但是有影响力的真实汇率升值，这种升值在任何情况下都大于没有寡头垄断行为的情况。

纯私有化

第一个冲击是将 SOEs 资产的大部分转到私人手中，使利润重新分配到家庭部门。各行业企业储蓄率一直减少到总企业储蓄相当于 GDP 5% 的更正常的水平，① 从而大部分的税后企业收入都进入了家庭部门，可以被他们用于储蓄或者消费。② 但是如此一来就将减少国民储蓄和经常账户盈余，如表 2-6 所示。然而，除此之外，模拟表明只要 SOEs 所面临的竞争仍然受到限制，私有化及其本身就无法实现可观的增长。③

表 2-6 模拟的产业改革和扩张潜力 a

百分比变化	纯粹国有企业的私有化[b]	纯粹国有企业分割:三个部分[c]	国有寡头垄断企业价格帽制度[d]	服务业驱动的增长:4%生产率
真实 GDP	0.6	-12.9	28.3	15.9
真实汇率	0.8	-13.8	13.0	6.5
出口/GDP	1.2	2.9	-8.2	-6.6
消费/GDP	-10.6	-17.2	42.9	22.3
经常账户盈余/GDP	13.2	17.6	-12.0	-7.0
生产雇佣	-61.9	-143.3	80.4	48.7
真实生产工人工资	-0.2	15.6	30.4	19.4
真实熟练工人工资	0.9	-1.6	42.1	21.8
物质资本存量	-0.4	26.4	28.3	16.9
真实国内资本收入[f]	-0.7	-50.0	4.4	3.2

a 所有模拟都是在长期模式下进行的——内生性资本存量和超额储蓄的外生性外部回报率以及农业和其他部门间工人的完全流动性。然而，寡头垄断企业的数目是给定的，所以纯利润是内生的。

b 纯私有化要求所有的税后企业收入都进入集体私人家庭并被私人家庭分配到消费和储蓄上。

c 重工业和服务业部门的企业数量扩大了三倍。

d 价格帽改变了寡头垄断企业的定价共识，迫使他们将平均成本以上的加成减半。

f 真实国内资本收入指国内自由资本在减去税收和折旧后所取得的收入。

资料来源：所描述模型的模拟结果。

① 这是中国台湾企业储蓄的规模。参见 Tyers 和 Lu（2008）。

② 这是通过降低企业储蓄率（利润留存率）以使可支配的企业收入积累到家庭部门来实现的。

③ 如果假定私有化可以消除 X-无效率，并从而通过使绩效差的企业成为收购目标来提高生产率，那么这种变化就可能产生一次性的增长。

SOEs 的分割

此处 SOEs 在部门内部进行分割以鼓励价格竞争，这是在一些受保护部门中的流行做法，然而模拟表明其结果并不怎么吸引人。我们令重工业和服务业部门的寡头垄断企业数量增加三倍，其效果在表 2 - 6 第二列给出。这种方法的问题在于，尽管可以引起更具竞争性的定价从而减小加成，但是每一个新企业都有固定成本，从而使部门固定成本充分增加并使价格上涨，尽管加成确实下降了。因为要求有固定资本，资本存量显著增加了，但是资本回报却减少了。尽管生产工人获益了，但国内资本所有者却遭受了损失，并且没有产生显著的增长。

对 SOEs 更严厉的价格帽管制

对 SOEs 实行更严厉的价格帽管制的结果是更为积极的。确实，结果表明这一政策选项可以获得显著的、新的增长。在存在固定成本的寡头垄断行业，需要超出平均可变成本的加成以实现盈亏平衡。在模拟中，设定价格帽以迫使企业减少加成到能够弥补平均成本的水平。这类价格帽管制看起来在许多工业化国家都取得了成功，模拟结果也表明在中国能够取得减少产品被用作中间投入的行业的生产成本效果，从而使经济活动显著扩张。如表 2 - 6 第三列所示，更低的成本使真实汇率贬值，为出口部门提供了帮助，并且，除总体经济扩张以外，它还通过再分配垄断租和提升工资消除了近几十年来大部分的收入不平等。

由 FDI 引起的服务业生产率增长

最后一项模拟考虑了能够通过进一步外商投资带来的服务业生产率增长的效应。结果在表 2 - 6 最后一列给出。更有效率的服务业部门导致了真实汇率贬值，促进而非损害了出口，并且培育了整体增长。尽管存在巴拉萨 - 萨缪尔森假说，仍然会发生中国经济同西方工业化国家的结构性收敛。模拟产生了显著更高的真实工资，使技术型和生产型工人都有所受益。然而，这也代表着更高的成本，从而引起了有利于重工业的工业产出和出口的再分配。中国经济在持续开放，但是它比以往更依赖同西方国家进行的产业内贸易，以美国和西欧的那种方式。

内生性增长的政治困难

尽管此处得到的结果依赖于模型中一些潜在的强假设①，但它们清晰地表明为了从内部寻求更进一步的增长，中国需要将产业改革的其他要素同对寡头垄断租的更激烈的管制性攻击相结合。在政治上，这将会是困难的，相同的还有实现进一步增长的另外一个关键要素——主要的国有服务业部门的大幅度生产率增长。实现这一点要求服务业具有与制造业相同水平的 FDI。迄今为止，中国政府反对在关键服务业和重工业行业存在外国所有权，因此允许这样的 FDI 在政治上也将是非常困难的。

总　结

伴随着出口导向型增长的行将结束和由不断增大的国内不平等与近来的高经常账户盈余的冲突，中国需要的是更进一步的变革性增长，这一变革性增长将会维持它的赶超步伐并解决其内部和外部的冲突。一个不可避免的、即将发生的变革来自刘易斯转折点。刘易斯转折点的到来将会加速真实工资率增长，因此将进一步增长的成果分散化并导致企业储蓄份额下降，因为真实工资率的增长会提高总收入中家庭所占有的份额。这进而会减少总储蓄和经常账户盈余。当然，这同时会要求进行成本高昂的调整，因为正如前一节所分析的，增长将会放缓，对一直以来高效的和富有竞争性的轻工业部门的新增劳动供给将逐渐减少。并且，中国的增长带给全球经济的净收益也会下降。然而，如果如某些人所认为的那样（Garnaut，2010），这一转型是迫切的，它能够带来的不幸中的希望是来自国内外的政治压力减弱了，对放弃迄今为止成功的市场导向的政策体制的激励减少了。

但是仍然存在维持整体增长率和实现有序转型的问题。对于后者，韩国

---

① 其中一个这样的假定是私人家庭对可支配收入的储蓄率保持不变。尽管并不清晰，那些引起大幅提高家庭可支配收入的政策变化，例如私有化，可能导致储蓄率的变化。一个永久收入增加的情况可能意味着有一个储蓄率的上升，但是此处关注的是长期稳态，在这种情况下，预期到持续更高收入的家庭可能会选择一个更低的储蓄率。沿着 McKibbin 和 Woo（2004）的路线，一个完全动态的方法会有助于解决这一问题，尽管即使这样，结果仍然依赖于有关家庭预期形成的存在许多争议的假设，并且预测的整体绩效变动的方向和相对规模不大可能被改变。

和中国台湾都进行了有序的经济转型，远离了通过劳动密集型出口进行的劳动力转型。二者都发生了倾向自由民主的政治转型，这以城市中产阶级成为多数为开端。当然，它们得到了与中国本身的迅速增长相关的激励。日本最初的转型是有序的，从 1970 年的石油和商品危机中复苏过来，但是随后整个 1980 年代和 1990 年代早期的政策错误打破了这种秩序。日本的相对自由民主没有能够发现和解决这些问题，尽管身边伴随着中国的增长。现在，中国必须做同样的事情，但是是在缺乏与周边增长相联系的外部刺激的情况下。

至于缓和增长的减速，需要新的变革性增长来源以避免快速的甚至可能是破坏性的减速。本章通过对一个明确考虑了 SOEs 寡头垄断行为的具有 17 个部门的中国经济模型的模拟和一个捕捉到了基本的经济结构——具有很大竞争性的轻工业出口部门和寡头垄断的重工业部门以及以国有企业为主导的服务业部门——的数据库对这一问题进行了处理。结果表明进一步的变革性增长来源确实存在，但是要开发利用这些来源，中国政府必须对其进行深挖和进行产业改革。这些产业改革要减少当前集中了经济收益的垄断租，与此同时欢迎 FDI 进入迄今仍受到保护的服务业。从这些产业改革中能够获得的好处是巨大的，不仅包括最终使真实人均收入向西方国家收敛，还包括减少了的不平等和更强大的、更多外部参与的重工业和服务业。

尽管中国政府自 1980 年代早期以来经常面临政治上和经济上的挑战，而且迄今为止一直表现得很有效，但在中国进行这些改革在政治上也将是难以完成的。到目前为止，中国增长的基本面看起来都不错，继续转型的障碍也为政府及其各部门所知晓（*The Economist* ，2011）。对更多消费的持续的外部呼吁本质上是排外的——相当于要求中国减少投资和令其经济表现得更差。一个强大的中国经济和一个平滑的经济转型是符合全球利益的，前提是来自西方的政治压力要得到克制。与此同时，就学习日本经验和抵抗要求采取对国内有害的经济政策变化的外部压力上，中国处在更有优势的地位。

参考文献

Balistreri, E. J. , Hillberry, R. H. and Rutherford, T. J. , Structural Estimation and

Solution of International Trade Models with Heterogeneous Firms (Paper presented at the Tenth Annual Conference on Global Economic Analysis, Purdue University, Lafayette, Ind. , July 2007).

Bardhan, P. , *Awakening Giants, Feet of Clay: Assessing the Economic Rise of China and India* (Princeton University Press, Princeton, NJ. 2010).

Bergsten, C. F. , Freeman, C. , Lardy, N. R. and Mitchell, D. J. , "China's Rise: Challenges and opportunities", Peterson Institute for International Economics, Washington, DC, 2008.

Bernanke, B. , Speech to the Chinese Academy of Social Sciences (Beijing, 15 December, 2006), http://www.federalreserve.gov/BoardDocs/Speeches/2006/20061215.

Bhagwati, J. N. , "Immiserizing Growth", in J. Eatwell, M. Milgate and P. Newman, *The New Palgrave: A dictionary of Economics*, ed. (London: Macmillan, 1987).

Cai, F. , "Demographic Transition, Demographic Dividend and Lewis Turning Point in China", *China Economic Journal*3 (2), 2010.

Deer, L. and Song, L. , "China's Approach to Rebalancing: A Conceptual and Policy Framework", *China & World Economy* 20 (1), 2012.

De Gregorio, J. , Giovannini, A. and Wolf, H. , "International Evidence on Tradables and Non-tradables Inflation", *European Economic Review* (38), 1994.

Dimaranan, B. V. and McDougall, R. A. , "Global Trade, Assistance and Production: The GTAP 5 Data Base", Center for Global Trade Analysis, Purdue University, Lafayette, Ind. 2002.

Dixon, P. B. , Parmenter, B. R. , Sutton, J. and Vincent, D. P. , *ORANI, A Multi-sectoral Model of the Australian Economy* (North Holland: Amsterdam, 1982).

Dooley, M. P. , Folkerts-Landau, D. and Garber, P. , "Direct Investment, Rising Real Wages and the Absorption of Excess Labor in the Periphery", NBER Working Paper (10626), National Bureau of Economic Research, 2004.

Easterly, W. , "The Lost Decades: Developing Countries' Stagnation in Spite of Policy Reform 1980 - 1998", The World Bank, February 2001.

Eichengreen, B. , Park, D. and Shin, K. , "When Fast Growing Economies Slow Down: International Evidence and Implications for China", NBER Working Paper (16919), National Bureau of Economic Research, 2011.

Fleming, J. M. , "Domestic Financial Policies under Fixed and under Flexible Exchange Rates", IMF Staff Papers (9), International Monetary Fund, 1962.

Froot, K. A. and Rogoff, K. , "Perspectives on PPP and Long Run Real Exchange Rates", in G. M. Grossman and K. Rogoff, *Handbook of International Economics* (3), ed, (Elsevier, Amsterdam, 1995).

Galstyan, V. and Lane, P. R. , "The Composition of Government Spending and the Real Exchange Rate", *Journal of Money, Credit and Banking*41 (6), 2009.

Garnaut, R. , "Macroeconomic Implications of the Turning Point", *China Economic Journal* 3 (2), 2010.

Golley, J. and Meng, X. , "Has China Run Out of Surplus Labour?", *Chinese Economic Review* 22 (4), 2011.

Goyal, R. and McKinnon, R. I. , "Japan's Negative Risk Premium in Interest Rates: the Liquidity Trap and the Fall in Bank Lending", *The World Economy* (26), 2003.

Gunasekera, H. D. B. and Tyers, R. , "Imperfect Competition and Returns to Scale in a Newly Industrialising Economy: a General Equilibrium Analysis of Korean Trade Policy", *Journal of Development Economics* (34), 1990.

Haber, S. H. , North, D. C. and Weingast, B. R. , "Introduction", S. H. Haber, D. C. North and B. R. Weingast, *Political Institutions and Financial Development*, ed. (Stanford, Calif: Stanford University Press, 2008).

Hamada, K. and Okada, Y. , "Monetary and International Factors Behind Japan's Lost Decade", *Journal of the Japanese and International Economies* (23), 2009.

Harris, R. G. , "Applied General Equilibrium Analysis of Small Open Economies with Scale Economies and Imperfect Competition", *American Economic Review* (74), 1984.

Harris, R. G, Robertson, P. E. and Xu, J. , "The International Effects of China's Trade and Education Booms", *The World Economy* 34 (10), 2011.

Hayashi, F. and Prescott, E. C. , "The 1990s in Japan: a Lost Decade ", *Review of Economic Dynamics* (5), 2002.

Jia, K. and Liu, W. , "China's Fiscal Policies During the Post-Crisis Era", Research Institute for Fiscal Science, Ministry of Finance, Beijing, 2009.

Krugman, P. , "Taking on China", *The New York Times*, September30, 2010.

Kuijs, L. , "How Will China's Saving - investment Balance Evolve?", Policy Research Working Paper (3958), The World Bank, 2006.

Kuijs, L. , "How Much Will Asia Slow Down in a Global Downturn?", Asia Pacific Economics Note, MF Global Hong Kong, October 7, 2011.

Kuijs, L. and He, J. , "Rebalancing China's Economy—Modelling a Policy Package", China Working Paper (7), The World Bank, September, 2007.

Lardy, N. R. , "Toward a Consumption-driven Growth Path", Policy Brief (6), Peterson Institute for International Economics, 2006.

Lardy, N. R. , "Sustaining China's Growth after the Global Financial Crisis", Peterson Institute for International Economics, 2012.

Lewis, W. A. , *The Theory of Economic Growth* (London: Taylor and Francis, 1955).

Lu, F. , Song, G. , Tang, J. , Zhao, H. and Liu, L. , "Profitability of Chinese Firms, 1978 - 2006", *China Economic Journal* 1 (1), 2008.

Lucas, R. E. , jr, "Trade and the Diffusion of the Industrial Revolution", *American Economic Journal: Macroeconomics* 1 (1), 2009.

Mundell, R. A. , "Capital Mobility and Stabilisation Policy under Fixed and Flexible Exchange Rates", *Canadian Journal of Economics and Political Science* (29), 1963.

McKibbin, W. and Woo, W. T. , "The Global Economic Impact of China's Accession to the WTO", Trade Policy Working Paper (3), Organisation for Economic Cooperation and

Development, 2004.

Melitz, M. J. , "The Impact of Trade on Intra-industry Reallocations and Aggregate Industry Productivity", *Econometrica* 71 (6), 2003.

Olson, M. , *The Logic of Collective Action: Public Goods and the Theory of Groups*, (Cambridge, Mass : Harvard University Press, 1965).

Riedel, J. , "Seeing But Not Believing: Technological Progress and Structural Change in China", School of Advanced International Studies, Johns Hopkins University, Baltimore, 2006.

Riedel, J. , "China Needs Many Things But not a New Growth Engine", *Financial Times* (Asia edition), February 21, 2007.

Riedel, J. , "The Slowing Down of Long Term Growth in Asia: Natural Causes, the Middle Income Trap and Politics", School of Advanced International Studies, Johns Hopkins University, Baltimore, 2011.

Riedel, J. , Jin, J. and Gao, J. , *How China Grows: Investment, Finance and Reform* (Princeton, NJ: Princeton University Press and Beijing: Peking University Press, 2007).

Robertson, P. E. , "Clash of the Titans: Comparing India and China", J. Golley and L. Song, *Rising China: Global challenges and opportunities*, ed. (Canberra: ANU E Press, 2011).

Song, L. , Wu, J. and Zhang, Y. , "Urbanization of Migrant Workers and Expansion of Domestic Demand", *Social Sciences in China* 4 (3), 2010.

The Economist, "How Real Is China's Growth?", *The Economist*, June 1, 2011, http: // economist. com/blogs/freeexchange/2011/05/chinas_ economy.

Tulloch, G. , "The Welfare Costs of Tariffs, Monopolies, and Theft", *Western Economic Journal* 5 (3), 1967.

Tyers, R. , "Global Implications of Japan's Economic Stagnation", CAMA Working Paper (20), The Australian National University, Canberra, 2011.

Tyers, R. , "Looking Inward for Transformative Growth in China", CAMA Working Paper, The Australian National University, 2012.

Tyers, R. , "The Rise and Robustness of Economic Freedoms in China", G. Moore, *The Open Society and Its Enemies in East Asia*, ed. (Copenhagen: Nordic Institute of Asian Studies Press, .) 缺出版年份

Tyers, R. and Huang, L. , "Combating China's Export Contraction: Fiscal Expansion or Accelerated Industrial Reform?", CAMA Working Paper (2), College of Business and Economics, The Australian National University, 2009.

Tyers, R. and Lu, F. , "Competition Policy, Corporate Saving and China's Current Account Surplus", Working Papers in Economics and Econometrics (496), College of Business and Economics, The Australian National University, 2008.

Tyers, R. and Zhang, Y. , "Appreciating the Renminbi", *The World Economy*34 (2), 2011.

Tyers, R. , Golley, J. , Bu, Y. and Bain, I. , "China's Economic Growth and Its Real Exchange Rate", *China Economic Journal* 1 (2), 2008.

Walter, C. E. and Howie, F. J. T. , *Red Capitalism: The fragile financial foundation of China's extraordinary rise* (Singapore : John Wiley & Sons, . 2011).

Wen, J. , "The Conditions for China to be Able to Continue to Guarantee Stable and Rapid Economic Development" (National People's Congress, Beijing, 16 March, 2007), viewed 28 October 2011, http: //www. npc. gov. cn.

Wen, J. , "Report on Work of the Government" (National People's Congress, Beijing, 5 March, 2011), viewed 24 March 2011, http: //www. npc. gov. cn.

World Bank, "Escaping the Middle-income Trap", *East Asia and Pacific Economic Update* (2), The World Bank, 2010.

Yi, G. , "How China Plans to Strike an Economic Balance", *CaiXin Online* [English], February4, 2011.

(张川川　译)

第三章
金融抑制和中国的经济失衡

Anders C. Johansson

引言

中国过去30年间令人瞩目的增长已经受到了国内外经济学家的关注。大部分的观察家和中国的领导人现在都同意经济需要再平衡以维持长期的高水平增长。[①] 有一系列的经济失衡问题需要解决，诸如高投资、高储蓄和低消费，外部失衡，高的和不断增加的不平等水平，以及不断增加的环境问题。本章认为这些失衡和挑战，尽管很迫切，主要是经济失衡的症状而非根源。笔者认为金融抑制政策构成了中国经济体系的中心问题，全面综合的金融改革在解决当前经济失衡的任何重大尝试中都应当发挥重要的作用。

一个广为人知的事实是1970年代晚期改革开放以来，中国政府采取了严厉的金融抑制政策作为其发展策略的一部分（例如，Lardy，2008；Lu and Yao，2009）。然而，金融抑制很少被关联到不断增加的失衡和这个国家所面临的对持续经济发展的挑战。一个似乎合理的解释是针对金融抑制的研究主要关注的是金融抑制政策和经济发展之间的直接关系。这组研究文献中

---

① 在2011年博鳌论坛的讲话中，胡锦涛主席讲到“经济社会发展面临巨大的人口、资源和环境压力，发展中不平衡、不协调、不可持续问题依然突出”（胡，2011）。提出调整要求的学者和政策制定者的例子包括Huang和Wang（2010），Lardy（2012），World Bank（2012）以及Yao（2011）。

的一个共同发现是金融抑制对经济增长产生了显著的和消极的影响。在某种程度上，这一关系同中国所发生的严重的金融抑制政策并不同步，与金融抑制政策同时发生的是强劲的和持续的经济发展。然而，最近的研究为金融抑制和经济增长的关系提供了新的洞察，表明这种关系是非线性的。此外，更为重要的是，针对金融抑制和经济失衡关系的研究突出了金融抑制政策经常会导致内部和外部经济失衡这一事实。政府能够采用金融抑制政策分配有限的金融资源，扭曲相对价格并为其偏好的部门提供资本。这一点在发展中国家特别常见。在发展中国家，政府通常希望吸引外国投资，增强可贸易部门的竞争力和发展国内工业能力（Johansson and Wang，2011）。

有关中国经济失衡的文献很少强调金融抑制和经济失衡之间的联系及其对可持续的经济发展的重要性。① 本章有两个目的：首先，笔者想要揭示中国在过去三十年中使用的金融抑制政策所采用的形式，并为如何进行改革以解决威胁经济体的失衡问题提供初步的讨论。其次，笔者突出强调了一些特定的失衡，这些失衡很可能至少部分地源于金融抑制政策。为了实现这两个目的，笔者首先介绍了金融抑制的概念并简要讨论了中国的个体抑制政策。接下来，笔者利用将金融抑制和经济失衡联系在一起的新近研究突出强调了在中国背景下两者之间的关系。这一章的要点并非认为金融抑制是导致中国经济失衡的唯一原因。相反，这些政策应当被看做以严重失衡为特征的复杂经济体系的一部分。

本章其余部分的结构安排如下。紧接下来的一节介绍金融抑制的概念。第三节对中国的金融抑制政策做进一步的审视。第四节在中国背景下讨论金融抑制和经济失衡的关系。第五节讨论能够对当前失衡产生积极作用的潜在的金融改革政策。第六节总结。

金融抑制

“金融抑制”这个词由 McKinnon（1973）在大约四十年前第一次使用。

① 一个重要的例外是 Lardy（2012），他强调中国政府需要进行金融自由化以实现经济在下一个十年中的持续高水平增长。世界银行最近以为中国提供新的发展策略为目的所作的中国经济报告也触及了金融自由化的要求（World Bank，2012）。

他将金融抑制定义为一系列政策，包括管制利息率，设定高银行存款准备金要求和强制性地配置经济资源。此类政策通常被发展中国家更广泛地使用。通常认为抑制性金融政策阻碍金融发展并降低了金融体系的总体效率。例如，Pagano（1993）发现诸如利率控制和准备金要求等政策限制了金融中介可以使用的金融资源。认为金融抑制会阻碍经济发展是这种观点的一个自然扩展（McKinnon，1973；Shaw，1973）。[①] 这是由于抑制性金融政策使得资本回报低于竞争性水平从而抑制了储蓄和投资。在一篇经常被引用的文章中，Roubini 和 Sala-i-Martin（1992）对金融抑制和长期经济增长的负向关系进行了理论和经验分析。在一篇相关文章中，King 和 Levine（1993）使用一个内生增长模型表明了金融部门扭曲会通过限制经济体创新速度减弱经济增长。

应该注意到的是，尽管当前有大量的理论和经验研究描绘了抑制性金融政策和经济增长之间的负向关系，有些研究引起了对这一关系的怀疑。这种替代性观点的一个支持者是 Joseph Stiglitz，他认为不完全信息的存在要求进行金融约束以保持金融体系的稳定性。例如，Stiglitz（2000）将过去几十年间金融危机发生频率的增加归因为发展中国家的金融自由化进程。因此可以认为，由于存在很大程度上的信息不完整，在实施金融约束政策情况下这些国家能够更好地管理它们的货币供给和金融稳定性（Hellmann et al. 1997，2000；Stiglitz，1994；Stiglitz and Weiss，1981）。然而，这两个针对抑制性金融政策的看起来相反的看法并不必然是相互冲突的。在一项新近的研究中，Huang 和 Wang（2011）考察了过去三十年中金融抑制对中国经济增长的影响。他们的发现证实了抑制性金融政策确实促进了中国的经济增长。作者将这一正向关系联系到了一个谨慎的和渐进的金融自由化方式上；然而——对本章分析更为重要的是——他们的结果还表明抑制性金融政策的影响由改革前二十年的正向影响转为了2000年代的负向影响。至少就中国的情况而言，这些发现表明抑制性金融政策对经济增长的影响和构成取决于一般发展水平和制度设定。因此抑制性金融政策最终如何影响经济活动取决于此处所讨论的正反两个方面影响的净效果。

① 针对金融发展和经济增长这一话题的一个详细的和有趣的评论，参见 Levin（2005）。

中国的抑制性金融政策

在本节，我们讨论中国抑制性金融政策的不同形式。文献中最经常提到的那些存在于中国的抑制性金融政策包括利率控制，信贷控制和准备金要求；然而金融抑制还包括一些其他能够并且经常被包括中国在内的世界各国所使用的政策。本章的讨论基于出现在 Abiad 等人（2008）所编制的金融改革指数中的一系列不同的政策。Abiad 等人（2008）涵盖了一系列用于解除金融部门管制的可能方式。这些金融部门管制包括利率控制、信贷控制和准备金要求、银行部门的进入壁垒和国家所有制、资本账户限制、银行部门的规制和监管，以及证券市场政策。其中最后两项通常不被看做典型的抑制性政策，但是由于它们同其他金融自由化或金融抑制政策直接相关，我们同样对其进行了简要讨论。

利率控制

在中国受到抑制的利息率是最经常被提及的抑制性金融政策（例如，Lardy，2008；Lu and Yao，2009）。在传统的计划经济时期，利息率被刻意地限制在低水平以促进中国的重工业发展。1978 年启动经济改革以后，保留了人为操控的低利息率水平。基本上，非常低的存款利率和贷款利率造成了针对净贷出方的一项隐性税。正如 Lardy（2008）所指出的那样，由于家庭是最主要的净储蓄者，这种再分配效应在某种程度上是从家庭到企业的再分配，但是甚至更多的是从家庭到国家。由于国家完全控制了国内银行业部门这一事实，抑制性利息率政策的主要受益者是国有企业（SOEs）；然而，中国的企业同时也是大型的净储蓄者。根据 Lardy（2008），对国家而言诸多明显好处中的一项是货币冲销成本被保持在相对低的水平，从而在过去十年中的大多数时间中允许人民币被显著低估。

图 3－1 显示了改革开放以来的真实利息率。银行存款的非常低的真实回报率清晰可见。这段时期中的某一些阶段甚至存在负真实利息率。

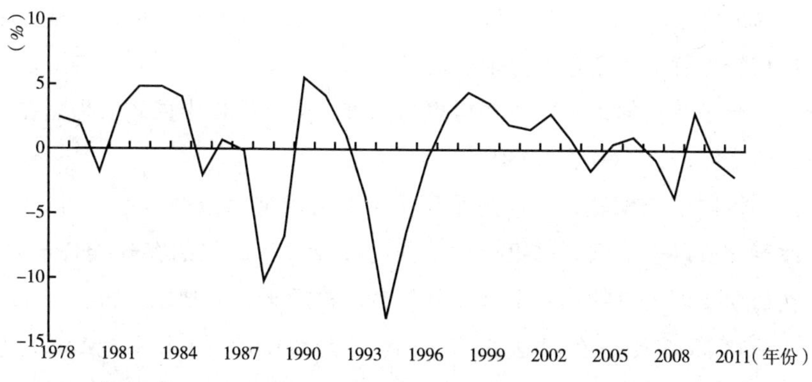

图 3-1 真实利率，1978~2011 年

资料来源：数据来自中国国家统计局。

信贷控制和准备金要求

要求给予优先部门或企业一个最低份额的银行贷款的做法对许多国家而言仍然很常见，在中国更是如此，银行系统通常被当做一个产业政策渠道。研究显示中国的国有银行倾向于支持 SOEs，并且通常首要关注的并非企业的赢利能力（例如，Podpiera，2006；Wei and Wang，1997）。关于存在信贷控制和直接贷款的一个典型例子是民营企业在需求获取贷款上面所面临的困难。[①] Walter 和 Howie（2011）认为在中国大部分的银行贷款都流向了国有企业。一些观察者担心这种情况在全球金融危机期间可能会进一步恶化，他们表示 2008 年实施的财政刺激方案中的大部分都导致了直接贷款的增加。然而，也有人持相反的观点。Lardy（2012）认为中国银行的主要目的是为政府和 SOEs 提供贷款这一看法是“过时的和完全错误的”。通过考察全球危机期间的贷款，他显示小企业贷款规模的增长是大企业贷款规模增长的两倍以上，并且小企业新增贷款规模超过了大企业。尽管 SOEs 可能获得比以往更少的贷款，然而，很明显，银行系统仍然存在对特定企业的优待。关于政治联系的不断增加的文献表明同政府领导人强有力的关系对中国企业有非常重要的价值。政治联系诸效果中的一个是可以在获得债务资本上得到优待

---

① 对针对这类企业的此种和其他形式的歧视性做法的一些解决方案包括伪装为国有或集体实体，或者发展同政治领导者的牢固关系（例如，Feng et al. 2011）。

(Shih，2008)。国际货币基金组织（IMF）最近出版了一个报告，宣称中国政府在信贷配置上的角色部分地引起了不确定性债务的积累并使得迫切需要进行的对金融系统的重新定位变得更为困难，这支持了中国政府仍然在进行严重的信贷控制这一看法（IMF，2011)。

除了控制信贷配置，政府还采用准备金要求抑制金融体系。图3-2显示了改革开放以来中国人民银行对中国的商业银行施加的存款准备金要求。尽管在初期要求的存款准备金水平非常高，在后来这一要求下降到了5%~15%这一区间，只是在过去两年回到了大约20%的水平。Abiad等人(2008）在判断准备金要求是否过度时采用20%作为临界值水平，其结果表明中国要求的准备金水平被认为过高了。Lardy（2012）同样认为中国的准备金要求“非常高”，这一问题应当在未来的金融改革中得到解决。

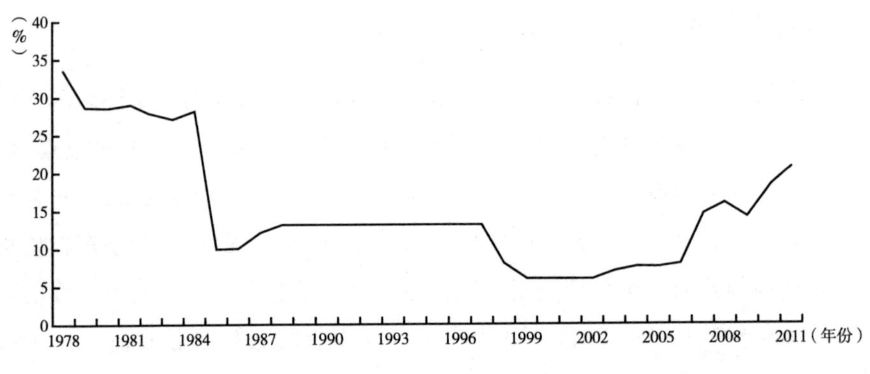

图3-2 准备金要求，1978~2011年

资料来源：数据来自中国国家统计局。

银行部门的进入壁垒和国家所有制

在中国，金融体系中的大部分资本通过银行进行配置。正如Walter和Howie（2011）所指出的，“在中国，银行就是金融体系”。很自然，银行的所有权是控制经济体中信贷配置的最直接手段。因此银行的国家所有制是金融系统是否自由化的重要指标。很清楚的是中国的金融改革还有很长的路要走。尽管在过去二十年间中国的银行部门已经发生了重大改革，国家仍然控制着几乎所有的大银行。表3-1显示了2009年依照中央银行的所有制结构分类给出的各类银行的情况。政策性银行完全由国家控制。四大国有商业银行均已进行了初次公开募股，但是仍然由国家控股。[1] 在其他 13 家大的股份制银行中，有 11 家是由国家或地方政府组织控股。这意味着国有控股银行所拥有的资产接近 59 万亿人民币，占到了 2009 年银行业总资产的 73%。

表 3-1　2009 年中国的银行机构

			资产(万亿 RMB)	
	数量	比重(%)	规模	比重(%)
政策银行	3	0.05	6.95	8.63
国有商业银行	4	0.07	39.04	48.47
国有控股的股份制商业银行	11	0.20	12.59	15.63
其他	2	0.04	2.01	2.50
城市商业银行和信用合作社	158	2.80	5.71	7.09
农村商业银行和信用合作社	5241	93.02	8.64	10.73
邮政储蓄银行	1	0.02	2.70	3.35
国外银行	32	0.57	1.35	1.68
非银行机构	182	3.23	1.55	1.92
合　计	5634	100.00	80.54	100.00

资料来源：数据来自 Deng 等.（2011）。

Walter 和 Howie（2011）认为银行基本上被用于提供无限制的资本，这些资本主要流向了国有企业。在这种意义上，过去三十年的中国经济模式依赖于通过银行系统融通资金的发展状态。这并非是没有成本的。有观点认为中国的金融体系十分脆弱，需要在当期商业实践的基础上进行常态化的资本重组（例如，Walter and Howie，2011）。改革银行部门很可能是中国在改革金融部门时所面临的最困难的挑战之一，因为这将会使政府很大程度上丧失对经济体系中资本配置的控制。然而，在实现长期金融稳定的努力中应当将改革银行部门作为优先考虑的关键。温家宝总理最近表示大型商业银行依靠垄断地位获取利润太容易了，显示出中国的领导层已经意识到了这一问题（Barboza，2012）。

资本账户限制

对资本账户进行限制是为了获取对汇率和国内信贷流的更大的控制。希

① 四大国有商业银行（通常称作“四大行”）是指：中国工商银行、中国建设银行、中国农业银行和中国银行。

望限制对获得“捕获的”银行存款的竞争是更深一层的动机。与资本账户相关的典型政策包括限制资本流入流出和对资本流动征税，以及针对不同形式的跨国交易采用不同的汇率。在缺乏严格的资本账户限制的情况下，诸如压低利息率等抑制性金融政策的有效性就会大大减弱。

自从1970年代晚期的经济改革开始，中国政府就已经在渐进性地开放资本账户。中国政府很早就允许外商直接投资进入，并且在过去十年中大部分时间都允许对外资本投资；然而，除了少数的试验性情况（诸如，合格境外机构投资者，QFII，合格境内机构投资者，QDII，条款），私人投资流动仍然受限。发展中国家有相对较低的资本账户可兑换性并不少见。因此人们可以认为中国的政策只是仿照了其他新兴经济体。图3－3显示了Chinn和Ito（2006）所做的美国和一些新兴经济体的资本账户开放指数。很自然，美国有更高的资本账户开放指数；然而，即使同其他大的新兴经济体相比，中国仍然有相对低水平的资本账户可兑换性。只有印度表现出类似的低资本账户自由化水平。与此同时，在中国的政策制定者当中似乎有不断增强的共识，即需要继续推行资本账户自由化。由中国人民银行调查和统计司发布的一个新近报告表示目前已经是开放资本账户的时机了。报告甚至为未来十年的资本账户开放提供了一个三阶段的路线图（《中国证券报》，2012）。这些信号与2010年以来开始加快的人民币国际化的趋势一致。

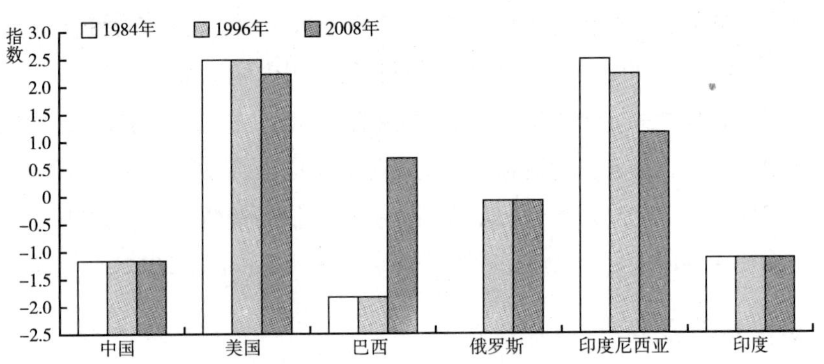

图3－3 资本账户开放指数

注：Chinn-Ito指数衡量了一个国家的资本账户开放程度。指数越高代表开放程度越高。

资料来源：数据来自Chinn和Ito（2006）；Ito和Chinn（2010）。

银行业部门的规制和监管

针对银行的谨慎的规制和监管对于金融改革而言是重要的。不仅仅是因为正式的管理框架，更重要的是，实际上的监管对发展良好的稳定的银行体系至关重要。就中国而言，已经采取了一些重大步骤以改善管理框架和对银行的监管。然而，正如世界银行和IMF在最近的评估中所指出的，中国银行业监督管理委员会（CBRC）的自治权受到了挑战，因为银行系统被政府广泛用于开展其经济政策和推动高水平的信贷增长（世界银行，2011）。

证券市场政策

证券市场的发展构成了金融发展的一个重要部分。证券市场的发展使得投资者可以进一步多样化其资产组合并为融资提供有可替代性的渠道。政府可以采用一系列不同的政策促进国内证券市场的发展，这些政策包括拍卖政府债券，建立债务和股票市场，利用诸如税收激励等不同形式的鼓励措施，以及向国外投资者开放国内资本市场，尽管是在有配额的情况下（Abaid et al. 2008）。

尽管中国已经采取措施发展其证券市场，中国距离一个运转良好的资本市场还很远。特别是债券市场还未成为金融体系的重要部分。尽管国内股票市场的规模在过去十年中有显著增长，还远未发展成为成熟的和运转良好的市场。国外投资者进入中国股票市场仍然受到限制；大部分国外投资者只被允许进行B股交易，而B股只占到整个市场很有限的份额，只有相对少数的QFII企业可以投资A股市场。大部分由国外投资者进行的交易活动发生在香港（以及其他市场），有一大批来自中国大陆的企业在香港上市，特别是在过去十年间。此外，通常认为中国对股票市场的监管很弱，中国证券监督管理委员会（CSRC）需要掌握更多的资源以更好地发挥其功能。即便是新任命的证监会主席郭树清也讲道，“内幕交易，市场操纵，欺诈上市和其他违法违规行为，不仅扭曲了投资者追求投资回报的正常路径，更极大地伤害了投资者信息，严重影响市场功能的正常发挥”（Lu et al. 2012）。根据世界银行和IMF最近的一个联合报告，CSRC需要更多的操作自主性。报告还指出商业审判对非法投资活动的执行力度，侦查和阻止不公平交易活动的力度都需要得到改善（世界银行，2011）。因此在中国仍然有大量工作需要去完成以促进市场驱动的和以市场为基础的金融中介的发展。

金融抑制和中国的失衡

本节突出强调了中国经济失衡的某些方面。每一个方面的失衡都在抑制性金融政策的分析框架中进行了讨论以尝试揭示这些抑制性金融政策在失衡的出现上所扮演的角色。

结构性失衡

最近的研究显示抑制性金融政策和结构性失衡相关。典型的是，随着经济的发展，国家遵循相似的结构转型模式。与经济增长相伴的是农业部门占国内生产总值（GDP）比重的下降和工业部门占GDP比重的上升。后者会随着服务业部门的扩张而减小。然而，在利用严格的抑制性金融政策的国家，此类政策将会使结构转型放缓。Johansson 和 Wang（2011）发展了一个模型，在该模型中，金融抑制会影响到工业和服务业部门之间的平衡。他们有关非均衡增长的模型的主要含义是一个相对于工业部门而言受到抑制的服务业部门。他们基于大量国家的经验发现支持了其理论框架，表明制度性扭曲能够对一个国家的经济结构产生重大影响。

就中国而言，非均衡的发展模式相当清晰。图3－4描绘了中国改革时期的结构变迁。尽管农业部门遵循了能够在许多其他国家看到的典型的结构变迁模式，在三十年中，工业占GDP的比例一直维持在非常高的水平上。给定在1978年以前对工业部门的关注，工业占GDP的比例在改革开放初期

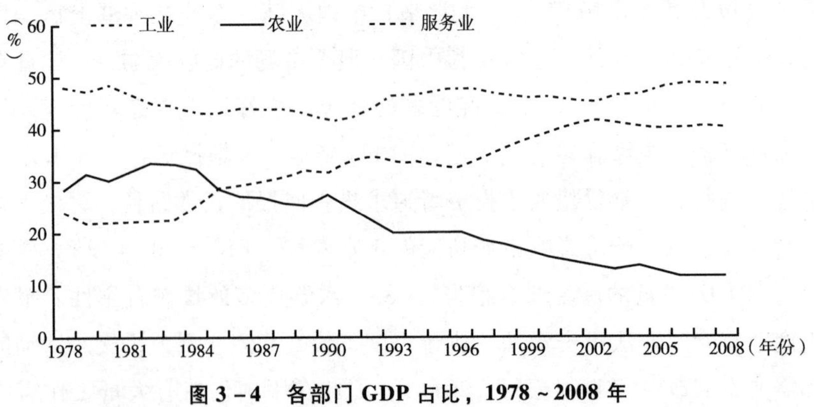

图3－4 各部门GDP占比，1978～2008年

资料来源：数据来自中国国家统计局。

非常高。这一比重在一个如此长的高速经济增长期维持在这一水平表明经济结构已经被严重扭曲了。

在中国所发现的情况相似的结构失衡与在其他东亚国家经常看到的发展状况类似，在后起的工业化国家存在的强有力的国家干预和广泛的计划和管制意味着正是这种状况本身发挥了不同的发展性功能并引导了工业化进程（Amsden，1989；Johnson，1982；Wade，1990）。中国可能比其他国家更多地描绘了这一发展模式并且同时显示了一个阶段中的国家干预的成功如何在后来使国家像一个利益集团一样行动，并因此成为持续调整的障碍。Johansson 和 Wang（2011）所发现的经验证据和发展状况通常与对工业发展的严重依赖相关联的事实支持了这样一种论点，即更少的抑制性金融政策会更有助于减少中国经济结构中存在的不平等。经济结构再平衡本身也会对中国经济的许多其他领域产生影响，包括外部均衡，劳动力市场，等等。

外部失衡

中国的大规模外部失衡是一个敏感的和激烈争论的话题，特别是自全球金融危机以来。在过去十年中的大部分时期，中国维持了在许多人看来明显的货币低估（Frankle，2006；Goldstein and Lardy，2006），中国的经常账户盈余一直持续存在。图 3-5 显示了过去三十年间的经常账户和贸易差额情况。从 2003 年到 2007 年贸易差额从一个原本就已经很高的水平上急剧扩大。贸易盈余仅在全球经济危机的后期有所下降。

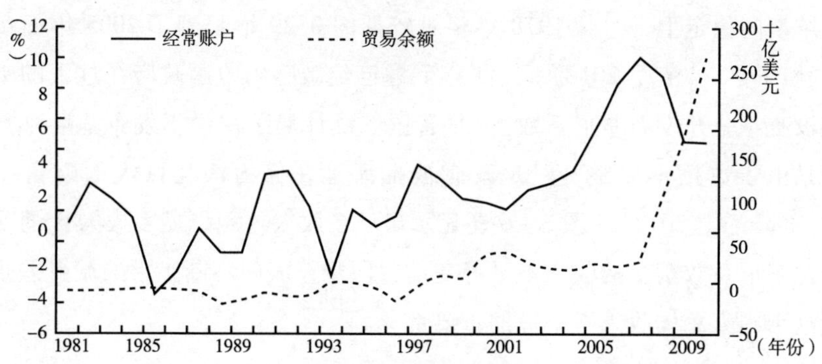

图 3-5　中国的经常账户和贸易余额，1981～2010 年

注：左侧坐标轴为经常账户，右侧为贸易余额。

资料来源：数据来自中国国家统计局。

导致中国外部失衡的可能原因有很多。例如，汇率通常被认为是中国不断增长的贸易盈余背后的最主要原因。然而，经常被忽视的是抑制性的金融政策如何在一般意义上对一个国家的外部平衡产生影响。在一项最近的研究中，Johansson 和 Wang（2012a）使用跨国面板数据分析了金融抑制和外部失衡之间的关系。针对抑制性金融政策如何影响经常账户他们提出了两个假说。首先，他们在之前工作（Johansson and Wang，2011）的基础上建立了一个模型，认为金融抑制可以通过基本经济结构的失衡引起外部失衡。以中国为例，如果抑制性金融政策被用于以某些部门为代价来发展工业部门，结果很可能是出口的强劲增长，因为制造业是工业部门的重要部分。其次，金融抑制能够通过阻碍金融发展导致外部失衡。由于金融发达的经济体更少担心它们的国际金融韧性，所以金融发展通常与较低水平的经常账户相关。尽管 Johansson 和 Wang（2012a）的经验结果主要支持了第一个假说，第二个很合理，可能中国尤其如此。因此最近的研究强调了金融部门的基础性结构特征对外部失衡的至少是部分性的影响。就中国的情况而言，一个受到严重抑制的金融部门和可能助长了外部失衡使其在过去十年间变得更为严重。

不平等

上升的不平等是中国政府的首要担忧之一。中国政府担心扩大的城乡收入差距和这个国家一般性的收入不平等可能会导致更多的社会不稳定。图 3－6显示了在改革期间不平等水平已经发展到了怎样的水平。基尼系数在整个改革期间稳定上升。从 1978 年相对较低的 0.29 增长到了 2005 年的接近 0.47（Fang and Yu，2012）。不平等问题已经敏感到中国政府在过去的十年中都没有再公开发布基尼系数。① 尽管国家统计局争辩说不发布基尼系数的原因是由于数据不完整，但是政府被批评是在努力淡化巨大的财富差距（Fang and Yu，2012）。图 3－6 还显示出城乡收入差距。城乡收入比的变动和通过基尼系数衡量的收入不平等变动很同步，表明不断扩大的城乡差距构成了这个国家总体收入不平等的重要部分。

① 基尼系数用于衡量不平等，取值从 0 到 1，其中 0 表示完全的平等，1 代表完全的不平等。有观点认为，如果考虑到隐性收入，中国的基尼系数很可能高于 0.5（Wang and Woo，2011）。

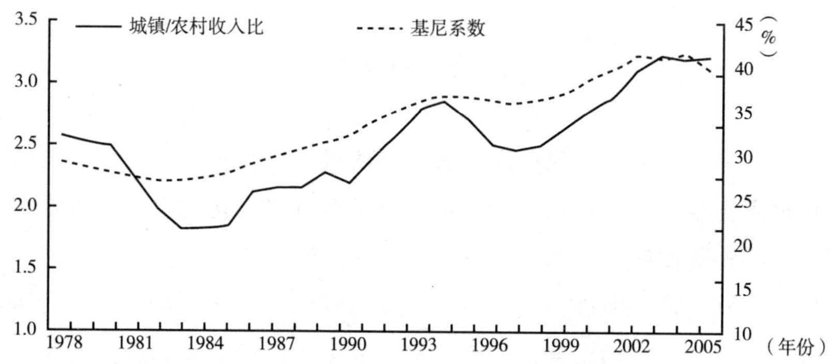

图 3-6 基尼系数和城乡收入比，1978～2005 年

注：左侧坐标轴为城乡收入比，右侧为基尼系数。

资料来源：数据来自中国国家统计局。

抑制性金融政策会导致更高的收入不平等水平。正如 Johansson 和 Wang (2012b) 所指出的，在金融市场分割的国家受到抑制的利息率会导致对储蓄的非均衡回报。原因在于富人有更多的可选投资工具。对中国的农村家庭而言，能够投资储蓄的选择很少，最常见的储蓄形式就是一个典型的银行账户。对于更富有的人群则有其他可供选择的投资机会，包括一系列的金融工具和普通中国人所承担不起的房地产市场投资。此外，如之前所提到的，抑制性金融政策能够对金融发展过程造成严重的破坏。Demirguc-Kunt 和 Levine (2009) 注意到，在金融市场很不完全的情况下，投资机会是动态资产的函数。这是因为一个生产者的财富对道德风险和逆向选择有很大的影响，而道德风险和逆向选择对投资机会施加了约束。除此之外，金融发展还通过其他渠道同平等发生联系。例如，有效率的信贷市场使得人们更可能获得高质量的教育，无论其父母是否富有，从而减少了持久的或者是代际间的不平等 (Demirguc-Kunt and Levine, 2009)。

给定抑制性金融政策能够对收入不平等产生的潜在重要影响，当前的政策正同中国努力要实现的目标背道而驰。不平等是“十二五”规划强调的失衡之一；然而，迄今为止的政策讨论都没有关注严重的抑制性金融政策同不平等的关系。很可能的是，中国高水平的金融抑制，特别是过度使用的抑制性利息率，加剧了不断增加的家庭收入不平等。因此，如果政府减轻这些抑制政策，在应对不平等方面可能会更有成效。

推进金融改革

金融自由化对任何国家都意味着困难的挑战。从世界范围内失败的金融自由化过程所能够学习到的一个基本经验是金融自由化的次序很重要。就中国而言，尽管资本账户开放很重要，甚至已经纳入“十二五”规划，对资本账户的开放最好是在进行了其他金融改革以后。利率限制在为银行体系供给廉价资本上所扮演的重要角色意味着，如果中国的家庭和企业能够在国外市场投资并且预期国外投资回报比国内高（扣除国外货币风险认知），那么在不施加严格利率控制的情况下突然和全面地开放资本账户就会产生大量的资本流出。对比不同国家的利率，由于中国当前利率显著高于美国和欧洲，在当前时期这不会引起严重问题。但是，目前的利率差是美国和欧洲经济危机的结果，可能随时间发生变化。类似的是，如果国内银行系统存在显著的弱点，特别是在危机时期，开放的资本账户就会加速银行挤兑。因此在实行资本账户全面改革之前，银行体系内必须有监管和规制实践。Lardy 和 Douglass（2011）注意到为了让资本账户自由化良好地起作用，还需要具备充分发展的国内资本市场，因为这可以为国内银行进一步商业化提供激励，能够吸收更大规模的资本流入和减少货币错配的风险。Lardy 和 Douglass 还认为必须有汇率弹性，这是因为如果资本账户是开放的，显著低估或高估的货币就会导致大量的资本流入或者流出。中国人民银行最近所作的报告增加了宏观经济稳定和外汇储备充足作为接下来继续资本账户改革的前提条件（《中国证券报》，2012）。

除了利率自由化以外，还需要继续努力加强银行部门和证券市场的管理框架和监管。CBRC 和 CSRC 的缺乏独立性必须被纠正以使得这两个部门都更多地以市场为导向。

总　结

金融抑制不仅在一般意义上影响金融发展和经济增长，还可能是一系列不同的经济失衡的根本原因。本章对这些经济失衡中的一些进行了讨论。这些经济失衡中的一些已经对中国政府形成了困难的挑战。尽管中国的经常账户似乎已经更接近一个合理水平，现在还很难说这是由于金融危机导致贸易伙伴需求显著下降所引起的暂时性减少，还是本质上更具持久性的减少。除了外部失衡，国内结构失衡和严重的不平等构成了中国政策制定者需要解决的主要困难。尽管金融抑制不是导致这些失衡的唯一因素，更少抑制性的金融政策有助于减轻这些失衡。金融自由化会减少对投资和重工业发展的严重依赖，并为服务业和消费的扩张释放资源。类似地，进一步的金融改革会引起更显著的金融发展，从而为经济个体带来多种好处，从更高的家庭储蓄回报到贫穷家庭有机会接受高质量的教育。这些潜在变化很可能有助于终结中国不断增加的不平等。

如本章所提到的，最近的研究将原本不相干的金融抑制领域和经济失衡放到了一起。沿着这些方向的进一步的研究对全面理解抑制性金融政策可能对经济产生影响的诸多方式是重要的。这类研究也将有助于阐明针对金融自由化的积极和消极影响所进行的争论所忽视的那些问题。

审视本章所讨论的金融改革的每一个维度，很显然的是中国需要进一步的改革以发展出一个运转良好的金融体系。然而，同样重要的是为每一个改革确定一个合适的次序，因为特定领域的快速改革如果不考虑相关的抑制性政策可能会导致不稳定，这可能会阻碍政策制定者将整套计划实施到最后，无论对中国人还是对全球公民，这都将会是毁灭性的后果。

参考文献

Abiad, A., Detragiache, E. and Tressel, T., 2008, *A new database of financial reforms*, IMF Working Paper WP/08/266, International Monetary Fund, Washington, DC.

Amsden, A., 1989, *Asia's Next Giant: South Korea and late industrialization*, Oxford University Press, New York.

Barboza, D., 2012, 'Wen calls China banks too powerful', *The New York Times*, 3 April, http://www.nytimes.com/2012/04/04/business/global/chinas-big-banks-too-powerful-premier-says.html?_r=1.

China Securities Journal, 2012, 'The fundamental conditions for China to accelerate capital account opening are ripe', *China Securities Journal*, [Online; in Chinese], 24 February, http://www.cs.com.cn/xwzx/07/201202/t20120223_3253890.html.

Chinn, M. D. and Ito, H., 2006, 'What matters for financial development? Capital controls, institutions, and interactions', *Journal of Development Economics*, vol. 81, pp. 163 – 192.

Demirguc-Kunt, A. and Levine, R., 2009, 'Finance and inequality: theory and evidence', *Annual Review of Financial Economics*, vol. 1, pp. 287 – 318.

Deng, Y., Morck, R., Wu, J. and Yeung, B., 2011, *Monetary and fiscal stimuli, ownership structure, and China's housing market*, NBER Working Paper Series No. 16871, National Bureau of Economic Research, Cambridge, Mass.

Fang, X. and Yu, L., 2012, 'Government refuses to release Gini coefficient', *Caixin Online*, 18 January, http://english.caixin.com/2012 – 01 – 18/100349814.html.

Feng, X., Johansson, A. C. and Zhang, T., 2011, *Political participation and entrepreneurial initial public offerings in China*, China Economic Research Center Working Paper Series 2011 – 17, Stockholm School of Economics, Stockholm.

Frankel, J. A., 2006, 'On the yuan: the choice between adjustment under a fixed exchange rate and adjustment under a flexible rate', *CESifo Economic Studies*, vol. 52, pp. 246 – 275.

Goldstein, M. and Lardy, N., 2006, 'China's exchange rate dilemma', *American Economic Review, AEA Papers and Proceedings*, vol. 96, pp. 422 – 426.

Hellmann, T., Murdock, K. and Stiglitz, J., 1997, 'Financial restraint: toward a new paradigm', in M. Aoki, H. – K. Kim and M. Okuno-Fujuwara (eds), *The Role of Government in East Asian Economic Development: Comparative institutional analysis*, Clarendon Press, Oxford, UK.

Hellmann, T., Murdock, K. and Stiglitz, J., 2000, 'Liberalisation, moral hazard in banking and prudential regulation: are capital controls enough?', *American Economic Review*, vol. 90, pp. 147 – 165.

Hu, J., 2011, Full text of Chinese President Hu Jintao's speech at Opening Ceremony of Boao Forum, *Xinhua*, 15 April 2011, http://news.xinhuanet.com/english2010/china/2011 – 04/15/c_ 13830786.htm.

Huang, Y. and Wang, B., 2010, 'Rebalancing China's economic structure', *East Asia Forum*, 3 September, http://www.eastasiaforum.org/2010/09/03/ rebalancing – chinas – economic – structure/.

Huang, Y. P. and Wang, X. 2011, 'Does financial repression inhibit or facilitate economic growth? A case study of Chinese reform experience', *Oxford Bulletin of Economics and Statistics*, vol. 73, pp. 833 – 855.

International Monetary Fund (IMF), 2011, *People's Republic of China: financial system stability assessment*, IMF Country Report No. 11/321, International Monetary Fund, Washington, DC.

Ito, H. and Chinn, M. D., 2010, Notes on the Chinn-Ito financial openness index: 2008 update, Unpublished ms.

Johansson, A. C. and Wang, X., 2011, *Financial repression and structural imbalances*, China Economic Research Center Working Paper 2011 – 19, Stockholm School of Economics, Stockholm.

Johansson, A. C. and Wang, X. , 2012a, *Financial repression and external imbalances*, China Economic Research Center Working Paper 2012 – 20, Stockholm School of Economics, Stockholm.

Johansson, A. C. and Wang, X. , 2012b, Financial repression and inequality, Unpublished ms, Stockholm School of Economics, Stockholm.

Johnson, C. , 1982, *MITI and the Japanese Miracle*, Stanford University Press, Stanford, Calif.

King, R. G. and Levine, R. , 1993, 'Finance, entrepreneurship, and growth: Theory and evidence', *Journal of Monetary Economics* 32, 513 – 542.

Lardy, N. , 2008, *Financial repression in China*, Policy Brief PB08 – 8, Peterson Institute of International Economics, Washington, DC.

Lardy, N. , 2012, *Sustaining China's Economic Growth After the Global Financial Crisis*, Peterson Institute for International Economics, Washington, DC.

Lardy, N. and Douglass, P. , 2011, *Capital account liberalisation and the role of the renminbi*, Working Paper Series 11 – 6, Peterson Institute for International Economics, Washington, DC.

Levine, R. , 2005. 'Finance and Growth: Theory, Mechanisms and Evidence', in Aghion, P. and Durlauf, S. N. (eds), *Handbook of Economic Growth*, Vol 1, Part A, Elsevier, 865 – 934.

Lu, S. F. and Yao, Y. , 2009, 'The effectiveness of law, financial development, and economic growth in an economy of financial repression: evidence from China', *World Development*, vol. 37, pp. 763 – 777.

Lu, Y. , Wang, Z. and Zheng, F. , 2012, 'Can anyone save stock market supervision?', *Caixin Online*, 19 March, http://english.caixin.com/2012-03-19/100369865_3.html.

McKinnon, R. I. , 1973, *Money and Capital in Economic Development*, The Brookings Institution, Washington, DC.

Pagano, M. , 1993, 'Financial markets and growth: an overview', *European Economic Review*, vol. 37, pp. 613 – 622.

Podpiera, R. , 2006, *Progress in China's banking sector reform: has bank behavior changed?*, IMF Working Paper WP/06/71, International Monetary Fund, Washington, DC.

Roubini, N. and Sala-i-Martin, X. , 1992, 'Financial repression and economic growth', *Journal of Development Economics*, vol. 39, pp. 5 – 30.

Shaw, A. S. , 1973, *Financial Deepening in Economic Development*, Oxford University Press, New York.

Shih, V. C. , 2008, *Factions and Finance in China: Elite conflict and inflation*, Cambridge University Press, New York.

Stiglitz, J. E. , 1994, 'The role of the state in financial markets', in M. Bruno and B. Pleskovic (eds), *Proceedings of the World Bank Annual Conference on Development Economics, 1993: Supplement to the World Bank Economic Review and the World Bank Research Observer*, The World Bank, Washington, DC.

Stiglitz, J. E. , 2000, 'Capital market liberalisation, economic growth and instability', *World Development*, vol. 28, pp. 1075 – 1086.

Stiglitz, J. E. and Weiss, A. , 1981, 'Credit rationing in markets with imperfect information', *American Economic Review*, vol. 71, pp. 393 – 410.

Wade, R. , 1990, *Governing the Market: Economic theory and the role of government in East Asian industrialisation*, Princeton University Press, Princeton, NJ.

Walter, C. E. and Howie, F. J. T. , 2011, *Red Capitalism*, John Wiley & Sons, Singapore.

Wang, X. and Woo, W. T. , 2011, 'The size and distribution of hidden household income in China', *Asian Economic Papers*, vol. 10, pp. 1 – 26.

Wei, S. – J. and Wang, T. , 1997, 'The Siamese twins: do state-owned banks favor state-owned enterprises in China?', *China Economic Review*, vol. 8, pp. 19 – 29.

World Bank, 2011, *China: Financial sector assessment*, The World Bank, Washington, DC.

World Bank, 2012, *China 2030: Building a modern, harmonious and creative high-income society*, The World Bank, Washington, DC.

Yao, Y. , 2011, 'Weak global demand should be a wake-up call for China', *The Financial Times*, 20 October.

（张川川　译）

第四章 减少中国的经常账户盈余：储蓄、投资和人民币的角色

Guonan Ma，Robert McCauley and Lillie Lam*

引　言

不断扩大的中国经常账户盈余从本世纪初 GDP 的 2% 左右上升到了 2008 年金融危机前的 10%，这导致了要求人民币（RMB）升值的呼吁。其原理在于更强劲的人民币会使中国出口品的竞争力减弱并且降低国内消费者面临的进口品的价格。其原理是将外部盈余看作相对价格的函数，因而汇率升值能够将经常账户盈余减小到一个可欲的水平。①

在许多方面更为丰富的中国外部盈余的另一个内涵在于它反映了与经济体的生产能力相关的内部产品消化能力的不足——无论是消费、投资或者政府支出。从这一点来看，本世纪中国经济表现出了与产出相关的投资的上涨，但是储蓄有更大的上涨。投资的显著上涨和更为强劲的储蓄上涨之间的

---

* 本章所表达的观点不代表 BIS 的观点。我们感谢在 2011 年 5 月布鲁塞尔召开的 SUERF 研讨会的参会者和 Stephen Cecchetti 以及卢锋的讨论。

① 顺着这一思路，Cline（2012）认为由更高的石油价格和更低的全球利息率所导致的人民币升值解释了大部分 2007 ~2010 年间占 GDP7.4% 的中国经常账户盈余的下降。此外，他还报告说（p. 12）“人民币真实有效水平以每年 3% 的水平上升的政策模拟显示这将会使中国在 2017 以前实现大致的经常账户平衡”。Cline 正确地指出了中国国际资产的回报率是决定经常账户的因素之一。He 等人（2012a）考虑了这些国际资产的回报如何被中国外部资产中私人所占份额的上升所影响。

差额扩大了经常账户盈余。在这一点上，理解不断扩大的中国经常账户盈余需要我们回答这样一个问题：是什么导致了储蓄上涨？

相对于家庭储蓄，我们对中国储蓄率的考察更多强调了企业和政府储蓄的贡献。在这一点上，对中国储蓄率上升的流行解释——即更高的家庭收入风险——在完全没有提及企业和政府储蓄这一点上存在不足，企业和政府储蓄相对家庭储蓄增加得更多。企业储蓄以典型的收入中利润增长和工资下降的模式得到增长。政府储蓄的增长则是由于来自经济增长的收入分红涌入了公共资本形成。

当全球金融危机发生时，中国政府的支出增加了，而地方政府部门从银行借款以刺激基础设施投资和其他公共投资。这一反应显著地减少了经常账户盈余，但是只是通过将投资占产出的比例提高到前所未有的和不可持续的水平来实现的。由这一投资导致的信贷损失的规模和分布仍然在引起激烈争论。

向前看，人口和国内政策正在减少中国的经常账户盈余上同时发挥作用。中国的经常账户盈余确实在 2011 年下降到了 GDP 的 3% 以下。随着劳动力增长的减缓，真实工资在快速上升，使得出口品竞争力减弱，提高了消费并且挤压了企业利润和储蓄。就其本身而言，政府可能会将支出从兴建公共设施转向提供服务。

在中国经济向着消费和政府服务再平衡的情况下，汇率能够继续扮演补充性的角色。如果人民币真实汇率继续升值，将帮助生产从出口品转向国内消费品和服务。事实上，在 2005 年政策制定者打破盯住美元的汇率政策之后，人民币在 2006 ~ 2008 年间已经逐渐对一篮子贸易伙伴货币升值。这一政策试验被全球金融危机中断了，不过 2010 年中期以后升值又以某种方式重新开始了。

无论如何解释背后的政策，人民币名义汇率从 2005 年 6 月到 2011 年底已经相对其贸易伙伴的货币升值了 21%。中国相对较高的通货膨胀率使得这一时期的真实有效升值达到了 30%。而且如果关注的是单位劳动成本而非消费者价格，那么这一实际升值接近 50%。非常可能的是，如此大规模的真实汇率升值正在减少中国的经常账户盈余。

本章首先回顾了中国的储蓄和投资行为，记录它们随时间的更为独立的演变。然后回顾了中国对人民币的管理。

储蓄—投资视角

在最近几年，中国拥有世界上最大的经常账户盈余。在 2011 年减少到 GDP 的 3% 以前，中国的经常账户盈余从 2005 年自身 GDP 的 5% 增大到了 2007 年 GDP 的 10%。以全球 GDP 衡量，分别占到了 0.3% 和 0.7%。其结果是，十年间，中国从拥有占 GDP10% 债务的净国际债务国变为了拥有占 GDP30% 规模的净国际债权国，尽管中国的人均 GDP 仍然低于 5000 美元（Ma and Zhou，2009）。为了考察中国经常账户盈余的来源，我们首先关注储蓄和投资，根据国民收入账户恒等式，储蓄和投资差额即为经常账户余额（见图 4－1）。

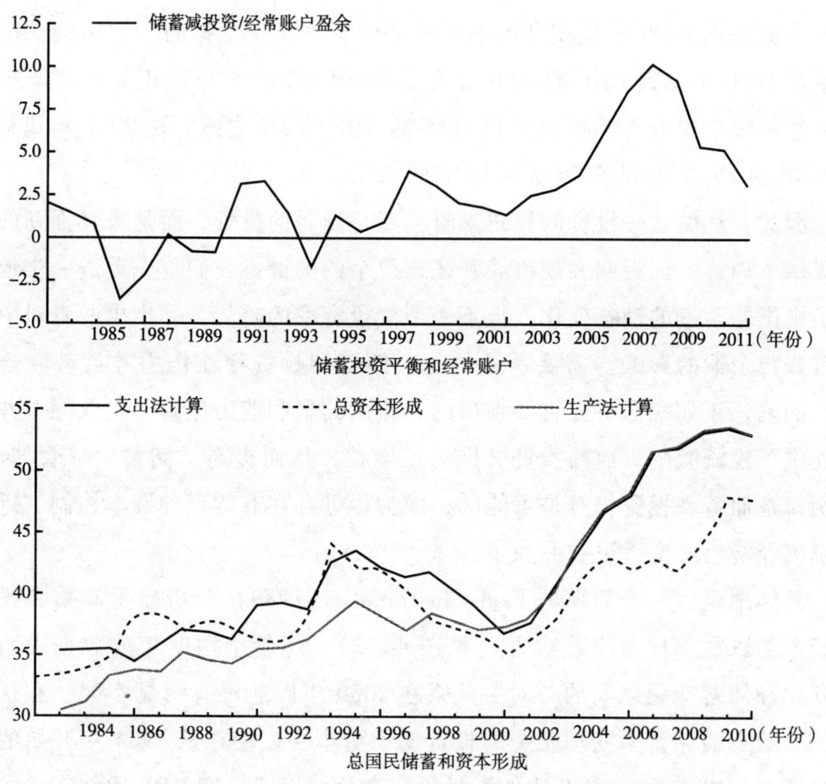

图 4－1 中国总国民储蓄和总资本形成占 GDP 的比例

资料来源：中国国家统计局；笔者的估计。

中国经济的储蓄和投资都很多。在2010年，总国民储蓄占到了GDP的53%，而投资支出占到了GDP的48%（见图4-1），使得经常账户盈余占到GDP的5%。如此高的储蓄和投资对全球失衡和金融危机的贡献已经吸引了大量的注意（ADB，2009；Bernanke，2005；Zhou，2009）。

高的和不断上升的储蓄率意味着低的和不断下降的消费份额。私人消费占GDP的比重从1990年的50%下降到了2010年的33%。然而，与通常的看法相反，中国的私人消费在过去20年间以平均每年8%~9%的速度增长；彩色电视、电冰箱、洗衣机和空调的普及率增长了十倍。

然而，中国总体经济比消费需求增长得更快。主要由于更强劲的投资需求的推动，1990~2010年间GDP以每年超过10%的速度增长。在这二十年间，总资本形成以到达瓶颈的每年15%的速度增长，其占GDP的比重从36%增长到了2010年相对稳定的48%。显而易见的是，如此快速上涨的投资更多的是由2000年早期开始的更快的储蓄增长所支撑的。中国的总国民储蓄从1990年不到GDP的40%增长到了2010年的53%。正如前面所提到的，经常账户盈余在下降到2011年不足GDP的3%之前，从2000年代早期占GDP的2%增加到了2007年GDP的10%。

因此，从储蓄—投资的视角来看，不是虚弱的投资，而是极其强劲的储蓄提供了理解中国近期大规模经常账户盈余的关键。我们首先更进一步地考察了中国储蓄率的动态变化，接下来考察投资率的趋势，并指出两者对中国经常账户余额的影响。需要承认的是，储蓄和投资相互作用并且被联合决定。的确，正如我们下面将要指出的，强大的赢利能力提高了企业储蓄并继而提供了投资激励，而高投资又推动了增长，从而提高了储蓄。尽管如此，分别讨论储蓄和投资仍然是可能的，因为尽管存在有约束的资本控制，近年来中国经济已经变得更加开放了。

具体地说，一个简单的Feldstein-Horioka（1980）分析显示储蓄和投资已经不像以往那样紧跟着对方（见图4-2）。尽管中国的年度数据表明投资变化和储蓄变化之间的一对一关系在2000年以前没有明显不同，在这之后，与给定的储蓄率变动相关的投资变动更小了，使在从1984年开始的更长时期中，以滞后期GDP比例衡量投资变化对以滞后期GDP比例衡量的储蓄变化的回归所得到的beta系数下降到了0.9。更能说明问题的是，使用结束于2010年的同一样本，在十年期滚动窗口上估计得到的beta值下降到

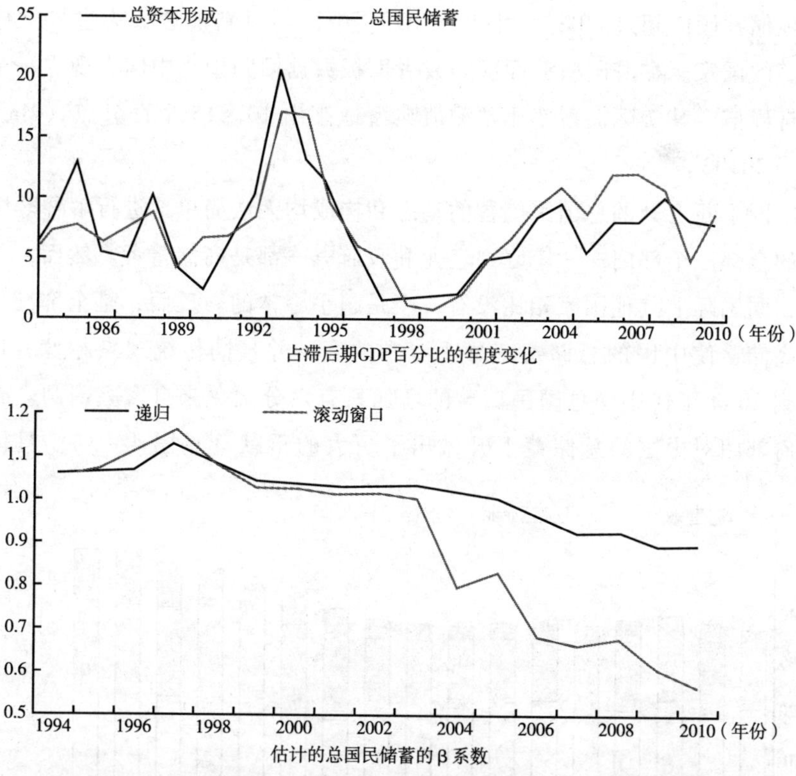

图 4-2 Feldstein-Horioka 时间序列回归：中国年度数据

资料来源：CEIC；笔者的估计。

了 0.5。[①] 给定伴随 2001 年加入世贸组织（WTO）的经济开放，Chow 检验拒绝了使用 1984～2001 年和 2002～2010 年两个子样本数据估计得到的 beta 值相等这一假设。0.5 的系数值接近 Blanchard 和 Giavazzi（2002）报告的对 1975～2001 年间 OECD 国家的估计值 0.58，但是大于他们对 1990 年代欧盟的估计。这些回归显示中国的储蓄和投资可以在一定程度上分开讨论。

中国异乎寻常的高储蓄率及其背后因素

相对于其自身历史，相对于其节约的亚洲邻国们的储蓄或者相对于任何经验模型的预测，中国的总储蓄率都异乎寻常的高。在 2000 年代，中国的

① 在统计意义上，单位检验没有拒绝值为 0.9 的 2010 年递归估计 beta 等于 1，而使用结束于 2007～2010 年任意一年的十年期滚动回归得到的 beta 估计值均在 5% 的水平上显著小于 1。

总边际储蓄倾向超过60%。相对于GDP，中国超过新加坡成为世界上储蓄率最高的国家。在跨国横截面回归或者面板数据回归中，中国表现为一个很大的奇异值，其实际储蓄率比预测值典型地高出10~15个百分点（Ma and Wang，2010）。

中国不断上升的总国民储蓄的动态和构成均无法简单地进行解释。中国经济的全部三个部门——家庭、企业和政府——都是高储蓄者。然而，单个来看，同国际上其他国家相比没有一个是超乎寻常的。反而，是全部三个部门的高储蓄使中国的总储蓄率异乎寻常的高。并且同传统观点相悖，1990年代到2000年代中国总国民储蓄的增加只有六分之一来自家庭部门。企业和政府部门对中国的总储蓄上升做出了更大的贡献（见图4－3）。具体而

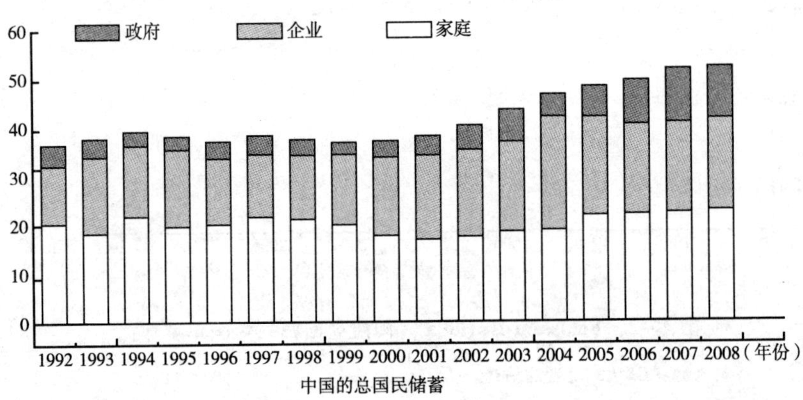

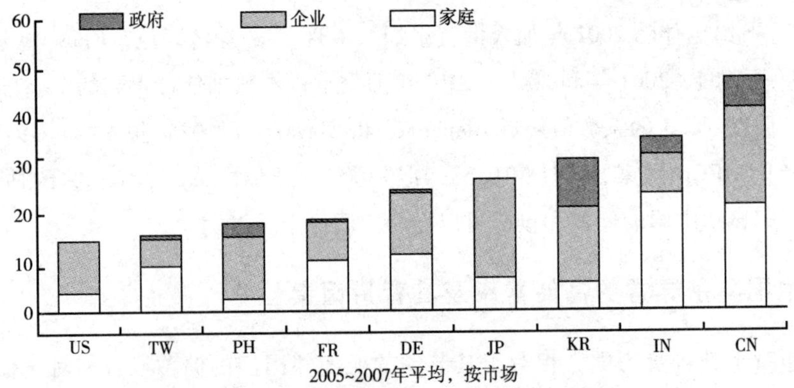

图4－3 各部门储蓄占中国总国民储蓄的比例

注：CN＝中国；DE＝德国；FR＝法国；IN＝印度；JP＝日本；KR＝韩国；PH＝菲律宾；TW＝中国台北；US＝美国。

资料来源：亚洲发展银行（ADB）；CEIC；NBS；OECD；笔者的估计。

言，政府部门储蓄几乎上涨了三倍：从 1992 年占 GDP 的 4.4% 上升到 2008 年占 GDP 的 11%——因为这一时期大部分政府收入的稳健增加都投向了物质基础设施而非用于推动服务业发展。中国政府储蓄所占的份额同韩国以外的其他国家相比同样相当高（见图 4-3）。

中国较高的和不断上升的储蓄率背后的原因是多样的，有许多谜题需要解答，并且表明再平衡中国经济可能需一套政策组合。至少，中国在 2000 年代的高储蓄的首要原因包括两组相互作用的力量（Ma and Wang，2010）。

一组包括国内经济中强有力的结构性力量。正如 Lewis（1954）所描述的，剩余农村劳动力容许与资本扩张性投资同步的快速工业化，并且提供了随时愿意在当前工资水平下工作的农村迁移人口。这一潜能被农村公社制度和快速的人口转型进一步增强了。农村的公社制度曾将几百万的剩余农民固定在了农业活动上，而人口转型使得少年儿童抚养比快速下降了。人口从农村向城镇的迁移开始自邓小平时代农村公社的瓦解。在相对稳定的工资水平上发生的这一大规模劳动力转移的中心后果是不断下降的劳动占产出的份额和不断上涨的利润和储蓄率。高的资本回报刺激了投资，推动了更快的经济增长，而这又进一步提高了储蓄率。中国加入 WTO 和 2000 年早期支持性的全球增长环境容纳了这一深刻的转型。

另一组因素包括 1990 年代和 2000 年代的制度变迁。这些制度变迁包括国有企业劳动力缩减，养老金制度改革和私人住房所有权的引入。首先，在提供社会福利和社会保障的国有企业就业的人数在 1995~2005 年差不多下降了一半。这一国有企业重组提高了企业效率和利润，但是增大了职工的失业风险和支出的不确定性。这同时增加了企业部门和家庭部门的私人储蓄。其次，养老金改革降低了养老金支付水平，增加了政府养老金的投入，因此同时提高了私人和公共储蓄。最后，1990 年代私人住房所有权的引入推动了商品房住房规划，在一个高速增长的经济环境下增加了政府土地收入，再次同时推高了私人和公共储蓄。

此外，其他政府政策在提高中国的储蓄率上有可能也扮演了一定的角色。这些政策包括晋升投资型的官员而非提供社会服务的官员，在大规模国有企业工人下岗之后减缓新的社会保障体系的建设，保留服务业的进入壁垒（并且对服务业征收重税）和维持对小企业和家庭获得信贷的限制。在所有这些政策中，最重要的可能是官员晋升政策。由于任期内快速的经济增长会带来上级奖励，地方政府官员通过更多地将公共收入用于投资来推动短期GDP增长和增大他们的晋升机会。中国政府的消费为GDP的12%，低于OECD国家15%的平均水平。

其他经常被提到的政策在解释中国储蓄的路径方面不那么令人信服。有时有观点认为中国的高储蓄主要源于政府补贴，价格扭曲和通信及能源部门国有企业的市场垄断势力。尽管这些摩擦能够解释低效率，它们不能为解释2000年代中国总储蓄率的突然上涨提供有用的见解。2000年代中国总储蓄率的突然上涨发生在一段显著的经济自由化时期之后（Ma and Wang，2010）。

有两个例子可以帮助我们理解所发生的事情。首先，大部分企业储蓄都来自本土私有企业。它们在获取信贷时存在的不确定性和受到的限制可以解释它们对留存利润用于企业扩张的依赖。在这一点上，并非是政府补贴和垄断的国有企业而是对私有企业贷款的限制解释了企业的高储蓄；然而，受限制的小企业外部融资被认为是一个全球性的问题，不清楚为什么中国的情况比其他新兴经济体更为糟糕。其次，另外一个被频繁提到的原因——受到限制的消费信贷——确实有可能导致中国的家庭进行更多的储蓄。但是在本世纪，家庭贷款相对于家庭收入和总体经济已经显著扩张了，而这一扩张恰恰发生在总国民储蓄率和家庭储蓄率显著上升的时期。

影响未来储蓄率的结构性因素

对中国储蓄率的中期展望不仅仅影响到未来经济增长路径，还影响到全球经济的再平衡。在下一个十年中对中国的政策制定者们的一个核心挑战是如何在使经济向消费平衡时维持稳健的内部需求。国内的结构性因素和政策措施都可能影响到这一转型。有三个结构性因素：国有企业重组，人口转型和进一步的城市化。

首先，大规模的劳动力精简已经在我们身后了。往前走，大规模的一次性成本缩减和效率增进的余地已经很有限，同样的还有相关的中国家庭户收入和支出的不确定性。再者，因为当前的社会保障体系是由中央政府提供的，新的重组只会引起较小的不确定性。更少的重组和风险会进一步抑制企业和家庭储蓄，从而抑制总的私人储蓄。

其次，在下一个十年，快速的人口老龄化和更缓慢的劳动力增长都难以避免。确实，中国的劳动年龄人口将在2015年停止增长并开始长达十年或者更久的下降。这将导致不断下降的家庭储蓄率和企业投资支出的放缓，从而很可能导致更低的潜在产出增长，除非生产率增长以相互抵消的方式上升。

最后，尽管在接下来几年中从农业部门向城市的人口迁移还将持续，有信号表明中国已经到了“刘易斯转折点”，在这一转折点上，现代部门已经吸收完了过剩的农民（Garnaut，2010）。当农业部门的劳动供给压力达到这一点的时候，工业部门工资会上涨以进一步吸引迁移工人。然后，工资可能以超过生产率的速度增长，从而提高收入的劳动份额并抑制企业储蓄（同时导致真实人民币升值），并且个人消费可能会取代投资。最近报告出来的两位数的工资增长使这一预测变得可信了。

总之，这些中期结构性力量表明在接下来的几年中中国的总储蓄率将会处于稳定然后显著地从当前储蓄占总产出一半的水平上往下降。在这一过程中，政府政策能够在帮助实现向更平衡的增长模式转型上发挥作用。这一更为平衡的增长模式包括：①进一步去管制化以减少劳动密集型服务业的进入壁垒，从而创造更多的工作岗位和支撑劳动力需求和工资增长；②一个更强大的但是可持续的社会保障体系；③对政府提供服务的更好的激励（Ma and McCauley，2012）。

中国的高投资率及其背后因素

我们接下来转向中国的投资率，强调中国投资率的新近趋势并对其可能的决定因素进行讨论。在过去的二十年中，中国的总资本形成像储蓄一样维持在高水平并且相对于总产出不断上升。在1990和2000年间，中国投资占国内生产总值的比例从36%上涨到了48%——对一个大型经济体而言一个异乎寻常的高水平（见图4-1）。中国投资率的显著增长的大部分发生在中国2001年加入WTO以后。中国的投资率达到或者超过了韩国和新加坡高速增长阶段的投资率的峰值，也超过了亚洲金融危机前夕其他亚洲经济体投资率的峰值（Park and Shin，2009）。因此，普遍的看法是中国过度投资了。

正如储蓄一样，对1992~2008年投资的细分显示三个部门都增加了投资，但是是非均衡的。以2008年为例，中国的企业、家庭和政府分别占到总投资的70%、20%和10%——和OECD国家平均60%、25%和15%的构成相似。这对这样一种论断提出了质疑，即认为近来中国的住房和基础设施投资过度，特别是在国有企业为职工提供住房较少的十年中。在这一时期，所有三个部门都对总投资率的上升做出了贡献（见图4-4）。具体来说，政府投资相对于GDP的规模增长了超过一倍——从2.2%到4.8%。相反，企业和家庭部门投资增长少于GDP两个百分点。最后，当政府和家庭投资占GDP的份额稳定增长时，企业投资波动剧烈，在1992~1999年下降了超过3%，然后又在2000~2008年上升了5%。

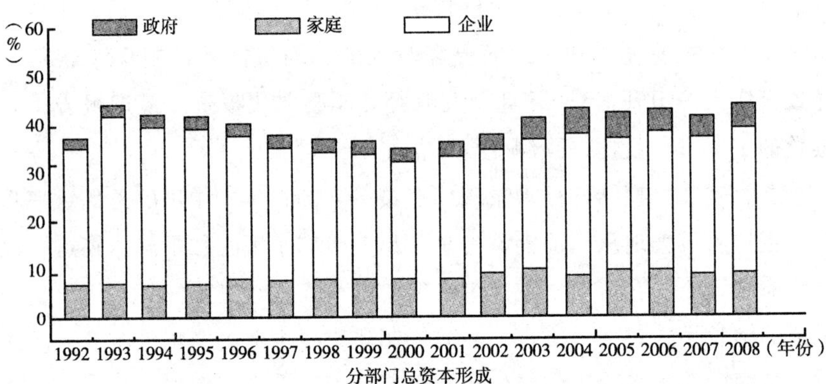

分部门总资本形成

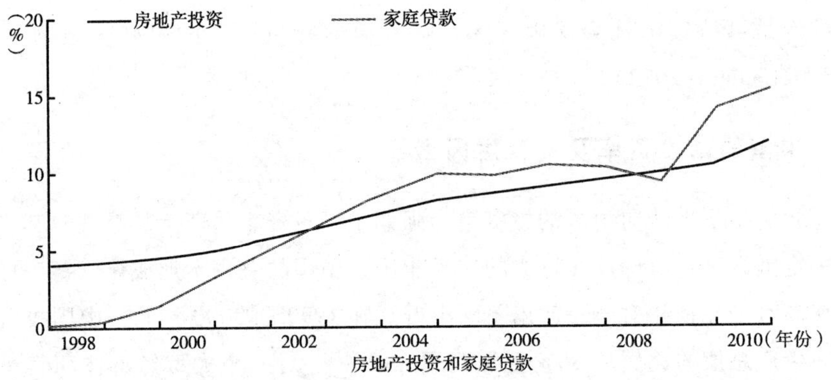

房地产投资和家庭贷款

图4-4　中国的投资和家庭贷款占GDP的比重

1 房地产投资包括土地购买和拆迁支出，相对于总资本形成可能有所夸大。

2 家庭贷款包括按揭贷款、汽车贷款、信用卡贷款和其他。

资料来源：CEIC。

政策制定者、学者和市场参与者对于中国是否过度投资并没有达成一致意见（Knight and Ding，2010；Park and Shin，2009）。根据国内需求构成，中国的投资率经常被认为过高——是所谓“内部失衡”的一个信号。但是投资率仍然低于储蓄率，使得2000年代中期的经常账户盈余上升——所谓

“外部失衡”。

各种证据所表明的高的投资回报同存在广泛过度投资的主张格格不入。坊间流传的浪费性投资的例子包括空置的公寓，没有车辆行驶的高速公路，空旷的体育场和一些行业存在的闲置产能。然而，大部分研究都发现过去二十年间资本回报很高，通常达到两位数（Bai et al. 2006；Knight and Ding, 2010）。高投资回报有时候被归因于低利率，然而受到补贴的企业借款者投资更多回报率应该更低。无论哪种情况，尽管低于均衡水平的行政性利率能够刺激投资，由于它们给予了缺乏效率的国有企业获取廉价贷款的机会也应当导致无效率。结果，如果通行的基准利率向更高的均衡水平收敛，资本的回报就会由于分配性效率的改善而上升。

在我们看来，过去二十年间持续的高投资至少有四个直接的决定因素。首先，是高的资本预期回报，正如我们下面所讨论的。其次，是投资风险的减少，这源于更多的促进商业发展的政策和不断增加的对私有产权的官方认可。再次，即使是国有企业的管理者也在更多地享有基于利润的物质奖励。最后，地方政府官员面临晋升激励，在同私有部门的竞争中受到更少的约束，这促使他们开展投资项目（Ma and Wang，2010；Xu，2011）。

导致高投资回报的一些因素已经被认为是支撑中国高储蓄的因素，尽管增加了的全球一体化减弱了国内储蓄和投资之间的关系。最初大量的剩余农村劳动力和劳动力人口占总人口比重的上升抑制了工资增长，提升了利润。大规模的资源再配置，通过劳动力迁移实现的从农业到制造业的再配置和通过企业重组实现的从国有企业到非国有企业的资源再配置改善了配置效率。高增长、高储蓄和高投资倾向于相互增进，特别是源自最初的低资本劳动比（Knight and Ding，2010）。中国2001年的入世为容纳这一结构转型提供了帮助，允许不断扩张的出口部门吸收剩余劳动力和通过国外销售增加储蓄来为增加的投资进行融资。最后，私有房屋所有权和更多的家庭贷款导致了房地产投资的上升，这占到了2000年代中国投资率上涨的一半（见图4-4）。

影响未来投资率的结构性因素

展望未来，这些相同的力量可能影响中国投资率的前景。一方面，有三个因素可能导致相比过去二十年而言更为缓慢的投资节奏。首先，来自中国企业重组和加入WTO的一次性好处将会消失，而人均资本存量已经上升——两者都会导致资本回报下降。如果全球性金融危机使中期全球增长减弱，来自国际贸易的刺激也会消失。其次，对中国储蓄率下降的预期会推高资本成本。但是，正如先前所讨论的，更高的利率也能够增进效率和提高资本回报。最后，最近的财产价格上涨可能会显著冷却下来，导致房地产投资的崩溃。如果房地产投资对总资本构成的贡献被夸大或者来自公共住房建设的刺激被忽视，这一可能的负面冲击可能会被高估。

另一方面，高的风险调整后的资本预期回报可能会持续。首先，尽管中国的资本劳动比在上升，仍然只占到 OECD 国家平均水平的很小比例（Qu，2012）。其次，相对于中国的人口规模，铁路、地铁和高速公路等基础设施都可能有扩张的空间。尽管近来存在地方政府银行贷款问题，持续的城镇化和大规模的环境工程能够在未来几年中提供有吸引力的投资机会。再次，进行中的技术进步，产业升级和放缓的劳动力增长能够推动劳动节约型技术的投资。最后，迫切需要的法律规则和合同执行上的进步能够进一步减少投资风险，而改善了的制度可能能够抑制周期性波动并提高监管效率。

总之，在未来几年中，中国政府和企业可能在基础设施和制造业能力上持续进行强劲投资，以在人口老化的同时增加其物质资本存量（以及对应的养老金资产），在制造业部门投资于劳动节约型技术，扩张城市和应对环境挑战。因此，中国的投资率看起来不大可能会很快出现迅速下降。换言之，在未来十年中任何预期的在投资和消费之间的国内再平衡都会是温和的和渐进的。

展望中国的经常账户

迄今为止，我们已经分别讨论了中国储蓄和投资的决定因素和未来前景。我们已经表明在未来十年两者都可能下降。然而，评估它们对储蓄—投资（或者经常账户）平衡的影响需要在一个一般均衡框架内探求两者之间的相互作用，这超出了本章的范围。这两个变量的小变化可能引起均衡的重大变化。

未来十年，中国的国内再平衡和外部再平衡将如何进行？国际经验没有提供清晰的指导。正如 Kindleberger（1967）以及随后的 Granaut（2010）所强调的，由于工资份额的上升导致储蓄下降，刘易斯拐点本身很可能会导致经常账户盈余的减少。就中国而言，Kuijs（2006）给出了一套政策措施和改革措施，这些措施能够使中国的储蓄和投资占 GDP 的份额分别下降 18%

和11.5%。这些估计意味着经常账户盈余会下降到GDP的6.5%。然而，日本在1980年代的经验警示我们国内再平衡并不必然会带来外部再平衡。事实上，与日本的国内再平衡相伴的是外部失衡的加剧——日本的经常账户盈余在转型阶段显著增加了（Fukumoto and Muto，2011）。

作为一种基准情况，我们设想一个渐进的场景，其中变革的结构性力量和明智的政策将再平衡中国经济。尽管增长率仍然可观，储蓄率会比投资率下降更多，进而减少经常账户盈余。中国的储蓄率和投资率将分别从2010年的水平上往下降8%和4%，分别达到GDP的45%和44%。当前的经常账户盈余将在未来十年中从2011年的占GDP的3%下降到1%。尽管这需要更多的私人和公共消费支出以驱动经济增长，投资可能仍然是增长的主要动力。有助于形成此种情景的一个重要变量是中国的汇率。

人民币汇率管理

除了对人民币合理价格的争论，大部分观察家认为自2005年在单位美元兑换8.28的水平上放弃人民币盯住美元开始，中国的货币管理就被卡在了人民币兑美元汇率上（见图4-5）。在他们看来，人民币兑美元汇率在2005年中期到2008年中期之间缓慢上升，在随后两年中保持稳定，在全球金融危机中确保了货币安全，然后在2010年6月开始重新缓慢上升（见图4-5）。

在这一观点看来，自2005年中期以来，人民币在再平衡中国经济上没有像期望的那样扮演支持性的角色。这一支持性的角色要求人民币相对中国贸易伙伴的货币升值。对美元的缓慢升值只是偶然能够实现这一结果。

我们认为这一通常的有关人民币管理的观点是相当不完全的。2005年至今的七年间，人民币管理上的两项发展为以汇率实现中国经济再平衡做出贡献做了准备。首先，汇率变动已经表现出了多货币倾向，其次，人民币真实汇率已经被允许大幅度升值（Ma and McCauley，2011a，2011b）。脱离盯住美元的汇率制度转型和真实汇率升值都有助于中国经济从投资和出口转向国内消费。

中国人民银行副行长所写的一系列出色文章同时强调了名义有效汇率（NEER）和真实有效汇率（REER）。Hu（2010b）观察的起点是，理论上讲，衡量可贸易品国际相对价格的最好指标是真实有效汇率。更低的可贸易品价格（真实有效汇率升值）显示服务生产（无论是理发还是卡拉OK）比出口品生产

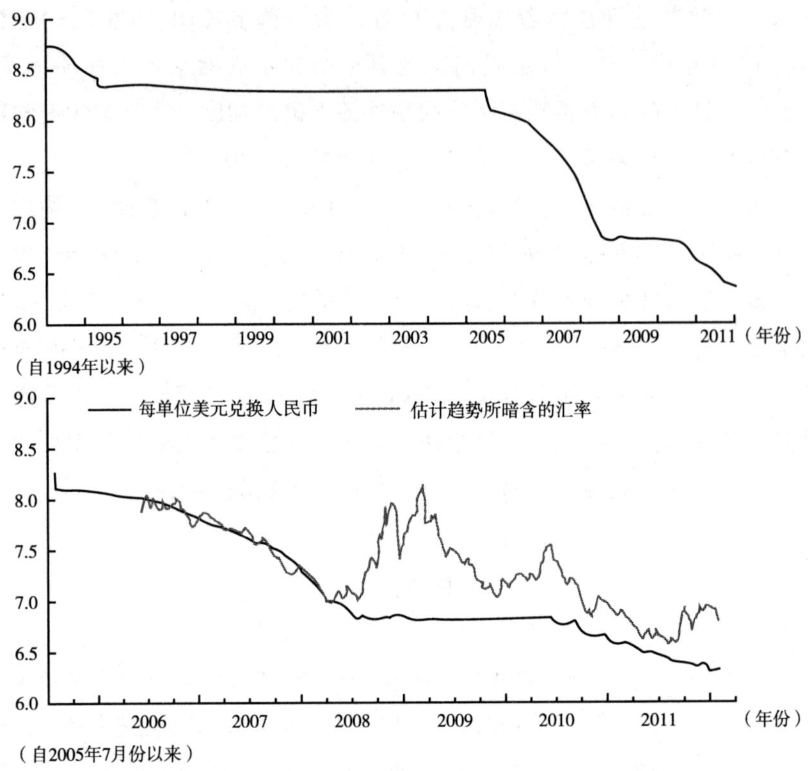

图 4－5 双边人民币美元汇率（RMB/USMYM，日数据）

汇率隐含了估计的人民币名义有效汇率的线性趋势（NEER）。线性趋势估计的时间跨度是 2006 年 1 月至 2008 年 5 月 20 日这一两年期，通过将人民币 NEER 对常数项和交易日趋势进行回归得到。

资料来源：BIS；笔者估计。

的利润更高，从而有助于经济再平衡。然而，她指出，对于政策制定而言 NEER 有两项实用性的优势：首先，没有必要就一个合适的和可比的价格指数达成一致意见；其次，NEER 具有“实时”可得性。Hu（2010c，2010d）还提到了人民币升值对于抑制进口型通胀的作用，指出 NEER 是一个重要的参照。因此，NEER 和 REER 均是中国货币政策的重要参照点。

接下来我们首先讨论人民币相对于中国贸易伙伴的一篮子货币的变动。接下来我们展示真实或者价格调整的人民币是如何升值的，除基于消费者价格的国际清算银行（BIS）指数以外，我们考虑了一个基于单位劳动力成本构建的新的指数。根据这一新的度量，人民币的竞争力在本世纪已经显著受到侵蚀。

名义有效汇率的管理

在2005年7月放弃盯住美元之后的一年中，人民币相对美元只有缓慢的升值。结果是人民币NEER的变动同步于美元NEER。然而，从2006年9月开始，有了微妙的变化。观察家们在搜寻人民币兑美元汇率更大幅度的日常变动，但是以任何标准来看，变动都仍然很小。然而，尽管对人民币汇率日常波动的严格管理在持续，几周和几个月后人民币NEER不再和美元NEER同步变动（见图4-6）。

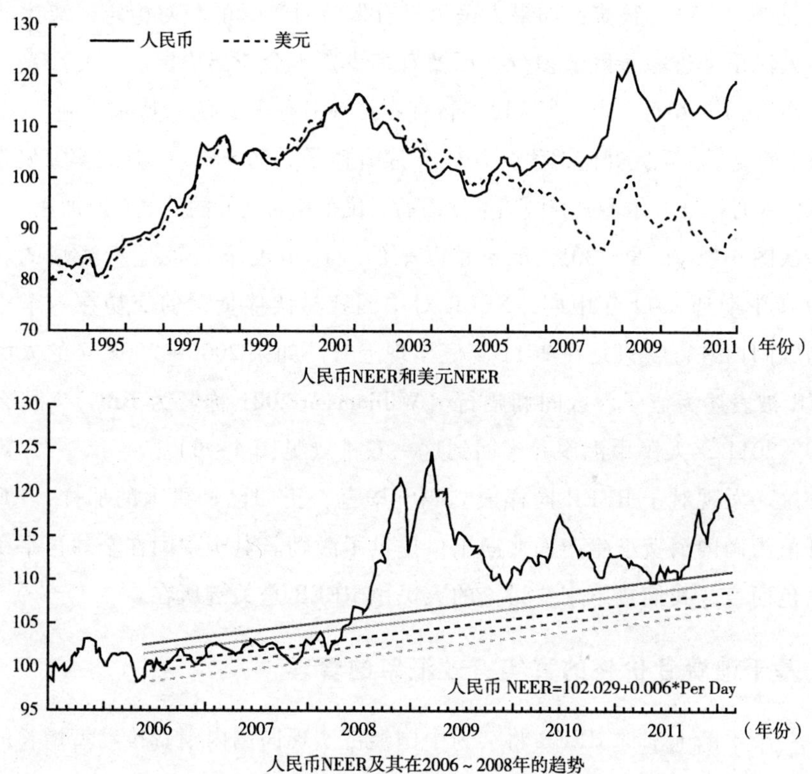

图4-6 人民币名义有效汇率（2005=100）[1]

1 BIS有效汇率指数基于61个经济体。趋势线估计的时间跨度为2006年6月1日至2008年5月30日，通过将人民币NEER兑交易日趋势进行回归得到。调整后的R平方为0.48，常数项和趋势项系数均在1%水平上统计显著。粗的虚线表示趋势线的上下2%，细的虚线表示趋势线上下1%。

资料来源：BIS；笔者的估计。

相反，人民币 NEER 表现出稳定的上升。简而言之，缓慢的和不易察觉的人民币相对美元的缓慢爬升转向了人民币相对以 BIS NEER 指数衡量的一篮子货币的缓慢爬升（见图 4－6）。日常变动显示汇率管理主要针对美元，但是周或者月变动倾向于更广泛的多货币情况。①

在 2008 年中期，全球金融危机恶化，由于美国以外的银行争相持有美元使得美元价格高涨。人民币悄然无声地重新变为熟悉的易于理解的盯住美元（Hu，2010d）。考虑到美元快速升值，一个持续的 NEER 稳定要求人民币相对美元贬值——即使周边货币没有进一步贬值以对人民币的变动做出反应（见图 4－5）。很难说如果人民币没有保持对美元的相对稳定，离岸非可兑换人民币会进一步贬值多少，以及有多少资本会流出中国。

在 2010 年 6 月，当中国人民银行宣布结束盯住美元的“特别措施”之后，人民币恢复了对美元升值，截至 2011 年底升值了大约 8%。一些观察家发现在 2011 年 8 月标准普尔下调美国债券评级后人民币相对美元的升值有所加速。

从图 4－6 来看，2010 年 6 月以来的人民币汇率政策是不清晰的。从 2010 年中期到 2011 年中期，NEER 对中国贸易伙伴货币的交易在一个相当窄的区间内进行，只是在 2011 年底出现上升。如果 2006～2008 年的人民币 NEER 被表述为篮子、区间和爬行（Williamson 2001 称其为 BBC），那么在 2010～2011 年人民币汇率并未回到这一安排（见图 4－6）。

这一发现对于 REER 同样成立吗？毕竟，正如已经指出的那样，REER 的升值为国内消费型生产而非净出口提供了激励。对于中国在全球再平衡中的角色而言，我们接下来要讨论的人民币 REER 是关键所在。

基于消费者价格的真实有效汇率的管理

一个不断上涨的 REER 将会为中国经济实现向国内消费拉动型增长的再平衡提供补充。之前章节所描述的渐进性 NEER 升值的经验同时也发生在略微更快升值的 REER 上，REER 通过消费者价格进行定义。下一节介绍基于单位劳动力成本的衡量，那将表明一个显著更快的升值。

---

① Ma 和 McCauley（2011b）认为 2006 年中期到 2008 年中期的数据不能拒绝新加坡风格的 NEER 管理，NEER 以每年 2% 的幅度上升，大部分时间货币交易在中心价格 1% 以内，并且保持在上下 2% 的区域内（见图 4－6，分别对应细虚线和粗虚线）。

2006 年中期至 2008 年中期的人民币 REER 升值要比 NEER 升值更为明显（见图 4－7）。也就是说，这些年间中国相对于其贸易伙伴国更高的通货膨胀意味着人民币 REER 相对于 NEER 有更陡峭的路径。具体地说，使用月度数据——通货膨胀数据在大多数经济体只有月度的——升值率为 0.44% 每月或者 5% 每年（见图 4－7）。

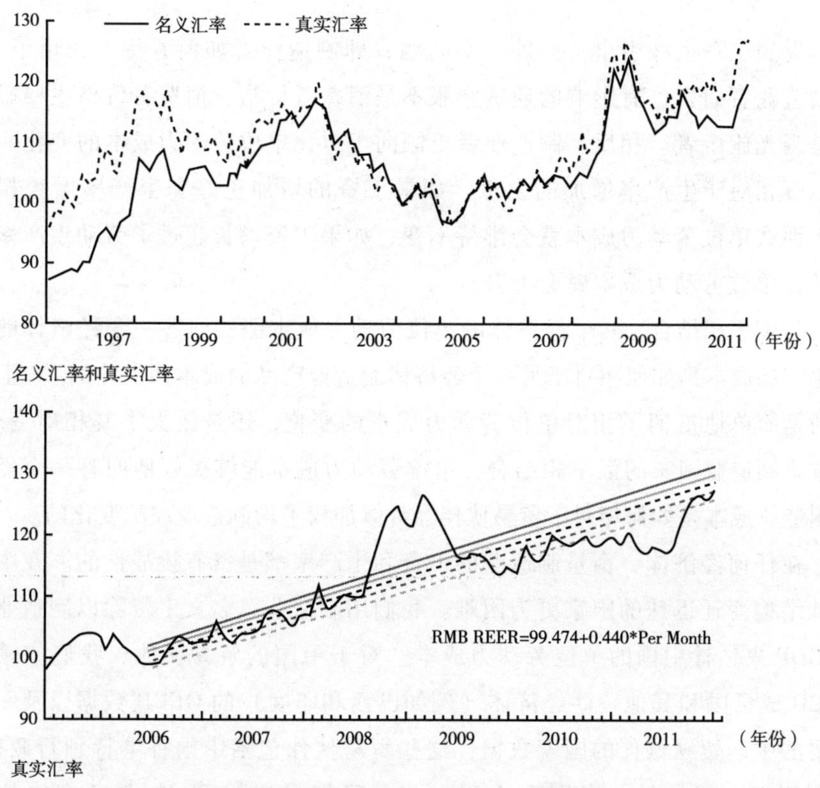

图 4－7　BIS 名义和真实人民币有效汇率（指数，2005＝100）[1]

IBIS 有效汇率指数基于 61 个经济体。趋势线估计的时间跨度为 2006 年 6 月 1 日至 2008 年 5 月 30 日，通过将人民币有效汇率对趋势项进行回归得到。粗的虚线表示趋势线的上下 2%，细的虚线表示趋势线上下 1%。

资料来源：BIS；笔者估计。

从 2005 年中期到 2011 年 12 月，人民币 REER 升值了 30%，而名义有效汇率只升值了 21%。2010 年 6 月，人民币仍然保持对美元的相对波动，从那时起到 2011 年 12 月，NEER 升值了大约 3%，而 REER 升值了 6%。

同 NEER 相反，REER 在 2010～2011 年回到了 2006～2008 年的趋势。就这一观点而言，尽管早期的数据无法在 NEER 和 REER 的变动路径之间进行区分，2010 年中期以后的数据分离出了 REER 的路径。

展望未来，一些观察家总结认为允许工资和扭曲的行政性价格上涨（例如能源价格、水的价格等）隐含着未来的 REER 升值更可能通过国内价格水平上涨而非名义汇率升值。

基于单位劳动力成本的人民币真实汇率

提到工资上涨引出了另外一个问题，即制造业者如何看待人民币汇率。对制造业者而言，有影响的通货膨胀不是消费者价格，消费者价格主要影响的是观光旅游者。相反，制造业者更倾向于对比单位劳动力成本的变化——即工资相对于生产率增加的上涨。如果工资的增加正好和生产率增长相匹配，那么单位劳动力成本就会维持不变；如果工资增长超过了劳动生产率的增长，单位劳动力成本就会上升。

与汇率相结合，两个经济体的单位劳动力成本能够回答一个经济体的制造业产品成本是如何相对于另一个经济体制造业产品的成本而变化的。[①] 汇率变动是简单地抵消了相对单位劳动力成本的变化，还是放大了其相对变化？同主要制造业国家的汇率相结合，单位劳动力成本能够更好地回答一个经济体制造业成本是如何相对于贸易伙伴经济体加权平均制造业成本变化的。

在任何经济体，衡量制造业的工资和生产率都是富有挑战性的。在中国这种结构变迁迅速的国家更为困难。我们用制造业总名义工资除以制造业真实 GDP 来估计中国的单位劳动力成本。对于中国的贸易伙伴，我们依赖于 OECD 成员国和其他一些经济体（例如巴西和印度）的 OECD 数据以及一些重要的中国贸易伙伴的国家数据，这些贸易伙伴包括中国香港特别行政区、马来西亚、新加坡、泰国和中国台北。我们最终得到 43 个经济体的数据——少于用于计算 BIS 有效汇率的 61 个经济体。[②]

---

① 一个相关的问题是可贸易品和非可贸易品之间的内部兑换率是如何变化的。He 等人（2012b）发现相对于可贸易部门，非可贸易部门的价格上涨显著更快，并且中国的内部真实兑换率以超过人民真实汇率的速度升值。

② 中国的总工资数据的覆盖面在 1998 年发生了变化，所以 1998 年之前和之后的数据不可比（Lu，2007）。我们首先连起了制造业工资序列在 1998 年的断点，然后使用旧的数列的百分比变化填补了直到 1994 年的新数列（更多细节参见图 4－8）。我们所搜集的具有单位劳动力成本数据的 43 个经济体占到了 60 个 BIS 经济体同中国贸易的 95%。我们对每一个经济体增加了 5% 的权重使得 43 个经济体的权重加总为 100%。我们的估计同随后被《经济学家》所引用的世界银行（2010）的估计很接近。

同基于消费者价格的人民币真实有效汇率相比，基于单位劳动力成本的人民币真实有效汇率在时间变动上表现出相似性，但是在变动幅度上存在差异（见图4－8）。两者都在1998年有一个局部峰值，该年亚洲金融危机导致了像韩国和泰国这样的地区竞争者货币的急剧贬值。两者随后也都显示出

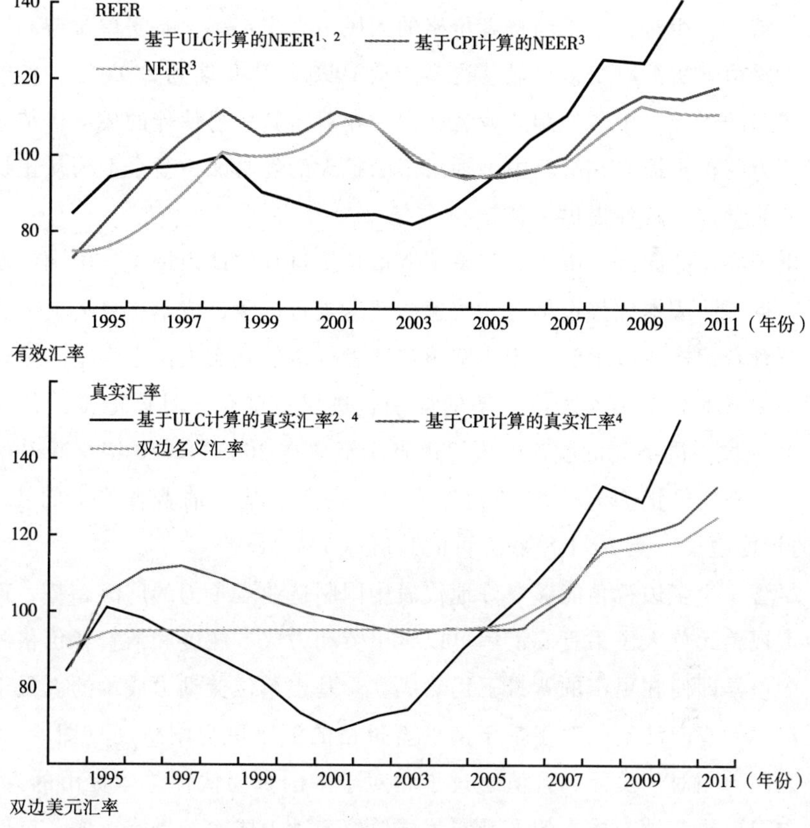

图4－8 基于CPI和单位劳动力成本的人民币真实汇率（2005＝100）

1 基于单位劳动力成本的REER篮子包括43个贸易伙伴的货币，已经占BIS篮子95%的贸易权重。43个BIS的贸易权重重新进行了标准化。

2 欧元区工业部门的单位劳动力成本和其他国家制造业部门的单位劳动力成本；中国的单位劳动力成本使用制造业总名义工资对真实GDP的比值估算。总工资的覆盖范围从1998年起发生了改变。1997年工资通过假设1997～1998年的增长率等于1996～1997年增长率和1998～1999年增长率的简单平均进行估算。1993～1996年的工资数据使用原有数据的增长率进行估算。

3 基于CPI的BIS篮子的REER和NEER包括61个贸易伙伴的货币。

4 名义双边汇率通过相对单位劳动力成本或CPI进行了调整。

资料来源：BIS；CEIC；国家数据；OECD；笔者的估计。

了中国通货紧缩的效果直到2002年美元达到峰值。由于中国的工资和通胀相对于其贸易伙伴上升更快，两者随后都上涨了。

数量上的差异是非常引人注目的。较早的中国单位劳动力成本的萎缩相对于消费者价格要严重得多，因为从1990年代晚期到2002年真实产出的增长都超过了工资增长。同样的，随后的单位劳动力成本的上涨也高于消费者价格。结果，相对于基于消费者价格的人民币真实汇率，基于单位劳动力成本的人民币真实汇率变动要显著得多。从1990年代晚期到2003年，伴随着国内成本的下降，中国的制造业者获得了相对于其贸易伙伴的成本优势。中国竞争力的稳步提升在解释中国随后不断扩大的经常账户盈余上为从工资到利润的变动这一解释提供了补充。

出于同样的原因，由于近年来工资增长快过真实产出增长，中国的制造业者不得不同成本优势过早的和快速的消退进行抗争，成本优势消退的速度快于消费者价格所显示的。相比基于消费者价格的真实人民币汇率，基于单位劳动力成本的真实人民币汇率的变动轨迹要更陡峭。具体地说，伴随着2005年人民币同美元的脱钩，人民币真实汇率在2005～2010年年间升值了40%，以平均每年7%～8%的速度升值——高于基于消费者价格的4%～5%的年均增长。至2011年底，可能升值达50%。

尽管一个多边视角能够最好地代表中国制造业竞争力的广泛趋势，通过简单审视美元兑人民币真实汇率可以看出劳动力成本测度和消费者价格测度之间的差异即使在更窄的背景下仍然成立。基于单位劳动力成本的人民币兑美元汇率的双向波动相对于基于消费者价格的汇率更为剧烈（见图4－8）。不仅人民币相对于美元的升值超过了相对于中国贸易伙伴总体货币的升值，并且中国单位劳动力成本的上升同美国单位劳动力成本的下降形成了鲜明对照。因此，在过去十年间，相对于大部分中国的其他贸易伙伴，美国的制造业者在同中国的制造业者竞争上面获得了更强的竞争力。

通过我们上文所讨论过的2%的净储蓄下降能够实现多大程度的真实汇率升值？Obstfeld 和 Rogoff（2007）分析了一个假设的美国储蓄变动对真实汇率的影响，给定需要维持非可贸易部门的就业。将他们的观点应用到中国，挑战是给定这些非可贸易品和服务的短期生产能力，阻止储蓄的突然下降所导致的对非可贸易品和服务的过度需求。还需要考虑中国经济结构同美国的差异，中国的可贸易品部门更大，而不可贸易品和服务部门更小。

然而，正如这些作者所承认的，如果调整是在中期发生的，问题就会改变。给定最终更低的储蓄和更高的消费，对于引致非可贸易品和服务部门的私人投资以使得供给充分而言什么样的价格信号才是充分的？对于这一问题我们没有一个严格的答案。在未来 5 ~10 年，我们预测一个持续的年均大约 5% 的真实汇率升值可能是充分的。就任何情况而言，这一规模的人民币真实有效汇率升值都很可能有助于减少中国的经常账户盈余（Cline，2010）。

总结

本章认为，由于储蓄下降超过投资并且人民币仍将持续升值，在未来 10 年中国的经常账户盈余将趋于从 2000 年代中期占 GDP 的 5% ~10%下降到 GDP 的 1%。在近 10 年中，那些在过去 10 年中引起中国储蓄率上升的因素，诸如一次性的生产率增进和富余的劳动供给都将减弱。由于处于中国早期赶超阶段的大规模的基础设施工程和技术升级，投资尽管可能会减缓但是仍然会保持稳健。因此，就趋势而言，中国未来的储蓄—投资平衡将会收缩。政策的放松将会在同一个方向发挥作用。政府可能放松对服务业的管制，加强社会保障体系，支持国家资助的养老金和发放国有行业的红利收入，同时为官员提供激励以提供服务而不是进行基础建设。

在转向更平衡的增长模式上，汇率能够扮演支持性的角色。正在发生的人民币真实汇率升值提供了信号表明在非可贸易部门进行投资有利可图。在过去的七年间人民币真实汇率一直在升值，真实有效汇率以大约每年 4% ~5% 的速度升值，这源于相对于贸易伙伴货币人民币名义汇率每年 2% ~3% 的升值以及中国相对于其贸易伙伴更快的通货膨胀。基于单位劳动力成本而非消费者价格的新的估计表明了更高的年均 7% ~8% 的真实汇率升值。没有理由认为这一真实汇率的升值不会继续。工资和价格的相对上涨，以及名义货币升值会继续存在。

展望未来，更少的经常账户盈余和货币升值将会使人更能感受到人民币交易的双向风险。伴随着中国向更平衡经济的转型，这种感受会为金融自由化和更多的货币自主性提供更有利的背景。

参考文献

Asian Development Bank (ADB), 2009, *Asian Development Outlook 2009: Rebalancing Asia's growth*, Asian Development Bank, Manila.

Bai, C., Hsieh, C. and Qian, Y., 2006, 'The return to capital in China', *Brookings Papers on Economic Activity*, vol. 2, pp. 61 – 88.

Bernanke, B., 2005, The global saving glut and the US current account deficit, Homer Jones Lecture, St Louis, 14 April.

Blanchard, O. and Giavazzi, F., 2002, 'Current account deficits in the euro area: the end of the Feldstein-Horioka puzzle?', *Brookings Papers on Economic Activity*, vol. 2, pp. 147 – 209.

Cheung, Y., Chinn, M. and Fujii, E., 2011, 'A note on the debate over renminbi undervaluation', in Y. Cheung and G. Ma (eds), *Asia and China in the Global Economy*, World Scientific Publishing, Singapore, pp. 155 – 187.

Cline, W., 2010, *Renminbi undervaluation, China's surplus, and the US trade deficit*, Policy Brief No. PB10 – 20, Peterson Institute of International Economics.

Cline, W., 2012, *Projecting China's current account surplus*, Policy Brief No. PB12 – 7, April, Peterson Institute of International Economics.

Feldstein, M. and Horioka, C., 1980, 'Domestic saving and international capital flows', *Economic Journal*, vol. 90, no. 358 (June), pp. 314 – 329.

Fukumoto, T. and Muto, I., 2011, *Rebalancing China's economic growth: some insights from Japan's experience*, Working Paper Series No. 11 – E – 5, July, Bank of Japan, Tokyo.

Garnaut, R., 2010, 'Macroeconomic implications of the turning point', *China Economic Journal*, vol. 3, no. 2, pp. 181 – 190.

He, D., Cheung, L., Zhang, W. and Wu, T., 2012a, *How would capital account liberalisation affect China's capital flows and the renminbi real exchange rates?*, Working Paper No. 09/2012, April, HKIMR.

He, D., Zhang, W., Han, G. and Wu, T., 2012b, *Productivity growth of the non-tradeable sectors in China*, Working Paper No. 08/2012, March, HKIMR.

Hu, X., 2010a, A managed floating exchange rate regime is an established policy, 15 July.

Hu, X., 2010b, Three characteristics of the managed floating exchange rate regime, 22 July.

Hu, X., 2010c, Exchange rate regime reform and monetary policy effectiveness, 26 July.

Hu, X., 2010d, Successful experiences of further reforming the RMB exchange rate regime, 27 August.

Kindleberger, C. P., 1967, *Europe's Postwar Growth: The role of labor supply*, Harvard University Press, Cambridge, Mass.

Knight, J. and Ding, S., 2010, 'Why does China invest so much?', *Asian Economic Papers*, vol. 9, no. 3, pp. 87 – 117.

Kuijs, L. , 2006, *How will China's saving-investment balance evolve?*, World Bank Policy Research Working Paper No. 3958, The World Bank, Washington, DC.

Lewis, W. , 1954, 'Economic development with unlimited supplies of labour', *The Manchester School*, vol. 22, no. 2, pp. 139 – 191.

Lu, F. , 2007, *China's evolving manufacturing unit labour cost and its impact on the exchange rate*, Working Paper No. C2007003, China Centre for Economic Research.

Ma, G. and McCauley, R. , 2011a, 'La gestion du renminbi depuis 2005', in *Finance Chinoise*, *Revue d'économie financière*, no. 102 (June), pp. 163 – 181.

Ma, G. and McCauley, R. , 2011b, 'The evolving renminbi regime and implications for Asian currency stability', *Journal of the Japanese and International Economies*, no. 25, pp. 23 – 38.

Ma, G. and McCauley, R. , 2012, 'China's saving and exchange rate in global rebalancing', *SUERF Studies*, vol. 2012, no. 1, pp. 123 – 140.

Ma, G. and Wang, Y. , 2010, 'China's high saving rate: myth and reality', *International Economics*, no. 122 (December), pp. 5 – 40.

Ma, G. and Zhou, H. , 2009, *China's evolving external wealth and rising creditor position*, Working Papers No. 286, July, Bank for International Settlements, Basel.

Obstfeld, M. and Rogoff, K. , 2007, 'The unsustainable US current account position revisited', in R. Clarida (ed.), *G7 Current Account Imbalances*, Chicago, pp. 339 – 366.

Park, D. and Shin, K. , 2009, *Saving, investment and current account surplus in developing Asia*, Economics Working Paper No. 158, Asian Development Bank, Manila.

People's Bank of China (PBC), 2008, *China's Monetary Policy Report*, May, People's Bank of China, Beijing.

People's Bank of China (PBC), 2010, Further reform of the RMB exchange rate regime and enhancing the RMB exchange rate flexibility, Policy announcement, 19 June 2010, People's Bank of China, Beijing, http://www.pbc.gov.cn/english/detail.asp?col=6400&id=1488.

Qu, H. , 2012, 'China macroeconomics: what overinvestment?', *HSBC Global Research*, February.

Williamson, J. , 2001, 'The case for a basket, band and crawl (BBC) regime for East Asia', in Reserve Bank of Australia, *Future Directions for Monetary Policies in East Asia*, pp. 97 – 111.

World Bank, 2010, *China Quarterly Update*, June 2001, World Bank Office, Beijing, http://www.worldbank.org/en/country/china/research/all?qterm=China+Quarterly+Update&lang_exact=English.

Xu, C. , 2011, 'The fundamental institutions of China's reforms and development', *Journal of Economic Literature*, vol. 49, no. 4 (December), pp. 1076 – 1151.

Zhou, X. , 2009, On savings ratio, Speech at the High Level Conference hosted by Bank Negara Malaysia, Kuala Lumpur, 10 February, http://www.bis.org/review/r090327b.pdf.

（张川川　译）

第五章
"飞雁模式" 发生了吗?
——对 1998 ~2008 年中国制造业的分析

曲 玥 蔡 昉 张晓波 *

摘要： 本文采用中国制造业规模以上企业数据，从县级经济体的水平上考察了中国制造业是否发生"飞雁"模式的转移。我们发现，产业集聚的效应在 2004 年以前一直发挥着促使产业向东部沿海地区集聚的重要作用，之后该效应的效果逐渐下降，表现为制造业特别是劳动密集型产业出现向中西部内陆地区移转的趋势。此时，企业的综合经营成本上升和要素成本的提高逐渐成为影响产业形成、产业转移的重要因素。

关键词： 制造业 飞雁模式 产业集聚

JEL 分类号： O14 J01 R10

一 引言

改革开放 30 多年来，依赖沿海地区制造业特别是劳动密集型产业的快速成长，中国经济获得了高速增长。在 2009 年，中国的人均 GDP 达到 3774

* 蔡昉，中国社会科学院人口与劳动经济研究所；曲玥，中国社会科学院人口与劳动经济研究所；张晓波，国际食品政策研究所 IFPRI。

美元，成为中等收入国家的一员[①]。纵观历史，随着经济的发展，工资等要素价格逐渐上升，劳动密集型产业会逐渐丧失传统的优势，从而诱致企业逐渐向要素价格更低的国家和地区流动。我们看到，现有的文献中更多讨论的是产业在国家间的这种流动，并且许多证据表明，随着经济发展阶段的改变，一个国家（或者经济体）会逐渐淘汰落后的产业结构，将其转移至更不发达的国家或地区，同时升级自身的产业结构以获取经济增长的新的动力源泉，这也就是我们通常所说的"飞雁模式"，或者叫做"雁阵模式"（Okita，1985；Kojima，2000）。

我们知道，沿海地区具有便利的地理条件方面的优势，因而成为中国制造业的发源地。在过去的几十年里，依靠交通、外资、政策扶植等方面的便利条件，同时依赖源源不断的充足低廉的劳动力的供给，我国东部沿海的劳动密集型的产业逐渐发展壮大。在此基础上，借助于产业集群效应的发挥，沿海地区逐渐发展为劳动密集型的产业格局（路江涌，2006）。然而，在制造业特别是劳动密集型产业日益发展的同时，我国的农村剩余劳动力已几乎转移殆尽，这时劳动力的供给不再是无限的。我们看到，近年来沿海甚至内陆地区不断出现"用工荒"现象（蔡昉，2010；Zhang et al.，2011），普通工人的工资持续上涨，也就是说我国经济在步入中等收入国家的同时也到达了刘易斯转折点。这为我国制造业产业结构的演化以及在区域间重新布局提出了挑战。

而对于中国这样一个具有二元经济特点的国家而言，当前经济发展阶段的一个重要方面的变化就是劳动力供求态势的转变，即伴随着我国制造业尤其是劳动密集型产业的快速发展，农村剩余劳动力逐渐向城市现代经济部门转移殆尽，这时劳动力价格（工资水平）快速上涨，劳动和资本两种基本生产要素的相对价格发生改变，这些都要求经济增长方式的转变以及产业结构的调整来迎合这些方面的变化。那么在当前刘易斯转折时期，在工资和劳动力成本快速上涨的时期，劳动密集型产业是否还有生存的空间和存在的价值，是否有潜力对我国未来的经济发展做出贡献，进一步地，我们该如何最大化、最优化地调整产业的结构和布局来实现经济的最优发展路径和发展质量成为我们必须面对且亟待解决的问题。

---

① 资料来源：世界银行人文发展数据库，http://data.worldbank.org/。

应该说经济长期发展的趋势必然会要求产业结构的升级和调整，从劳动密集型产业逐渐升级为资本密集或技术密集型产业。然而在当前的发展阶段，虽然劳动年龄人口、劳动力供给的增长已经开始放缓，但是我国作为人口大国的特征在一定时期内是不会改变的，也就是说劳动力供给的绝对数量还很大。那么，劳动密集型产业的存在对于解决就业，特别是解决普通劳动者的就业仍然具有重要作用。此外，劳动密集型产业经过多年的发展已日渐成熟，具有了良好的 TFP 表现，正值其发挥对经济增长较好贡献的黄金时期（曲玥，2010）。所以保持劳动密集型产业在我国的存在和发展对未来一段时期我国的经济发展具有重要的意义。但不可回避的是，鉴于东部沿海地区经济发展以及工资和劳动力成本的上涨，其已经开始面临升级产业结构的需求，这就对劳动密集型产业在我国区域间的重新布局提出了要求。以往大量的文献表明（范剑勇，2004；罗勇等，2005），产业是向沿海地区集聚的，然而这些研究的对象大都是 2005 年前的情况。蔡昉等（2009）通过对 2000～2007 年中国各区域的劳动力成本和全要素生产率的测算和分析，认为中西部地区有条件承接东部沿海地区的劳动密集型产业，从理论上论证了"飞雁模式"在中国内部发生的可能性。阮建青等（Ruan and Zhang，2010）利用 1998～2008 年中国工业企业数据库，从省级区域水平上验证过中国纺织行业"飞雁模式"发生的事实。我们在本文关心的是，一国内的"飞雁模式"这种理论上的可能性是否在中国真正发生了，中国制造业特别是劳动密集型产业是否仍然具有延续的空间。这些问题是值得考察并且需要验证的，因为这些都关系到我国未来区域经济以及产业经济政策方面的导向。

二　样本介绍与描述性事实

（一）样本介绍

我们的这项研究主要基于中国制造业规模以上企业的数据，所属时期为 1998～2008 年，共 11 年，包含全国 31 个省（直辖市/自治区），以及 30 个 2 位数的制造业行业，包含全部的国有企业以及年销售收入在 500 万以上的非国有企业，每年样本企业数量在 10 万（1998 年）到 30 万（2008 年）之间。应该说这套数据指标十分丰富且更新至 2008 年，因此非常符合我们此项研究的要求。这体现在：首先，样本量足够完整，这套数据在一定程度上（销售收入的限制）是一个全样本数据而非抽样数据；其次，样本涵盖的年份历时1998～2008年，这个阶段刚好是我国经济高速发展以及制造业快速成长的时期，同时还历经我们通常认定的刘易斯转折发生的时期（2004年左右）（蔡昉，2007；Zhang et al.，2011），这样的数据非常有利于我们考察制造业的发展历程特征以及其在刘易斯转折点前后的变化；最后，由于是企业微观数据，这使得我们可以从最基础的县级经济体的水平上考察产业集聚、产业转移的相关问题，这无疑会大大提高研究的可靠性。当然，我们知道，这套数据也有没能涵盖销售收入在500万以下的非国有企业的缺点，那么这里我们可以通过将这套数据在2004年和2008年的样本基本情况分别与第一次经济普查（2004年）和第二次经济普查（2008年）数据的主要指标进行比照，据此来了解一下此套数据的代表性究竟如何。

表5-1给出了两套样本在就业、资产、主营业务收入、利润总额这几个基本指标的比较。我们看到，在2004年，与第一次普查数据相比，我们的规模以上企业数据样本的几项指标对全部普查企业情况的占比分别为67%～90%。规模以上企业的资产、主营业务、利润为全部企业的90%左右；占比最低的为就业，二者比例为67.58%，这样的情况是因为中小企业的劳动密集程度更高。而我们拿2008年规模以上企业数据与第二次经济普查情况比对的结果是两个样本各指标的情况变得更加均衡，其中就业占比提高到73%，资产和利润占比约为85%。表5-1中我们还进一步给出了分行业的情况，同样地表现出规模以上企业在就业方面的覆盖率较低，但2008年比2004年情况有所改善。综合来看，这套样本总体上可以很好地代表制造业整体的情况，但较全部企业而言，其具有规模较大、盈利较好且资本密集度更高的特点。

（二）制造业及劳动密集型产业区域分布情况

根据这套样本，首先看一下制造业1998～2008年在我国沿海和内陆两个区域的分布情况，包括资产、劳动以及产值的分布。另外我们还可以特别关注一下劳动密集型产业的分布情况。那么我们该如何定义劳动密集型产业呢？我们知道劳动密集型产业是指企业在使用生产资本和劳动两种要素来进行生产时采用较多的劳动、较少的资本的行业。因而它是相对情况的比较，

表 5-1　2004 年规模以上企业与普查企业样本比较（分行业）

行　业	比值（规模以上企业/普查企业）						
	资　产		利　润		就　业		主营业务
	2004 年	2008 年	2004 年	2008 年	2004 年	2008 年	2004 年
农副食品加工	0.8349	0.8608	0.7439	0.8380	0.6279	0.6964	0.8867
食　品	0.8433	0.8662	0.8779	0.8659	0.6523	0.7117	0.8836
饮　料	0.8664	0.8896	0.9042	0.8969	0.6577	0.6880	0.8957
烟草制品	1.0046	0.9989	0.9897	0.9990	0.9846	0.9645	1.0062
纺织业	0.8717	0.8870	0.8577	0.8662	0.7441	0.8104	0.8921
纺织服装鞋帽	0.7913	0.8192	0.8932	0.8378	0.6586	0.7157	0.8558
皮毛羽毛制品	0.8268	0.8676	0.8481	0.8750	0.7332	0.8117	0.8854
木材加工	0.7118	0.7354	0.5469	0.6889	0.4559	0.5533	0.6926
家具制造	0.7194	0.7691	0.7092	0.6976	0.5637	0.6629	0.7738
造　纸	0.8573	0.8961	0.8513	0.8610	0.6224	0.6959	0.8546
印刷业	0.7261	0.7490	0.7964	0.7356	0.4818	0.5348	0.6959
文教体育用品	0.7958	0.8329	0.8562	0.7820	0.6987	0.7923	0.8553
石油加工炼焦	0.9693	0.9611	0.9709	1.0138	0.8416	0.9299	0.9877
化学原料制品	1.1044	0.9243	0.9347	0.9323	0.7132	0.7713	0.9270
医　药	0.8999	0.9251	1.0404	0.9909	0.8355	0.9005	0.9717
化学纤维	0.9463	0.9536	0.9733	0.9504	0.8888	0.9292	0.9803
橡胶制品	0.8812	0.9034	0.8772	0.8644	0.7100	0.7618	0.8881
塑料制品	0.7810	0.8114	0.7988	0.7923	0.5798	0.6593	0.8057
非金属矿物制品	0.8144	0.8211	0.6781	0.7449	0.4770	0.5346	0.7527
黑色金属冶炼	0.9706	0.9875	0.9834	0.9804	0.8873	0.9509	0.9811
有色金属冶炼	0.9523		0.9764		0.8399		0.9614
金属制品业	0.7677	0.7926	0.8235	0.7965	0.5866	0.6554	0.8176
通用设备	0.8348	0.8564	0.8500	0.8582	0.6322	0.6877	0.8318
专用设备	0.8513	0.7768	0.9034	0.8491	0.6855	0.6281	0.8743
交通运输设备	0.9355	0.8804	0.9648	0.9180	0.7695	0.7652	0.9503
电气机械器材	0.8958	0.9186	0.9641	0.9492	0.7588	0.8447	0.9355
通信设备计算机	0.9471	0.9106	1.0169	0.9381	0.8275	0.9230	0.9868
仪器仪表	0.8526	0.8793	0.9795	0.9472	0.7087	0.7799	0.9150
工艺品	0.7534	0.6291	0.7127	0.6748	0.5987	0.5921	0.7778
废弃材料回收	0.6722	0.7799	0.6492	0.7071	0.4539	0.6069	0.7796
全　部	0.8988	0.8477	0.9062	0.8411	0.6758	0.7275	0.9084

资料来源：规模以上企业的情况由笔者根据中国规模以上企业数据整理；普查企业情况来源于《第一次全国经济普查主要数据公报》http://www.stats.gov.cn/zgjjpc/cgfb/t20051206_402294807.htm 和《第二次全国经济普查主要数据公报》http://www.stats.gov.cn/was40/reldetail.jsp?docid=402610156，国家统计局网站。

因此在不同的国家和时期其具体情况也可能不同。这里我们根据中国的情况和国际通用标准，选择 12 个同时被两个标准认定为相对劳动密集型的产业，如表 5－2 所示。表 5－2 的右边是我们根据 2008 年中国制造业企业数据计算的 30 个制造业行业的资本密集度排名较低的 15 个行业；表 5－2 的左边的部分是根据 Ciccone（2009）描述的各产业的资本密集度情况找到的 16 个资本依存度较低的行业。我们最终选择了同时符合这两个标准的资本密集度较低的 12 个行业作为劳动密集型产业的代表，分别为：纺织服装鞋帽（18）、皮毛羽毛制品（19）、木材加工（20）、家具制造（21）、文教体育用品（24）、塑料制品（30）、金属制品业（34）、通用设备（35）、专用设备（36）、仪器仪表（39）、通信设备计算机（40）、电气机械器材（41）[①]。

表 5－2 劳动密集型产业的划分标准（国际/国内）

国际标准		中国情况	
Industry Name	CAPINT	行业名称	资本劳动比(千元/人)
Footwear, except rubber of plastic	0.443	皮毛羽毛制品	31.28
Wearing apparel, except footwear	0.481	纺织服装鞋帽	37.01
Professional&scientific equipment	0.654	文教体育用品	37.23
Leather products	0.663	工艺品	46.18
Tobacco	0.73	家具制造	61.16
Printing and publishing	0.785	电气机械器材	78.64
Furniture, except metal	0.789	木材加工	86.27
Chemicals, other	0.800	金属制品业	91.35
Other manufactured products	0.878	纺织业	91.68
Machinery, electric	0.924	塑料制品	94.33
Machinery, except electrical	1.017	仪器仪表	94.36
Fabricated metal products	1.173	通用设备	110.24
Misc, petroleum and coal products	1.199	废弃资源材料回收加工	110.51
Transport equipment	1.32	专用设备	116.51
Food products	1.366	通信设备计算机	116.56
Plastic products	1.416		

注：国际标准参见 Ciccone，A. 和 E. Papaioannou，2009；国内情况根据 2008 年制造业规模以上企业数据计算整理。

① 括号内为两位数行业代码。

依据对规模以上企业数据的计算和整理，图 5－1 给出了制造业全部产业的就业、资产以及产值在 1998～2008 年沿海地区企业所占份额情况〔见图 5－1（a）〕①。同时我们也给出了我们所选择的 12 个劳动密集型产业的区域分布情况〔见图 5－1（b）〕。我们看到，总体而言制造业在这段时期是趋于向沿海地区集中的。在 1998～2008 年，沿海地区制造业产值始终占全国的 70% 以上；资产份额在 1998 年仅略高于 60%，而在 2008 年则达到 70% 以上；三个指标中就业份额的提高最显著，从 1998 年的不到 60% 提高到 2008 年的 70% 以上。而我们再看劳动密集型产业，发现几个指标更是几乎全部集中于东部沿海地区，三项指标占全国的份额在大部分年限都超过了

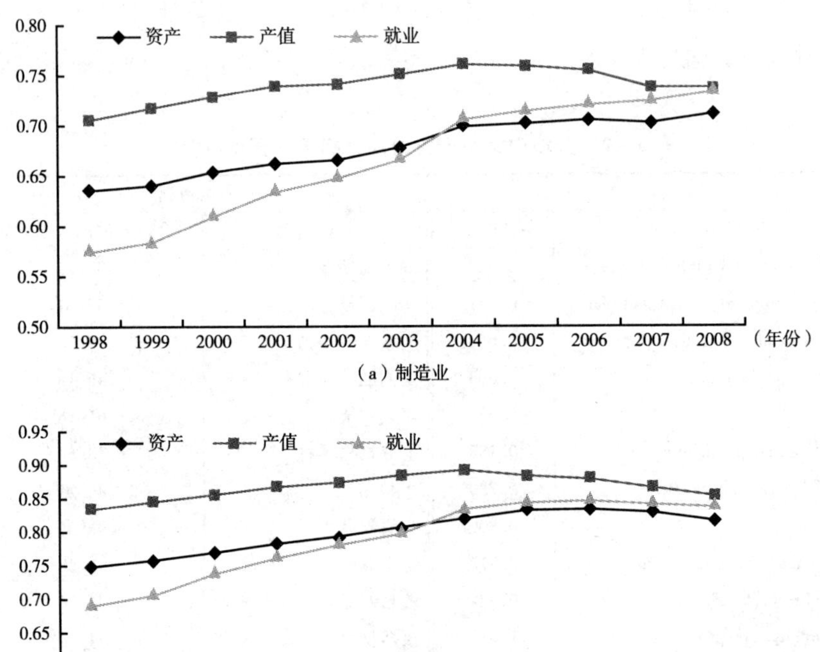

（a）制造业

（b）劳动密集型产业

图 5－1　制造业及劳动密集型产业在沿海地区的比重

① 东部沿海地区包括北京、天津、河北、辽宁、上海、江苏、浙江、福建、山东、广东、海南；中西部内陆地区包括山西、吉林、黑龙江、安徽、江西、河南、湖北、湖南、内蒙古、广西、重庆、四川、贵州、云南、西藏、陕西、甘肃、青海、宁夏、新疆。

80%。其中，东部地区劳动密集型产业的产值份额始终占全国的80%以上，最高时甚至接近90%（2004年）；东部沿海地区劳动密集型产业的就业份额从最初的不到70%提高到85%左右；资产最初不到80%，但自2004年后开始超过80%。

虽然我们观察到制造业及其中的劳动密集型产业在1998~2008年是更加集中于东部沿海地区的，但同时我们还发现，产业在集中的过程中似乎存在“转折点”。首先，对于总体的制造业，我们看到其产值的份额在2004年左右达到最高点，之后则逐年下降；就业和资产虽然没有出现明显的达到顶点再下降的情况，但是2004年后也存在增长放缓的趋势。进一步地，我们观察到劳动密集型产业“转折”的趋势更为显著。三个指标中，除了就业之外，产值和资产两项指标在东部沿海地区的份额都是先上升后下降，“转折”点约在2004~2005年；虽然就业的份额没有明显下降，但2004年后也几乎停止了增长。

进一步地，我们通过观察三个区域要素的成本和收益情况，发现这些可以在一定程度上解释前面我们看到的制造业以及劳动密集型产业在区域间布局的演变。如图5-2所示，从1998年开始，东部沿海地区的要素收益，

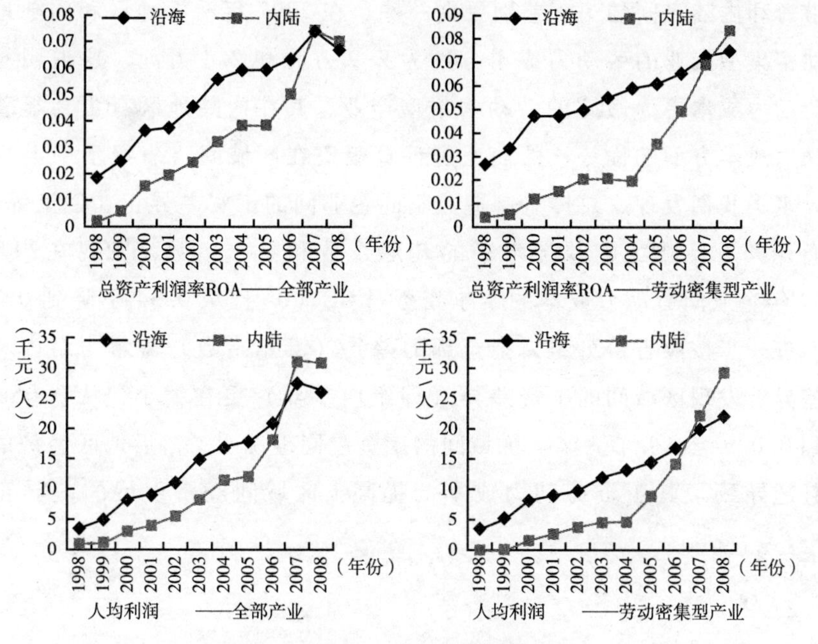

图5-2 区域主要要素收益情况

无论是总资产利润率（ROA）还是人均利润水平最初都是远远高于内陆地区的。然而从2005年开始内陆地区的赢利能力快速赶超，其与沿海地区的差距开始缩小，并且于2006年发生了重大转变，在2007年内陆地区的总资产利润率和人均利润率均反超了东部沿海地区。特别是在2008年遭遇金融危机的冲击时，沿海地区的赢利情况大幅下滑，但内陆地区遭遇冲击的影响并不明显。另外，与全部制造业相比，我们看到劳动密集型产业在内陆地区的赢利能力反超东部沿海地区的势头更为强劲，且从2004年就已经出现赶超劲头，而2004年正是通常我们认为的“刘易斯转折点”出现的时间。蔡昉等（2009）的研究也表明内陆地区比沿海地区有更快的全要素生产率提高速度和贡献率。因此我们有理由认为这些要素的收益情况可能也正是我们观察到的产业布局变化的重要诱导因素之一。

进一步地，我们也计算了沿海和内陆两个区域的工资劳动力成本的水平①。我们看到，对于整体制造业而言，东部沿海地区初始的劳动力成本始终高于内陆地区，在2007年沿海地区的平均劳动力成本为每年2.9万元左右，而内陆地区仅为2.5万元左右；同时我们看到劳动密集型产业在沿海和内陆之间的工资差别更大一些，在2007年沿海地区和内陆地区劳动密集型产业的劳动力成本分别为2.9万元和2.4万元。这说明对于对劳动力成本更为敏感的劳动密集型产业，其在内陆地区有更为显著的劳动力成本方面的优势。然而通过计算工资在区域间（省级水平上）的差异水平我们发现，总体看制造业不同企业间的工资差异正在逐渐缩小。我们计算了反映工资差异水平的基尼系数和泰尔指数，发现在2000~2007年企业间劳动力成本的泰尔指数［GE（0）］从0.34下降到0.25。我们进一步按照省份分组，把全部的差异（泰尔指数）分解为组内和组间差异，发现区域间的工资差异（即组内差异）更在缩小，从0.058下降到0.029，减少了一半。区域间的工资趋同也说明了落后地区经济的逐渐赶超导致了其工资劳动力成本的提高，区域间经济发展的差异正在减小。

---

① 我们对劳动力成本的度量为工资、福利和劳动保险之和。

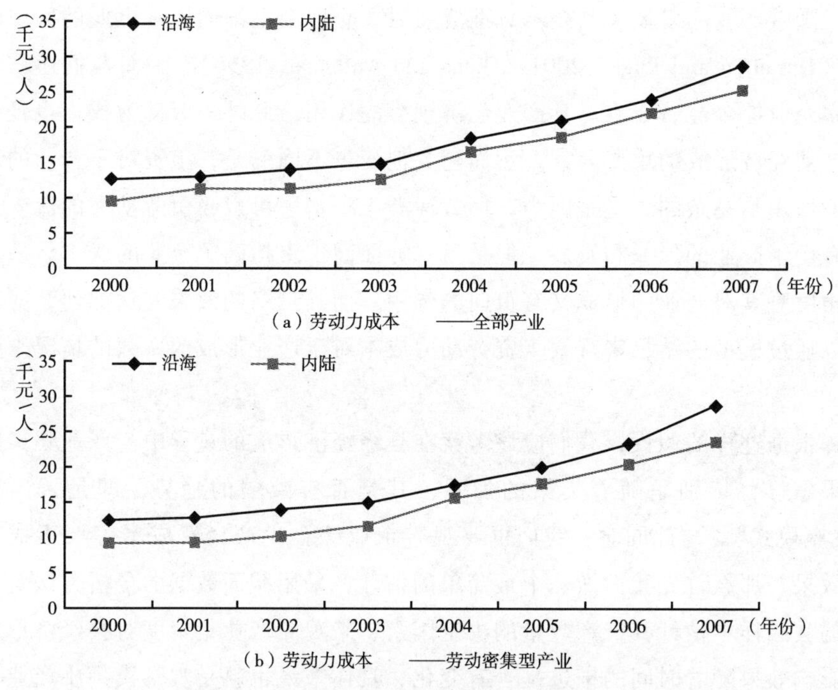

图 5-3 劳动力成本及其区域差异

三 产业形成的决定因素

我们在描述性事实中看到了制造业特别是劳动密集型产业在经历了多年向沿海地区的集聚之后，在 2004 年左右开始一定程度地向内陆地区转移的态势。接下来我们要检验的是产业在区域间的布局状况是什么因素决定的，从而观察诱致产业布局变化的因素是什么。我们考虑模型的被解释变量可以是在某区域制造业的资产、产出、就业人数以及企业数目水平，但我们认为可以代表产业布局的最重要的指标为资产的情况。因此，我们把企业数据合并到县级水平，观察每个县制造业资产数量的变化，同时与县级的税收成本数据以及产业集聚度数据进行合并。这样我们构建模型的解释变量可以是决定产业布局的以下几个方面的变量。首先，产业集聚的指标。有关产业集聚的理论研究指出，产业集聚一旦形成就具有自我强化的功能，其集聚的优势会不断增强，从而吸引更多的企业集聚（Krugman，1991）。其次，我们知道，随着产业的发展，其技术日渐成熟时，企业会逐渐向成本更低的区域转移（Duranton and Puga，2001；Diego and Anthony，1996），因而我们还需要考察企业综合经营成本对县产业经济规模的作用。此外，劳动力成本也是影响产业经济形成的重要因素。然而与其他变量不同的是，工资对于产业的形成的作用是复杂的，这是因为，一方面高工资水平可以吸引劳动力的流入进而有助于产业的形成和发展，但是另一方面高工资抬高了企业的成本，从这个角度看其对产业的形成又有负向的作用。而其最终的效果究竟如何，我们可以通过模型的结果来观察工资劳动力成本对于产业形成的系数的情况来验证。

根据这样的假设，我们应该考察在县级经济形成的过程中，产业集聚的效果怎样，特别是随着集聚的加强，其是否有减弱的趋势，即是否出现“飞雁模式”。与此同时，我们也要观察企业综合生产经营成本等要素成本的效果。那么首先我们做一个最简单的估计，采用截面数据的分析方法对每年的县级样本估计其资产数量的决定因素，来观测产业集聚度对县经济形成的影响效果随着时间的推进是否有变化，具体来说也就是观察模型中产业集聚变量的各年系数的情况[①]。我们对县产业聚集度的度量方法是采用1995年中国工业普查数据计算县内各产业聚集度的平均值[②]。其次，为了观察企业经营成本，我们控制了综合税收成本（具体为每单位工业总产值的工商总税收水平）[③]。最后，为了控制县经济体规模，我们在模型中加进人口数目变量（县人口数目采用2000年人口普查数据），同时也控制了省份虚拟变量。具体模型设定如下：

$$\ln(K_i) = \beta_1 \cdot approx_i + \beta_2 \cdot \ln(taxrate_i) + \beta_3 \cdot \ln popu_i + \beta_4 \cdot dummy_{province} + \varepsilon_i$$

模型中 i 代表各县，K 为县产业资本水平，*approx* 为产业聚集度；*taxrate* 为综合税收成本，*popu* 为人口数目。我们分别对制造业以及其中的劳动密集型产业估计了各资产数目的形成因素。表5－3的上半部和下半部分别是全部制造业和劳动密集型产业的资产形成方程的估计结果。

① 我们同时对县产业产值/企业数目/就业人数的决定因素做了同样的估计，估计结果大致接近。为节约篇幅，文中略去详细报告。

② 关于此方法的详细说明请参见 Cheryl Long 和 Xiaobo Zhang（2011）。

③ 根据各县财政税收数据整理。

表 5-3 产业资本形成——截面分析方法

	1998 年	1999 年	2000 年	2001 年	2002 年	2003 年	2004 年	2005 年	2006 年	2007 年	2008 年
	全部制造业										
产业聚集度	8.88**	8.46**	9.80**	10.34**	9.73**	8.96**	9.32**	8.82**	8.99**	8.94**	9.16**
	(-1.66)	(-1.68)	(-1.61)	(-1.64)	(-1.6)	(-1.68)	(-1.43)	(-1.55)	(-1.43)	(-1.48)	(-1.51)
人口(对数)	1.25**	1.27**	1.28**	1.28**	1.21**	1.22**	1.15**	1.12**	1.08**	1.05**	1.04**
	(-0.06)	(-0.06)	(-0.06)	(-0.07)	(-0.07)	(-0.07)	(-0.06)	(-0.06)	(-0.06)	(-0.06)	(-0.06)
税负(对数)	0.01	0.01	0.01	0.03	-0.03	-0.03	-0.03	-0.04	-0.06	-0.08*	-0.12**
	(-0.05)	(-0.05)	(-0.05)	(-0.05)	(-0.04)	(-0.04)	(-0.04)	(-0.04)	(-0.04)	(-0.04)	(-0.04)
r^2_a	0.47	0.47	0.5	0.49	0.49	0.48	0.49	0.49	0.49	0.47	0.51
aic	5845	5902	5858	5913	6065	6121	6042	5979	5897	5850	5872
N	1660	1651	1682	1671	1706	1718	1728	1711	1702	1670	1716
	劳动密集型产业										
	1998 年	1999 年	2000 年	2001 年	2002 年	2003 年	2004 年	2005 年	2006 年	2007 年	2008 年
产业聚集度	6.21**	6.10**	5.45**	5.21**	5.81**	2.86	3.93**	4.06**	4.86**	4.07**	3.32*
	(-1.93)	(-1.99)	(-1.98)	(-2.03)	(-1.9)	(-1.94)	(-1.92	(-1.95)	(-1.84)	(-1.92)	(-1.85)
人口(对数)	1.14**	1.11**	1.16**	1.05**	1.00**	0.95**	1.05**	0.97**	0.93**	0.88**	0.92**
	(-0.08)	(-0.08)	(-0.08)	(-0.09)	(-0.09)	(-0.09)	(-0.09)	(-0.09)	(-0.09)	(-0.09)	(-0.08)
税负(对数)	-0.05	-0.01	-0.03	-0.01	-0.04	-0.02	-0.01	-0.03	-0.06	-0.05	-0.09*
	(-0.06	(-0.06)	(-0.06)	(-0.06)	(-0.05)	(-0.05)	(-0.05)	(-0.05)	(-0.06)	(-0.06)	(-0.05)
r^2_a	0.38	0.4	0.41	0.39	0.4	0.38	0.39	0.41	0.42	0.42	0.45
aic	5824	5583	5690	5517	5572	5493	5626	5561	5409	5263	5481
N	1482	1434	1468	1418	1431	1409	1431	1434	1422	1386	1470

注：**、*分别表示在5%、10%水平上显著；括号中的为 t 值。

另外为了观测方便我们把产业聚集度和综合税负在模型中各年系数的取值绘制成图4（我们删除了变量效果不显著的年份的取值）。我们看到产业集聚对县级全部制造业资产的形成有明显的正向效果（见表5－3及图5－4），但是其效果约在2001年左右达到顶点（系数为10.34），随后效果逐渐减弱；而对于劳动密集型产业，产业聚集度对产业形成的效果更弱，且几乎是逐年下降的，系数从最初的6.21降低到3.32（见表5－3及图5－4）。同时我们看到，综合税收成本开始对县级资产形成的效果并不明显，在多个模型中都不显著[①]。也就是说，在初期县级经济的形成主要是产业集聚的效果的发

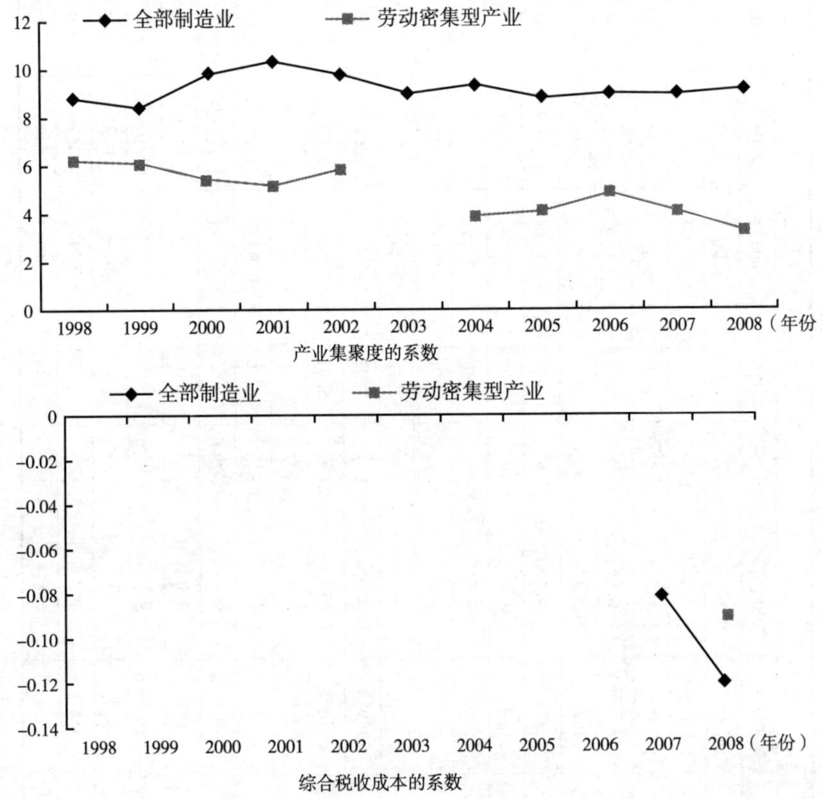

图5－4 产业聚集度和税负成本对产业形成的效果

注：这两个图是根据表5－3的回归数据绘制的。

① 值得说明的是，在我们同时估计的县产业产值—企业数目—就业的决定模型中，税负的效果在各年几乎都是显著的，且表现为负并逐年下降。

挥。而随着产业集聚效果的减弱，综合税负成本在 2007 年（全部产业）和 2008 年（劳动密集型产业）左右逐渐显现出了更显著的作用，其对于产业形成的负向效果逐渐增强。

此外，我们也想了解劳动力成本对于县级经济形成的作用。这里需要说明的是，我们规模以上企业的在 1998 年、1999 年和 2008 年的数据中并未包含与工资和劳动力成本相关的指标，所以只能对 2001～2008 年的样本加入对劳动力成本因素的分析①，为此我们在前面模型的基础上在解释变量中加入工资劳动力成本变量，具体设定为：

$$\ln(K_i) = \beta_1 \cdot approx_i + \beta_2 \cdot \ln(taxrate_i) + \beta_3 \cdot \ln(wage_{i,-1}) + \beta_4 \cdot \ln(popu_i) + \beta_5 \cdot dummy_{province} + \varepsilon_i$$

模型中 *wage* 为工资水平（为了避免内生性，我们采用滞后一期的变量）。为了节约篇幅，此处不再具体报告估计结果，仅把估计结果中劳动力成本变量的各年系数的取值绘制成图 5－5。我们观察到在 2001～2008 年，总体上工资对于产业经济的形成是正向的效果，也就是说其对于吸引劳动力进而对产业集聚发挥的正向效果超过了其增加企业成本阻碍产业形成的效果。但是，我们还发现工资劳动力成本对于产业经济形成总体的正向效果在逐渐减弱；对于劳动密集型产业而言，情况就更为有趣，其工资劳动力成本

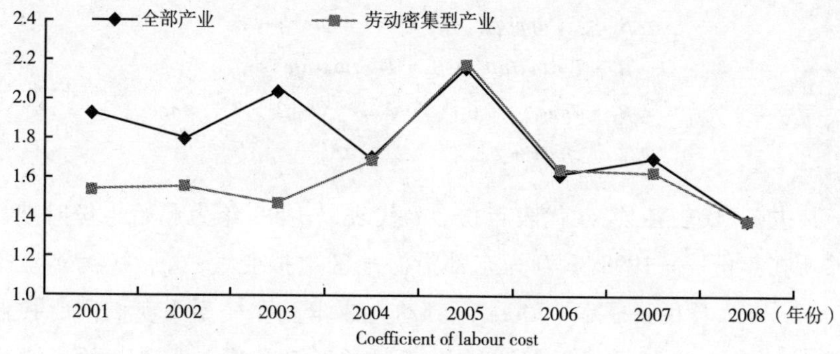

图 5－5　劳动力成本对产业形成的效果

注：这个图是根据含工资变量模型的回归结果数据绘制的。

① 我们只有 2000～2007 年的工资劳动力成本的指标，同时我们在模型中采用的是滞后一期变量，故而含工资劳动力成本变量的模型只能用于对 2001～2008 年样本的分析。

对于产业形成的效果更弱，但是在2004、2005年刘易斯转折点和“用工荒”较为严重的时期，对于劳动密集型产业的形成效果有了明显增强，但随后又大幅下降。根据这些情况，我们了解到总体而言，随着劳动力成本提高，吸引就业促进经济集聚的效果逐渐削弱，而其提高的企业经营成本进而抑制产业形成的效果则在增强。

四 “飞雁”发生了吗？

以上我们通过截面数据的分析方法已经初步了解了产业集聚对县产业形成的正向效果逐渐减弱，要素成本效果对县产业形成的负向作用则在逐渐显现。进一步地，我们可以通过面板数据的分析方法，采用固定效应模型，在控制了县固定效应的基础上关注区域变量对产业形成的作用效果，特别是其随时变化的效应，也就是随着年份的变化，区域变量对各县经济体形成的影响效果是否发生了改变，以此说明“飞雁”是否发生了。具体的做法是，我们在每一个变量上，都加上其与时间（所在年—初始年份）的交互项，同时还加上其与时间二次项的交互项的变量。我们构建的模型如下：

$$\begin{aligned}\ln(K)_{it} = {} & \beta_1 \cdot T \cdot D + \beta_2 \cdot T^2 \cdot D + \\ & \beta_3 \cdot T \cdot approx_i + \beta_4 \cdot T^2 \cdot approx_i + \\ & \beta_5 \cdot T \cdot taxrate_i + \beta_6 \cdot T^2 \cdot taxrate_i + \\ & \beta_7 \cdot wage_{it-1} + \beta_8 \cdot T \cdot wage_{it-1} + \beta_9 \cdot T^2 \cdot wage_{it-1} + \\ & year\ effect + \varepsilon_{it}\end{aligned}$$

其中，i代表各县，t代表年份。T代表以1998年为起始年份时期，即为“所在年份——1998”；D为东部沿海地区虚拟变量；*approx*为产业聚集度；*taxrate*为县税收成本，*wage*为劳动力成本。在模型中我们同时控制了年份效应（*year effect*）。根据这样的模型，我们以县产业资产的形成为代表，估计了县级制造业经济形成的决定因素的模型，并且进一步把制造业分为劳动密集型产业和其他产业分别进行了估计。模型的结果见表5－4。其中模型1、模型2、模型3分别是对1998～2008年不含工资解释变量的估计、对2001～2008年样本不含工资解释变量的估计和对2001～2008年含工资解释变量的估计。

表 5-4 产业形成的时变效果（固定效应模型）

	全部产业			劳动密集型产业			其他产业		
	模型 1	模型 2	模型 3	模型 1	模型 2	模型 3	模型 1	模型 2	模型 3
时期 * 东部	0.043 **	0.085 **	0.078 **	0.140 **	0.283 **	0.257 **	0.029 **	0.068 **	0.060 **
	(-0.011)	(-0.03)	(-0.029)	(-0.013)	(-0.036)	(-0.036)	(-0.011)	(-0.031)	(-0.03)
时期平方 * 东部	-0.003 **	-0.006 **	-0.005 **	-0.009 **	-0.020 **	-0.017 **	-0.002 **	-0.005 **	-0.004 *
	(-0.001)	(-0.002)	(-0.002)	(-0.001)	(-0.003)	(-0.003)	(-0.001)	(-0.002)	(-0.002)
时期 * 产业集聚度	0.532 **	0.237	0.241	-0.173	0.568	0.441	0.338 *	0.464	0.324
	(-0.183)	(-0.481)	(-0.469)	(-0.246)	(-0.668)	(-0.663)	(-0.191)	(-0.508)	(-0.498)
时期平方 * 产业集聚度	-0.044 **	-0.023	-0.019	-0.023	-0.076	-0.061	-0.012	-0.022	-0.007
	(-0.018)	(-0.037)	(-0.036)	(-0.024)	(-0.051)	(-0.05)	(-0.018)	(-0.039)	(-0.038)
时期 * 税负（对数）	-0.010 **	0.006	0.004	0.003	-0.002	-0.004	-0.007	0.003	0
	(-0.005)	(-0.012)	(-0.012)	(-0.006)	(-0.016)	(-0.016)	(-0.005)	(-0.013)	(-0.013)
时期平方 * 税负（对数）	-0.001 *	-0.002 **	-0.002 *	-0.002 **	-0.002	-0.002	-0.001 **	-0.002 *	-0.002
	(0.000)	(-0.001)	(-0.001)	(-0.001)	(-0.001)	(-0.001)	(0.000)	(-0.001)	(-0.001)
工资（对数）			0.189 **			-0.075			0.235 **
			(-0.092)			(-0.102)			(-0.092)
时期 * 工资（对数）			0.059 *			0.111 **			0.053 *
			(-0.03)			(-0.034)			(-0.03)
时期平方 * 工资（对数）			-0.006 **			-0.010 **			-0.006 **
			(-0.002)			(-0.003)			(-0.002)
Year effects	Yes	Yes	Yes	Yes	Yes	Yes	Yes	Yes	Yes
r^2_a	0.274	0.216	0.236	0.238	0.194	0.205	0.248	0.19	0.211
aic	44978	29990	28488	41469	27779	26472	46012	31000	29638
N	24131	17648	17495	19733	14227	13892	23988	17567	17410

注：**、* 分别表示在 5%、10% 水平上显著；括号中的为 t 值；模型 1 的样本区间是 1998～2008 年，模型 2 和 3 的样本区间是 2001～2008 年。

应该说模型的结果很好地描述了“飞雁模式”的发生。我们看到，对于决定县级的总体制造业资产水平而言，时期变量 T 与东部沿海虚拟变量 D 的交互项表现出了显著的正向效应，也就是说产业始终向东部沿海地区的集聚；但是接下来时期变量 T 的二次项与东部沿海虚拟变量 D 的交互项则表现出了较为显著的负向效应，这就说明制造业向东部沿海的集聚效果随着时间在减弱；与此同时，产业聚集度也表现出了同样的效果，即在东部沿海地区资本集聚加剧的同时，其效应在逐渐减弱；综合税负成本则体现了对产业形成产生的负向效应，这和我们前面的结果都是一致的，也正是我们要证明的结果。而加进工资变量的模型中，由于变量间存在一定的内生性，因而其他变量的显著性有所下降。不过可以看到，劳动力成本对产业形成的作用也存在显著的先正向后负向的效应，初期效果更多地体现为吸引劳动力集聚带来产业形成，但后期更多地表现为增加企业经营成本导致产业转移。总之，产业资产的形成起初更多地受产业集聚效果的影响，但在后期代表投资环境的综合税收成本以及要素成本逐渐发挥其对产业资产转移的效果，进而导致产业扩散效应。

以上分析的是总体制造业的情况，以下再看一下劳动密集型产业的情况。我们根据与总体制造业同样的模型，对前面我们已选择的 12 个劳动密集型产业样本进行估计。我们看到，如果关注于劳动密集型产业，其向东部沿海地区集聚的效果以及随时间而减弱的效果都更为显著（系数的绝对值更高，显著性也更强）。也就是说对于我国制造业而言，无论是向东部沿海地区的产业集聚，还是近来发生的“飞雁模式”都更多地体现在劳动密集型的产业上。而且我们看到反映产业聚集度的指标的效应基本上不显著了，甚至还呈现出了负向效果(在模型 1 中，尽管并不显著)。另外，我们从模型的结果中看到，决定产业形成或者产业集聚的因素中，综合税负成本起初并不是最重要的方面，哪怕对于劳动密集型产业也是如此。但是随着时间的推进，综合要素成本的提高会逐渐阻碍产业向沿海地区的进一步转移(与时期平方的交互项的系数为负)。此外，对于劳动密集型产业而言，其产业形成和发展对劳动力成本更为敏感，工资项本身就是负的（尽管显著性不高)，而与时期平方的交互项则有更显著的负向效应。对于那些非劳动密集型产业，其产业向沿海地区的集聚效果和转折效果相对都不那么明显。从这样的模型结果上我们可以看到，总体而言，吸引我国制造业特别是劳动密集型产业向东部沿海地区集聚的是产业集聚的效果，然而随着沿海地区产业和经济的逐渐发展，其要素成本快速提高的时候，制造业特别是劳动密集型产业开始出现了向成本更低的中西部逐渐转移的趋势。

在这个部分，我们构建了县级水平的产业资产数量决定的模型，应该说模型的结果基本上验证了“飞雁模式”在我国的出现。在我们处理的最终有效的每年1.6万~1.7万个县级样本的基础上，我们看到了随着时间的推进，决定产业向东部沿海地区集聚的效果是逐渐减弱的，这个无论是在纯粹的时期变量上还是产业聚集度的变量上都有所反映。而代表投资环境综合经营成本和劳动力成本对产业资产形成的负向效果是随着时间的推进逐渐显现的。也就是说，在初期，要素成本对于产业形成和集聚的影响并不是一个重要的因素。但是在产业发展到一定阶段、产业集聚达到一定程度的时候，要素成本上涨的因素会成为阻碍产业集聚进而诱致产业向相对落后地区移转即形成“飞雁模式”的重要因素。应该说这些结果基本验证了新经济地理学论述的产业集聚先增强后减弱的效应和成本效应逐渐增强的观点。

五　结论与讨论

对于刚刚步入中等收入阶段的中国而言，其未来的发展能否使其成功跨入高收入国家，还是像拉美等经济体一样就此陷入“中等收入陷阱”（蔡昉，2008），这在很大程度上取决于当下我们对经济发展路径的选择以及相应的区域产业政策。我们知道，在步入中等收入国家的同时，我国经济也到达了刘易斯转折点，近年来沿海地区乃至全国普遍出现的“用工荒”现象说明我国的劳动力供给不再是无限的，劳动力供求态势发生了重要转变。那么在这样的特殊时期如何处理好劳动就业与产业经济协调发展是决定我国能否成功度过中等收入阶段、步入高收入国家行列的关键所在。

应该认识到，虽然我国劳动力的供给不再是无限的，但是这仅仅体现在新增劳动力在逐渐放缓上，而作为人口大国，其劳动供给的绝对数量依然庞大。特别是由于历史原因，我国还拥有大量的受教育程度较低的低端劳动力，而保证这部分人的稳定就业无论是从缩小收入差距、降低贫困还是对于保障社会稳定从而保持经济社会健康发展的角度而言都具有重要的意义。因此，在一定程度上，保持劳动密集型产业，继续发挥其对经济增长和吸纳就业的作用是促使我国在中等收入阶段保持良好增长态势的重要方面。

然而，随着沿海地区经济发展到一定阶段，同时伴随刘易斯转折点的到来，其工资劳动力等要素成本快速提高，那么在沿海地区实现产业的升级，无论是从应对劳动力成本上涨的角度还是经济进一步发展的角度，都是顺应经济发展一般规律的。对于中西部地区而言，鉴于其经济乃至制造业发展相对落后，劳动力等生产要素成本还相对较低，其具有承接东部沿海地区劳动密集型产业的条件。这样看来，有望实现制造业特别是劳动密集型产业在一国内区域间“飞雁模式”的形成。

本文从经验上验证了近年来我国制造业特别是劳动密集型产业在区域间“飞雁模式”的发生，证明了诱使产业继续向东部沿海地区集中的效应已经减弱，并且看到产业已经开始向中西部内陆地区转移的事实。与此同时，我们发现综合经营成本和要素成本在引导产业转移方面的作用逐渐增强。那么这样的结论所隐含的政策含义是显而易见的，即在刘易斯转折点时期积极促进产业升级的同时，我们应改善中西部地区的投资环境，降低企业的生产经营成本。通过积极引导制造业特别是劳动密集型产业由沿海地区向内陆地区的转移，继续发挥其对经济增长的贡献以及吸纳普通劳动者就业的重要作用，更好地利用大国区域发展程度上的差异，实现中西部发展劳动密集型产业与东部沿海地区产业结构升级的并行，以此来带动新一轮经济稳步协调增长。

参考文献

Cheryl Long，L. Xiaobo Zhang，“Cluster-based Industrialization in China：Financing and Performance”，*Journal of International Economics*（84），2011.

Ciccone，A. and E. Rapaioannou，“Human Capital，the Structure of Production and Growth”，*Review of Economics and Statistics* 91（1），2009.

Diego Puga & Anthony J. Venables，“The Spread of Industry：Spatial Agglomeration in Economic Development”，*Centre for Economic Performance Discussion Paper*，（279），1996.

Duranton，G.，Puga，D.，“Nursery Cities：Urban Diversity，Process Innovation，and the Life Cycle of Products”，*American Economic Review* 91（5），2000.

Kojima，Kiyoshi，“The ‘Flying Geese’ Model of Asian Economic Development：Origin，Theoretical Extensions，and Regional Policy Implications”，*Journal of Asian Economics*（11），2000.

Krugman，P.，“Increasing Returns and Economic Geography”，*Journal of Political Economy* 99（3），1991.

Okita，Sabro，“Special Presentation：Prospect of Pacific Economies”，in Korea

Development Institute (ed.), *Pacific Cooperation*: *Issues and Opportunities* (Report of the Fourth Pacific Economic Cooperation Conference, Seoul, Korea, 1985, April 29 – May 1).

Ruan Jianqing & Xiaobo Zhang, "Do Geese Migrate Domestically? —Evidence from the Chinese Textile and Apparel Industry", *IFPRI Discussion Paper* (01040), 2010.

Ruan, Jianqing and Xiaobo Zhang, "Finance and Cluster-Based Industrial Development in China", *Economic Development and Cultural Change* 58 (1), 2009.

Zhang, Xiaobo, Jin Yang, and Shenglin Wang, "China Has Reached the Lewis Turning Point", *China Economic Review* (9), 2011.

蔡昉、王德文、曲玥:《中国产业升级的大国雁阵模型分析》,《经济研究》2009 年第 9 期。

蔡昉:《中国经济如何跨越"低中等收入陷阱"?》,《中国社会科学院研究生院学报》2008 年第 1 期。

蔡昉:《"民工荒"现象:成因及政策含义分析》,《开放导报》2010 年第 2 期。

蔡昉:《中国经济发展的刘易斯转折点》,载蔡昉主编《中国人口与劳动问题报告 NO. 8》,社会科学文献出版社,2007。

范剑勇:《长三角一体化、地区专业化与制造业空间转移》,《管理世界》2004 年第 11 期。

路江涌、陶志刚:《中国制造业区域聚集及国际比较》,《经济研究》2006 年第 3 期。

罗勇、曹丽莉:《中国制造业集聚程度变动趋势实证研究》,《经济研究》2005 年第 8 期。

曲玥:《制造业产业结构变迁的路径分析》,《世界经济文汇》2010 年第 6 期。

(曲玥　译)

第六章
中国企业层面的加工贸易：趋势、特征和生产率*

余淼杰　田　巍**

摘要：本章用2010年交易层面的高度细化数据对中国加工贸易进行了全面分析。通过强调中国外贸中的加工贸易的关键角色，我们论证了自由贸易区是推动加工贸易发展的重要工具。然后，我们从产业层面和企业层面探究了加工贸易的各种特征：进口的来源国、主要产品、运输模式、进入港口、消费目的地、商品质量、加工贸易的范围。我们还运用半参数方法精确估计了企业的全要素生产率。在本章中，我们还提供了将企业层面的数据配对到交易层面的数据的方法。

关键词：加工贸易　出口加工区　产品质量　企业范围　全要素生产率　交易层面数据　企业层面数据

期刊分类：F1，L1，O1

引　言

加工贸易是指国内企业从国外进口原材料和中间投入品，在当地加工，

* 本章是为澳大利亚国立大学2012年7月在堪培拉举办的会议"China's updates（2012）"而准备的。我们感谢宋立刚博士的邀请和其有益的评论。

** 余淼杰，北京大学国家发展研究院中国经济研究中心；田巍，北京大学光华管理学院应用经济系。

并出口有附加值的产品。政府通常会通过关税减免来鼓励加工贸易的发展。本章试图为中国加工贸易发展的趋势、特征和生产率水平提供一个全面性理解角度。

我们首先从加工贸易的总体情况，特别是它的规模和主要类型作为开始。之后，我们分析了为什么加工贸易过去 30 年里在中国发展如此迅速。中国的开放政策，特别是出口特区的建立，在加工贸易的快速增长中扮演着重要的角色。我们使用了 2000 ~ 2006 年的交易层面的数据来研究各种可能会影响加工贸易的因素，比如说来源地和目的地、主要的进口和出口商品、运输模式、企业所有权、主要的港口和它们的贸易量、消费者和生产者所在的主要城市和省份。

我们的交易层面的数据包括了企业层面的信息。每笔交易数据都属于一个企业。我们研究了企业进口和出口的产品数目（即产品种类数量）和它们交易伙伴的数量。最重要的是，因为企业生产效率是理解贸易表现的关键指标（Melitz，2003)，我们还研究了企业的生产率增长。具体做法是将交易层面的贸易数据和企业层面的生产数据合并起来，然后用 Olley-Pakes (1996）的半参数方法来估计每个企业的生产率。进一步地，本章还给出了一个将两个重要的数据库（交易层面的数据库和企业层面的数据库）合并起来的方法。

我们发现我国加工贸易的主要合作伙伴为韩国、中国香港和日本。电子器械和运输设备行业在加工贸易中所占的份额最大。大多数加工进口品是通过海运和空运来到中国。上海、深圳和南京是加工进口品的最重要的三个港口。而深圳、浦东和苏州是有最高加工进口品量的三个港口。商品单价最高的行业是航空行业。运到中国质量最高的产品的前五个国家都位于欧洲，即挪威、法国、芬兰、德国和荷兰。外商独资企业是加工进口的主要企业。有 20% 左右的企业只进口一种产品，而将近 50% 的企业进口少于 10 种产品。进口产品的种类近年来也有所下降。然而，加工企业也比一般企业生产率要低。

本章剩余部分的结构如下。第二部分讨论了中国支持加工贸易的政策。第三部分检验了中国加工贸易的各种特征。第四部分对企业层面的生产数据和交易层面的贸易数据进行了深入分析。第五部分用半参数方法对企业生产率做了精确估计。第六部分做了总结。

鼓励加工贸易的政策

类似于 GDP 的快速增长，中国的对外贸易在过去 30 年里增长迅速。尽管在 20 世纪 80 年代中国的对外开放度很低，但是中国到 2006 年开放度已经提高到了将近 70%；其中出口占据了 GDP 的 39%，而进口占据了 GDP 的 31%。尽管由于金融危机，中国的出口在 2009 年下降了 16%，但中国还是超过了德国成为世界商品贸易量最大的国家。截至目前，中国的对外贸易量（即出口和进口之和）占据了世界贸易量的 10%。

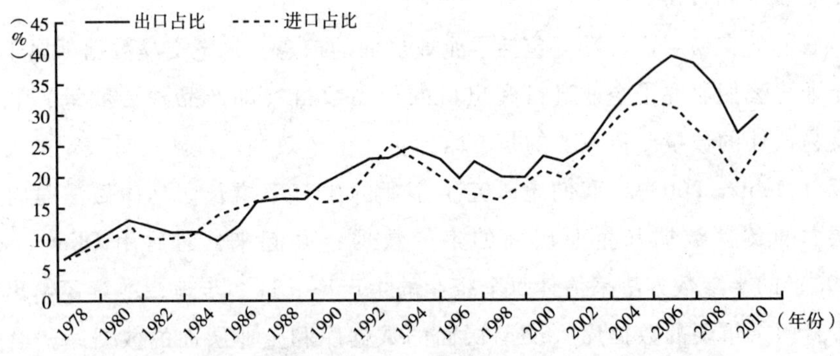

图 6－1　中国出口和进口占 GDP 的比例（1978～2010）

资料来源：《中国统计年鉴》（2011）。

加工贸易占据了中国贸易的半壁江山。加工贸易在中国开始于 20 世纪 70 年代晚期。在 20 世纪 80 年代早期，加工进口只占据了总进口的一小部分。然而，到 20 世纪 90 年代早期中国的加工进口开始显著增加，而在 1994 年超过了一般进口（见图 6－2A）。加工贸易在 1997 年达到了顶峰，而在后来的 10 年逐步上升到接近 50% 的水平。在 2008 年的金融危机中，加工贸易的比例更是下降到了大约 37%。

中国的加工出口展现了一个类似的趋势。在经过当地组装和集装后，中国将最终产品出口到世界各地。中国的加工出口在 1998 年（即在加工进口量上达到顶峰一年之后）超过了一般出口（见图 6－2B）。这表明来料加工在中国需要花费的时间很长，经常需要一年。在 21 世纪，中国的加工出口稳定地占据了超过中国总出口 50% 的份额。

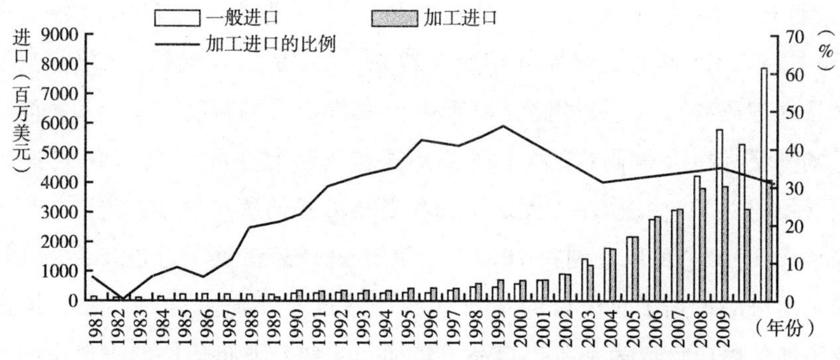

图 6－2A　中国加工进口和一般进口（1981～2010）

资料来源：中国统计年鉴（2011）

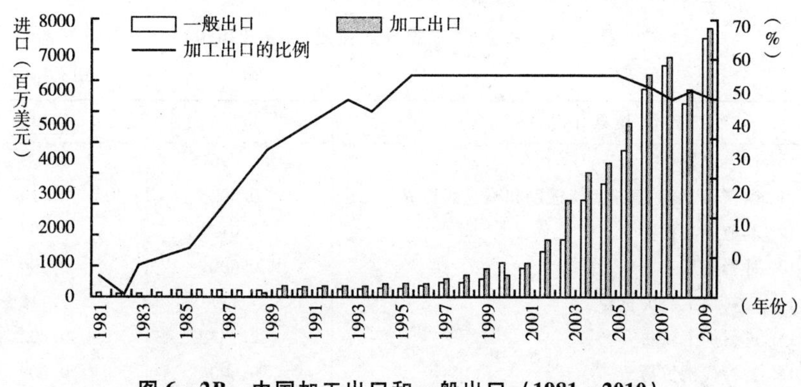

图 6－2B　中国加工出口和一般出口（1981～2010）

资料来源：《中国统计年鉴》（2011）。

中国的加工贸易也呈现出一个相似的演化趋势。在当地组装和加工之后，中国将最终增值品出口到世界各地。在新千年，中国的加工出口稳定占据了总出口比例的一半还多。甚至在 2008 年的金融危机，中国的加工出口的比例仍然超过了 50%，而加工进口品的比例下降到了大约 35%，表明在加工贸易中增值活动有逐渐增加的趋势。

中国海关总署的分类中有 19 种贸易方式：加工贸易（编码：10），国家间、国际组织无偿援助和赠送的物资（编码：11），其他捐赠物资（编码：12），补偿贸易（编码：13），来料加工装配贸易（编码：14），进料加工贸易（编码：15），寄售代销贸易（编码：16），边境小额贸易（编码：19），加工贸易进口设备（编码：20），对外承包工程出口货物（编码：

22)，租赁贸易（编码：23），外商投资企业作为投资出口的设备、物品（编码：25），出料加工贸易（编码：27），易货贸易（编码：30），免税外汇商品（编码：31），保税监管场所进出境货物（编码：33），海关特殊监管区域物流货物（编码：34），海关特殊监管区域进口设备（编码：35），其他（编码：39）。表 6－1 展示了每种贸易方式的贸易份额。

从表 6－1 中可以看到在 2010 年，加工进口品占据了总进口品的 55%，而加工出口品占据了总出口的 45%。正常情况下，加工进口品在当地进行组装和加工后应该成为加工出口品。然而，一些企业将他们的进口中间投入品当成加工进口，而将他们的最终增值品卖向国内市场。[①] 在本章中，我们在衡量加工贸易时主要基于加工进口而不是加工出口。

表 6－1 按贸易方式分的贸易份额（2010）

单位：%

贸易方式	进口	出口
10. 加工贸易	55.096	45.673
11. 国家间、国际组织无偿援助和赠送的物资	0.002	0.019
12. 其他捐赠物资	0.013	0.000
13. 补偿贸易	0.000	0.000
14. 来料加工装配贸易	7.117	7.118
15. 进料加工贸易	22.783	39.802
16. 寄售代销贸易	0.000	0.000
19. 边境小额贸易	0.690	1.040
20. 加工贸易进口设备	0.087	0.000
22. 对外承包工程出口货物	0.000	0.800
23. 租赁贸易	0.404	0.009
25. 外商投资企业作为投资出口的设备、物品	1.168	0.000
27. 出料加工贸易	0.009	0.012
30. 易货贸易	0.000	0.000
31. 免税外汇商品	0.001	0.000
33. 保税监管场所进出境货物	4.377	2.242
34. 海关特殊监管区域物流货物	7.826	2.313
35. 海关特殊监管区域进口设备	0.286	0.000
39. 其他	0.141	0.972

资料来源：《中国贸易和对外经济统计年鉴》（2011）。

① 这些进口中间投入品并不符合关税退税。

在 19 种贸易方式中，来料加工和进料加工是最重要的两种方式。如表 6 - 1 所示，来料加工占据了贸易的将近 7. 12% 。相反的是，进料加工超过了总进口的 22% 和总出口的 39. 8% 。来料加工在 20 世纪 80 年代很流行，而进料加工在 20 世纪 90 年代之后变得更为普遍。

来料加工和进料加工有两点关键区别。第一，来料加工并不需要企业支付原材料的费用。中国企业免费进口原材料，然后将其增值产品运至来源国的同一企业。中国企业不需要支付中间产品成本却能从他们的服务（即组装）中获得支付。相反地，进料加工则需要为进口中间投入品支付费用，然后进料加工企业再将其增值品销售到世界各地。这里，来源国和目的国可能不同。

第二，来料加工是百分百免税的。而进料加工企业必须首先为其投入品支付进口关税。在出口其最终品之后，他们才可以获得百分百税免。这表明进料加工企业比来料加工企业的信贷约束更紧（Feenstra-Li-Yu，2011）。从表 6 - 1 中我们可以清楚地看到在贸易量上，进料加工在 2010 年超过了来料加工和其他贸易形式。过去 30 年中加工贸易迅速增长背后的原因值得我们探究。

中国加工贸易的普遍与各种自由贸易区（如经济特区、经济技术开发区、高新技术开发区、出口加工区）的存在密不可分。自由贸易区的发展经历了三个阶段。第一个阶段，在经济特区建立之后不久，部分城市被批准允许与港商签订来料加工的合同。小型贸易初步形成。

1980 年 3 月，广东和福建省的四个沿海城市（即广东省的深圳、珠海和汕头，福建的厦门），由于其与东南亚紧密的社会联系被选为经济特区。例如，汕头和厦门的人与东南亚有着很长的贸易和来往史。外企发现这种社会联系对于在中国大陆投资尤为有利。在经济特区，进口是完全免税的。外国投资者同样享有额外的福利，如减少收入税。中国政府保障了外商投资者在头两年的税收全免和接下来三年的税收减少。另外，在经济特区的企业有更多的经营自由权，并且更容易接近外国市场。事实证明，这些政策在深圳是高度有效的，而深圳也成为两个地区金融中心之一。

1984 年，中国政府允许沿海 14 个城市成为“开放城市”，在此层面上，这些城市将享有与四个经济特区类似的优先权。这标志着贸易自由化进入第二个阶段。不久之后，中国又成立了两个经济特区，浦东经济特区和海南岛经济特区。另外，中国又将珠海三角洲和扬子江三角洲划分为经济发展特区，在 1991 年还开放了四个与蒙古、俄罗斯和朝鲜相邻的北部港口。

如图 6 - 3 所示，中国贸易自由化的第三个阶段发生在 1992 年早期，中国将其改革开放政策从东海岸一直推广到中国的中部和西部。中国的中部和西部的工业城市建立了许多经济发展园区和高科技发展园区。表 6 - 2 显示截至 2010 年年底，至少有 8 个经济特区、55 个出口加工区、33 个经济与技术发展园区、49 个高科技工业发展园区和 5 个保税园区或者出口区。在这些自由贸易园区的总加工进口占据了中国加工进口的 32% 。

图 6 - 3　中国的自由贸易区

表 6 - 2　中国特殊经济区域的数目（2010）

特殊经济区域的类型	数目	占加工进口的比例(%)
经济特区(SEZs)	8	3
出口加工区(EPZs)	55	11.2
经济与技术发展园区(ETDZs)	33	12.8
高科技工业发展园区(HTIDZs)	49	4
保税园区(EOUs)	5	1

资料来源：Tian，Yu（2012）和中国海关数据（2010）。

也许促进加工贸易发展最直接和相关的政策是在2000年后出口加工区的建立。在中国加入WTO的约前一年，中国在一些东部沿海城市建立了许多出口加工区。只有加工企业在这些区域有如免税和最小管制限制的特权。到2010年，中国建立了55个出口加工区。表6-3将这些出口加工区按照它们占总加工进口的比例进行排名。到2010年，所有出口加工区的加工进口占据了总加工进口的11.5%。江苏的出口加工区最多（数目为12个）。其昆山出口加工区是全国最大的出口加工区，占总加工进口的2.62%。

表6-3 按加工进口排名的出口加工区（2010）

单位：%

排名	名　称	比例	排名	名　称	比例
1	昆山(江苏)	2.6213	29	济南(山东)	0.0165
2	松江(上海)	1.8914	30	南通(江苏)	0.0157
3	烟台(山东)	1.3422	31	渝北(重庆)	0.0146
4	徐州(江苏)	1.0562	32	南昌(江西)	0.0144
5	成都(四川)	1.0019	33	嘉定(上海)	0.0128
6	无锡(江苏)	0.6701	34	沈阳(辽宁)	0.0113
7	宁波(浙江)	0.5542	35	常熟(江苏)	0.0109
8	闵行(上海)	0.4190	36	嘉兴(浙江)	0.0099
9	西安(陕西)	0.2945	37	福州(福建)	0.0097
10	深圳(广东)	0.1725	38	珠海(广东)	0.0081
11	杭州(浙江)	0.1618	39	镇江(江苏)	0.0073
12	奉贤(上海)	0.1127	40	武汉(湖北)	0.0065
13	威海(山东)	0.0971	41	广州(广东)	0.0064
14	南京(江苏)	0.0834	42	石家庄(河北)	0.0062
15	常州(江苏)	0.0538	43	呼和浩特(内蒙古)	0.0057
16	大连(辽宁)	0.0531	44	塘沽(天津)	0.0057
17	顺义(北京)	0.0437	45	慈溪(浙江)	0.0054
18	厦门(福建)	0.0411	46	郴州(湖南)	0.0048
19	扬州(江苏)	0.0395	47	连云港(江苏)	0.0040
20	青浦(上海)	0.0374	48	昆明(云南)	0.0034
21	北海(广西)	0.0349	49	珲春(吉林)	0.0031
22	青岛(山东)	0.0339	50	泉州(福建)	0.0028
23	淮阴(江苏)	0.0303	51	潍坊(山东)	0.0022
24	郑州(河南)	0.0285	52	绵阳(四川)	0.0021
25	吴江(江苏)	0.0227	53	秦皇岛(河北)	0.0011
26	芜湖(安徽)	0.0198	54	赣州(江西)	0.0004
27	浦东(上海)	0.0187	55	乌鲁木齐(新疆)	0.0002
28	九江(江西)	0.0169			

资料来源：中国海关数据（2010），笔者自己的计算。

图 6-4 给出了中国出口加工区的分布。加工进口聚集在以下三个区域：江苏的苏州、上海和山东的烟台。江苏的徐州、四川的成都、江苏的无锡和浙江的宁波的加工进口占总加工进口的比例超过 1%。许多加工进口区坐落在东部沿海城市，几乎所有加工区域都坐落在扬子江的北部。这在一定程度上说明了中国政府希望在中国北部推动加工贸易。

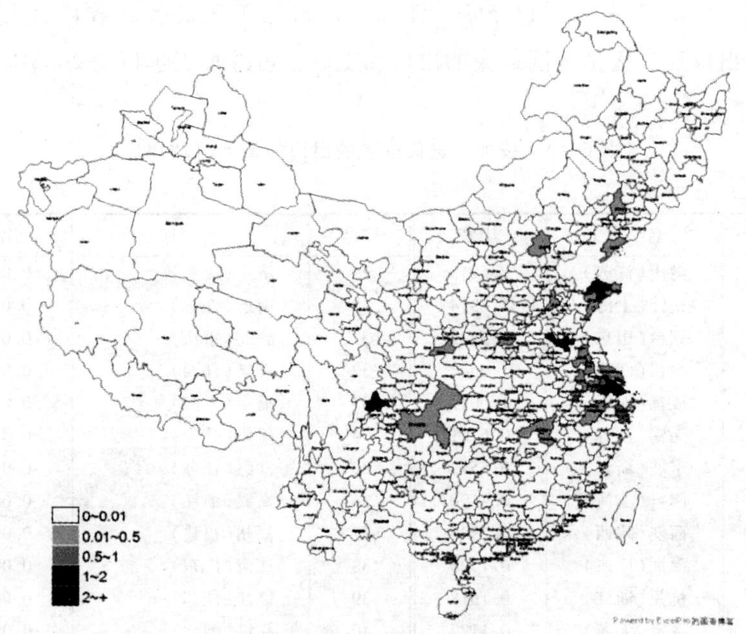

图 6-4　中国出口加工区的地理分布（2010）

注意：图中的数字表示出口加工区占总加工进口的比例。

除了出口加工区，另外的自由贸易区也推动了中国的加工贸易。虽然中国有八个经济特区，但是它们的加工进口总量只占总量的 3%，如表 6-4 所示。

表 6-4　按照加工进口的经济特区排名（2010）

单位：%

排名	名　称	比例	排名	名　称	比例
1	深圳（广东）	1.7464	5	汕头（广东）	0.0777
2	珠海（广东）	0.6235	6	云浮（广东）	0.0538
3	厦门（福建）	0.5908	7	其他（海南）	0.0152
4	海口（海南）	0.1334	8	三亚（海南）	0.0029

资料来源：中国海关数据（2010），笔者自己的计算。

保税区的总加工进口量很小。2010 年中国有五个保税园区，塘沽、浦东、宁波、青岛和张家港。仅天津的塘沽有相对较大的加工进口比例（0.81%）。高科技工业发展园区（HTIDZs）大约占总加工进口的 4%。如表 6-5 所示，中国有 49 个工业园区，最大的一个是江苏的苏州高科技工业园区，占总加工进口的 1.38%。

表 6-5 按加工进口排名的高科技工业发展园区（2010）

单位：%

排名	名　称	比例	排名	名　称	比例
1	苏州（江苏）	1.3834	26	闵行（上海）	0.0043
2	无锡（江苏）	1.0092	27	丰台（北京）	0.0037
3	广州（广东）	1.0063	28	咸阳（陕西）	0.0030
4	惠州（广东）	0.2280	29	昌平（北京）	0.0029
5	武汉（湖北）	0.2104	30	吉林（吉林）	0.0028
6	徐汇（上海）	0.1231	31	鞍山（辽宁）	0.0024
7	深圳（广东）	0.0850	32	中山（广东）	0.0015
8	保定（河北）	0.0838	33	桂林（广西）	0.0015
9	厦门（福建）	0.0819	34	九龙坡（重庆）	0.0010
10	威海（山东）	0.0551	35	襄樊（湖北）	0.0010
11	海淀（北京）	0.0534	36	南京（江苏）	0.0010
12	南开（天津）	0.0495	37	朝阳（北京）	0.0009
13	沈阳（辽宁）	0.0344	38	潍坊（山东）	0.0008
14	成都（四川）	0.0321	39	长沙（湖南）	0.0006
15	南昌（江西）	0.0311	40	郑州（河南）	0.0003
16	西安（陕西）	0.0301	41	兰州（甘肃）	0.0002
17	大连（辽宁）	0.0210	42	株洲（湖南）	0.0001
18	昆明（云南）	0.0207	43	乌鲁木齐（新疆）	0.0000
19	合肥（安徽）	0.0147	44	石家庄（河北）	0.0000
20	常州（江苏）	0.0138	45	济南（山东）	0.0000
21	南京（江苏）	0.0120	46	南宁（广西）	0.0000
22	杭州（浙江）	0.0109	47	贵阳（贵州）	0.0000
23	淄博（山东）	0.0052	48	太原（山西）	0.0000
24	珠海（广东）	0.0052	49	太原（山西）	0.0000
25	长春（吉林）	0.0045			

资料来源：中国海关数据（2010）；笔者自己的计算。

经济与技术发展园区（ETDZs）是加工进口的主要园区。如表6-6所示，苏州经济与技术发展园区占中国总加工进口的4.83%，比最大的出口加工区——江苏的昆山出口加工区显著要高。33个经济与技术发展园区的总和（12.8%）比55个出口加工区的总和（11.5%）还要高。一个可能的原因是出口加工区的成立时间要比经济与技术发展园区晚很多。江苏省在加工进口上比其他省表现要出众许多。

表6-6　按加工进口排名的经济与技术发展园区（2010）

单位：%

排名	名　称	比例	排名	名　称	比例
1	苏州(江苏)	4.8365	18	沈阳(辽宁)	0.034
2	浦东(上海)	2.1234	19	太原(山西)	0.0277
3	塘沽(天津)	1.4245	20	合肥(安徽)	0.0277
4	大兴(北京)	0.8821	21	南汇(上海)	0.0258
5	大连(辽宁)	0.8012	22	连云港(江苏)	0.0252
6	广州(广东)	0.7714	23	芜湖(安徽)	0.0189
7	烟台(山东)	0.3768	24	湛江(广东)	0.0117
8	宁波(浙江)	0.296	25	长春(吉林)	0.0047
9	青岛(山东)	0.2247	26	哈尔滨(黑龙江)	0.0042
10	其他(海南)	0.1621	27	温州(浙江)	0.0032
11	福州(福建)	0.1609	28	南安(重庆)	0.001
12	南通(江苏)	0.1293	29	成都(四川)	0.0008
13	杭州(浙江)	0.123	30	西宁(青海)	0.0000
14	武汉(湖北)	0.0766	31	银川(宁夏)	0.0000
15	乌鲁木齐(新疆)	0.0618	32	石河子(新疆)	0.0000
16	秦皇岛(河北)	0.0575	33	常宁(上海)	0.0000
17	闵行(上海)	0.0469			

资料来源：中国海关数据（2010）；笔者自己的计算。

加工贸易的特征

在这一部分，我们将讨论加工贸易的一些特征：中国加工投入品进口来源前十的国家，加工进口前十的行业，分运输方式的加工进口百分比分布，分所有权的进口百分比分布，加工企业的范围，加工进口品的质量。我们也对加工进口品、一般进口品和总进口品进行了比较。为了实现比较，我们使用了来自海关的交易层面的数据，这一部分的数据记录了 2010 年 330 万次进口交易。数据也包括了有关海关地区、进口商所在地、贸易方式、来源国、中国消费者所在地、运输方式、HS8 位码、数量和月进口量（以美元衡量）等信息。因为这个数据集并没有包括企业层面的信息，而企业层面的信息对于从微观角度理解中国加工进口是十分关键的，所以我们使用了 2000～2006 年的交易数据，这段时间内的数据包括了企业层面的一些信息。

加工进口的来源

首先，我们看加工进口品的来源。我们使用海关的 2010 年的数据来找出前十的进口来源国（或地区）（分总进口、加工进口和一般进口）。如表 6－7 的最后两列所示，中国的主要进口国（或地区）为日本、韩国和中国台湾。中国从转口港（香港、澳门）进口量很大。虽然美国只在总进口量上排到第五，但是在一般进口品上，美国的排名仅次于第一名日本。在加工进口的排名中，韩国排在首位，紧接着是香港、日本和中国台湾。这部分表明了中国会从韩国和日本进口核心部件，然后将最终价值增加的产品出口到美国和欧洲。

表 6－7　按贸易方式分类的进口国（或地区）排名（2010 年）

单位：%

排名	国家(或地区)	加工进口	国家(或地区)	一般进口	国家(或地区)	总进口
1	韩　国	14.97	日　本	11.77	日　本	12.80
2	中　国	14.43	美　国	8.34	韩　国	10.02
3	日　本	14.06	德　国	7.66	台　湾	8.40
4	台　湾	13.93	澳大利亚	7.37	中　国	7.76
5	美　国	6.17	韩　国	5.95	美　国	7.36
6	马来西亚	5.43	巴　西	4.58	德　国	5.40
7	泰　国	3.43	台　湾	3.87	澳大利亚	4.38
8	德　国	2.65	沙特阿拉伯	3.41	马来西亚	3.66
9	新加坡	2.43	安哥拉	2.78	巴　西	2.77
10	菲律宾	1.85	中　国	2.28	泰　国	2.41
总计		79.35		58.01		64.96

资料来源：中国海关数据（2010）；笔者自己的计算。比例代表的是 2010 年加工进口占总进口的比例（一般进口、加工进口或者两者）。排名是按照国家进行的。这里的中国指的是从香港、澳门这些特区的进口。

前10名的进口来源国的进口总量占到了中国总进口的65%和加工进口的80%。剩下的20%由其他的200个贸易国家生产。下一节我们将讨论中国进口的中间投入品的产品种类。

加工进口品的产品种类

如表6-8所示，电机、电气设备行业是加工进口产品（HS2位码分类）进口数量最多的产品，大约占到了中国总进口量的40%。其他四个行业，即机器、机械器具行业，光学、照相设备行业，矿物燃料、矿物油行业，塑料及其制成品行业与电机、电气设备行业加在一起，占了中国总加工进口品的将近70%。这五个行业进口了大量的中间投入品。然而，我们仍然需要探究这些行业是否也采用了大量的国内投入品。

表6-8 按进口排名的行业（2010）

单位：%

排名	HS2位码	进口比例	HS2位码	进口比例
1	电机、电气设备及其零件	38.97	电机、电气设备及其零件	22.83
2	机器、机械器具及其零件	13.99	矿物燃料、矿物油	13.71
3	光学、照相等设备	10.25	机器、机械器具及其零件	12.51
4	矿物燃料、矿物油	5.98	矿砂、矿渣及矿灰	7.90
5	塑料及其制品	5.44	光学、照相等设备	6.54
6	铜及其制品	3.10	塑料及其制品	4.63
7	有机化学品	2.35	车辆及其零件、附件	3.60
8	钢铁制品	1.74	有机化学品	3.50
9	橡胶及其制品	1.59	铜及其制品	3.35
10	航空器、航天器及其零件	1.10	油子仁，工业植物	1.97

资料来源：中国海关数据（2010）；笔者自己的计算。比例代表的是2010年加工进口占总进口的比例（一般进口、加工进口或者两者）。排名是按照HS2位码进行的。

我们计算了几个行业中进口中间投入品占总的中间投入品的比例。行业中间投入品包括进口中间投入品和国内中间投入品。我们使用了中国海关总署的中间投入品的数据（中国2005年的投入产出数据）来计算进口中间投入品的比例。如图6-5所示，之前提到的五个行业使用了大量的进口中间投入品（例如，机械行业的比例为30%，而非金属矿物质行业的比例为17%）。

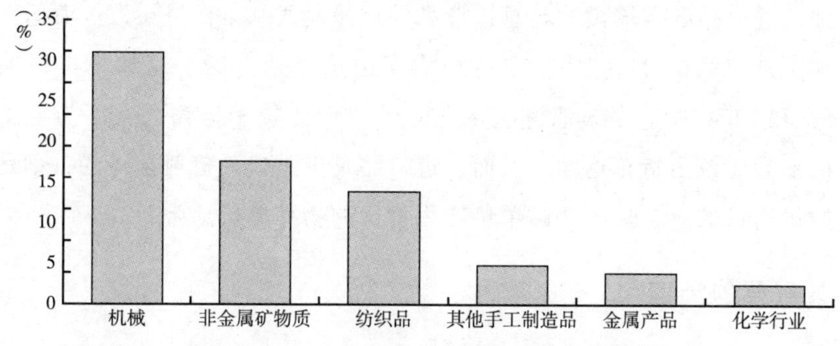

图 6-5 进口中间投入品的比例（2006）

资料来源：引用自 Yu（2011，ADB 项目）。

运输模式

已经有足够的证据表明电机、电气设备是中国加工进口中最重要的商品。这些产品如何到达中国的港口是另一个有意思的问题。这些进口品到达中国时通过海运、陆运还是空运呢？我们将 2010 年的进口按运输模式分类。在这里我们考虑了六种运输模式：海运（或者河运）、铁路、货车、空运、邮政和其他。表 6-9 的最后一列显示 2010 年加工进口的 62.52%（以进口价值衡量）是通过海运运输的。这一观察与中国的大多数自由贸易区都位于其东部太平洋沿海线的事实一致。第二重要的运输模式是空运（19.63%），紧接着的是货车运输（15.72%）。

表 6-9 按运输方式排名的进口（2010）

单位：%

运输模式	加工贸易	一般贸易	总贸易
海　　运	41.47	79.81	62.52
铁路运输	1.09	1.58	1.36
货车运输	27.42	6.12	15.72
空　　运	29.56	11.47	19.63
邮政运输	0.01	0.04	0.03
其　　他	0.45	0.99	0.75

资料来源：中国海关数据（2010）；笔者自己的计算。比例代表的是 2010 年加工进口占总进口的比例（一般进口、加工进口或者两者）。排名是按照运输方式进行的。

加工进口品的运输模式与总进口品的运输模式基本保持一致。海运占据了总加工进口品的41.47%，空运和货车运输分别占据了总加工进口品的29.56%和27.42%。令人惊讶的是空运的比例比货车运输大，因为直觉上更多的物品应该由货车运输。然而，进口品是由进口品价值衡量的，不是由商品数量衡量的。空运的物品单价比用货运的物品单价通常要高。

最重要的港口

接下来，我们来看中国哪些港口具有最大的总进口量、加工进口量和一般进口量。2010年各港口的加工进口量从高到低依次为：上海、深圳、南京、青岛、黄浦、广州、天津、上海拱北、大连、北京（表6-10）。除了北京以外，这些港口是东部太平洋沿海线的海港或是河港。不论是加工进口品还是一般进口品，上海都是进口量最大的港口。另外，从总进口品上看，上海也是进口量最大的港口，紧接着的是深圳。

表6-10　前十大进口港口（2010）

单位：%

排名	港口	加工进口	港口	一般进口	港口	总进口
1	上海	22.57	上海	15.99	上海	18.97
2	深圳	17.77	青岛	10.46	深圳	12.64
3	南京	15.23	天津	8.57	南京	11.38
4	青岛	9.19	深圳	8.42	青岛	9.15
5	黄浦	7.57	南京	8.23	黄埔	6.46
6	广州	3.40	宁波	6.10	天津	6.14
7	天津	3.19	大连	4.62	宁波	4.42
8	拱北	3.02	黄浦	4.23	大连	3.80
9	大连	2.80	杭州	4.05	广州	3.69
10	北京	2.78	广州	3.92	北京	3.38

资料来源：中国海关数据（2010）；笔者自己的计算。

加工进口量最高的三个港口分别是上海、深圳、南京，三者之和超过了中国总进口的55%。这证实了中国大多数加工进口都在上海、广东和江苏进行。相反，一般进口量前三的港口从高到低依次是上海、青岛和天津，仅仅占据了中国总一般进口的35%。这表明中国的加工进口比一般进口更加集中。

需求量最高的区域

我们考察了中国加工进口品的目的地。大多数加工进口品都是通过上海、深圳和南京进口的，一个自然的猜测是加工进口者也集中在这些区域。加工进口企业通常会选择最近的港口来降低成本。为了验证这一想法，我们用中国海关2010年的数据来找出需求量最大的城市（或地区）。

表 6－11　前 10 名最高需求城市（2011）

单位：%

排名	城市(或地区)	加工进口	城市(或地区)	一般进口	城市(或地区)	总进口
1	深圳(广东)	7.40	朝阳(北京)	10.05	朝阳(北京)	6.41
2	浦东(上海)	6.11	西城(北京)	5.71	深圳(广东)	3.58
3	苏州(江苏)	4.56	海淀(北京)	3.06	浦东(上海)	3.27
4	东莞(广东)	3.64	朝阳(北京)	2.87	门头沟(北京)	3.22
5	深圳(广东)	2.38	浦东(上海)	1.76	苏州(江苏)	2.38
6	朝阳(北京)	1.98	深圳(广东)	1.47	东莞(广东)	1.89
7	松江(上海)	1.74	广州(广东)	1.13	海淀(北京)	1.71
8	东莞(广东)	1.74	浦东(上海)	1.06	朝阳(北京)	1.58
9	昆山(江苏)	1.24	深圳(广东)	0.95	浦东(上海)	1.33
10	东莞(广东)	1.09	浦东(上海)	0.93	深圳(广东)	1.08

资料来源：中国海关数据（2010）；笔者自己的计算。有些城市会超过一次，因为这些城市的企业可能会在不同的区域里（如 EPZ、ETDA 和 HTIDA）。

深圳、浦东和苏州是加工品进口需求最高的三个区域。然而，这三个地区的进口之和只占总加工进口的 18%。一般进口需求最高的三个区域有很大不同，为朝阳、西城和海淀，这三个区域都位于北京。一个可能的解释是一般进口品有更多的最终消费品，而加工进口品有更多的中间品。将加工进口品和一般进口品放在一起看，北京的朝阳是中国最高的进口目的地，紧接着是深圳和浦东，而朝阳占总进口的份额为 6.41%。

加工进口品的质量

另外一个有意思的问题是加工进口品的质量。中国从很多贸易伙伴进口原材料，那么哪个国家的加工进口品质量最高？哪些产品质量最高？回答这些问题需要衡量产品的质量，而这是一个挑战性很大的任务（Khandelwal, 2010）。一个通常的测量指标是产品的单位价值（Hallak, 2006），单位价值的计算方式为产品的价值除以产品的数量。

图6-6显示的是出口给中国最高单位价值进口品的十个国家（或地区）。有意思的是，其中9个都位于欧洲。而前5个国家从高到低依次为：挪威、法国、芬兰、德国和荷兰。美国是第6名。同时，最高质量的一般进口品来源国从高到低依次是开曼群岛、芬兰、德国、巴拿马和奥地利。开曼群岛出口高质量产品的一个原因是其是避税天堂。一些国家可以将其产品出口到开曼群岛，然后再转运到中国。

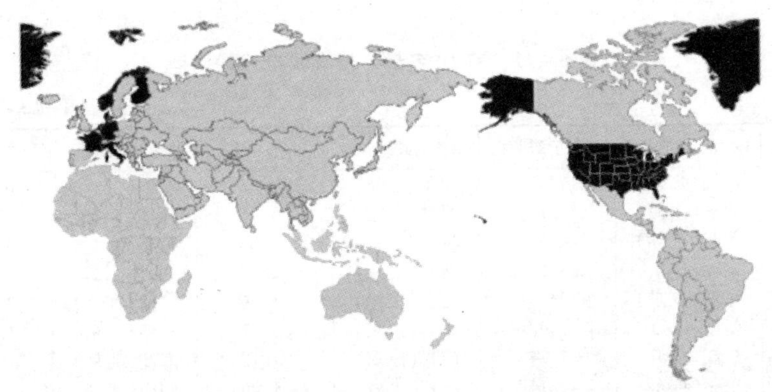

图6-6　加工进口品质量前10名的来源国

注意：图中标深色的区域是在2010年中国进口质量最高产品的来源国：挪威、法国、芬兰、德国、荷兰、美国、奥地利、瑞士和丹麦。

表6-12列出了进口高质量产品的行业。航空设备行业的进口品单位价值最高，为239万美元。接下来是船舶行业和机器、机械器具行业。从表6-10中同样可以看到前三行业进口品的单位价值有着巨大差异。

表6-12　加工进口质量最高的前10名（2010）

编码	HS2位码的描述	单位价值(美元)
88	航空器、航天器及其零件	2398441
89	船舶及其浮动结构体	482843
84	核反应堆、锅炉、机器、机械器具及其零件	42994
90	光学、照相等设备	17576
87	车辆及其零件、附件	13083
86	铁道及电车道机车、车辆及其零件	3493
85	电机、电气设备及其零件	2890
30	药品	1064
92	乐器及其零件、附件	878
81	其他贱金属	727

资料来源：中国海关数据（2010），笔者自己的计算。

加工进口品的所有权

到现在为止，我们从行业角度，特别是来源国、主要产品、运输模式、进入港口和商品质量方面对中国加工进口品有了一些了解。那么，从所有权上看，哪些企业有最大的加工进口品份额？我们使用了2010年中国海关交易数据来回答这一问题。

如表6－13所示，超过一半的加工进口是来自于外商投资企业。另外的17%的加工进口来自于中外合资企业（契约合资企业或者股权合资企业）。国有企业和私人企业仅仅占据了一小部分的份额（分别是12.24%和1.42%）。同时，国有企业是一般进口品进口最多的企业类型（见表6－13的第二列）。将加工进口品和一般进口品一起看（见表6－13的最后一列），外商投资企业是进口商中份额最大的企业类型（37.86%），紧接着是国有企业（28.16%）。

表6－13　按所有权分类的进口比例（2010）

企业类型	加工进口(%)	一般进口(%)	总进口(%)
国有企业	12.24	41.23	28.16
中外契约式合营企业	0.66	0.44	0.54
中外股份式合营企业	16.53	14.14	15.22
外商投资企业	58.76	20.70	37.86
私人企业	1.42	3.45	2.54
其他，包括有外国办公室在中国的企业	10.17	20.00	15.57

资料来源：中国海关数据（2010），笔者自己的计算。比例代表的是2010年加工进口占总进口的比例（一般进口、加工进口或者两者）。排名是按照企业所有权进行的。

加工进口企业的产品数目

加工企业到底进口多少种产品？与一般进口企业相比，加工企业会进口更多种产品吗？回答这些问题需要一套企业层面的数据。中国2010年的海关数据（最新公布的）并没有包括这些信息。一个折中的办法是利用以前的数据。因此，我们采用了中国2000～2006年间交易层面的贸易数据。这些数据中有企业名称、地址、邮编和电话号码。

在研究加工企业的进口种类之前，我们需要对这类企业做一个正式的定义。Yu（2011）将图 6－7 中的中国企业分成了四类：（1）非进口企业：不使用任何外国中间品投入；（2）非加工进口企业：使用一些外国中间品投入但是并不将自己的最终产品销往国外；（3）混合（或者常规）加工企业：同时参与加工进口和一般进口；（4）纯加工企业：只参与加工进口和出口，但是并不在国内市场销售他们的产品。在本章中，我们将混合加工和纯加工企业都归类为加工进口企业。换句话说，有加工进口业务的企业都被归类为加工企业。

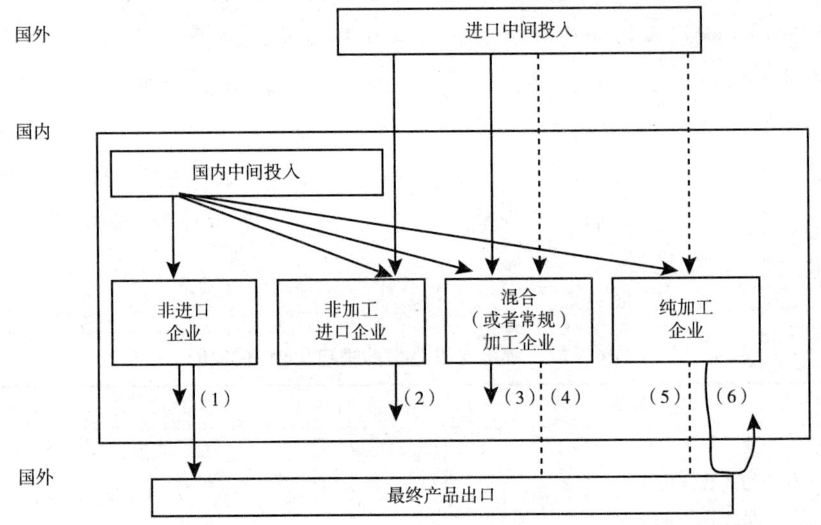

图 6－7　中国四种企业类型

表 6－14A 列出了每年的加工进口企业的产品种类数目。在 2000～2006 年间，大约 20% 的企业只进口一种产品，而大约有 10% 的企业会进口两种产品。在 2000 年，有大约 45% 的企业会进口少于 5 种产品，大约 50% 的企业会进口少于 10 种产品，31% 的企业会进口超过 10 种少于 50 种产品，3.24% 的企业进口超过 100 种而少于 1000 种产品。只有 0.23% 的企业会进口超过 1000 种产品，而其中进口种类最高达 3497 种。

表 6－14A 也给出了每类的动态模式。在这段时间里，进口产品种类数目少于 5 种的企业比例从 45% 上升到了 54%。相似地，进口产品种类少于 10 种的企业比例从 60% 上升到了 68%。相反的是，进口产品种类超过 10 种但是少于 50 种的企业比例从 31.21% 下降到了 24.51%。最高的进口种类数目在 2006 年下降到了 2839 种。

表 6－14A　一般进口企业的产品种类数目（2000～2006）

单位：%

产品种类数	2000	2001	2002	2003	2004	2005	2006
1	19.04	18.90	19.76	20.32	21.65	22.66	23.60
2	10.27	10.14	10.55	10.77	11.43	11.97	12.19
3	6.67	7.15	7.23	7.34	7.66	7.93	8.10
4	5.26	5.39	5.42	5.76	5.64	5.78	5.96
5	4.38	4.41	4.50	4.62	4.63	4.65	4.62
6	3.61	3.87	3.90	3.79	3.80	3.69	3.76
7	3.29	3.26	3.34	3.34	3.20	3.17	3.20
8	2.98	2.89	2.89	2.81	2.79	2.70	2.73
9	2.44	2.66	2.54	2.53	2.49	2.38	2.34
10	2.33	2.35	2.36	2.26	2.12	2.13	2.11
11～50	31.21	30.68	28.23	28.24	26.71	25.74	24.51
51～100	5.05	4.23	4.90	4.97	4.78	4.43	4.34
101～1000	3.24	3.10	2.94	2.99	2.86	2.58	2.34
>1000	0.23	0.97	1.34	0.26	0.24	0.19	0.20
最大值	3497	3404	3321	3211	3070	3023	2839

资料来源：中国海关数据（2010），笔者自己的计算。

表 6－14B　加工进口企业的产品种类数目（2000～2006）

单位：%

产品种类数	2000	2001	2002	2003	2004	2005	2006
1	20.60	20.34	21.60	22.37	23.41	24.40	25.42
2	10.69	10.56	11.09	11.45	11.71	11.97	12.32
3	6.82	7.21	7.39	7.66	7.70	7.98	8.07
4	5.42	5.70	5.55	5.78	5.77	5.86	6.07
5	4.53	4.57	4.67	4.83	4.72	4.69	4.69
6	3.69	4.06	3.90	3.95	3.87	3.88	3.81
7	3.38	3.32	3.47	3.35	3.46	3.25	3.33
8	2.90	2.95	2.86	2.99	2.98	2.79	2.75
9	2.63	2.72	2.68	2.50	2.54	2.50	2.45
10	2.32	2.44	2.44	2.34	2.29	2.21	2.16
11～50	31.04	30.62	29.37	27.93	26.73	25.96	24.51
51～100	3.96	3.73	3.45	3.36	3.37	3.09	3.10
101～1000	1.83	1.58	1.34	1.30	1.30	1.27	1.18
>1000	0.19	0.20	0.19	0.19	0.15	0.15	0.14
最大值	3489	3397	3319	3199	3070	3023	2836

资料来源：中国海关数据（2010），笔者自己的计算。

加工进口企业和一般进口企业有相似的进口种类分布。然而相对于一般进口企业而言，更多的加工企业只进口一种产品。在 2006 年，只进口一种产品的加工进口企业的比例（25.42%）比一般进口企业的比例（23.60%）更高。从表 6-14A、B 中可以看到，在同一年，进口超过 50 种的加工进口企业的比例（4.42%）比一般进口企业的比例（6.88%）要低。

图 6-8 显示出企业进口的产品种类数目随着时间下降。不管是加工进口企业还是一般进口企业都显示出了这种趋势。在样本所在的大多数时间段里，加工企业比一般企业进口更少的种类。因此，一般进口企业的最高进口种类数目要比加工进口企业要高。

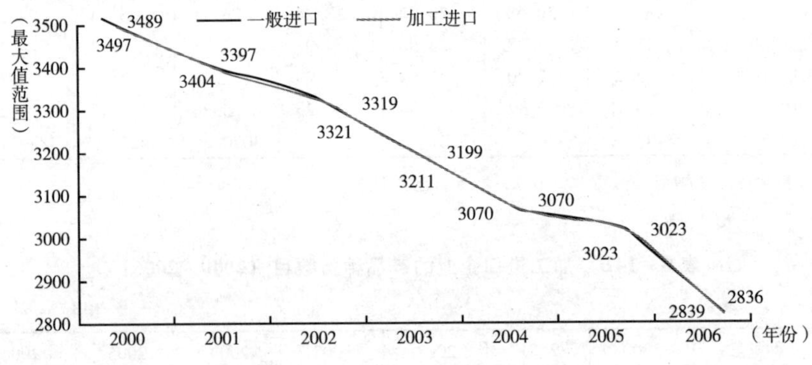

图 6-8　企业进口产品种类数

资料来源：中国海关数据（2000~2006），笔者自己的计算。

到此为止，我们了解了加工企业主要来自于韩国、香港和日本。行业中加工进口量最高的是电子机械和运输设备。加工进口的大多数都通过海运和空运到达中国。加工进口产品最经常到达的三个港口是上海、深圳和南京，而拥有最多加工进口品的地区是深圳、浦东和苏州。有最高单价商品的行业是航空器、航天器及其零件。以加工为目的运输到中国的商品质量最高的前 5 个国家是：挪威、法国、芬兰、德国和荷兰。从进口企业的所有权分类来看，外国投资企业是进口加工品最多的企业类型。差不多 20% 的企业只进口一种产品，而差不多 50% 的企业会进口少于 10 种的产品。而企业进口产品的种数也逐年下降。到现在，仍有一个重要的问题需要回答：加工企业与非加工企业相比，其生产率是更高还是更低？我们下面将会为这个问题找寻答案。

数据合并

为了获得加工企业的生产率，我们需要加工企业的产出水平和劳动数量的数据。如果生产率是用全要素生产率衡量的，我们还需要资本和中间投入品的数据。交易层面的贸易数据虽然有丰富的信息，但却没有与产出和投入要素相关的信息。因此，我们需要使用另外一套企业数据并要对两套数据进行合并。在以下的部分中，我们首先描述两套数据，并且给出了它们合并的详细方法。之后，我们描述了合并数据的效果。事实上，这两套数据在中国的国际贸易和企业异质性的研究中是被广泛认可的。然而，就我们所知，只有很少的论文提供了匹配这两套数据的详细和可靠的方法。因此，我们的目的之一是填补中国企业异质性研究这一方面的空白。

交易层面的贸易数据

关于2000～2006年交易层面的月度贸易数据来自于中国海关总署。每笔交易都在HS8位码水平上有记录。月观测值的个数从2000年1月的78000增加到2006年12月的超过230000。如表6－15所示，观测值的个数在2000年超过1000万，而在2006年达到1600万。表6－15表明在2000～2006年间有286819个企业从事国际贸易。

对于每笔交易，这个数据集包括三类信息：（1）基本信息的五个变量：包括交易量（以美元现行价格计算）、贸易身份（出口商（或进口商））、贸易数量、交易单位和单价（价值除以数量）；（2）关于贸易模式的六个变量：出口的目的地、进口的来源地、中转地（产品是否经过中转地区）、贸易方式（一般贸易或者加工贸易）、贸易模式（海运、汽车运输或者邮寄）、到达港口（商品离岸或到岸的港口）（3）关于企业信息的七个变量：企业名称、企业编码、企业所在城市、电话号码、邮政编码、法人名称、企业所有权性质（外资、私人或者国有）。

企业层面的生产数据

本章所用的数据覆盖了2000～2006年间年均230000个制造业企业。企业的数目从2000年的162883翻倍到了2006年的301960。数据是通过国家统计局每年对制造业企业的问卷调查得到的。问卷包括了三类财会表的信息：收支表、损益表和现金流表。从平均水平上看，这个数据集中工业企业的生产量之和已经达到中国工业企业生产总量的 95% 左右。国家统计局编纂的中国统计年鉴中工业部门部分的数据就来自于这个数据库。这个数据库包括了所登记的企业财会表中超过 100 个金融变量。数据库中有两种制造业企业：所有国有企业和所有年销售额超过 500 万元人民币的非国有企业。登记的企业数从 2000 年的 162883 增长到了 2006 年的 301960。如表6－15中的列 4 所示，在样本期间一直都在数据库的企业有 615951 家。

然而，数据库也有些不尽如人意之处，主要是一些企业给出了错误的信息。例如，一些家族企业汇报信息时是基于 1 元的单位，而官方的要求是以 1000 元作为单位。仿照蔡洪斌、刘俏（2009）和 Feenstra-Li-Yu（2011）的做法，我们将根据以下规则对样本中不合格的观测值予以清除：（1）流动资产高于总资产；（2）总固定资产高于总资产；（3）固定资产超过总资产；（4）企业编码缺失；（5）成立时间不真实（例如，开业月份比十二月份晚或者比一月份早）。经过删除后，数据中还保留有 438165 个企业，差不多三分之一的企业被删除掉。如表 6－15 的列 4 所示，在早年间被删除的比例较高，在 2000 年差不多有半数的企业被删除。

匹配方法

匹配这两套数据是一个具有挑战性的任务。两套数据都有企业编码。然而，这两套数据的编码系统完全不一样。例如，交易层面的数据库中企业编码的长度有 10 位，而企业层面的数据库中编号则只有九位。中国的海关总署与国家统计局的编码系统完全不一样。

匹配两套数据需要两步：第一阶段，我们将根据企业名称和时间将两套企业进行配对。如果一个企业在同一年中有完全一样的中文名称，它们被认定为同一家企业。时间变量是一个识别过程中的辅助变量，因为有些企业可能在不同年份的名称并不一样，而有些新来的企业可能会用他们之前弃用的名称。匹配后我们有 83679 个企业，使用更严密的方法，我们最后匹配得到了 69623 个企业。

在第二阶段，我们使用另外一套匹配方法作为补充。我们使用另外两个共同变量来识别企业，即邮政编码和企业电话号码的最后七位。逻辑是在同一地区，同一企业应该有独一无二的电话号码。虽然这个方法看上去很容易理解，实际上操作起来却比较困难。例如，海关数据中的电话号码中有连号和地区编号，而企业数据库却没有包括。因此，我们用电话号码的后七位作为企业编号的代理变量，理由有两个：第一，在 2000 ~ 2006 年年间，一些中国城市会在其七位电话号码的前端多加一个数字。因此，使用电话号码的后七位不会混淆企业识别。第二，在海关数据中，电话号码中为有电话和邮编的一串字符。然而，将字符串解串成数字，因为在邮编和电话号码连接之处有连号。而使用电话号码的后七位能很好地解决这个问题。

企业可能会缺失其电话或者邮编的信息。为了使得本章中所覆盖的企业足够多，我们将满足以下条件中任何一个的企业收归到匹配数据中。如表 6 - 15中列 8 所示，匹配企业个数增加到了 90558。我们匹配数据的方法是可与其他相似研究可比的。例如，Ge 等（2011）用同样的数据和类似的方法却只得到了 86336 个匹配企业。同时，如果我们用更严苛的方法来匹配，我们将得到 76832 个企业，如表 6 - 15 中最后一列所示。

表 6 - 15　匹配统计描述——企业数目

年份	贸易数据		生产数据		匹配数据			
数目	海关	企业	原始	处理后	使用原始企业数据	使用处理后企业数据	使用原始企业数据	使用处理后企业数据
	(1)	(2)	(3)	(4)	(5)	(6)	(7)	(8)
2000	10586696	80232	162883	83628	18580	12842	21665	15748
2001	12667685	87404	169031	100100	21583	15645	25282	19091
2002	14032675	95579	181557	110530	24696	18140	29144	22291
2003	18069404	113147	196222	129508	28898	21837	34386	26930
2004	21402355	134895	277004	199927	44338	35007	50798	40711
2005	24889639	136604	271835	198302	44387	34958	50426	40387
2006	16685377	197806	301960	224854	53748	42833	59133	47591
所有年份	118333831	845667	1560492	1046849	319909	250885	361392	289572

注：列 1 报告了中国海关总署 HS8 位码水平的贸易年度数据。列 2 报告了海关数据中覆盖的企业的数目。列 3 报告了没有经过处理前中国统计局企业数据库中覆盖的企业数目。相反的是，列 4 给出了根据 GAAP 规则进行处理和过滤后覆盖的企业数目。相应给出了用名字作为匹配依据的匹配企业数目。最后，列 7 给出了以企业名称和邮编作为依据的匹配企业数目。相反，列 8 给出了以企业名称、邮编和电话号码作为匹配依据的匹配企业数目。

我们的匹配数据表现如何？表 6－16 比较了匹配数据集和全样本数据的几个关键企业信息变量。匹配数据和全样本数据比明显有更高的销售额、出口量、雇员数目、资本劳动比和劳动生产率的对数，说明大企业更容易在匹配后的数据库中留下。匹配后数据库中只有年销售额超过 770000 美元的企业才能留下，而匹配后数据中的企业出口总和占到全样本的 70%。因此，我们的匹配后数据集对中国大型出口企业有足够的代表性。

表 6－16　匹配后数据和全样本数据

变　量	匹配数据			全样本数据		
	均值	最小值	最大值	均值	最小值	最大值
销售额	156348	5000	1.57e+08	85065	5000	1.57e+08
出　口	51751	0	1.52e+08	16544	0	1.52e+08
雇员数目	479	10	157213	274	10	165878
资本劳动比的对数	3.62	－5.71	9.87	3.53	－6.22	11.14
劳动生产率的对数	3.86	－7.75	10.78	3.84	－8.96	10.79

资料来源：引用自 Qiu、Yu（2012）。

加工企业的生产率

我们现在开始计算加工企业的生产率。劳动生产率是一个简单而直接的衡量生产率的指标。然而，劳动生产率并不能衡量除了劳动之外的投入要素的贡献。从这点看，全要素生产率（TFP）是一个更好的指标。

全要素生产率的计算中一般使用 Cobb-Douglas 生产函数：

$$Y_{it} = \pi_{it} M_{it}^{\beta_a} K_{it}^{\beta_k} L_{it}^{\beta_i}, \tag{6-1}$$

其中 Y_{it}、M_{it}、K_{it}、L_{it}分别是企业 i 在第 t 年的产出、原材料、资本和劳动。

为了度量企业的全要素生产率——π_{it}，我们首先需要对（6－1）取对数：

$$In\ Y_{it} = \beta_0 + \beta_a\ In\ M_{it} + \beta_k\ In\ K_{it} + \beta_i\ In\ L_{it} + \epsilon_{it}, \tag{6-2}$$

是以估计的索罗残差衡量的：

$$TFP_{it} = In\ Y_{it} - In\ \hat{Y}_{it}. \tag{6-3}$$

然而，这个做法有两个问题：同时性偏误（simultaneity bias）和选择性偏误（selection bias）。如 Marschak、Andrews（1944）建议的那样，企业至少可以觉察到 TFP 变化的部分而让他们在之后可以在对生产和投入要素的决策上做出调整。从这个角度上看，TFP 之前的测量方法具有内生性。另外，由于存在国际竞争，低生产率的企业会先关闭然后离开市场，而那些高生产率的企业会留下来（Melitz，2003）。在现有的面板数据中，那些能被观测到的企业是存活下来的，而那些低生产率的企业则离开市场。这意味着回归中的企业并不是随机选择的，这使得估计会产生偏误。

在 Olley、Pakes（1996）的开创性工作之前，许多计量学家们一直致力于解决上述问题却无所得。最初，研究者使用双向固定效应模型来减轻同时性偏误，但是效果不尽如人意。类似地，在减轻选择性偏误时，那些在调查时间段中途消失的观测值将会被去掉。这样做的缺陷有两点，一点是很多信息将被去除，另一点是企业的动态行为将无法得以研究。

幸运的是，Olley-Pakes 方法很好地解决了 TFP 的上述问题。假设未来的生产率 v_{it}，冲击的实现依赖于它现在的值，那么企业 i 的投资将被设定为生产率和资本的对数的增函数，$K_{it} \equiv In\ K_{it}$。根据之前的研究（van Biesebroeck（2005）和 Amiti、Konings（2007）），我们修改了 Olley-Pakes 方法，在投资方程中加入了出口决策过程（Tybout，2003）：

$$I_{it} = \tilde{I}(In\ K_{it}, v_{it}, EF_{it}, IF_{it}), \qquad (6-4)$$

其中，EF_{it}（IF_{it}）是企业 i 在 t 年出口或者进口的虚拟变量。因此，投资的反函数是：[①] 生产率同时也依赖于资本的对数和企业 i 的出口决策。

方程（6－4）相应地可以被写成：

$$v_{it} = \tilde{I}^{-1}(In\ K_{it}, I_{it}, EF_{it}, IF_{it}). \qquad (6-5)$$

其中，g（InK_{it}，I_{it}，EF_{it}）被定义为 $\beta_k Ink_{it} + \tilde{I}^{-1}$（$InK_{it}$，$I_{it}$，$EF_{it}$）。根据 Olley-Pakes（1996）和 Amiti、Konings（2007），我们用资本的对数、

① Olley-Pakes 方法（1996）在对企业生产技术进行了一些小假设后证明了投资需求函数是生产率冲击的单调递增函数。

投资的对数、出口的虚拟变量和进口的虚拟变量的四阶多项式来近似 g（.）。[①]另外，我们的企业数据库覆盖了 2000～2006 年的观测值，我们在回归中还加入了一个 WTO 的虚拟变量（即 2001 年以后为 1，之前为 0）：

$$InY_{it} = \beta_0 + \beta_m InM_{it} + \beta_l InL_{it} + \delta(InK_{it}, I_{it}, EF_{it}, IF_{it}) + \varepsilon_{it} \qquad (6-6)$$

在估计完 $\hat{\beta}_m$ 和 $\hat{\beta}_l$ 之后，我们计算了残差 R_{it}：$R_{it} \equiv In\ Y_{it}\hat{\beta}_m InM_{it} - \hat{\beta}_l\ In\ L_{it}$.

下一步是获得 $\hat{\beta}_k$ 的无偏估计。Amiti、Konings（2007）建议使用资本和投资的对数的高阶多项式来估计存活的概率。然后我们可以准确地估计下面的方程：

$$g(k_{it}, I_{it}, EF_{it}, IF_{it}, WTO_t) = (I + WTO_l + EF_{it} + IF_{it})\sum_{h=0}^{4}\sum_{q=0}^{4}\delta_{hq}k_{it}^{h}I_{it}^{q}. \qquad (6-7)$$

而其中 $\hat{p}r_i$ 是企业 i 在下一年离开的估计概率。反函数 $\tilde{I}^{-1}$（·）的真实形式不可知，我们用 $g_{i,t-1}$ 和 $lnK_{i,t-1}$ 的四阶多项式来作为逼近。另外，（6-7）式要求之前估计出的第一项和第二项的资本项的系数都要相同。因此，非线性最小二乘法是最合适的选择（Pavcnik，2002；Arnold，2005）。最后，Olley-Pakes 方法得出的 TFP 如下：

$$R_{it} = \beta_k\ In\ K_{it} + \tilde{I}^{-1}(g_{i,t-1} - \beta_k\ In\ K_{i,t-1}, \hat{P}r_{i,t-1}) + \varepsilon_{it}, \qquad (6-8)$$

修改版的 Olley-Pakes 方法假设资本对于生产率冲击所做的反应为马尔科夫过程，而其他的投入要素则并不会表现出这种动态效应。然而，劳动这一要素也有可能会受到生产率冲击的影响（Ackerberg et al.，2006）。这一点对于拥有充足劳动力的中国十分适用。当面临无法观测的生产率冲击时，企业可能会优先调整劳动力而不是资本。我们使用 Blundell-Bond（1998）提出的系统 GMM 方法来控制其他投入要素的动态效应。假设无法观测的生产率冲击依赖于企业 i 之前的值，系统 GMM 方法假设 TFP 会被企业 i 所有投入现在或者过去的值所影响。[②] 特别地，这个模型的动态形式为：

---

① 用更高阶多项式来近似 g（.）并不能改变结果。

② 注意由 Arrellano、Bond（1991）提出的一阶差分 GMM 允许企业的产出依赖于其过去值。然而，这种方法会使得要素投入失去可用的工具变量，因为投入的滞后项和要素投入与过去的残差冲击和自相关误差项相关。相反，假设工具变量的一阶差分与固定效应不相关，系统 GMM 可以引进更多的工具变量，且更显著地提高效率。

$$TFP_{ijt}^{op} = In\ Y_{it} - \hat{\beta}_m\ In\ M_{it} - \hat{\beta}_k\ In\ K_{it} - \hat{\beta}_l\ In\ L_{it}. \tag{6-9}$$

其中 ζ_i 是企业 i 的固定效应，而 ζ_t 是年份的固定效应。如果没有测量误差，ω_{it}是序列无相关的。① 我们可以用系统 GMM 得到总系数的一致估计。劳动和物质投入并不是外生给定的。相反的，它们可以允许随着资本的增长而改变。尽管系统 GMM 在企业退出市场时还存在选择性偏误的问题，用这个方法估计企业的 TFP 作为稳定性检验是值得一试的。

表 6-17 给出了在 HS2 位码上中国企业的 Olley-Pakes 投入弹性的估计。我们首先将 97 个 HS2 位码的行业重新聚成 15 类，并且计算它们的估计概率和投入弹性。企业的下一年的估计存活概率变化范围是 0.977 和 0.996，均值为 0.994，说明在给定的时间里，样本中企业退出相对不那么严重。②

表 6-17 给出了用 Olley-Pakes 方法和系统 GMM 估计的劳动、物质和资本的估计系数之间的差异。表 6-17 的最后一行显示，在平均水平上，Olley-Pakes 有一个更高的资本弹性（$\alpha_k^{op} = 0.117$，$\alpha_k^{GMM} = 0.001$），系统 GMM 有更高的劳动弹性（$\alpha_l^{op} = 0.052$，$\alpha_l^{GMM} = 0.240$）。将所有估计出来的弹性汇总，我们发现用 Olley-Pakes 方法的规模弹性是 0.989③，和常规模弹性是非常相近的④。比较 OLS 和 Olley-Pakes 方法，结果显示由于同时性偏误和选择性偏误，OLS 估计有向下的偏误（$TFP^{OLS} = 0.958$；$TFP^{OP} = 1.188$）。

最后，根据 Olley-Pakes 方法的跨国比较，估计结果显示对中国企业而言，中间品投入比对美国企业或者印度尼西亚企业来说更重要（Keller、Yeaple，2009；Amiti、Konings，2007）。然而，中国企业的资本投入弹性比美国企业或者印度尼西亚企业更小。这意味着中国生产率增长中加工贸易扮演着一个重要的角色。

---

① 像 Blundell、Bond（1998）讨论的那样，即使在序列中存在暂时的测量误差（$\omega_{it} \sim MA(1)$），系统 GMM 仍然可以得到（6）式中系数的一致估计。

② 注意，企业退出指的是企业或者停止交易或者离开市场，也有一种可能的情况是企业的年销售额比“大规模”的数量要少（每年 500 万元的销售额）而自动不在数据中。但是由于数据集的限制，我们无法作出区分。

③ 用 Olley-Pakes 方法计算出来为：0.052 + 0.820 + 0.117 = 0.989。

④ 注意，我们用工业平减指数作为企业价格的代理变量。实际上，如果使用企业的实际价格来计算生产率，中国企业甚至有可能出现递增回报。给定数据可得这是一个未来可能的研究方向。

表 6 – 17 中国企业的 Olley-Pakes 投入弹性估计

HS2 位码	劳动		物质		资本	
活动物;动物产品(01 ~ 05)	.056 **	.053	.888 **	.970 **	.048 **	–.022
	(3.32)	(.87)	(55.36)	(17.71)	(1.80)	(–.43)
植物产品(06 ~ 15)	.007	.031 **	.891 **	.571 **	.052 **	.019
	(.49)	(8.55)	(68.05)	(9.82)	(5.49)	(.46)
食品(16 ~ 24)	.036 **	–.020	.874 **	.595 **	.044	.027
	(2.23)	(–.25)	(68.48)	(10.73)	(1.07)	(.46)
矿产品(25 ~ 27)	.035 *	.241 **	.872 **	.671 **	.099 **	.089
	(1.70)	(3.78)	(51.00)	(15.51)	(2.69)	(1.57)
化学工业及其产品(28 ~ 38)	.014 **	.127 **	.831 **	.488 **	.103 **	.071
	(1.98)	(1.95)	(121.70)	(10.99)	(7.79)	(1.48)
塑料、橡胶及其制品(39 ~ 40)	.064 **	.321 **	.796 **	.298 **	.103 **	–.003
	(8.49)	(6.98)	(107.17)	(4.54)	(5.59)	(–.08)
生皮、皮革及其制品(41 ~ 43)	.102 **	.125 *	.810 **	.738 **	.090 **	.043
	(7.76)	(1.85)	(65.53)	(11.55)	(3.36)	(.66)
木及木制品(44 ~ 49)	.039 **	.041	.855 **	.266 **	.012	.118 **
	(4.29)	(.46)	(97.11)	(6.83)	(.47)	(2.99)
纺织原料及其制品(50 ~ 63)	.085 **	.157 **	.810 **	.653 **	.066 **	.043 *
	(19.50)	(4.81)	(192.59)	(22.96)	(10.38)	(1.95)
鞋帽制品(64 ~ 67)	.072 **	.138	.864 **	.703 **	.033 **	.108 **
	(5.93)	(1.62)	(73.17)	(10.77)	(5.43)	(2.38)
石料、玻璃制品(68 ~ 71)	.104 **	.233 **	.785 **	.448 **	.103 **	.063
	(9.14)	(3.56)	(67.02)	(11.58)	(8.19)	(1.16)
贱金属及其制品(72 ~ 83)	.045 **	.191 **	.832 **	.400 **	.109 **	.084 **
	(6.30)	(4.22)	(131.73)	(11.67)	(16.23)	(2.72)
机器、机械及电气设备(84 ~ 85)	.065 **	.056	.825 **	.548 **	.150 **	.175 **
	(13.36)	(1.15)	(206.22)	(13.43)	(10.83)	(4.97)
车辆航空器等运输设备(86 ~ 89)	.042 **	.147 *	.883 **	.426 **	.043 **	.068
	(2.80)	(1.70)	(69.58)	(8.81)	(3.47)	(1.08)
杂项制品(90 ~ 98)	.083 **	.195 **	.796 **	.276 **	.098 **	.007
	(10.32)	(3.58)	(110.01)	(8.15)	(10.70)	(.22)
所有行业	.052 **	.240 **	.820 **	.486 **	.117 **	.001
	(30.75)	(17.05)	(493.33)	(44.54)	(27.08)	(.11)

注：括号中的数字为稳健 t 值，*（**）标注的是 5%（1%）水平上的显著性。

我们最后来比较一下加工企业和非加工企业的生产率。如图 6 – 7 所示的那样，三种企业是我们讨论的重点：非加工企业（即一般企业）、纯加工企业和混合企业。图 6-9 中刻画的是三种企业生产率的动态变化。在新世纪，所有企业的生产率不断上升。加工企业有最低的生产率，一般企业有最高的生产率，而混合企业在两者之间。这意味着与非加工企业相比，加工企业的生产率更低。

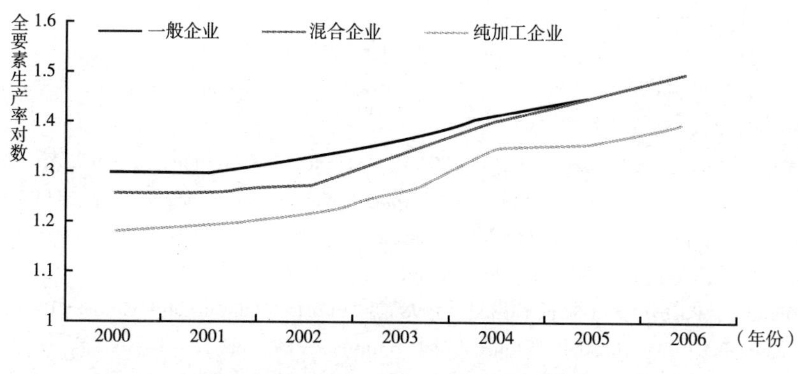

图 6-9　中国企业的全要素生产率的对数（2000~2006）

结束语

本章的目的是用新世纪高度细化的数据（企业层面或者交易层面）描画中国加工贸易。我们首先指出了加工贸易在中国对外贸易中的重要性，然后探究了为什么加工贸易会在近 30 年里发展如此迅速。中国的自由贸易政策极大地推动了加工贸易。各种自由贸易区，如出口加工区和经济与技术发展区，作为重要的工具极大地推动了加工贸易的发展。

了解这种背景后，我们探究了各种加工进口的特征。我们从行业层面研究了加工进口，包括来源国、主要产品、运输模式、进入港口、消费目的地和产品质量。我们提供了加工贸易产品种类详尽的数据。

相似地，为了了解更多的加工贸易的信息，我们用半参数的 Olley-Pakes 方法和 GMM 方法计算了全要素生产率。我们的估计显示了在新世纪所有企业的生产率都增加了。然而，加工企业比一般企业经常会有更低的生产率。

最后，我们还提供了一个详尽的将企业信息和交易信息配对的方法。尽管可能还存在些许纰漏，但是得到的最后的配对企业仍在中国企业中非常具有代表性。

参考文献

Ackerberg, Daniel, Kevin Caves, and Garth Frazer (2006), "Structural Identification of Production Functions," UCLA mimeo.

Arellano, Manuel and Stepen Bond (1991), "Some Tests of Specification for Panel Data: Monte Carlo Evidence and an Application to Employment Equations," *Review of Economic Studies* 58, pp. 277 – 297.

Amiti, Mary, and JozefKonings (2007), "Trade Liberalization, Intermediate Inputs, and Productivity: Evidence from Indonesia," *American Economic Review* 93, pp. 1611 – 1638.

Arnold, Jens Metthias (2005), "Productivity Estimation at the Plant Level: A PracticalGuide," mimeo., Bocconi University.

Blundell, Richard and Stepen Bond (1998), "Initial Conditions and Moment Restrictions in Dynamic Panel Data Models," Journal of Econometrics 87, pp. 11 – 143.

Cai, Hongbin and Qiao Liu (2009), "Does Competition Encourage Unethical Behavior? The Case of Corporate Profit Hiding in China," *Economic Journal* 119, pp. 764 – 795.

Feenstra, Robert, Li, Zhiyuan and Miaojie Yu (2010), "Export and Credit Constraints under Private Information: Theory and Empirical Investigation from China", miemo, University of California, Davis.

Ge, Ying, Huiwen Lai, and Susan Zhu (2011), "Intermediates Import and Gains from Trade Liberalization", mimeo, University of International Business and Economics, China.

Hallak, J. C. (2006), "Product Quality and the Direction of Trade," *Journal of International Economics*, 68, pp. 238 – 265.

Keller Wolfgang and Stephen R. Yeaple (2009), "Multinational Enterprises, International Trade, and Productivity Growth: Firm-Level Evidence from the United States," *Review of Economics and Statistics* 91 (4), pp. 821 – 831.

Khandelwal, Amit (2010), "The Long and Short (of) Quality Ladders," *Review of Economic Studies*, 77 (4), pp. 1450 – 1476.

Marschak, Jacob and Andrews, William (1944), "Random Simultaneous Equations and the Theory of Production," *Econometrica* 12 (4), pp. 143 – 205.

Melitz, Marc (2003), "The Impact of Trade on Intra-industry Reallocations and Aggregate Industry Productivity," *Econometrica* 71 (6), pp. 1695 – 1725.

Olley, Steven and Ariel Pakes (1996), "The Dynamics of Productivity in the Telecommunications Equipment Industry," *Econometrica* 64 (6), pp. 1263 – 1297.

Pavcnik, Nina (2002), "Trade Liberalization, Exit, and Productivity Improvements: Evidence from Chilean Plants," *Review of Economic Studies* 69 (1), pp. 245 – 276.

Qiu, D. Larry and Miaojie Yu (2012), "Exporter Scope, Productivity, and Trade

Liberalization: Theory and Evidence from China," miemo, Peking University.

Tian, Wei and Miaojie Yu (2012), "A Trade Tale of Two Countries: China and India," *Journal of China and Global Economics*, forthcoming.

Tybout, James (2003), "Plant and Firm-Level Evidence on 'New' Trade Theories," In *Handbook of International Trade*, ed. James Harrigan and Kwao Choi, pp. 388 - 415. New York: Blackwell Publishing Ltd.

Van Biesebroeck, Johannes (2005), "Exporting Raises Productivity in Sub-Saharan African Manufacturing Firms," *Journal of International Economics* 67 (2), pp. 373 - 391.

Yu, Miaojie (2011), "Moving Up the Value Chain in Manufacturing for China," in Huang Yiping and JuzhongZhuang (eds.), *Can China Avoid the Middle-Income Trap*? ADBI, Japan, forthcoming.

Yu, Miaojie (2011), "Processing Exports, Firm's Productivity and Tariff Reductions: Evidence from Chinese Products," mimeo, Peking University.

（余森杰　田巍　王雅琦　译）

第七章
对外直接投资促进中国经济升级

王碧珺*

引　言

中国经济的一个重要担忧是增长质量问题。中国过去三十多年令人瞩目的经济快速增长具有粗放性的特征，在很大程度上以牺牲环境和资源为代价。这一情况在21世纪进一步恶化。工业部门——中国经济增长最大的贡献者，自1990年代中后期以来，经历了显著的重工业化的过程。在工业部门内部，制造业仍然处于价值链的低端，绝大部分利润被那些提供技术、设计、零配件和其他服务的跨国企业获取（Wang and Wang，2011）。

另外，除了主要将外汇储备投资到低收益的发达国家政府债之外，中国令世界震惊的大量资本输出，日益呈现出对外直接投资形式。中国每年的对外直接投资流量从2003年的28.5亿美元，增长到2010年的688亿美元，在八年内增长了20多倍。

这提出了一个重要的问题。对外直接投资是否可以发挥提高中国增长质量的促进作用？或者更确切地说，中国对外直接投资是否可以促进经济升级，促进产业向价值链更高端迁移？如果可以，通过什么渠道？是否需要必要的前提条件来实现对外直接投资对中国经济转型升级的促进作用？中国对外直接投资企业是否满足这些条件？本章节通过从2003年到2011

---

* 本研究获得了教育部人文社会科学重点研究基地重大项目（项目编号11JJD790027）的资助。

年上半年翔实且具有代表性的企业层面投资信息，采用计量分析法来试图回答这些问题。

通过分析，主要有三个发现。第一，中国企业，尤其是制造业企业，对外直接投资的主要理由是获取自然资源以及先进技术、广受认可的品牌、发达的市场渠道等战略性资产。利用其他欠发达国家更低的生产成本这类效率寻求型对外直接投资并不是当下对中国投资者的主要吸引力。第二，企业能力是中国企业战略性资产获取型对外直接投资的显著决定因素，但不是自然资源获取型对外直接投资的关键因素。对于自然资源获取型对外直接投资而言，行业竞争发挥了重要的作用，激烈的行业竞争迫使中国制造业企业到海外投资。第三，有过剩产能/落后产能的中国企业更可能进行自然资源获取型对外直接投资，进行战略资产寻求型对外直接投资的可能性较低。

这对于中国经济升级有重要的启示意义。自然资源获取型对外直接投资有可能帮助中国企业克服资源瓶颈。但是如果没有合适的制度改革，例如要素市场自由化，这类投资可能导致更大的资源使用强度，更多的温室气体排放和其他污染等负外部性，以及更加恶化的经济结构。

作为对比，我们认为通过战略资产获取型对外直接投资来提升中国经济更为有利。一方面，相对于有其他动机的对外直接投资企业而言，那些进行战略性资产获取型对外直接投资的企业拥有一定程度的技术能力，从而有助于它们吸收获取的战略性资产。另一方面，那些战略性资产获取型对外直接投资企业更有可能来自竞争压力较小、利润率更高的行业。因此，它们不仅有资本去获取海外那些战略性资产，而且它们的利润空间可以作为一个较好的缓冲，来抵御短期的可能损失，来使得那些战略性资产在长期发挥作用。但是我们同时也承认，这两个有利的条件并不能保证成功。较差的公司治理，缺乏透明度和经验，以及国家层面和企业层面差异的文化，所有这些都是未来的挑战。中国企业要想成为真正的跨国企业仍然有很长的路要走，中国经济要想实现转型升级也尚需时日。

本章的剩余部分首先考察了中国经济的工业结构特征，参考日本经验，讨论了对外直接投资对国内产业结构升级的可能作用机制，并且讨论了关于逆向技术溢出效应的现有文献。其次，我们呈现了中国对外直接投资的基本情况，识别中国对外直接投资的主要动机，进行了独立的评估，并用 Probit

模型进行了回归检验。再次，我们进行了企业能力和行业竞争的实证分析。最后，在结束语之前，我们讨论了中国对外直接投资对实现中国经济升级的启示。

中国的工业特征是什么?

中国有庞大的工业部门。2000～2010 年，中国工业部门增加值占 GDP 的比重平均达到 46.5%。以 2008 年为例，中国工业占 GDP 的比重为 47.5%，与美国的 21.4%、日本的 28%以及世界 27%的平均水平形成鲜明对比。如此庞大的工业部门反映了中国作为世界制造业大国，产品出口满足全球需求的国际地位。

除了庞大的工业部门，20 世纪 90 年代中后期以来，中国还经历了显著的重工业化过程。重工业在规模以上工业产值中的比重从 1998 年的 57.1%上升到 2010 年的 71.4%（见图 7－1）。当一个大型经济体进入工业化后期时，必然会经历重工业的发展。但是不可持续的是，中国的发展道路以粗放式增长为特点，这反过来又增加了资源约束和环境压力。

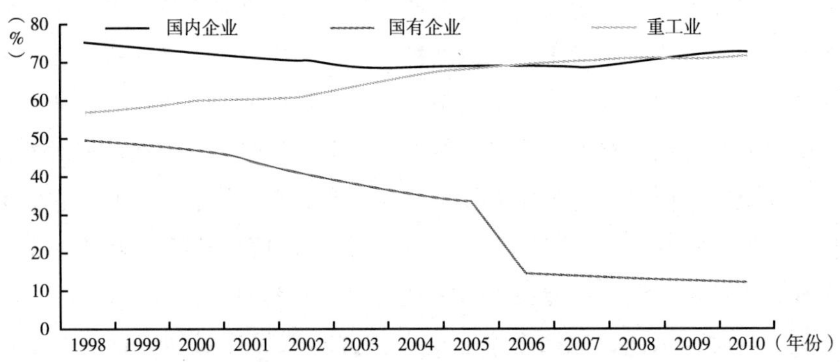

图 7－1　规模以上工业产出的不同元素，1998～2010 年

资料来源：中国统计年鉴，国家统计局。

在所有制结构方面，国内企业在中国的工业总产出中的比重不断上升，其中，国内的国有企业的生产权重则在下降（见图 7－1）。国内企业在中国总工业产出的比重虽然从 1998 年的 75.3%下降到 2004 年的 68.6%，但 2005 年之后有所回升，在 2010 年达到 72.8%。国有企业对工业产出的贡献从 1998 年的 49.6% 下降到 2010 年的 12.2%。虽然如此，国有企业享有的优待地位使得它们获得了大量的资源，例如银行贷款以及直接融资，它们还享有在烟、油气等某些垄断行的超额利润。另外，大量非国有部门，面临上升的劳动力和原材料成本以及下降的外部需求，而不得不进行激烈的竞争。

从结构上看，政府对经济的大量干预，伴随着扭曲的要素市场，导致了严重的结构性问题。例如，在工业部门出现的投资过量、产能过剩、重复建设、落后产能等。钢铁、水泥和其他有过剩产能问题的传统性行业，受到政府的补贴，仍然在进行扩张。一些诸如风电设备、多晶硅等新兴产业，受到政府的产业发展政策的鼓励，同样陷入过量投资、重复建设的泥沼中。炼铁、炼钢、焦炭、铁合金、电石、电解铝、铜冶炼、铅冶炼、水泥、玻璃、造纸、酒精、味精、柠檬酸、皮革、印染、化纤这些行业 15% ~25% 的总产能是低效的落后产能，严重污染了环境。

中国的工业部门——经济体中最重要的部分，需要深刻的结构调整。过剩的产能需要被消化，落后的产能需要被淘汰，最重要的是，产业结构升级必须发生。完成关键能源和资源价格的市场化、严格实施环境监管机制、加快金融体系自由化都是需要进行的重要步骤。而另一个可以实现这一目标的是对外直接投资。

对外直接投资如何影响国内产业升级?

机制

从价值链的角度，产业升级可以被定义为经济角色——国家、产业、企业、工人——在全球生产网络中从低价值的活动向相对高价值的活动移动的过程（Gereffi，2005）。产业升级通常呈现出四种形式：①流程升级，通过引入更有效的生产方法和先进技术，使得生产质量得到提高；②产品升级，移向生产更复杂、更高附加值的产品或服务；③功能升级，承担有更高收入的新功能，或者遗弃更低收入的旧功能；④部门间升级，水平进入新的部门（Gereffi，1999）。

在一个市场经济体中，产业升级尽管不是一个必然的过程，但却受到市场竞争、技术进步、经济发展等因素的推动。伴随着更自由的信息和资本流动以及在全球范围内配置资源，全球化极大地加快了这一过程。

边际产业扩张理论指出，对外直接投资能够促进母国的产业升级（Kojima，1978）。在这里，边际产业是指由于劳动力成本上升、本币升值、环境压力增大等产生的失去比较优势的母国制造业产业。一些不是产业相关的资源（例如金融资源）转移到扩张的行业，促进了那些行业的发展。其他一些行业相关的资源能够被转移出去，在其他具有有利要素条件的国家使用，否则只会浪费在母国（Ozawa，1979）。

边际产业扩张理论主要解释的是效率寻求型对外直接投资的产业升级效应。这类对外直接投资主要位于发展中国家，目的是获得更廉价的要素投入，尤其是劳动力。除了在欠发达国家进行直接投资来降低生产成本的动机外，对外直接投资的其他动机同样可能积极影响一国的产业升级，虽然渠道和程度各异。

市场寻求型对外直接投资通常是为了防守性地维护市场地位或者进攻性地增加市场份额。理论上，如果投资企业的金融表现得到改善，这些企业就有更多的资源和资金进行研发与进行流程和产品升级。

自然资源获取型对外直接投资有助于移除企业增长和发展的资源瓶颈。但是不利的是，减少了企业发展资源节约型、环境友好型技术的压力，这反而不利于母国的产业升级。

对于战略性资产寻求型对外直接投资而言，获得技术和品牌有助于通过引进更有效率的生产来增强企业的竞争优势，将企业转型到更高附加值产品和服务的生产，促进企业承担有更高收入的新功能。所有这些都是产业升级的重要方面。除了技术和品牌，另外的战略性资产寻求型对外直接投资的关键元素是改善市场渠道。投资企业可以从中受益于更高的销售，以及伴随的更多的利润。从这个角度看，如市场寻求型对外直接投资，企业有更多的金融资源来进行生产能力和产品的升级。

然而，受益于战略性资产寻求型对外直接投资是有前提条件的。投资企业需要有能力管理和吸收这些战略性资产。否则，为了购得战略性资产所需的大量的前期投入成本并不一定能够保证最终的收益。

日本的经验

日本是边际产业扩张理论的实践者。在战后日本的早期，劳动密集型轻工业是日本制造业的主体。1955 年，其占日本制造业总产出的 74.7% 和总出口的43.5%。但是到了1960 年代，尤其是1963 年后，工资水平的上升给日本的劳动密集型制造业企业带来了极大的竞争压力。行业中的许多企业不得不迁往新加坡、中国台湾、韩国和其他劳动力成本较低的亚洲国家和地区。

到了 1970 年代，重工业引领了日本第二波对外直接投资浪潮。重工业的发展，相伴随的大量投资和能源消费，以及严重的污染，在一个像日本那样土地和资源都有限的国家，日益被证明为不可持续。日本的经济面临从重工业转型到知识和技术密集型经济的压力。为了生存，日本的化工、钢铁和其他重工业企业被迫移到海外。

对外直接投资帮助日本企业保持和维护海外市场份额，协助经济对传统的产业进行结构调整（Bomström 等，2000；Cantwell 和 Tolentino，1990；Hiley，1999）。一些新兴工业化经济体，例如中国香港、中国台湾和韩国，同样通过对外直接投资活动，成功地实现了从原材料的出口国转型为高科技产品的出口国，实现了产业升级（Lipsey，2002）。

逆向技术溢出

对外直接投资有助于国际知识的扩散，不仅从投资国家到东道国，也可以在一定情况下反过来。

第一，投资的目的地很重要。一般而言，企业投资到有更高技术水平的东道国更有可能获得技术的溢出效应，获得生产率的进步。例如，Potterie 和 Lichtenberg（2001）发现对外直接投资转移技术只有一个方向：该国的生产率提高只有当其投资到研发密集的外国才能实现，如果研发密集的外国对其进行投资，该国的生产率就无法提高。他们还发现，这一效应对大国比对小国更高。Hijzen 等（2006）使用法国的企业层面的数据，认为到发达国家进行直接投资增加了投资企业的生产率，而到发展中国家进行直接投资，没有生产率效应。类似的发现也可以在意大利跨国企业中找到（Falzoni 和 Grasseni，2005）。

也有发展中国家对外直接投资的逆向技术溢出效应的证据。例如，Chen 等（2010）利用 2000～2008 年、20 个不同新兴市场国家、43 个不同行业的 493 个新兴市场跨国企业的数据，发现新兴市场中的跨国企业在本国表现出更强的技术能力。

第二，投资的动机很重要。企业进行国际技术获取型对外直接投资被证明有更显著、更大的生产率增长。例如，Pradhan 和 Singh（2008）发现，印度汽车企业技术获取型对外直接投资对企业的研发强度有很强的显著影响，特别是如果这类投资位于发达国家。Branstetter（2008）发现对外直接投资增加了在美国投资的日本企业的技术溢出的流动，投资的日本企业所获得的技术溢出取决于研发和产品发展设施的渠道。

第三，投资企业的能力很重要。实现逆向技术溢出取决于投资企业的生产率、吸收能力①以及技术转移能力。只有当这些因素具备时，投资企业才足以吸收和转移溢出，使得整个企业，而不仅仅是海外子公司从外部的技术中受益（Smeets 和 Bosker，2011）。

中国对外直接投资流向哪里?

中国对外直接投资的主要目的地是哪里？吸引中国投资者的关键行业有哪些？这些都是分析中国对外直接投资的产业升级效应的重要问题。但是这些问题并不容易回答，尤其是仅仅依赖由中国商务部每年公布的官方报告。根据官方数据，2003～2009 年，中国 78.26% 的对外直接投资流向了中国香港、开曼群岛、英属维尔京群岛。同期最大的投资类型是商务服务业，占比为 32.26%。这些数据的解读可能会有误导性，因为商务部的数据仅公布了海外直接投资的第一目的地，而在很多情况下第一目的地只是中转地。例如，一些被公布投资到香港的中国海外直接投资实际上又返回到了中国大陆，或者使用香港作为在其他国家和地区（例如澳大利亚或欧洲）进行进一步投资的平台。因此，依赖商务部的数据对分析中国对外直接投资的行为帮助有限。

为了弥补这一缺陷，我们构建了企业项目层面、具有翔实投资信息的数据样本集。首先，我们从国家发改委核准对外直接投资项目列表中获得基本信息。然后进行甄选，基于以下原则保留项目数据。

---

① 吸收能力定义为企业意识到新的外部信息的价值，表现为吸收外部信息，并且应用到商业中去的能力（Cohen 和 Levinthal，1990）。

我们保留数据，如果：

1. 投资额被公布或者能找到；

2. 投资内容被披露或者能找到；

3. 中国投资者股权在目标项目中占比超过10%。

我们删除数据，如果：

1. 投资者和被投资者都是中国企业；

2. 项目是“返程投资”，即项目的最终目的地是中国大陆；

3. 投资的目的是建立贸易中心、工业和科技园区或经济区。

在应用以上标准后，我们获得293个投资项目，总投资额达到994.3亿美元，由216家中国企业在2003年至2011年上半年完成。表7－1描述了中国对外直接投资的主要目的地以及在发达经济体和发展中经济体的分布情况。

表7－1　中国对外直接投资的主要目的地（2003年至2010年上半年）

项目数量			投资额(十亿美元)		
澳大利亚	43	14.68%	澳大利亚	12.16	12.23%
中国香港	21	7.17%	南　非	7.63	7.68%
美　国	21	7.17%	中国香港	6.97	7.01%
德　国	20	6.83%	加拿大	6.00	6.03%
加拿大	18	6.14%	俄罗斯	5.99	6.03%
俄罗斯	13	4.44%	新加坡	5.95	5.98%
越　南	10	3.41%	哈萨克斯坦	5.83	5.86%
老　挝	9	3.07%	美　国	5.67	5.70%
新加坡	8	2.73%	挪　威	4.50	4.53%
柬埔寨	7	2.39%	阿富汗	4	4.02%
印度尼西亚	7	2.39%	老　挝	2.44	2.45%
发达国家	176	60.07%	发达国家	52.44	52.75%
发展中国家	117	39.93%	发展中国家	46.98	47.25%

资料来源：笔者基于收集数据的计算。

如表7－1所示，澳大利亚是中国投资的最大接收国。丰富的自然资源是其主要的吸引之处。中国在澳大利亚的投资超过80%投向了采矿业，其中将近一半投向了铁矿石，余下的投向了煤、锌、铝、铜、铀等。房地产业、金融业和制造业占了中国在澳大利亚投资的10%。另外，近年来越来越多的投资投向了农业和基建行业。除了澳大利亚外，大量的中国对外直接投资也流向了加拿大、俄罗斯和南非，尤其是加拿大的油气和油砂、俄罗斯的石油和林业资源、南非的黄金和铂金。

香港是中国对外直接投资按项目数量看的第二大目的地、按投资金额看的第三大目的地（见表7－1）。与中国在资源丰富经济体的直接投资不同，中国在香港的投资集中于服务业，例如金融业、运输业、通信和电子信息业。

其他重要的投资目的地还包括美国、德国、越南、老挝和柬埔寨。美国和德国以其先进的技术、知名的品牌以及庞大的国内市场吸引了众多中国制造业企业。而东盟的优势则在于生产成本较低。但是整体而言，发达经济体吸引了更多的中国投资者，占中国对外直接投资数量的60.07%、投资额的52.75%。

大约80%的中国对外直接投资以工业为目标，包括采矿业、制造业以及电力、燃气及水的生产和供应业[①]。在工业部门内部，采矿业吸收了投资额意义上最多的中国对外直接投资，而制造业吸收了投资数量意义上最多的中国对外直接投资（见表7－2）。

表7－2　中国对外直接投资的行业分布

	项目数量		投资额(十亿美元)	
农　业	12	4.10%	0.37	0.38%
工　业	231	78.84%	83.34	83.82%
采矿业	94	32.08%	52.10	52.40%
制造业	124	42.32%	23.07	23.20%
汽车行业	16	9.37%	4.78	17.94%
通用设备制造业	15	8.78%	0.26	0.97%
专用设备制造业	15	8.78%	2.65	9.96%
电气机械制造业	11	6.44%	0.45	1.68%
有色金属冶炼及压延加工业	9	5.27%	1.11	4.17%
通信设备、计算机及其他电子设备制造业	9	5.27%	3.10	11.64%
化学原料及化学制品制造业	8	4.68%	5.96	22.37%
黑色金属冶炼及压延加工业	7	4.10%	1.47	5.53%
电力、燃气及水的生产和供应业	13	4.44%	8.18	8.22%
其　他	50	17.06%	15.71	15.80%
总计	293	100%	99.43	100%

资料来源：笔者基于构造数据集的计算。

① 根据国家统计局的定义。

在94个采矿业投资项目中，7个是煤炭项目，18个是油气项目，29个是黑色金属项目（主要是钢铁），39个是有色金属项目。绝大多数中国大型制造业对外直接投资是资本密集型项目。例如，汽车、通用和专用设备、电气机械、有色和黑色金属冶炼及压延加工、通信设备以及化学制品制造业占中国大型制造业对外直接投资的86.2%。

中国对外直接投资的行业分布与本章前面章节讨论的中国自身的行业特征相一致。重工业化进程需要更多的资源和能源投入。过去十多年来，中国一直都是依赖进口以满足其日益增长的对大宗商品的需求。但大宗商品的繁荣期使得价格上涨超过中国使用者所能承担的程度。再加上国家大量的外汇储备以及不断升值的货币，促使了中国企业向外看，在海外资源类项目中获得股份，既当股东又当消费者。同时，中国较快的重工业发展也促使那些资本密集型企业走向海外。

中国对外直接投资的动机

在经济学文献中，企业进行对外直接投资有四个主要动机："市场寻求型"、"自然资源寻求型"（以下简称"资源寻求型"）、"技术和其他战略性资产寻求型"（以下简称"战略性资产寻求型"）以及"效率寻求型"（Buckley等，2007；Cross和Voss，2008；Dunning，1992，1993）。为了识别中国对外直接投资的主要动机，我们采用三个步骤。第一步，笔者和一个外部研究者基于获得的项目数据和现有文献的定义来分别独立评估出每一项投资的主要动机和次要动机。第二步，两个评估进行相互核对。第三步，运用计量的方法，采用Probit模型，来检验中国对外直接投资的动机判断。

决定因素

市场寻求型对外直接投资

市场寻求型对外直接投资发生在投资企业进入当地市场，维护现有的市场份额和客户资源，或者积极开拓新的市场（Buckley等，2007）的前提下。市场寻求型对外直接投资可以是防守性的，当一国施加或者威胁施加贸易壁垒或者其他市场进入障碍时，企业追随贸易的脚步，到东道国进行投资。或者，企业希望更好地服务现有的市场和客户，增强他们的忠诚度，于是建立海外分支，以贴近当地客户，这也是防守性的市场寻求型对外直接投资。市场寻求型对外直接投资还可以是进攻性的，即开拓新的市场和发掘新的客户。

市场寻求型对外直接投资会对市场规模、收入水平、增长前景等衡量市场机会的宏观变量产生积极反应。于是我们采用了东道国的 GDP 规模（*GDP*）、人均 GDP 水平（*GDPP*）、年度 GDP 增长率（*GDPG*）这三个变量来衡量市场机会。这三个变量都来自世界银行的数据库：World Development Indicator（WDI）。我们将 *GDP* 以及 *GDPP* 进行取对数处理。

给定其他条件，市场寻求型对外直接投资应该与东道国的 GDP 和 GDP 增长率正相关。至于东道国人均 GDP 的影响方向则不明：一方面，人均 GDP 越高，说明市场购买力越强，影响方向为正；另一方面，也有证据显示，发展中国家对外直接投资的目的地通常是其他发展中国家（UNCTAD，2006），一个重要的原因是发展中国家企业的产品更符合其他类似发展阶段国家的消费者需求。

资源寻求型对外直接投资

资源寻求型对外直接投资是为了利用东道国当地的自然要素禀赋，例如油气、矿物、林业等自然资源。东道国自然资源的丰富程度是自然资源寻求型对外直接投资的重要决定因素。我们采用两个变量来衡量，一是 *Orefuelsh*，矿石和燃料占东道国总出口的比重；二是 *Imrawsh*，东道国在中国原材料进口[①]中的比重。这两个变量都是基于 UNCTAD 数据库中商品贸易矩阵数据计算得来的。资源寻求型对外直接投资应该对这两个变量——*Orefuelsh* 和 *Imrawsh* 都有显著的正面反应。

战略性资产寻求型对外直接投资

战略性资产寻求型对外直接投资包括技术寻求型对外直接投资和其他战略性资产寻求型对外直接投资。技术寻求型对外直接投资投向那些已经拥有先进技术或者正在发展过程中（可能通过技术集簇）的目的地。这类对外直接投资企业通过与当地企业合作来获取技术，也可以通过溢出效应或者示范效应而间接实现。至于其他战略性资产寻求型对外直接投资，通常目的在于获得品牌、改善分销渠道，从而帮助投资企业实现长期战略性

① 总进口减去制成品进口。

目标。

我们使用东道国在高科技产品出口上的“显示性比较优势指数”（Revealed Comparative Advantage Index，RCA），*RCA_ hi*，作为其战略性资产的代理变量。Balassa（1965）最初提出了显示性比较优势指数。他认为一国某种产业的比较优势可以通过“显示性比较优势指数”显示出来，这一指数的定义是东道国某产业出口占其总出口的比重除以世界各国该产业出口占世界总出口的比重。该指数小于 1 表示处于相对劣势，而大于 1 表示相对有优势。

我们根据 Balassa 的定义：

$$RCA_{c,i,t} = \frac{\dfrac{EX_{c,i,t}}{\sum_c EX_{c,i,t}}}{\dfrac{\sum_i EX_{c,i,t}}{\sum_i \sum_c EX_{c,i,t}}} \qquad \text{（方程 7 - 1）}$$

在方程 7 - 1 中，$EX_{c,i,t}$表示国家 c 在 t 年行业 i 的出口。$RCA_{c,i,t}$表示国家 c 在 t 年行业 i 的显示性比较优势。

本章使用 UNCTAD 数据库中商品贸易矩阵数据计算出 *RCA_ hi*。除了 *RCA_ hitech*，在某种程度上，一国人均 GDP 越高其拥有的战略性资产也越多，主要是技术和品牌。因此战略性资产寻求型对外直接投资应该与东道国在高科技产品出口上的显示性比较优势指数（*RCA_ hitech*）以及东道国人均 GDP 水平（*GDPP*）正相关。

效率寻求型对外直接投资

效率寻求型对外直接投资是为了获得规模经济和范围经济，寻求更低廉的要素投入，尤其是劳动力投入，在全球范围内配置生产的各个环节。效率寻求型对外直接投资利用国家间不同的要素成本，来提高生产效率。

效率寻求型对外直接投资通常对成本因素比较敏感。我们引入三个变量：①GDP 平减指数，*Inflation*，来衡量通胀水平；②对美元汇率的波动率，*Exchanf*，来衡量汇率波动；③人均 GDP，*GDPP*，来衡量劳动力成本。*Inflation* 和 *GDPP* 的数据来源是世界银行 WDI 数据库。*Exchanf* 的计算是基于 UNCTAD 数据库。我们预计效率寻求型对外直接投资应当与 *Inflation*，*Exchanf* 和 *GDPP* 负相关。

结果

表 7 - 3 列出了中国对外直接投资项目的动机分布。可见，整体而言，

最大的吸引力是寻求自然资源；大约41%的投资项目、51%的投资额，是为了获取自然资源。第二是市场寻求型对外直接投资。第三是战略性资产寻求型对外直接投资。

表7-3　中国对外直接投资的主要动机分布

项目	数量	比重(%)	数额(十亿美元)	比重(%)
整体				
市场寻求型	87	30	28.2	28
资源寻求型	121	41	51.0	51
战略性资产寻求型	78	27	20.0	20
效率寻求型	7	2	0.2	1
制造业				
市场寻求型	49	27	6.9	22
资源寻求型	61	34	9.9	32
战略性资产寻求型	63	35	14.2	46
效率寻求型	7	4	0.2	0

资料来源：笔者的分析和计算。

如果我们仅仅关注制造业项目，则呈现出不同的图景。中国制造业企业对外直接投资最重要的投资目的是获取战略性资产，在项目数量中占比35%，在项目投资额中占比46%。可见，众多的中国制造业企业投资海外，寻求战略性资产——先进的技术、品牌和商誉、市场渠道——从而增加利润空间，向产业价值链更高端延伸。此外，获取自然资源也是中国制造业企业对外直接投资的重要目的。特别是对于中国钢铁企业，它们争相涌入澳大利亚，在铁矿石项目中获得股权，企图锁定未来的铁矿石供给，来对冲可能的价格不利变动的影响。

值得注意的是，在其他欠发达国家投资来降低生产成本并不是当前中国对外直接投资的主要动机。在293个项目中，只有7个是为了提高效率，降低生产成本。这有可能是由于许多沿海地区的制造业可以向成本更低的中国广阔的内陆地区转移（见本书第五章），而不是承担较大的不确定性而迁移到海外。另一个可能的原因涉及数据质量，这一样本数据主要覆盖的是大型对外直接投资项目。成本压力可能对于低附加值的中小制造企业挑战更大，而众多的小型海外直接投资项目则较难追踪。

我们对中国海外直接投资动机的判断获得了实证检验的支持（见表7－4）。的确，市场寻求型对外直接投资受到市场变量 *GDP*，*GDPP* 和 *GDPG* 的显著影响。其中，如预期 *GDP* 和 *GDPG* 影响方向为正，而 *GDPP* 影响方向为负。同样如预期，战略性资产寻求型对外直接投资对 *GDPP* 和 *RCA_ hi* 有显著正向反应，而自然资源寻求型对外直接投资显著正向决定于 *Orefuelsh* 和 *Imrawsh*，但是效率寻求型对外直接投资的回归结果并不十分理想。虽然 *Inflation* 系数如预计显著为负，但是 *Exchanf* 的系数虽然仍然为负数，但并不显著。这很可能是由于效率寻求型对外直接投资样本数量太小（见表7－3），使得回归估计比较困难。

表7－4　识别中国对外直接投资动机回归结果

因变量	市场寻求型 (1;否则0)	战略性资产寻求型 (1;否则0)	资源寻求型 (1;否则0)	效率寻求型 (1;否则0)
lnGDP	0.245*** -3.12	0.103 (-0.82)	-0.383*** (-3.54)	0.169 (-0.64)
lnGDPP	-0.335*** (-3.05)	1*** -2.62	0.128 (-0.89)	-0.251 (-0.81)
GDPG	0.081** -2.45	-0.049 (-1.16)	-0.152*** (-2.75)	0.259* -1.84
RCA_hi	-0.101 (-0.35)	0.895** -2.04	-0.424 (-1.1)	-1.882 (-1.35)
Orefuelsh	-0.425 (-0.91)	-2.333** (-2.29)	1.451*** -2.63	-0.603 (-0.62)
Imrawsh	-7.851* (-1.67)	-7.965 (-1.4)	20.998*** -3.74	-8.851 (-0.23)
Inflation	0 (-0.02)	-0.109* (-1.73)	0.084*** -2.76	-0.093* (-1.71)
Exchanf	3.172** -2.07	-0.179 (-0.1)	-0.72 (-0.4)	-1.468 (-0.25)
行业虚拟变量	是	是	是	是
年份虚拟变量	是	是	是	是
样本数	289	289	289	289
Pseudo R^2	0.3138	0.5196	0.6302	0.4901

注：*** 表示系数在1%水平上显著，** 表示系数在5%水平上显著，* 表示系数在10%水平上显著。

括号中的数字是z统计量的绝对值。

资料来源：笔者的分析和计算。

企业能力和行业竞争的实证影响

国别企业跨境生产的出现的主流解释是，走向海外的企业必须拥有一系列无形资产，使得企业有能力在面对海外经营的“陌生”成本的同时，能够获得优于当地和第三国企业竞争者的优势，并获得利润（Caves，1971；Hymer，1960；Kindleberger，1969）。

企业进行资产修正型对外直接投资的动机是，进入国际市场，获得品牌、技术、分销渠道、研发设施、管理技能等战略性资产。尽管如此，这些投资企业需要具备一些资源或能力来吸收和管理所得的战略性资产，并将其进行商业应用。

中国企业是否具备到海外投资的能力？毋庸置疑，它们有大量的资金，还可以利用庞大的国内市场。但是这些优势并不是基于企业（Firm-specific）或所有权层面的（Ownership-specific）。在企业层面，相比国际巨头，中国企业仍然在技术、管理能力、品牌方面较弱。

与第一产业和服务业相比，中国的制造业不管是在国内市场上还是在出口市场上都更具比较优势（Huang 和 Wang，2011）。但这样的优势主要集中在钢铁、煤炭、水泥、电视机、洗衣机、电冰箱、空调、微波炉、摩托车等领域，对技术投入的要求较低，中国的主要贡献是组装和加工（Wang 和 Wang，2011）。

尽管如此，在经历了六十多年的发展后，中国已经建立了一个成熟完整的制造业体系。其在机械制造、金属冶炼、家用电器和纺织等行业保持了较高的水平，虽然并不一定使用最先进的技术（Li，2007）。这些行业中成熟的技术与中国和其他欠发达国家的需求相匹配。

除了企业能力，行业竞争是决定企业国际化策略和表现的另一个重要因素（Boter 和 Holmquist，1996）。母国市场的激烈竞争迫使居次要位置的企业进行海外直接投资，以免被国内的主导在位者所挤压（Dawar 和 Frost，1999；Mascarenhas，1986）。而如果国内竞争压力很小，可能无法提供足够的投资海外的动机，尤其是投资到发达国家（Yamakawa 等，2008）。然而，行业竞争的影响可能在不同的对外直接投资动机中有不同的影响。

本章节讨论企业能力和行业竞争对中国对外直接投资的三个动机的影响：市场寻求型、自然资源寻求型、战略性资产寻求型。

变量描述

企业能力

企业能力并不容易衡量，因为其是内在的、不可见的。这里我们构建了三个虚拟变量来衡量企业是否具有劳动密集型能力，*Labourcapa*；资本密集型能力，*Capitalcapa*；技术密集型能力，*Techcapa*。为了构建这三个变量，我们首先将企业标识为“市场领先者”。如果其是中国企业联合会评选出的中国500强企业，或者中国制造业500强企业，或者中国服务业500强企业；如果某个“市场领先者”在海外投资到劳动密集型行业，则被称为具有劳动密集型能力，那么变量 *Labourcapa* 等于1，否则该变量等于0。我们使用同样的方法来构建变量 *Capitalcapa* 和 *Techcapa*。

行业竞争

行业竞争是用行业层面（按大类分，HS2 位码）利润率来衡量的。利润率越高，行业竞争压力越低。我们引入两个行业层面利润率衡量：销售利润率 *profit_ sale*，和成本利润率 *profit_ cost*。

我们同样引入五个其他的行业层面的变量：*Growth*，总产值年度增长率；*Significance*，每个行业占工业总产值的比重；*State power*，国有资本在实收资本中的比重；*Exports share*，出口占总销售的比重；*Intensity*，人均总资产。所有这些行业层面的变量都进行一阶滞后处理，以控制可能的内生性问题，从多年的中国工业经济年鉴中计算而来。

我们同样对于来自有大量过剩产能或者落后产能的企业行为比较感兴趣。因此，我们引入了一个虚拟变量 *Overbackcapacity*，该变量等于1，表明投资企业来自中国工业和信息化部指出的具有过剩或者落后产能的行业。如果不是，则该变量等于0。

实证结果

Probit 模型回归结果在表7-5中，主要有四个发现。

表 7－5　中国制造业对外直接投资 Probit 回归分析的结果

被解释变量	市场寻求型（1；否则为 0）		战略性资产寻求型（1；否则为 0）		资源寻求型（1；否则为 0）	
Labourcapa	0.266	0.233	-0.296	-0.248	-0.678	-1.034
	(0.59)	(0.51)	(0.58)	(0.47)	(1.16)	(1.61)
Capitalcapa	-0.076	-0.06	0.533 *	0.49 *	-0.323	-0.303
	(0.28)	(0.23)	(1.93)	(1.75)	(1.03)	(0.95)
Techcapa	-1.074 **	-1.022 *	1.307 ***	1.174 **	-0.712	-0.584
	(2.08)	(1.96)	(2.89)	(2.55)	(1.01)	(0.81)
Profit_sale	0.876	1.223	16.345 ***	15.176 ***	-17.114 **	-14.623 *
	(0.26)	(0.37)	(3.20)	(3.18)	(2.20)	(1.85)
State power	0.866	1.003	-3.913 **	-4.982 **	1.5	1.486
	(0.48)	(0.55)	(1.96)	(2.29)	(0.6)	(0.59)
Exports share	5.081 **	5.941 **	-3.854	-7.016 **	-55.309 ***	-53.403 ***
	(2.15)	(2.21)	(1.52)	(2.25)	(2.91)	(2.93)
Overbackcapacity		0.218		-0.696 **		0.724 *
		(0.69)		(1.93)		(1.77)
Growth	0.824	0.833	-0.502	-0.475	0.307	0.191
	(1.03)	(1.04)	(0.53)	(0.49)	(0.29)	(0.17)
Significance	-5.201	-8.282	17.177 **	28.785 ***	20.805	12.853
	(0.77)	(1.02)	(2.37)	(2.97)	(1.5)	(0.9)
Intensity	-0.002	-0.003	-0.031 **	-0.025	-0.01	-0.013
	(0.19)	(0.27)	(2.01)	(1.54)	(0.61)	(0.8)
Year	YES	YES	YES	YES	YES	YES
Pseudo R^2	0.0584	0.0608	0.2539	0.2714	0.3541	0.3689
Observations	170	170	170	170	170	170

注：括号中的数字是 z 统计量的绝对值；***，** 和 * 分别表示系数在 1%，5% 和 10% 水平上显著。

使用成本利润率 profit_ cost 的结果是类似的，为了简便起见，我们不汇报这一结果。

第一，企业能力是中国战略性资产寻求型对外直接投资的显著决定因素，但不是市场寻求型和自然资源寻求型对外直接投资的关键因素。这一结果表明，*Techcapa* 和 *Capitalcapa* 的系数对于战略性资产寻求型对外直接投资显著为正，对于市场寻求型和自然资源寻求型对外直接投资不显著（或显著为负）。这意味着，投资企业的技术密集型或者资本密集型能力越高，企业越有可能进行战略资产寻求型对外直接投资。

第二，行业竞争增加了中国制造业企业在海外寻求自然资源的可能性，但对于制造业企业寻求更大的海外市场没有显著影响。作为对比，更低的行业竞争促使中国企业进行战略性资产寻求型对外直接投资。证据是代理行业竞争的变量 *profit_ sale* 的系数与进行战略性资产寻求型对外直接投资的概率显著正相关，与自然资源寻求型对外直接投资的概率显著负相关，而与市场寻求型对外直接投资没有显著的关系。

第三，虽然进行战略性资产寻求型对外直接投资的企业当下面临更小的竞争，未来潜在的竞争压力不容忽视。*State power* 的系数与选择战略性资产对外直接投资的可能性显著负相关；国有力量越低，企业进行战略性资产寻求型对外直接投资的可能性越大。通常，国有力量越低的行业，进入门槛，至少行政上的进入门槛也较低。这些行业中的企业，当前享有相对较高的利润空间，有可能在未来面临严峻的潜在竞争。因此，它们有动机进入海外，获取战略性资产，从而保持在国内的竞争优势。

第四，来自有过剩或落后产能的企业更有可能从事自然资源寻求型对外直接投资，从事战略性资产寻求型对外直接投资的可能性较低，而对于市场寻求型对外直接投资没有特别偏好。如表 7 - 5 所示，虚拟变量 *Overbackcapacity* 的系数与自然资源寻求型对外直接投资显著正相关，与战略性资产寻求型对外直接投资显著负相关，对市场寻求型对外直接投资的可能性不显著。

对中国经济升级的启示

日本对外直接投资，通过在 1960 年代至 1980 年代间将劳动密集型、资源耗费型、环境破坏型活动移向海外，极大地促进了该国经济的结构调整。留在国内的是那些有更大技术内容和更高附加值的经营活动。因此，尽管在资产价格泡沫破灭后，经历了将近二十多年的经济低迷，日本经济仍然非常有竞争性，自然环境条件得到很大改善，对资源的消费非常有效率，日本产品仍然被尊为具有非常高的品质。

然而，如果可以通过进行对外直接投资来升级中国经济，作用机制会与日本的经验非常不同。到海外降低生产成本不是当前推动中国企业走出去的主要动机。劳动力成本上升、人民币升值以及日益增加的环境政策的压力，至少在当前阶段，还没有推动中国企业将劳动和能源密集型、低附加值经营活动大规模地迁往海外。相反，企业将工厂在中国内部搬移，搬到生产成本比东部沿海地区更低的中西部地区。其他的中国企业希望增加它们的全球布局，在海外获取自然资源来锁定甚至降低原材料的成本。

由以上的结果证实，国内行业的竞争在迫使中国的制造业企业到海外投资，保证资源供给方面，发挥了重要作用。这类投资有助于企业移出资源瓶颈，增加企业的利润空间，于是使得它们有更大的资源来进行创新和向价值链高端移动，还有可能使得企业从资源竞争，转型为思想、管理和技术的竞争。

但是自然资源寻求型对外直接投资是一把双刃剑。在资源部门的投资是充满风险的，需要大量的资金，而如果将这些资金用在其他地方，可能对于升级中国企业的产品和流程有更大的积极作用。

中国企业闻名于有能力得到一大笔钱。但是，即使对于这个国家的国有企业而言，商业压力也上升得很快。毕竟，它们仍然需要每年支付数百万美元的利息，进行国有资产监督管理委员会（国资委）要求的经济效益评估。一个著名的例子是，2011 年，国资委罢免中钢总裁黄天文的部分原因是，该公司在澳大利亚的投资有巨大的亏损。

此外，支撑基础设施的不足，大量的烦琐的东道国的规章（尤其是与环境和土著居民相关的），以及较高的劳动力成本（尤其是对于非熟练的、低技能的工人），所有这些都增加了中国在海外资源类投资的风险，这些情况尤其在澳大利亚、加拿大这些发达国家最为明显。而对于在发展中国家的资源开掘，中国企业则需要处理东道国不稳定的社会和政治形势，以及有可能被征用或国有化的风险，这些都增加了中国自然资源寻求型对外直接投资的不确定性。

先将以上所述的各类风险放到一边，自然资源寻求型对外直接投资可能使得中国企业没有足够的激励进行资源节约型和环境友好型技术的研发，反而更加促进大量的资源和能源使用以及温室气体排放。

以上论证对于来自有过剩和落后产能行业的企业尤其明显。我们的 Probit 回归分析发现，那些企业更有可能进行自然资源寻求型对外直接投资，进行战略性资产寻求型对外直接投资的可能性较小，对于市场寻求型对外直接投资没有明显偏好。这意味着，来自这类行业的企业，既没有通过市场寻求型对外直接投资来消化过剩产能，也没有通过战略性资产寻求型对外直接投资来减少落后产能或者优化增量控制结构。相反，它们更偏好自然资源寻求型对外直接投资。这有可能导致更多的盲目投资、低水平扩张，加剧中国的结构失衡。诚然，要素市场扭曲，例如低廉的资金和能源，可能发挥了关键作用，但对外直接投资则增加了这一问题的另一维度。

更有前途的升级中国经济的方法是战略性资产寻求型对外直接投资。显然，战略性资产寻求型对外直接投资已经成为中国制造业企业投资海外最重要的驱动力（见表7－3）。一直以来，中国企业都严重依赖核心零部件和技术的进口。它们的对外技术依赖比率超过50%，而发达经济体通常不超过30%，美国和日本大约为5%（Lu和Zhang，2007）。中国企业同样缺乏世界知名的品牌，根据“2009年世界品牌100强”，前十名中的八名都是美国公司，没有一家中国公司入选。

通过对外直接投资获得战略性资产，促进企业向价值链更高端迁移，有助于提高中国企业的竞争力，这反过来将会促进中国经济升级。但是这样的有利结局并不是注定的。至少两个条件需要被满足，第一个要求是，投资企业应当具备一定程度的能力，也就是吸收能力、技术转移能力，从而能经营好获得的战略性资产，吸收溢出效应，并且将其转移回母国。第二个要求是，投资企业要有足够的耐心，或者在商业上能够容忍短期的损失，而使得这些战略性资产的优势在长期得到发挥。

我们的实证结果表明，中国的战略性资产寻求型对外直接投资部分满足了以上条件。它们的技术能力有助于其吸收获得的战略性资产。如表7－5所示，投资企业的技术密集型能力或资本密集型能力越高，企业更有可能进行战略性资产寻求型对外直接投资。

中国企业还有意愿承担短期的损失，来使得战略性资产在长期实现其价值。不像自然资源寻求型对外直接投资，其中的企业显著地来自竞争激烈和利润率低的行业。进行战略性资产寻求型对外直接投资的企业，更有可能来自当前竞争压力小、利润空间更大的行业，尽管潜在的竞争压力会增加。在这些条件下，没有当下强大的竞争压力，企业有资金投资到海外的战略性资产，同时可以使用本身的利润空间来作为短期损失的缓冲，而不用担心被挤出行业。

结 论

中国处在加快结构调整、改善经济增长质量和效率的关键时刻。在

2011～2015年的“十二五”规划中，关键的信息是经济增长模式必须转变。制造业的核心竞争力必须提高，节约资源以及改善环境是政策的重点。

在本章中，我们认为对外直接投资能够在促进中国经济发展中发挥一定的作用。计量的数据显示，中国企业投资海外主要是为了获得自然资源和战略性资产。我们同样发现，企业在海外寻求自然资源受国内行业的竞争压力所推动，而那些投资在海外战略性资产的企业已经表现出一定程度的技术能力。

资源寻求型对外直接投资对促进中国经济发展的影响是有正有负的。一方面，企业在发展中遇到的资源瓶颈能够被缓解，使得企业能够将更多的注意力放到竞争的其他方面，例如产品和流程创新。另一方面，企业发展资源节约型和环境友好型技术的动机也被弱化。这可能导致资源的浪费，不利于经济增长的质量。

然而，战略性资产寻求型对外直接投资对促进中国经济发展的影响更为正面。获取的技术和品牌有利于提高企业的竞争力，而得到改善的市场渠道有利于增加销售、提高利润，为企业生产和产品的升级提供金融资源。然而，仍然存在的一个问题是，中国企业是否有能力最好地使用战略性资产。我们的分析表明，它们的确具备一定的技术能力，有助于吸收所获取的资产。同时，进行战略性资产寻求型对外直接投资的中国企业大多来自竞争压力不大、利润率更高的行业。因此，有足够的空间使战略性资产发挥作用。

尽管如此，中国对外直接投资也面临其他的挑战。国家和公司层面的文化需要得到协调，中国企业必须学会与国外的监管当局、工会、当地的社区进行交往，这些都是中国企业不熟悉的领域。企业还需要改善公司治理和提高管理水平，从而能够整合、吸收和运营海外资产。虽然进行海外经营时，这些挑战都是常常会遇到的，但这些挑战的存在反映了国内的制度背景，因此也反映出了中国经济本身的问题。

中国对外直接投资仍然规模较小，但是其日益增加的全球影响力令人震惊。如果进行得合适，对外直接投资不仅能够促进中国经济升级，而且还有助于深化国有企业改革，改善中国企业的公司治理，加强企业的社会责任意识，以及最终在中国创造一个更好的、更有序的经济和商业环境。

参考文献

BalassaBela, 1965, "Trade Liberalization and Revealed Comparative Advantage," *Manchester School of Economic and Social Studies*, 33 (2), pp. 99 - 117.

Boter, H. andHolmquist, C., 1996, "Industry Characteristics and Internationalization Process in Small Firms," *Journal of Business Venturing*, 11, pp. 471 - 487.

Branstetter, L., 2006, "Is Foreign Direct Investment a Channel of Knowledge Spillovers Evidence from Japan's FDI in the US," *Journal of International Economics*, 68, pp. 325 - 344.

Buckley, P. J., Clegg, L. J., Cross, A. R., Liu, X., Voss, H. and Zheng, P., 2007, "The Determinants of Chinese Outward Foreign Direct Investment," *Journal ofInternational Business Studies*, 38 (4), pp. 499 - 518.

Caves, R. E., 1971, "International Corporations: the Industrialeconomics of Foreign Investment," *Economica*, 38 (149), pp. 1 - 27.

Chen Victor Zitian, Jing Li, Daniel M. Shapiro, 2010, "Emerging-Market Multinational Enterprises in Developed Markets Exploring Reverse Spillover Effects on Parent Firms," *European Management Journal*, Special Issue on "Emerging Multinationals", forthcoming.

Cohen Wesley M. and Daniel A. Levinthal, 1990, "Absorptive Capacity: a New Perspective on Learning and Innovation," *Administrative Science Quarterly*, 35 (1), pp. 128 - 152.

Cross, Adam R., and Voss, Hinrich, 2008, "Chinese Direct Investment in the United Kingdom: An Assessment of Motivations and Competitiveness," Paper Presented at Corporate Strategies in the New Asia, University of Bremen, Bremen, Germany, February 1 - 2, 2008.

Dawar, N. and Frost, T., 1999, "Competing with Giants," *Harvard Business Review*, 77 (2), pp. 119 - 130.

Dunning, J. H., 1992, Multinational Enterprises and the Global Economy, Addison-Wesley: New York.

Dunning, J. H. 1993. Globalisation of Business, London and New York, Routledge.

Falzoni, A. and Grasseni, M., 2005, "Home Country Effects of Investing Abroad: Evidence from Quantile Regressions," KITeS Working Papers, 170, Bocconi University, Milano.

Gereffi, G., 1999, "International Trade and Industrial Upgrading in the Apparel Commodity Chain," *Journal of International Economics*, 48, pp. 37 - 70.

Gereffi, G., 2005, "The Global Economy: Organization, Governance, and Development," pp. 160 - 182, in N. J. Smelser and R. Swedberg (eds.), The Handbook of Economic Sociology, 2nd ed. Princeton, NJ: Princeton University Press and Russell Sage Foundation.

Hijzen, A., Jean, S., Mayer, T., 2006, The effects at Home of Initiating Production

Abroad: Evidence from Matched French Firms, Manuscript, CEPII, Paris.

Huang Yiping and Bijun Wang, 2011, "Chinese Outward Direct Investment: Is There a China Model?" *China & World Economy*, 19 (4), pp. 1 – 21.

Hymer, S., 1960/1976., The International Operations of National Firms: A Study of Direct Foreign Investment. Cambridge, MA: MIT Press (1960 PhD Thesis).

Kindleberger, C. P., 1969, American Business Abroad: Six Lectures on DirectInvestment, Yale University Press, New Haven, CT.

Kojima K., 1978, Direct Foreign Investment: A Japanese Model of Multination Business Operations, London: Groon Helm.

Li Guifang, 2007, Chinese Firms Overseas Direct Investment Analysis Report, China Economics Publishing House.

Lipsey Robert E, 2002, "Home and Host country Effects of FDI" NBER Working Paper Series.

Lu Jinyong and Zhimei Zhang, 2007, "Enterprises Own Intellectual Property Rights and Going Global Strategy", Chinese Firms Overseas Direct Investment Analysis Report, China Economics Publishing House.

Mascarenhas, B., 1986, "International Strategies of Non-dominant Firms," *Journal of International Business Studies*, 17, pp. 1 – 25.

Ozawa Terutomo, 1979, "International Investment and Industrial Structure: New Theoretical Implications from the Japanese Experience," Oxford Economic Papers, New Series, 31 (1), pp. 72 – 92.

Pradhan, J. P. and Singh, N., 2008, "Outward FDI and Knowledge Flows: A Study of the Indian Automotive Sector," MPRA Paper, No. 12332, Munich.

Potterie, B. V. P. D. L., and Lichtenberg, F., 2001, "Does Foreign Direct Investment Transfer Technology across Borders?" *Review of Economics & Statistics*, 83 (3), pp. 490 – 497.

Smeets Roger and E. M. Bosker, 2011, "Leaders, Laggards and Technology Seeking strategies," *Journal of Economic Behavior & Organization*, Volume 80, Issue 3, December 2011, pp. 481 – 497.

UNCTAD, 2006, World Investment Report 2006: FDI from Developing and Transition Economies-Implications for Development. New York and Geneva: United Nations Conference on Trade and Development.

Wang Bijun and Huiyao Wang, 2011, "Chinese Manufacturing Firms' Overseas Direct Investment: Patterns, Motivations and Challenges," in: Jane Golley and Ligang Song (Eds.), *Rising China Global Challenges and Opportunities*, The Australian National University Press, Canberra, Australia, pp. 99 – 119.

Yamakawa, Y., Peng, M. W., & Deeds, D., 2008, "What Drives New Ventures to Internationalise from Emerging to Developed Economies?" *Entrepreneurship Theory and Practice*, 32 (1), pp. 59 – 82.

（王碧珺　译）

第八章
中国的省内不平等：对县级数据的分析

Tsun Se Cheong，Yanrui Wu

引　言

已经有许多研究考察中国自经济改革以来显著增加了的地区不平等。然而文献中的大部分研究都基于省级数据，而省内不平等问题尚未被深入考察（Cheong，2012）。特别是，我们对省内县级单位（CUs，包括县和县级市）之间的不平等状况和变动趋势知之甚少。要想全面把握县级单位之间不平等的状况和动态趋势，所使用的数据必须是连续的并且有较长的时间跨度。尽管有一些研究者在其研究中采用了县级层面的数据，但这些研究中的多数仍然受到数据覆盖面有限和时间跨度过短问题的困扰。对省内地区不平等的深入研究主要限于对中国东部地区省份的研究而忽略了其他地区。本章旨在使用来自中国内陆和沿海省份的具有较长时间跨度的县级层面数据估计和分解地区不平等。

本研究所使用的县级数据为更细致地考察地区不平等的状况和演变提供了机会。具体地说，本研究将总体不平等分解为省内成分和省际成分，从而为识别各个省所扮演的角色提供了可能。对省内不平等的进一步分解为理解各省内地区间不平等对区域不平等的影响提供了重要的参考。实证分析通过三层分解过程进行，以考察不同空间水平的收入不平等构成。本章接下来进行文献回顾、讨论分解方法、描述数据并对实证结果进行分析，最后进行总结并给出政策建议。

文献回顾

分析地区不平等所使用的主要分析工具之一是分解方法。本研究基于分子群的收入不平等的分解，其中子群在文献中被定义为不同的空间组群。文献中常见的空间组群有省份、经济区域（东部、中部、西部和东北部）以及内陆地区和沿海地区。本研究关注的是县级水平的人均地区生产总值（GRP）所衡量的地区不平等。因此，此处的文献回顾主要限于在计算中使用地区产出的那些研究。根据在分解中所采用的不同空间水平，我们将这些研究进行了分类。

省级分解

Tsui（1993）使用1982年人均工业产值和人均农业产出（GVIAO）分析了县级单位之间的不平等。他将总体不平等分解为两个成分：省际成分和省内成分。Lee（2000）采用了1994年的数据并将结果同Tsui的结果进行了比较。Lee发现，1982～1994年，省际不平等对总体不平等的贡献有所增加，而省内不平等对总体不平等的贡献下降了。Herrmann-Pillath等（2002）同样考察了省际和省内不平等对总体不平等的贡献，但是他们的研究基于各地级行政区的人均GRP。他们发现，1993～1998年，省际不平等对地级行政区之间总体不平等的贡献上升，而省内不平等成分对地级行政区之间总体不平等的贡献下降。Li和Xu（2008）同样使用地级水平的人均GRP考察了地区不平等，其结果显示省内不平等成分的贡献从1997年的61.6%下降到了2005年的59.4%，而省际不平等成分的贡献在这一时期从38.4%增长到了40.6%。这些结果提供的经验证据进一步支持了Lee（2000）和Herrmann-Pillath等（2002）的发现。尽管在以上所提及的研究中总体不平等指标的计算使用的是不同空间水平上的数据，但其结论是相似的。这些研究均显示省际不平等对总体地区不平等的贡献有所上升，而省内不平等的占比则下降了。

区域水平分解

在针对中国不平等的研究中，将不平等分解为区域间不平等和区域内不平等的做法是很常见的。Bhalla 等（2003）、Yao 和 Zhang（2001）、Yao 等（2005）都使用省级人均 GRP 数据对区域间和区域内不平等对总体不平等的贡献进行了研究。他们得到了相同的结论，即区域间不平等成分的贡献上升了，而区域内不平等成分的贡献下降了。Yao 和 Zhang（2001）发现，1997 年区域间成分的贡献大约为 80%。Cai 等（2002）使用人均 GRP 数据研究了 1978 ~ 1998 年的省际不平等，并且考虑了三个经济区域。他们指出，1978 年东部区域对总体不平等的贡献超过 60%；然而在随后的 20 年间，区域间不平等成分的贡献显著地增长了，1998 年其贡献大约为 60%。在这一时期，东部区域成分对总体不平等的贡献大幅下降。因此，他们认为这些证据表明在东部区域内部存在俱乐部收敛。他们还认为，在这一时期，中部和西部区域成分对总体不平等的贡献维持在非常低的水平上。Bhalla 等（2003）在他们的研究中采用了省级数据，指出东部区域贡献了总体不平等的大部分。Li 和 Xu（2008）使用 1978 ~ 2005 年的人均 GRP 数据将省际不平等分解为四个不同区域的贡献。他们发现东部区域成分贡献了 2005 年总体不平等的大约 20%，而中部区域、西部区域和东部区域共贡献了大约 10%。他们还指出，区域间不平等对总体不平等的贡献从 1978 年的 40% 上升到了 2005 年的大约 70%。因此，他们认为省际不平等主要是由四个经济区之间的不平等引起的。Gries 和 Redlin（2009）分解了 1978 ~ 2004 年省际人均 GRP 上的不平等。他们指出，1978 年东部区域成分贡献了总体省际不平等的大部分；然而这一成分的贡献在 1978 年后出现了急剧下降。相反，区域间不平等的贡献急剧上升且在 2004 年成为总体不平等的最主要来源。Villaverde 等（2010）发现区域间不平等对总体不平等的贡献有大幅度的增长，从 1978 年的低于 20% 增加到 2007 年的大约 50%；而同一时期，区域内不平等的贡献从 80% 下降到了大约 50%。Liu（2006）使用农业产出（RNAO）和农村社会产品总值（GVRSP）数据考察了农村的地区不平等。Liu 的发现支持了已经存在的共识，即区域间成分对总体不平等的贡献在 1980 ~ 2002 年增长了，而区域内成分的贡献下降了。

内陆和沿海水平的分解

在中国广为人知的是存在于内陆和沿海地区之间的巨大的不平等。Hao

和 Wei（2010）、Jian 等（1996）、Tsui（2007）以及 Ying（1999）是在这方面具有代表性的研究，他们使用省级人均 GRP 数据证明了这一点。在这些研究中，他们发现内陆和沿海地区的不平等随时间上升，而内陆地区和沿海地区内部的不平等随时间下降。另一项由 Fujita 和 Hu（2001）所做的研究在计算中使用了地区 GRP 而非人均 GRP。他们同样得到了相同的结论，即内陆地区和沿海地区之间的不平等有所上升。Hao 和 Wei（2010）考虑了平均每个职工的 GRP，并指出内陆地区和沿海地区之间的不平等在 1978～2004 年急剧上升。他们剔除大都市区重新进行了计算，仍然得到了相同结论。

基于其他空间群组的分解

一些研究者在构建空间子群时采用了他们自己的定义以分解不平等。Herrmann-Pillath 等（2002）将中国的省份划归为七个“宏观地区”。类似的，Huang 等（2003）将中国的省份分为七个“区域”。Herrmann-Pillath 等（2002）使用人均 GRP 考察了地级行政区之间的不平等，发现 1993～1998 年地区间不平等成分对地级行政区之间总体不平等的贡献下降了。Huang 等（2003）考察了 1991～2001 年的省际不平等，发现区域间不平等对总体省际不平等的贡献增加了，而区域内不平等对总体不平等的贡献下降了。Huang 等（2003）因此总结认为，区域间不平等是总体省际不平等增长背后的主要驱动因素。表面上看，Herrmann-Pillath 等（2002）和 Huang 等（2003）得出了不同的结论，然而他们的结果不能够直接进行比较。首先，时间跨度不同。其次，Herrmann-Pillath 等（2002）的结果基于地级行政区层面的数据，而 Huang 等（2003）的结果则基于省级数据。最后，Herrmann-Pillath 等（2002）在分析中使用的是人均 GRP 数据，而 Huang 等（2003）使用的是各省 GRP 数据，没有通过人口进行标准化处理。并且，他们将各个省划分到七个组时所采用的分类方法也不完全相同。

以上所提到的研究显示，中国在提升生活标准上所获得的进展在不同地区之间非常不平衡。并且，研究已经表明，空间群组在不平等上扮演着主要角色，因此有必要在研究不平等时考虑空间因素。

方法论

总体的收入不平等可以被分解为许多成分，并且针对每一个成分对总体不平等的贡献可以分别进行计算。这是决定各成分相对重要性的一个极好的工具，而各成分的相对重要性对于决定政府政策的优先序非常有价值。文献中最常用的方法是分子群（Shorrocks，1980、1984）和收入来源所做的分解（Yao，1997、1999）。分子群的分解可以应用于家庭调查或者地区数据（例如，Cai et al.，2002；Cheng，1996b；Gries and Redlin，2009；Huang et al.，2003；Kanbur and Zhang，1999、2005；Lee，2000；Li and Xu，2008；Lin et al.，2008；Liu，2010；Sicular et al.，2007；Tsui，1993；Wan，2007；Yang，1999；Yao and Liu，1998；Ying，1999），而分收入来源的分解则主要使用家庭数据以决定每一项收入来源的重要性（例如，Cheng，1996a；Fang and Rizzo，2011；Gustafsson and Li，2001；Khan and Riskin，1998；Khan et al.，1993；Liu and Sicular，2009；Rozelle，1994；Zhou，2009）。泰尔－T指数和泰尔－L指数经常被用于分子群进行的分解（例如，Cowell，2000；Shorrocks，1980；Theil，1967、1972），基尼系数则普遍被用于分收入来源进行的分解（例如，Cheng，1996a；Yao，1997、1999）。

分子群的不平等分解

分子群进行的不平等分解用于决定各个子群对总体不平等的贡献（Theil，1967、1972）。首先，使用所有实体单位计算总体不平等。其次，这些实体单位被分解为两个或者更多的子群。这些子群能够通过空间关系、可量化的数据或者定性信息进行定义。接下来，所有实体单位之间的总体不平等被分解为这些子群内部不平等的加权和（子群内成分）与这些子群之间的不平等（子群间成分）。[①] 由于泰尔－T指数和泰尔－L指数都能够被完全分解为子群间和子群内成分，这两个指数都经常被用于分子群进行的不平等分解（Bourguignon，1979；Shorrocks，1980、1984）。然而，基尼系数并不具备这一特征（Yao，1999），在这类计算中很少使用基尼系数（Bourguignon，1979）。

① 更细致的讨论，请参见Bourguignon（1979）和Shorrocks（1980、1984）。

分解过程可以在各层次上进行，因此能够考察各个成分之间的关系。在我们的分解中共有五个空间水平：县级水平（水平 1）、省级水平（水平 2）、区域水平（水平 3）、内陆和沿海水平（水平 4），以及国家水平（水平 5）。令 $I_i^{j,k}$ 表示水平 j 上的第 k 个地区。下角标 i 和上角标 j 分别代表不同的空间水平，其中 j 总是比 i 高一个空间层级。收入不平等的衡量指标基于在水平 i 上汇总的人口和 GRP 数据计算，并代表水平 i 上各单位的不平等水平，其中水平 i 由下角标 i 表示。上角标 j 代表在不平等衡量中使用的空间分组水平。在水平 j 上的每一个空间分组都由水平 i 上的各单位组成。通常而言，在某一个水平上存在一些空间群组，第 k 个地区是空间水平 j 上的许多空间群组的一个。例如，在第 a 个省中的县际不平等能够由 $I_1^{2,a}$ 代表。下角标 1（县级水平）显示不平等的衡量是基于县级单位，而上角标 2（省级水平）显示县级单位是被归组到省里面的，而不平等的衡量指的是一个省内各个县之间的不平等。逗号之后的 a 指代第 a 个省。类似的，区域水平是第三个空间水平，因此，在第 b 个区域内的各省之间的不平等能够用 $I_2^{3,b}$ 表示。应该注意的是，基于县级数据的整个国家的总体不平等是由 I_1^5 表示的。上角标在数字 5 以后没有地区标号，因为上角标 5 代表了整个国家，是国家水平上的唯一空间组。

在任何水平 i 上衡量的子群间的不平等成分能够被分解为子群内成分和在更高一级的 j 水平上衡量的子群间成分。中国的总体县级单位间不平等能够被分解为省内成分（I_1^5）和省际成分（I_2^5）。省内成分等于数据中所有省份内部的县际不平等的加权和。在第 a 个省内的县际不平等是由 $I_1^{2,a}$ 表示的，即

$$I_1^5 = \sum_{a=1}^{22} W_a I_1^{2,a} + I_2^5 \tag{8-1}$$

在式（8－1）中，由于有 22 个省份，a 的取值为 1～22，W_a 是第 a 个省的权重。泰尔－L 指数和泰尔－T 指数分解的权重分别基于人口和收入计算（Gustafsson and Li，2002）。特别的，对于泰尔－L 分解，第 a 个省的权重是 n_a/N；对于泰尔－T 分解，第 a 个省的权重是 Y_a/Y。其中，n_a 和 Y_a 代表第 a 个省的人口和 GRP，而 N 和 Y 表示所有地区的总人口和 GRP。

类似的，省际不平等（I_2^5）能够被分解为区域内成分和区域间成分（I_3^5）的和。区域内成分等于所有区域内的省际不平等的加权和。在第 b 个

区域中的省际不平等由 $I_2^{3,b}$ 表示，即

$$I_2^5 = \sum_{b=1}^{4} W_b I_2^{3,b} + I_3^5 \tag{8-2}$$

在式（8－2）中，由于有四个经济区域，b 的取值为 1～4。W_b 为第 b 个区域的权重。

在分解的第三层，区域间不平等（I_3^5）能够被进一步分解为内陆和沿海区域内的不平等成分的和与内陆和沿海间不平等的和（I_4^5）。内陆和沿海区域内的不平等成分等于内陆和沿海内部区域间不平等的加权和。在第 c 个地区的区域间不平等由 $I_3^{4,c}$ 表示，即

$$I_3^5 = \sum_{c=1}^{2} W_c I_3^{4,c} + I_4^5 \tag{8-3}$$

在式（8－3）中，由于有两个地区，即内陆地区和沿海地区，$c=1$，2，而 W_c 为第 c 个区域的权重。

将式（8－3）代入式（8－2），得

$$I_2^5 = \sum_{b=1}^{4} W_b I_2^{3,b} + \sum_{c=1}^{2} W_c I_3^{4,c} + I_4^5 \tag{8-4}$$

因此，式（8－1）变换为

$$I_1^5 = \sum_{a=1}^{22} W_a I_1^{2,a} + \sum_{b=1}^{4} W_b I_2^{3,b} + \sum_{c=1}^{2} W_c I_3^{4,c} + I_4^5 \tag{8-5}$$

各种空间成分对中国总体不平等的贡献可以从式（8－5）推导出来。每一个成分的百分比贡献可以通过将每一个个体成分的值除以总体不平等得到。总体不平等可以被分解为四个水平上的空间成分。这一形式的分解为垂直分解，能够被应用于不同行政区划水平。

式（8－5）中除 I_4^5 以外的所有成分都是更低一级水平上不平等的加权和。这些子群内的成分能够进一步被分解为每一个水平内的成分。每一个成分单位的值等于每一个部分的不平等乘以其权重。例如，由 22 个省份的贡献所构成的在所有省份内的县际不平等的加权和，能够被分解为每一个省份的贡献。这能够识别每一个空间子群对总体不平等的主要贡献。类似的，省内不平等（即每一个省份内的县际不平等）能够被进一步分解为每一个省份内的三个成分：县际不平等、城市间不平等以及城市和县之间的不平等。这些信息能够显示每一个省份内城市和县之间的不平等。每一个省份可以据此规划其省内发展政策。

数 据

地区不平等能够使用不同的指标进行考察。Duncan 和 Tian（1999）注意到对使用民生指标和产出指标的那些研究加以区分是重要的，因为它们能够导致不同的结果。一方面，许多针对不平等的研究是基于支出、消费、工资、总收入和家庭收入数据的。这些指标是对民生和经济福利的很好的测度。另一方面，人均产出被认为是衡量地区经济发展的一个很好的指标。本研究是针对经济发展的地区不平等，采用人均 GRP 作为经济发展的指标是因为这是使用最多的产出指标并且相比其他指标诸如人均工业产值和人均农业产出（GVIAO）和国民收入（NI）等更具综合性。

本研究基于中国县和县级市的真实人均 GRP 数据。有三类县级单位：地级市，大都市内的县、县级市，城市区（或者简单地称为“区”）。然而，在本研究时期的早期，有一些省份没有城市区的数据。并且，在某些情况下，只有城市区的总数据而没有每一个城市区的数据。因此，本研究只基于县和县级市数据。许多考察县级地区之间不平等的研究都没有包括城市区而只是基于县级市和县数据。[①] 本研究没有包括北京、天津、上海和重庆这四个大都市区，因为这些大都市区中的大部分行政区都是区。

数据大部分来自各省统计年鉴（NBS，1998～2008a）。然而当数据存在缺失的时候，我们使用《中国区域经济统计年鉴》（NBS，2004～2008）和各省年鉴（NBS，1998～2008b）。由于信息不完全，我们便从数据中剔除了一些城市和县。所有县级层面的 GRP 都进行了平减，以 1997 年不变价格进行表示。由于没有针对每一个县的平减指数，因而我们使用了省级平减指数对一个省内的所有县和县级市进行平减。为了确保数据的一致性，我们对行政区划状况和边界的变动进行了充分检查。[②] 仿照 Fan（1995）的做法，在某些情况下，当地区边界随时间变化时，我们对地区进行了加总。加总操作的

① 这方面的例子有：Brajer et al.（2010）；Gustafsson and Li（2002）；Lee（2000）；Jones et al.（2003）；Li and Xu（2008）；Rozelle（1994）；Song et al.（2000）；Veeck and Pannell（1989）；Wei and Kim（2002）；Wu and Zhu（2011）；Yu et al.（2007）；Zhou and Zou（2010）。

② Cheong and Wu（2012）中有详细的描述。

缺陷是可能导致低估所加总的县级单位之间的不平等，尽管根据中国的行政区划网站，在这一时期行政区划的变动很少。

我们将县级单位分为四个水平的空间组群：国家、内陆和沿海、经济区域、省。在本章中，沿海地区和东部区域是等同的，而内陆地区包括中部区域、西部区域和东北部区域的所有省份。本研究对内陆和沿海地区的定义与官方定义略有不同。由于在这些年中有些省份的数据不可得，因而在衡量国家水平上的不平等时这些省份中的县级单位无法被包含进去。最终，在这三个水平的分析中，只包括了21个省份中的县级单位。我们对这些省份的分组如下。

东部区域：河北、江苏、浙江、福建、广东和海南。本研究排除了北京、天津和上海。由于数据不可得，没有包含山东。

中部区域：安徽、江西、河南和湖南。由于数据不可得，没有包含山西和湖北。

西部区域：内蒙古、广西、四川、贵州、云南、甘肃、青海、新疆（本研究排除了重庆）。由于数据不可得，没有包含陕西、西藏和宁夏。

东北部区域：辽宁、吉林和黑龙江。

对区域的划分以《2006年中国统计年鉴》（NBS，2006）为基础。研究所使用的最终数据包括1485个县和县级市，时间跨度为1997～2007年。人口数据整理自各省统计年鉴（NBS，1998～2008a）、各省年鉴（NBS，1998～2008b）以及《中国区域经济统计年鉴》（NBS，2004～2008）。众所周知，中国的人口数据基于户籍人口，并没有考虑暂时性迁移人口。这可能会影响最终结果，但是在当前数据条件下无法解决这一问题。①

Wan（2008）表明，中国的地区不平等可以被分为两个维度：东部－中部－西部的划分和农村－城市不平等。后一项对中国总体不平等的贡献超过了70%。由于在县级单位内部的农村和城市数据不可得，因此无法在县级

① 2000年县级水平的实际人口数可以从2000年人口普查分县数据中得到（国家统计局，2003）。由于2010年人口普查数据尚不可得，在只有2000年数据的情况下，无法通过内插法对人口数据进行调整。到数据可得时可以做进一步调整。另一个担心是中国产出数据的质量。研究者对中国GDP统计的可靠性和准确性都有疑问（Chow，1986；Holz，2006；Rawski，2001；Wu，1997）。然而，官方数据来源仍然是此类统计研究的唯一渠道。因此，在解释此处这些结果时需要谨慎。

水平上研究农村和城市地区之间的不平等。在 Lee（2000）和 Tsui（1993）所做的研究中，他们将县级市视作城市地区，而把县视作农村地区。他们将总体的县际不平等分解为农村内部、城市内部和农村 - 城市三个部分。在本章，我们采用相同的方法。为避免混淆，我们将这些成分重新命名为县际不平等、城市间不平等以及城市和县之间的不平等。

结果和讨论

本研究所使用的数据包括县和县级市数据。在随后的文章中，“县级市”和“市”这两个术语可交替使用。术语“县级单位之间的不平等”和简单的“县际不平等”指代一个地区中所有县和县级市之间的不平等。术语“省内地区不平等”或者“省内不平等”指代一省内部各县级单位之间的不平等（即每个省内的县际不平等）。以下内容分为两个部分：首先，将总体不平等分解为不同空间层级成分所得到的结果。其次，将省内不平等分解为三个部分，即县际不平等、城市间不平等以及城市和县之间的不平等。

分解为空间成分的不平等分解

表 8 - 1 显示了不平等的三个层次的分解结果。第一层是如式（8 - 1）所示的那样，将总体县际不平等分解为省内不平等（即所有省份内县际不平等的加权和）和省际不平等。每一个成分的贡献表示为其占总体县际不平等的百分比。第二层是如式（8 - 2）所示的那样，将省际不平等分解为地区内成分（即所有地区内省际不平等的加权和）和地区间成分。各部分的贡献表示为各部分占省际不平等的比例。第三层是如式（8 - 3）所示的那样，将区域间不平等分解为内陆和沿海地区内的区域间不平等（即内陆地区和沿海地区内部区域间不平等的加权和）与内陆和沿海之间的不平等。各部分的贡献表示为各部分占区域间不平等的百分比。

表 8 - 1 中第一层的分解结果显示，1997 ~ 2007 年，所有省份内县际不平等和省际不平等对总体县际不平等的贡献基本上保持稳定。有趣的是，省际不平等的贡献在 1997 ~ 2007 年有微弱的下降（以泰尔 - T 指数计算），但是如果使用泰尔 - L 指数则有微弱的上升（这一差异非常小）。相反，第二层的分解结果显示，所有区域内部的省之间的不平等对总体省际不平等的贡

献显著地上升了，无论是以泰尔－T 指数计算还是以泰尔－L 指数计算均是如此。1997 年，根据泰尔－T 指数和泰尔－L 指数，其贡献分别为 26% 和 28%；2007 年，这两种情况下的贡献都大幅度增长到了大约 48%，而区域间不平等的贡献则显著下降了。第三层的分解结果显示，各成分贡献的变化相当小。内陆和沿海地区内部各区域之间不平等的贡献下降了大约 4%，而内陆和沿海地区之间的不平等的贡献稍稍上升。2007 年，内陆和沿海之间的不平等对总体区域间不平等的贡献达到了大约 90%。

表 8－2 显示了采用式（8－5）所做的分解结果，该分解将总体县际不平等分解为各种空间成分。每一个成分的贡献表示为其占总体县际不平等的百分比。尽管从两个指数所推导出的百分比贡献存在细小的差别，但其大小和趋势都很接近。省份内部的县际不平等成分是总体县际不平等的主要来源，其贡献在 2007 年大约为 60%。2007 年，区域内的省际不平等与内陆和沿海之间的不平等对总体不平等的贡献很接近，以泰尔－T 指数衡量分别为 19% 和 18%。内陆和沿海内部的区域间不平等贡献了 2007 年总体不平等的大约 2%。

表 8－3 显示了空间成分对总体县际不平等的贡献的变化。可以看到的是，省份内部的县际不平等对总体不平等的贡献保持了相对稳定。区域内的省际不平等的贡献有所增加，而内陆和沿海地区之间的不平等，以及内陆和沿海内部的区域间不平等的贡献则有所下降。根据泰尔－T 指数，区域内的省际不平等对总体不平等的百分比贡献在 1997～2007 年增长了大约 8.6%，而内陆和沿海地区内的区域间不平等的贡献下降了 2.2%，内陆和沿海地区之间的不平等下降了 7.7%。这一发现凸显了监控经济区内部省际不平等增长的重要性。

分解技术也可以应用于分析不平等的变化本身，这拓展了通常意义上的不平等分解。对不平等变化的分解能够为不同成分变化对总体不平等变化的贡献提供详细的信息。通常采用的分析方法显示了不同成分对不平等绝对水平而言的重要性。对 1997～2007 年总体不平等变化的分解结果在表 8－4 中给出。在所考察的时期内，总体不平等的变化在很大程度上来源于省份内部县际不平等的变化（根据泰尔－T 指数和泰尔－L 指数，其贡献分别为 63% 和 55%），其次源于各区域内部省际不平等的变化（根据泰尔－T 指数和泰尔－L 指数，其贡献分别为 35% 和 43%）。表 8－4 和表 8－3 的对比显示，在表 8－3 中，内陆地区和沿海地区之间的不平等对总体不平等的贡献有所下降，而表 8－4

表 8-1　县级单位间不平等在空间成分上的三层分解

单位：%

项目			1997 年	1998 年	1999 年	2000 年	2001 年	2002 年	2003 年	2004 年	2005 年	2006 年	2007 年
第一层	泰尔 - T	所有省内部 CU 间的不平等	59.49	57.84	57.04	57.58	57.53	56.79	56.77	57.28	59.75	60.56	60.74
		省际不平等	40.51	42.16	42.96	42.42	42.47	43.21	43.23	42.72	40.25	39.44	39.26
	泰尔 - L	所有省内部 CU 间的不平等	57.19	55.55	54.93	55.70	55.71	54.67	54.14	54.08	55.98	56.56	56.46
		省际不平等	42.81	44.45	45.07	44.30	44.29	45.33	45.86	45.92	44.02	43.44	43.54
第二层	泰尔 - T	所有区域内省际间不平等	26.19	22.98	22.75	25.80	26.61	28.27	29.67	33.02	42.70	45.71	48.90
		区域不平等	73.81	77.02	77.25	74.20	73.39	71.73	70.33	66.98	57.30	54.29	51.10
	泰尔 - L	所有区域内省际不平等	28.28	24.38	23.44	26.27	26.92	28.06	29.11	32.94	41.85	44.95	48.26
		区域间不平等	71.72	75.62	76.56	73.73	73.08	71.94	70.89	67.06	58.15	55.05	51.74
第三层	泰尔 - T	内陆和沿海内部区域间不平等	14.07	14.94	14.91	12.63	12.02	11.98	10.89	10.70	10.71	9.10	10.03
		内陆和沿海地区之间的不平等	85.93	85.06	85.09	87.37	87.98	88.02	89.11	89.30	89.29	90.90	89.97
	泰尔 - L	内陆和沿海内部区域间不平等	17.34	18.49	18.40	15.66	14.97	14.93	13.72	13.51	13.49	11.60	12.56
		内陆和沿海地区之间的不平等	82.66	81.51	81.60	84.34	85.03	85.07	86.28	86.49	86.51	88.40	87.44

注：沿海地区等同于东部区域，内陆地区包括中部区域、西部区域和东北部区域。

资料来源：笔者的计算。

表 8－2　县级单位间不平等在空间成分上的分解

单位：%

项目		1997 年	1998 年	1999 年	2000 年	2001 年	2002 年	2003 年	2004 年	2005 年	2006 年	2007 年
泰尔－T	内陆地区和沿海地区间不平等	25.70	27.62	28.24	27.50	27.42	27.28	27.09	25.55	20.59	19.46	18.05
	内陆地区和沿海地区内部区域间不平等	4.21	4.85	4.95	3.98	3.75	3.71	3.31	3.06	2.47	1.95	2.01
	所有区域内部各省份间不平等	10.61	9.69	9.77	10.94	11.30	12.21	12.82	14.11	17.19	18.03	19.20
	所有省份内部各 CU 间的不平等	59.49	57.84	57.04	57.58	57.53	56.79	56.77	57.28	59.75	60.56	60.74
泰尔－L	内陆地区和沿海地区间不平等	25.38	27.40	28.16	27.55	27.52	27.74	28.05	26.63	22.14	21.14	19.70
	内陆地区和沿海地区内部区域间不平等	5.32	6.22	6.35	5.12	4.85	4.87	4.46	4.16	3.45	2.77	2.83
	所有区域内部各省份间不平等	12.10	10.84	10.57	11.64	11.92	12.72	13.35	15.13	18.43	19.53	21.01
	所有省份内部各 CU 间的不平等	57.19	55.55	54.93	55.70	55.71	54.67	54.14	54.08	55.98	56.56	56.46

注：沿海地区等同于东部区域，内陆地区包括中部区域、西部区域和东北部区域。

资料来源：笔者的计算。

表 8－3　各空间成分对县级单位间不平等贡献的变动

单位：%

项目		1997 年	2007 年	差异
泰尔－T	内陆地区和沿海地区间不平等	25.70	18.05	－7.65
	内陆地区和沿海地区内部区域间不平等	4.21	2.01	－2.19
	所有区域内部各省份间不平等	10.61	19.20	8.59
	所有省份内部各 CU 间的不平等	59.49	60.74	1.25
泰尔－L	内陆地区和沿海地区间不平等	25.38	19.70	－5.68
	内陆地区和沿海地区内部区域间不平等	5.32	2.83	－2.50
	所有区域内部各省份间不平等	12.10	21.01	8.91
	所有省份内部各 CU 间的不平等	57.19	56.46	－0.73

注：沿海地区等同于东部区域，内陆地区包括中部区域、西部区域和东北部区域。

资料来源：笔者的计算。

表 8－4　县级单位间不平等变化的分解（1997～2007 年）

单位：%

变化	对 CU 间不平等变化的贡献		对 CU 间不平等变化的贡献	
	泰尔－T	泰尔－L	泰尔－T	泰尔－L
内陆地区和沿海地区间不平等	0.005	0.004	4.072	5.447
内陆地区和沿海地区内部区域间不平等	－0.002	－0.003	－1.999	－3.426
所有区域内部各省份间不平等	0.039	0.034	34.892	43.338
所有省份内部各 CU 间的不平等	0.070	0.042	63.035	54.641

注：沿海地区等同于东部区域，内陆地区包括中部区域、西部区域和东北部区域。

资料来源：笔者的计算。

显示总体不平等增长的 4%（在使用泰尔－T 指数的情况下）是由内陆和沿海地区之间不平等的增长解释的。这一信息相当具有启发性，它表明内陆和沿海地区之间的不平等在所考察的时期内增加了，但是其增加不像其他成分那么大，因而导致了其对总体不平等贡献的下降。因此，不能仅仅因为其对总体不平等贡献的下降而忽视这一成分。

一省之内的所有县级单位能够被进一步划分为城市和县，从而可以进行一个新的层次的分解以考察城市和县对省内地区不平等的贡献。后者可以被进一步分解为三个省内成分：县际不平等、城市间不平等以及城市和县之间的不平等。[①] 分解的结果在表 8－5 中给出。可以看出，2007 年，省份内部

① 对宁夏回族自治区，我们无法将不平等分解为城市和县之间的不平等，因为在宁夏只有一个县级市，并且该市行政区划进行过调整，使得调整前后的数据不可比。因此，我们将该区从数据中剔除了。

表 8-5　县级单位间不平等的空间分解及三个省内成分

单位：%

项目		1997 年	1998 年	1999 年	2000 年	2001 年	2002 年	2003 年	2004 年	2005 年	2006 年	2007 年
泰尔－T	内陆地区和沿海地区间不平等	25.70	27.62	28.24	27.50	27.42	27.28	27.09	25.55	20.59	19.46	18.05
	内陆地区和沿海地区内部区域间不平等	4.21	4.85	4.95	3.98	3.75	3.71	3.31	3.06	2.47	1.95	2.01
	所有区域内部各省份间不平等	10.61	9.69	9.77	10.94	11.30	12.21	12.82	14.11	17.19	18.03	19.20
	所有省份内部各县之间的不平等	22.23	21.64	21.92	22.07	22.24	21.19	20.47	20.83	22.25	22.66	23.31
	所有省份内部各城市之间的不平等	20.85	20.79	20.19	20.69	20.47	20.88	21.39	21.41	22.26	22.75	22.62
	所有省份内部城市和县之间的不平等	16.41	15.41	14.93	14.82	14.83	14.72	14.92	15.04	15.24	15.15	14.81
泰尔－L	内陆地区和沿海地区间不平等	25.38	27.40	28.16	27.55	27.52	27.74	28.05	26.63	22.14	21.14	19.70
	内陆地区和沿海地区内部区域间不平等	5.32	6.22	6.35	5.12	4.85	4.87	4.46	4.16	3.45	2.77	2.83
	所有区域内部各省份间不平等	12.10	10.84	10.57	11.64	11.92	12.72	13.35	15.13	18.43	19.53	21.01
	所有省份内部各县之间的不平等	29.66	28.87	29.12	29.44	29.81	28.80	28.22	28.32	29.92	30.38	30.57
	所有省份内部各城市之间的不平等	12.61	12.71	12.33	12.91	12.49	12.51	12.39	12.24	12.49	12.74	12.72
	所有省份内部城市和县之间的不平等	14.93	13.96	13.49	13.35	13.41	13.36	13.52	13.52	13.56	13.43	13.17

注：沿海地区等同于东部区域，内陆地区包括中部区域、西部区域和东北部区域。

资料来源：笔者的计算。

的县际不平等对总体不平等的贡献最大——以泰尔－T指数和泰尔－L指数衡量分别为23%和31%。这些成分对总体不平等的贡献的变化在表8－6中给出。表8－6显示，三个省内成分的变动非常小，在整个考察时期内基本上保持稳定。

表8－6　各成分对不平等贡献的变动

单位：%

项目		1997年	2007年	差异
泰尔－T	内陆地区和沿海地区间不平等	25.70	18.05	－7.65
	内陆地区和沿海地区内部区域间不平等	4.21	2.01	－2.20
	所有区域内部各省份间不平等	10.61	19.20	8.59
	所有省份内部各县之间的不平等	22.23	23.31	1.08
	所有省份内部各城市之间的不平等	20.85	22.62	1.77
	所有省份内部城市和县之间的不平等	16.41	14.81	－1.60
泰尔－L	内陆地区和沿海地区间不平等	25.38	19.70	－5.68
	内陆地区和沿海地区内部区域间不平等	5.32	2.83	－2.49
	所有区域内部各省份间不平等	12.10	21.01	8.91
	所有省份内部各县之间的不平等	29.66	30.57	0.91
	所有省份内部各城市之间的不平等	12.61	12.72	0.11
	所有省份内部城市和县之间的不平等	14.93	13.17	－1.76

注：沿海地区等同于东部区域，内陆地区包括中部区域、西部区域和东北部区域。

资料来源：笔者的计算。

表8－7给出了不同空间成分的变化（表前三行）以及三个省内成分（表后三行）的变化对总体不平等变化的贡献。结果显示，三个省内成分的变化对总体不平等变化的贡献以泰尔－T指数衡量分别为25%、26%和12%（如果以泰尔－L指数衡量，则分别为33%、13%和9%）。值得注意的是，在表8－6中，城市和县之间不平等的贡献呈现下降的趋势，而这些成分的增长仍然对总体不平等的增长贡献了12%（以泰尔－T指数衡量）。相似的是，尽管在表8－6中，1997～2007年，其他两项省内不平等对总体不平等的贡献保持不变，这两个成分的变化却贡献了总体不平等变化的50%以上（以泰尔－T指数衡量）。因此，这些不平等成分不应该被忽视，需要努力消减这些省内不平等。

表 8－7　县级单位间不平等变化的分解（1997～2007 年）

单位：%

变化	对总体变化的贡献		对总体变化的贡献	
	泰尔－T	泰尔－L	泰尔－T	泰尔－L
内陆地区和沿海地区间不平等	0.005	0.004	4.072	5.447
内陆地区和沿海地区内部区域间不平等	－0.002	－0.003	－1.999	－3.426
所有区域内部各省份间不平等	0.039	0.034	34.892	43.338
所有省份内部各县之间的不平等	0.028	0.025	25.277	32.876
所有省份内部各城市之间的不平等	0.029	0.010	25.875	12.985
所有省份内部城市和县之间的不平等	0.013	0.007	11.882	8.780

注：沿海地区等同于东部区域，内陆地区包括中部区域、西部区域和东北部区域。
资料来源：笔者的计算。

进一步的分解分析

通过进行进一步的分解，我们可以更好地了解每一个省内部的不平等。分解可以在各省中水平地进行，以识别每一个省份的贡献。结果在表 8－8 和表 8－9 中给出（分别对应泰尔－T 指数和泰尔－L 指数两种衡量方法）。由于两组结果相似，我们的讨论基于表 8－8 采用泰尔－T 指数得到的结果。表 8－8CU 这一列的数值代表了各个省份对总体不平等的百分比贡献，这些数据加起来等于 100。每个省份的贡献继而被分解为三个成分，分别在 Co、Ci 和 Co-Ci 三列中给出。根据表 8－8，2007 年，江苏省对总体不平等的贡献最大。这同 Sakamoto 和 Fan（2010）的结果一致，他们的研究显示，江苏对珠三角地区不平等的贡献很大，并且一直在上升。其他大的贡献者依次是河北、河南、内蒙古和浙江。这五个省共贡献了总体不平等的大约 63%。这些省份在位置上邻近，这可能意味着空间因素在中国的不平等上扮演着主要角色。表 8－8 还显示，县际不平等在河北、河南和内蒙古具有主导性的作用，而在江苏省，最重要的是城市间不平等。在福建、广东、河北、浙江、河南和新疆，城市间不平等同样是总体不平等的重要来源。这些省份中的大部分都属于东部地区，这表明东部地区城市间巨大的不平等进一步强化了总体不平等。福建、河北、江苏、浙江、河南和新疆的城市与县之间的不平等对总体不平等的贡献也很显著，在这些省份中有四个属于东部地区。

表 8－8 1997 年和 2007 年各省内部县级单位间不平等的分解（泰尔－T）

单位：%

项目			1997 年				2007 年			
			CU	Co	Ci	Co－Ci	CU	Co	Ci	Co－Ci
沿海地区	东部	福建	6.76	1.23	2.78	2.75	4.13	0.64	1.86	1.63
		广东	6.47	2.28	3.72	0.47	3.01	1.32	1.68	0.00
		海南	0.27	0.09	0.05	0.13	0.12	0.05	0.04	0.02
		河北	7.33	3.57	1.39	2.37	10.46	4.98	2.96	2.52
		江苏	23.31	1.21	14.40	7.70	30.09	1.39	18.96	9.74
		浙江	6.62	2.98	1.86	1.78	5.32	2.39	1.78	1.15
内陆地区	中部	安徽	2.58	1.54	0.36	0.68	1.20	0.88	0.18	0.14
		河南	8.94	3.21	1.99	3.75	9.43	4.19	2.05	3.18
		湖南	2.74	2.24	0.38	0.13	3.29	2.46	0.54	0.29
		江西	1.14	0.90	0.18	0.05	1.94	1.33	0.44	0.16
	西部	甘肃	2.02	1.55	0.08	0.39	1.92	1.32	0.14	0.46
		广西	2.47	1.98	0.47	0.02	1.32	1.19	0.12	0.00
		贵州	1.28	0.72	0.08	0.48	1.28	0.64	0.14	0.49
		内蒙古	2.04	1.33	0.42	0.28	7.66	6.79	0.85	0.02
		青海	0.49	0.25	0.03	0.22	0.81	0.21	0.06	0.55
		四川	7.51	4.26	1.15	2.09	4.42	2.82	0.71	0.89
		新疆	4.99	2.38	1.78	0.83	4.69	2.02	1.63	1.04
		云南	5.13	2.45	1.08	1.59	2.72	1.62	0.43	0.67
	东部	黑龙江	1.75	0.92	0.48	0.35	2.31	0.84	0.86	0.61
		吉林	0.82	0.30	0.38	0.14	1.05	0.40	0.61	0.03
		辽宁	5.16	1.76	2.00	1.40	2.70	0.75	1.18	0.77

注：沿海地区等同于东部区域，内陆地区包括中部区域、西部区域和东北部区域；CU＝县级单位间不平等，Co＝县际不平等，Ci＝城市和县之间不平等。

资料来源：笔者的计算。

表 8－9　1997 年和 2007 年各省内部县级单位间不平等的分解（泰尔－L）

单位：%

项目			1997 年				2007 年			
			CU	Co	Ci	Co－Ci	CU	Co	Ci	Co－Ci
沿海地区	东部	福　建	3.76	0.99	1.11	1.65	3.10	0.74	1.01	1.35
		广　东	6.05	2.57	3.04	0.44	4.42	2.04	2.37	0.01
		海　南	0.31	0.12	0.04	0.14	0.19	0.09	0.06	0.04
		河　北	6.20	3.47	0.86	1.87	9.44	5.37	1.87	2.20
		江　苏	13.78	1.46	6.83	5.49	15.25	1.66	7.21	6.38
		浙　江	3.94	2.09	0.91	0.95	3.13	1.65	0.86	0.62
内陆地区	中部	安　徽	2.95	2.01	0.22	0.72	2.64	2.08	0.27	0.29
		河　南	10.45	4.57	1.58	4.30	10.52	5.57	1.53	3.42
		湖　南	3.60	3.02	0.42	0.17	5.36	4.13	0.74	0.49
		江　西	1.86	1.52	0.25	0.09	3.44	2.59	0.57	0.28
	西部	甘　肃	5.07	4.24	0.08	0.75	4.50	3.55	0.11	0.83
		广　西	3.45	2.84	0.58	0.03	2.57	2.34	0.22	0.01
		贵　州	3.36	2.06	0.13	1.16	3.59	2.04	0.27	1.29
		内蒙古	2.53	1.83	0.37	0.33	5.17	4.65	0.50	0.02
		青　海	0.75	0.46	0.02	0.27	0.96	0.39	0.02	0.55
		四　川	10.36	6.35	1.23	2.79	7.31	4.96	0.86	1.49
		新　疆	4.70	2.72	1.14	0.84	5.14	2.91	1.05	1.18
		云　南	8.61	5.19	1.04	2.38	5.67	3.94	0.52	1.21
	东部	黑龙江	1.93	1.18	0.40	0.35	3.63	1.77	0.94	0.92
		吉　林	0.92	0.38	0.38	0.16	1.04	0.42	0.58	0.04
		辽　宁	4.84	2.19	1.42	1.22	2.66	0.97	0.97	0.71

注：沿海地区等同于东部区域，内陆地区包括中部区域、西部区域和东北部区域；CU＝县级单位间不平等，Co＝县际不平等，Ci＝城市和县之间不平等。

资料来源：笔者的计算。

表 8 - 10 显示了 1997 ~ 2007 年，三个省内成分对总体不平等贡献的变化。可以看到，江苏省内县级单位之间的不平等在其贡献上上升最快（使用泰尔 - T 指数），大部分源于城市间不平等成分的增长。然而，县与县之间不平等的贡献没有显著变化，尽管城市和县之间的不平等有所上升。我们还看到，内蒙古内部县级单位之间的不平等的贡献是第二大的（根据泰尔 - T指数）。这一变化主要是由县际不平等贡献的增长引起的。然而，使用泰尔 - L 指数计算的结果显示，河北内部县级单位之间的不平等的贡献增长最大，主要源于县际不平等贡献的增长。表 8 - 10 还显示，广东内部县级单位之间的不平等在其贡献上下降最快，主要是源于城市间不平等的贡献的下降（2.04%），以及县际不平等的温和的下降（0.96%）。根据泰尔 - L 指数，四川省内县级单位之间的不平等的贡献下降最大（3.05%）。

表 8 - 11 显示了将县级单位间总体不平等分解为三个省内不平等成分所得到的结果。根据使用泰尔 - T 指数所进行的估计，江苏县级单位间不平等的增长贡献了中国总体不平等变动的 26.35%。城市间不平等的增长解释了 16.91%，而城市和县之间的不平等增长解释了 8.37%。这意味着在所考察的时期内，中国县级单位间不平等的增长有 1/4 源于江苏省内不平等的增长。更进一步的，可以发现河北和内蒙古内部县级单位间不平等的增长同样对总体不平等的上升做出了显著贡献。根据泰尔 - T 指数所做的估计，这三个省份加起来贡献了总体不平等增长的大约 47%。这意味着如果这些省份中县级单位间的不平等在整个考察的时期内保持不变，则中国的总体不平等的增长就会减少接近一半。

每个省份内部三个省内不平等成分的相对重要性同样可以被估计。在表 8 - 12 中，县际不平等、城市间不平等以及城市和县之间的不平等均被表示为三者总和的一个比例。例如，按照泰尔 - T 指数所做的估计，海南省内的县际不平等贡献了 1997 年省内不平等的 34.58%，到 2007 年，这一数值上升到了 43.88%。在同一时期，城市间不平等的贡献从 18.61% 增长到了 35.63%，而城市和县之间的不平等的贡献从 46.81% 下降到了 20.49%。城市间不平等的贡献在这一时期大幅度上升了。这一点无论对于地方政府还是中央政府都具有重要的政策含义。

表 8 - 12 进一步给出了有关每一个地区省份特征的信息。根据泰尔 - T 指数的度量，2007 年，安徽、湖南、江西、甘肃、广西、贵州、内蒙古、

表 8-10　1997～2007 年省内成分贡献的变动

单位：%

项目			泰尔-T 变化				泰尔-L 变化			
			CU	Co	Ci	Co-Ci	CU	Co	Ci	Co-Ci
沿海地区	东部	福　建	-2.63	-0.59	-0.92	-1.12	-0.66	-0.25	-0.10	-0.30
		广　东	-3.46	-0.96	-2.04	-0.47	-1.63	-0.53	-0.67	-0.43
		海　南	-0.15	-0.04	-0.01	-0.11	-0.12	-0.03	0.02	-0.10
		河　北	3.13	1.41	1.57	0.15	3.24	1.90	1.01	0.33
		江　苏	6.78	0.18	4.56	2.04	1.47	0.20	0.38	0.89
		浙　江	-1.30	-0.59	-0.08	-0.63	-0.81	-0.44	-0.05	-0.33
内陆地区	中部	安　徽	-1.38	-0.66	-0.18	-0.54	-0.31	0.07	0.05	-0.43
		河　南	0.49	0.98	0.06	-0.57	0.07	1.00	-0.05	-0.88
		湖　南	0.55	0.22	0.16	0.16	1.76	1.11	0.32	0.32
		江　西	0.80	0.43	0.26	0.11	1.58	1.07	0.32	0.19
	西部	甘　肃	-0.10	-0.23	0.06	0.07	-0.57	-0.69	0.03	0.08
		广　西	-1.15	-0.79	-0.35	-0.02	-0.88	-0.50	-0.36	-0.02
		贵　州	0.00	-0.08	0.06	0.01	0.23	-0.02	0.14	0.13
		内蒙古	5.62	5.46	0.43	-0.26	2.64	2.82	0.13	-0.31
		青　海	0.32	-0.04	0.03	0.33	0.21	-0.07	0.00	0.28
		四　川	-3.09	-1.44	-0.44	-1.20	-3.05	-1.39	-0.37	-1.30
		新　疆	-0.30	-0.36	-0.15	0.21	0.44	0.19	-0.09	0.34
		云　南	-2.41	-0.83	-0.65	-0.92	-2.94	-1.25	-0.52	-1.17
	东部	黑龙江	0.56	-0.08	0.38	0.26	1.70	0.59	0.54	0.57
		吉　林	0.23	0.10	0.23	-0.11	0.12	0.04	0.20	-0.12
		辽　宁	-2.46	-1.01	-0.82	-0.63	-2.18	-1.22	-0.45	-0.51

注：沿海地区等同于东部区域，内陆地区包括中部区域、西部区域和东北部区域；CU = 县级单位间不平等，Co = 县际不平等，Ci = 城市和县之间不平等。

资料来源：笔者的计算。

表 8-11　1997～2007 年县级单位间不平等变化的分解（分解为三个省内成分的变化）

单位：%

项目			泰尔-T				泰尔-L			
			CU	Co	Ci	Co-Ci	CU	Co	Ci	Co-Ci
沿海地区	东部	福　建	-0.25	-0.23	0.18	-0.19	0.75	0.06	0.40	0.30
		广　东	-1.87	-0.21	-1.15	-0.50	0.08	0.36	0.34	-0.62
		海　南	-0.08	-0.01	0.02	-0.09	-0.05	0.01	0.06	-0.12
		河　北	10.00	4.68	3.56	1.76	9.80	5.67	2.47	1.67
		江　苏	26.35	1.08	16.91	8.37	10.45	1.19	4.49	4.77
		浙　江	1.94	0.86	1.04	0.04	0.54	0.27	0.40	-0.12
内陆地区	中部	安　徽	-0.73	-0.16	-0.08	-0.50	1.00	1.25	0.22	-0.47
		河　南	6.47	3.72	1.36	1.39	5.85	4.48	0.75	0.61
		湖　南	2.67	1.79	0.51	0.36	5.44	3.84	0.87	0.73
		江　西	2.09	1.31	0.57	0.22	4.15	2.95	0.78	0.43
	西部	甘　肃	1.11	0.59	0.16	0.36	1.63	0.95	0.11	0.57
		广　西	-0.41	-0.10	-0.30	-0.02	0.14	0.56	-0.39	-0.02
		贵　州	0.80	0.32	0.15	0.32	2.30	1.07	0.33	0.89
		内蒙古	10.94	10.22	0.99	-0.27	6.60	6.59	0.46	-0.44
		青　海	0.86	0.08	0.07	0.71	0.82	0.11	0.02	0.69
		四　川	-0.57	0.21	-0.03	-0.75	-0.38	0.73	-0.06	-1.04
		新　疆	2.64	0.87	0.88	0.89	3.44	1.86	0.45	1.13
		云　南	-0.90	0.12	-0.44	-0.58	-1.11	0.37	-0.46	-1.02
	东部	黑龙江	2.06	0.44	0.95	0.67	4.41	1.81	1.27	1.33
		吉　林	0.91	0.35	0.65	-0.09	0.74	0.29	0.61	-0.15
		辽　宁	-0.97	-0.62	-0.15	-0.20	-1.68	-1.21	-0.12	-0.35

注：沿海地区等同于东部区域，内陆地区包括中部区域、西部区域和东北部区域；CU = 县级单位间不平等，Co = 县际不平等，Ci = 城市和县之间不平等。

资料来源：笔者的计算。

表 8－12　1997 年和 2007 年省内不平等的分解

单位：%

项目			泰尔－T						泰尔－L					
			1997 年			2007 年			1997 年			2007 年		
			Co	Ci	Co－Ci	Co	Ci	Co－Ci	Co	Ci	Co－Ci	Co	Ci	Co－Ci
沿海地区	东部	福建	18.21	41.07	40.72	15.54	45.04	39.42	26.30	29.66	44.03	24.00	32.48	43.52
		广东	35.32	57.47	7.21	43.93	55.96	0.11	42.52	50.23	7.25	46.23	53.65	0.11
		海南	34.58	18.61	46.81	43.88	35.63	20.49	39.37	14.63	46.00	47.07	32.35	20.59
		河北	48.68	18.99	32.33	47.64	28.25	24.11	56.03	13.86	30.11	56.96	19.78	23.26
		江苏	5.20	61.79	33.02	4.63	62.99	32.37	10.59	49.56	39.85	10.87	47.27	41.86
		浙江	45.07	28.06	26.87	44.90	33.54	21.56	52.98	23.01	24.02	52.66	27.41	19.93
内陆地区	中部	安徽	59.74	13.86	26.40	73.34	15.11	11.55	68.08	7.43	24.49	78.92	10.21	10.87
		河南	35.86	22.24	41.90	44.47	21.78	33.75	43.72	15.13	41.15	52.96	14.51	32.54
		湖南	81.50	13.86	4.63	74.72	16.39	8.89	83.83	11.59	4.59	77.07	13.81	9.12
		江西	79.55	15.79	4.66	68.81	22.95	8.24	81.99	13.37	4.64	75.28	16.66	8.06
	西部	甘肃	77.01	3.87	19.12	68.85	7.47	23.68	83.59	1.54	14.87	78.94	2.51	18.56
		广西	80.06	19.05	0.88	90.35	9.36	0.29	82.31	16.89	0.80	90.97	8.73	0.30
		贵州	56.34	6.31	37.35	50.57	11.08	38.36	61.46	3.98	34.56	56.67	7.38	35.95
		内蒙古	65.43	20.73	13.84	88.68	11.04	0.29	72.36	14.52	13.12	90.03	9.63	0.33
		青海	50.25	5.57	44.18	25.20	7.39	67.41	61.55	2.15	36.30	40.53	2.26	57.21
		四川	56.78	15.31	27.90	63.73	16.10	20.17	61.26	11.84	26.90	67.86	11.70	20.44
		新疆	47.76	35.59	16.65	42.98	34.83	22.19	57.83	24.26	17.91	56.57	20.47	22.96
		云南	47.80	21.17	31.03	59.64	15.74	24.62	60.24	12.07	27.69	69.47	9.14	21.40
	东部	黑龙江	52.47	27.51	20.02	36.23	37.25	26.52	61.15	20.91	17.94	48.70	25.80	25.50
		吉林	37.17	45.79	17.04	38.05	58.70	3.25	41.28	41.34	17.38	40.30	56.04	3.67
		辽宁	34.09	38.78	27.13	27.80	43.71	28.49	45.25	29.43	25.31	36.65	36.60	26.75

注：沿海地区等同于东部区域，内陆地区包括中部区域、西部区域和东北部区域；CU = 县级单位间不平等，Co = 县际不平等，Ci = 城市和县之间不平等。

资料来源：笔者的计算。

四川和云南等省份的县际不平等贡献了省内不平等的50%以上。在广东、江苏和吉林，城市间不平等贡献了省内不平等的50%以上。广东和江苏均为东部省份。在青海这一西部省份，城市和县之间的不平等贡献了省内总体不平等的大约67%。

总结

从基于县级数据所做的不平等分解中能够获取重要的信息。在本章中，我们发现2007年中国总体不平等中的大约60%来自省内的地区不平等（即在省内部县级单位之间的不平等），而1997~2007年不平等的增加有大约63%源于省内的地区不平等的增加。因此，省内的地区不平等是中国地区不平等问题的关键所在。我们还发现，在所考察的时期内，所有经济区域中的省份之间的不平等对全国总体不平等的贡献都显著地上升了，而其他不平等成分的贡献大多保持了相对稳定或者倾向于有所下降。因此，为了减少省内不平等，需要实施更为具体的政府政策。

我们所做的分解分析的结果意味着消减不平等需要采取地区性的方法而非全国性的方法。例如，对不平等变化的泰尔-T指数分解结果显示，在江苏、内蒙古和河北三个省份需要采取迫切性的行动。1997~2007年中国总体不平等增长中的47%来自这三个省份。

我们的研究结果显示，每一个省份内部地区不平等的演化都有其自身特征。因此，对于省内县级单位之间的不平等，省级政府有必要根据自身特征制定政策。例如，中部和西部地区的省份应更多关注县际不平等，而东部省份应该同时着眼于县际不平等和城市间不平等。东部地区的省份则应该关注城市间不平等。福建、江苏、河南、贵州和青海应特别注意城市和县之间的不平等。

参考文献

Bhalla, A. S., Yao, S. and Zhang, Z., 2003, "Causes of inequalities in China, 1952 to 1999", *Journal of International Development*, vol. 15, pp. 939-955.

Bourguignon, F., 1979, "Decomposable income inequality measures", *Econometrica*, vol. 47, pp. 901 – 920.

Brajer, V., Mead, R. and Xiao, F., 2010, "Adjusting Chinese income inequality for environmental equity", *Environment and Development Economics*, vol. 15, pp. 341 – 362.

Cai, F., Wang, D. and Du, Y., 2002, "Regional disparity and economic growth in China: the impact of labor market distortions", *China Economic Review*, vol. 13, pp. 197 – 212.

Chen, Y. P., Liu, M. and Zhang, Q., 2010, "Development of financial intermediation and the dynamics of urban-rural disparity in China, 1978 – 1998", *Regional Studies*, vol. 44, pp. 1171 – 1187.

Cheng, Y. S., 1996a, "A decomposition analysis of income inequality of Chinese rural households", *China Economic Review*, vol. 7, pp. 155 – 167.

Cheng, Y. S., 1996b, "Peasant income in China: the impact of rural reforms and structural changes", *China Report*, vol. 32, pp. 43 – 57.

Cheong, T. S., 2012, *Trends, determinants and consequences of regional inequality in China: new evidence*, Doctoral dissertation, Business School, University of Western Australia, Perth.

Cheong, T. S. and Wu, Y., 2012, *Intra-provincial inequality in China: an analysis of county-level data*, Economics Discussion Papers, Business School, University of Western Australia, Perth.

Chow, G. C., 1986, "Chinese statistics", *The American Statistician*, vol. 40, pp. 191 – 196.

Cowell, F. A., 2000, "Measurement of inequality", in A. B. Atkinson and F. Bourguignon (eds), *Handbook of Income Distribution*, Elsevier, Oxford, UK.

Duncan, R. and Tian, X., 1999, "China's inter-provincial disparities: an explanation", *Communist and Post-Communist Studies*, vol. 32, pp. 211 – 224.

Fan, C. C., 1995, "Of belts and ladders: state policy and uneven regional development in post-Mao China", *Annals of the Association of American Geographers*, vol. 85, pp. 421 – 449.

Fang, H. and Rizzo, J. A., 2011, "Income inequality dynamics in rural China from 1991 to 2006: the role of alternative income sources", *Applied Economics Letters*, vol. 18, pp. 1307 – 1310.

Fujita, M. and Hu, D., 2001, "Regional disparity in China 1985 – 1994: the effects of globalization and economic liberalization", *The Annals of Regional Science*, vol. 35, pp. 3 – 37.

Goh, C. – C., Luo, X. and Zhu, N., 2009, "Income growth, inequality and poverty reduction: a case study of eight provinces in China", *China Economic Review*, vol. 20, pp. 485 – 496.

Gries, T. and Redlin, M., 2009, "China's provincial disparities and the determinants of provincial inequality", *Journal of Chinese Economics and Business*, vol. 7, pp. 259 – 281.

Gustafsson, B. and Li, S., 2001, "The effects of transition on the distribution of income in China: a study decomposing the Gini coefficient for 1988 and 1995", *Economics of Transition*, vol. 9, pp. 593 – 617.

Gustafsson, B. and Li, S., 2002, "Income inequality within and across counties in rural China 1988 and 1995", *Journal of Development Economics*, vol. 69, pp. 179 – 204.

Hao, R. and Wei, Z., 2010, "Fundamental causes of inland-coastal income inequality in post-reform China", *The Annals of Regional Science*, vol. 45, pp. 181 – 206.

Herrmann-Pillath, C., Kirchert, D. and Pan, J., 2002, "Disparities in Chinese economic development: approaches on different levels of aggregation", *Economic Systems*, vol. 26, pp. 31 – 54.

Hertel, T. and Zhai, F., 2006, "Labor market distortions, rural-urban inequality and the opening of China's economy", *Economic Modelling*, vol. 23, pp. 76 – 109.

Holz, C. A., 2006, "Why China's new GDP data matters", *Far Eastern Economic Review*, vol. 169, pp. 54 – 57.

Huang, J. – T., Kuo, C. – C. and Kao, A. – P., 2003, "The inequality of regional economic development in China between 1991 and 2001", *Journal of Chinese Economic and Business Studies*, vol. 1, pp. 273 – 285.

Jian, T., Sachs, J. D. and Warner, A. M., 1996, "Trends in regional inequality in China", *China Economic Review*, vol. 7, pp. 1 – 21.

Jones, D. C., Owen, A. L. and Li, C., 2003, "Growth and regional inequality in China during the reform era", *China Economic Review*, vol. 14, pp. 186 – 200.

Kanbur, R. and Zhang, X., 1999, "Which regional inequality? The evolution of rural-urban and inland-coastal inequality in China from 1983 to 1995", *Journal of Comparative Economics*, vol. 27, pp. 686 – 701.

Kanbur, R. and Zhang, X., 2005, "Fifty years of regional inequality in China: a journey through central planning, reform, and openness", *Review of Development Economics*, vol. 9, pp. 87 – 106.

Khan, A. R. and Riskin, C., 1998, "Income and inequality in China: composition, distribution and growth of household income, 1988 to 1995", *The China Quarterly*, vol. 154, pp. 221 – 253.

Khan, A. R., Griffin, K., Riskin, C. and Zhao, R., 1993, "Sources of income inequality in post-reform China", *China Economic Review*, vol. 4, pp. 19 – 35.

Lee, J., 2000, "Changes in the source of China's regional inequality", *China Economic Review*, vol. 11, pp. 232 – 245.

Li, S. and Xu, Z., 2008, *The trend of regional income disparity in the People's Republic of China*, ADBI Discussion Paper 85, Asian Development Bank Institute, Tokyo.

Lin, T., Zhuang, J., Yarcia, D. and Lin, F., 2008, "Income inequality in the People's Republic of China and its decomposition: 1990 – 2004", *Asian Development Review*, vol. 25, pp. 119 – 136.

Liu, H., 2006, "Changing regional rural inequality in China 1980 – 2002", *Area*, vol. 38, pp. 377 – 389.

Liu, X., 2010, "Decomposition of China's income inequality, 1995 – 2006", *Chinese Economy*, vol. 43, pp. 49 – 72.

Liu, X. and Sicular, T. , 2009, "Nonagricultural employment determinants and income inequality decomposition", *Chinese Economy*, vol. 42, pp. 29 – 43.

Lu, D. , 2002, "Rural-urban income disparity: impact of growth, allocative efficiency, and local growth welfare", *China Economic Review*, vol. 13, pp. 419 – 429.

Lu, M. and Chen, Z. , 2006 , "Urbanization, urban-biased policies, and urban-rural inequality in China, 1987 – 2001", *The Chinese Economy*, vol. 39, pp. 42 – 63.

Lu, M. and Wang, E. , 2002, "Forging ahead and falling behind: changing regional inequalities in post-reform China", *Growth and Change*, vol. 33, pp. 42 – 71.

National Bureau of Statistics of China (NBS), 1998 – 2008a, *Provincial Statistical Yearbook*, China Statistics Press, Beijing.

National Bureau of Statistics of China (NBS), 1998 – 2008b, *Provincial Yearbook*, China Statistics Press, Beijing.

National Bureau of Statistics of China (NBS), 2003, *County Data of 2000 Census*, China Statistics Press, Beijing.

National Bureau of Statistics of China (NBS), 2004 – 2008, *China Statistical Yearbook for Regional Economy*, China Statistics Press, Beijing.

National Bureau of Statistics of China (NBS), 2006, *China Statistical Yearbook*, China Statistics Press, Beijing.

Rawski, T. G. , 2001, "What is happening to China's GDP statistics?", *China Economic Review*, vol. 12, pp. 347 – 354.

Rozelle, S. , 1994, "Rural industrialization and increasing inequality: emerging patterns in China's reforming economy", *Journal of Comparative Economics*, vol. 19, pp. 362 – 391.

Sakamoto, H. and Fan, J. , 2010, "Distribution dynamics and convergence among 75 cities and counties in Yangtze River Delta in China: 1990 – 2005", *Review of Urban and Regional Development Studies*, vol. 22, pp. 39 – 54.

Shen, L. , 2009, "The urban-rural disparity: a demand side analysis", *Journal of Developing Areas*, vol. 43, pp. 87 – 107.

Shorrocks, A. F. , 1980 , "The class of additively decomposable inequality measures", *Econometrica*, vol. 3, pp. 613 – 625.

Shorrocks, A. F. , 1984, "Inequality decomposition by population subgroups", *Econometrica*, vol. 52, pp. 1369 – 1385.

Sicular, T. , Yue, X. , Gustafsson, B. and Li, S. , 2007, "The urban-rural income gap and inequality in China", *Review of Income and Wealth*, vol. 53, pp. 93 – 126.

Song, S. , Chu, G. S. – F. and Cao, R. , 2000, "Intercity regional disparity in China", *China Economic Review*, vol. 11, pp. 246 – 261.

Sutherland, D. and Yao, S. , 2011, "Income inequality in China over 30 years of reforms", *Cambridge Journal of Regions, Economy and Society*, vol. 4, pp. 91 – 105.

Theil, H. , 1967, *Economics and Information Theory*, North-Holland, Amsterdam.

Theil, H. , 1972, *Statistical Decomposition Analysis*, North-Holland, Amsterdam.

Tsui, K. – Y. , 1993, "Decomposition of China's regional inequalities", *Journal of*

Comparative Economics, vol. 17, pp. 600 - 627.

Tsui, K. - Y., 2007, "Forces shaping China's interprovincial inequality", *Review of Income and Wealth*, vol. 53, pp. 60 - 92.

Veeck, G. and Pannell, C. W., 1989, "Rural economic restructuring and farm household income in Jiangsu, People's Republic of China", *Annals of the Association of American Geographers*, vol. 79, pp. 275 - 292.

Villaverde, J., Maza, A. and Ramasamy, B., 2010, "Provincial disparities in post-reform China", *China and World Economy*, vol. 18, pp. 73 - 95.

Wan, G., 2007, "Understanding regional poverty and inequality trends in China: methodological issues and empirical findings", *Review of Income and Wealth*, vol. 53, pp. 25 - 34.

Wan, G., 2008, *Poverty reduction in China: is high growth enough?*, Policy Brief, United Nations University, Helsinki.

Wei, Y. D. and Kim, S., 2002, "Widening inter-county inequality in Jiangsu Province, China, 1950 - 1995", *The Journal of Development Studies*, vol. 38, pp. 142 - 164.

Whalley, J. and Yue, X., 2009, "Rural income volatility and inequality in China", *CESifo Economic Studies*, vol. 55, pp. 648 - 668.

Wu, H. X., 1997, *Measuring China's GDP*, Briefing Paper Series No. 8, East Asia Analytical Unit, Canberra.

Wu, X. and Perloff, J. M., 2005, "China's income distribution, 1985 - 2001", *Review of Economics and Statistics*, vol. 87, pp. 763 - 775.

Wu, Y. and Zhu, J., 2011, "Corruption, anti-corruption, and inter-county income disparity in China", *The Social Science Journal.*

Yang, D. T., 1999, "Urban-biased policies and rising income inequality in China", *The American Economic Review*, vol. 89, pp. 306 - 310.

Yao, S., 1997, "Decomposition of Gini coefficients by income factors: a new approach and application", *Applied Economics Letters*, vol. 1997, pp. 27 - 31.

Yao, S., 1999, "On the decomposition of Gini coefficients by population class and income source: a spreadsheet approach and application", *Applied Economics*, vol. 31, pp. 1249 - 1264.

Yao, S. and Liu, J., 1998, "Economic reforms and regional segmentation in rural China", *Regional Studies*, vol. 32, pp. 735 - 746.

Yao, S. and Zhang, Z., 2001, "On regional inequality and diverging clubs: a case study of contemporary China", *Journal of Comparative Economics*, vol. 29, pp. 466 - 484.

Yao, S., Zhang, Z. and Feng, G., 2005, "Rural-urban and regional inequality in output, income and consumption in China under economic reforms", *Journal of Economic Studies*, vol. 32, pp. 4 - 24.

Ying, L. G., 1999, "China's changing regional disparities during the reform period", *Economic Geography*, vol. 75, pp. 59 - 70.

Yu, L., Luo, R. and Zhang, L., 2007, "Decomposing income inequality and policy implications in rural China", *China & World Economy*, vol. 15, pp. 44 - 58.

Zhou, H. and Zou, W., 2010, "Income distribution dynamics of urban residents: the case of China (1995 - 2004)", *Frontiers of Economics in China*, vol. 5, pp. 114 - 134.

Zhou, Y., 2009, "The factors that impact income inequality of rural residents in China: decomposing the Gini coefficient from income components", *Frontiers of Economics in China*, vol. 4, pp. 617 - 632.

（张川川　译）

第九章
中国农村劳动力迁移的映射模式

Sylvie Démurger

引 言

自 1980 年代中期以来，中国快速的经济发展和旨在提高地区间劳动力流动性的政策鼓励了大量的农村 - 城市劳动力迁移。中国国家统计局估算的 2011 年城市地区的农村移民数量大约为 1.58 亿。[①] 同那些类似的人口流动发生在 19 世纪和 20 世纪的发达国家相比，中国规模更大、节奏更快的人口流动使中国政府面对着极富挑战性的政策问题，这些政策问题的解决需要对劳动力流动的动机和约束有更好的理解。

对于中国的农村家庭而言，农村 - 城市迁移已经成为一种规范。在 2007 年，大约一半的农村家庭至少有一位家庭成员是在本村以外的地方工作。作为他们多样化策略的一部分，农村家庭将迁移视作其主要收入来源。2007 年，外出务工人员汇回的迁移收入约占到农村总收入的 21% 和有移民家庭总收入的 43%（Démurger and Li，2012）。有许多激励来源可以推动家庭和个人进行迁移。有关迁移决策的经济学文献通常强调两组因素："拉力"因素和"推力"因素（Barrett et al.，2001）。自 Todaro（1969）以来，预期的城乡收入差距被认为是影响迁移决策的最重要的拉力因素。另外，推

① 资料来源：http：//www.stats.gov.cn/tjfx/fxbg/t20120427_402801903。该数值指的是在调查年份跨乡镇迁移超过 6 个月的农村劳动力。

力因素包括事前的风险管理、事后的风险应对或者对土地约束和人口压力所导致的农村过剩劳动力的反应。

从一个理论观点来看，Oded Stark 的开创性工作（如 Stark，1991）和“劳动力迁移新经济学”（NELM）文献重新激起了人们对发展中国家人口迁移动机和迁移后果的兴趣。NELM 所提出的一般分析框架从两个方面有别于人口迁移的新古典方法（Taylor，1999）。首先，它将家庭而非个人视作最佳决策单位。将移民决策整合进家庭策略后，个人收入最大化不再是迁移的唯一动因，收入风险的最小化可以被明确地加以考虑。其次，在解释迁移行为上，它描述的是市场的不完全性而非劳动力市场。

针对劳动力迁移动机的现有经验研究表明，农村劳动力剩余和农村 - 城市收入差距均为迁移决策的重要推动力（Zhao，1999，2005；Zhu，2002）。运用 1996 年开展的一个村庄调查，Rozelle 等（1999）还指出最贫穷的家庭无力参与移民劳动力市场。并且，土地规模和土地制度的不可靠都减少了迁移（Mullan et al.，2011）。在个人层面，年龄、性别和婚姻状态在迁移决策的制定上发挥着重要作用（Hare，1999；Zhao，1999），而教育的影响并不确定。最后，利用 1999 年对四川省 824 个家庭的调查，Zhao（1999）指出了移民网络在劳动力迁移中的作用，特别是在迁移过程中提供实际帮助所发挥的作用。基于 2006 年中国农业普查数据，Chen 等（2010）证实了社会交往在工作性迁移中所扮演的角色。他们的证据显示了社会交往的效果主要来自同村人相互帮助会减少人口流动成本，并寻找迁入地的工作机会。

本研究使用来自中国国家统计局 2007 年农村家庭调查的家庭层面数据，通过区分各种迁移模型和扩展分析家庭及社区网络的作用，更新了现有的研究迁移决策的实证文献。沿用 NELM，我们以家庭为分析单位。我们所关注的是对迁移决策各个方面的理解，以及通过对迁移决策、迁移目的地和迁移持续时间的分析加深对迁移规模的理解。具体的，我们想要描绘具有不同地区（即短距离和长距离迁移）和时间（即短期和长期迁移）特征的各类迁移类型。基于各种估计，我们认为不同的迁移类型是由不同的因素驱动的。此外，除了家庭特征、资产和地理特征，我们还解释了家庭和社区网络的具体影响。

我们依次对如下问题进行了考察：①是什么决定了中国农村家庭是否迁移；②是什么决定了他们迁移目的地的选择和用于迁移的时间；③是什么决

定了迁移的规模？我们通过估计二元 Probit 模型和 Possion 模型来对这些问题进行考察。模型纳入了一系列相关的家庭特征、社区状况和 2007 年家庭层面数据的背景信息。

本章结构安排如下：第二部分给出了用于对迁移决策进行实证分析的方法论框架。第三部分简要讨论了数据。计量结果在接下来两节给出。第四部分按目的地和迁移持续时间讨论了家庭迁移决策的决定因素。第五部分将分析扩展到以家庭迁移人口数量衡量的迁移规模。第六部分作总结。

方法论框架

我们使用多元分析考察家庭层面的迁移决策。我们分两步依次考察迁移决策（包括迁移目的地和迁移持续时间的选择）和迁移规模。

用于估计迁移决策决定因素的框架如下。我们假定家庭参与迁移的决策反映了其潜在（未观测到的）效用（方程 9－1）。

$$y_i^* = Z_i\beta + \varepsilon_i \qquad \text{（方程 9 － 1）}$$

在方程 9 － 1 中，假定独立于 Z_i，并且服从标准正态分布（Probit 模型）。是否为移民的实际决策由下式给出（方程 9－2）。

$$y_i = \begin{cases} 1 & if \quad y_i^* > 0 \\ 0 & otherwise \end{cases} \qquad \text{（方程 9 － 2）}$$

在上述模型中，Z 是一组向量，包括影响迁移决策、迁移目的地和迁移持续时间的家庭人口统计学特征、资产和村庄特征。根据有关迁移决策决定因素的理论文献，Z 包括下列变量。

首先，通过家庭规模、成人家庭成员占家庭成员比例、老年人数量、16 岁以下儿童数量、户主年龄和教育水平①以及家庭人均土地规模来控制家庭人口统计学特征和资产。在上述推力因素和拉力因素中，大部分家庭层面的变量都反映了家庭面对风险时的应对能力。典型的，家庭规模和成员构成以及家庭土地资产反映了在给定土地约束下潜在的递减劳

① Mullan 等（2011）认为教育能够被用作非农就业工资水平的代理变量。理想情况下，应该将非农就业工资水平当做影响迁移决策的因素进行控制，但是数据不可得。

动力回报。

其次，在特定的家庭特征以外，迁移网络同样可能是迁移决策的重要推动力，因为它们可以被用于减少迁移成本。大量理论和实证文献强调了信息网络在降低迁移成本中的作用。这些信息网络可以提供有关目的地工作机会的信息，能够帮助在目的地更好地被雇用，以及帮助在目的地安顿下来（Görlich and Trebesch，2008；Haug，2008；Taylor，1986；Winters 等，2001）。在针对墨西哥移民网络的研究中，Winters 等（2001）区分了家庭和社区网络的不同作用，前者被视作“强关系”网络，而后者被定义为“弱关系”网络。他们发现家庭网络和社区网络都降低了迁移成本，两者之间是互为替代的——一旦迁移网络已经在一个社区中建立，家庭网络就变得不重要了。并且，一旦迁移网络建立起来，在解释迁移形式上迁移网络就比家庭特征有更强的解释力。为了考察迁移网络所扮演的角色，我们仿照 Winters 等（2001）定义不同的指标：①社区水平的网络——2005 年村庄移民人口占比；②家庭水平的网络——家庭成员中是否超过一人有过迁移经历。第二个变量既包括当前移民，也包括返回的移民，因此衡量了家庭水平上的累积迁移经验。

最后，我们通过加入“村庄位于中部或是西部省份”的虚拟变量控制地区特征。我们还采用了“村庄是否通沥青道路”这一信息以控制接近市场的程度。

除了迁移决策，我们还考察了迁移目的地和持续概率的决定因素。我们采用了一个递归模型以控制不可观测的特征，例如迁移动机或风险规避。这些因素会同时影响迁移决策、迁移目的地和迁移持续时间决策。如果不可观测的个人异质性对这些决策（是否迁移以及迁移多远和迁移多久）有直接的影响，迁移目的地和持续时间变量就会同残差项相关，在被选择的样本中就会是内生性的。如 Greene（2008）的研究所表明的，这一不可观测的异质性能够通过采用递归二元 Probit 模型来控制，该模型同时估计了迁移持续时间/目的地和迁移决策。即使可观测变量向量完全重合，方程系统仍然能够通过非线性识别。

为了考察迁移水平的决定因素，我们使用了一个有关家庭中移民数量的泊松模型，其中移民根据迁移目的地和迁移持续时间长度进行分类。我们估计了同上述迁移决策模型类似的一个模型，其中关键的解释变量包括家庭人口学特征、家庭资产、迁移网络和社区特征。

数据和典型事实

我们使用中国国家统计局（NBS）所开展的农村家庭调查数据，该调查属于2008年中国农村－城市迁移项目（RUMiC）[①]。调查覆盖了8000个家庭，分布在9个省市：河北、江苏、浙江、安徽、河南、湖北、广东、重庆和四川。

我们定义在本村以外工作超过6个月的家庭成员为移民。这一相对宽泛的定义包含了那些在相邻村（例如县城）从事非农工作的个体，这允许我们根据迁移距离来对移民进行区分。根据这一定义，在2007年，受调查的8000个家庭中，48.1%的家庭有至少一个移民，在有移民的家庭中每个家庭平均有1.68个移民。调查还提供了迁移目的地和迁移持续时间信息（见表9－1）。

关于移民目的地，记录包含了工作的家庭成员的就业所在地，使我们能够通过其离开家乡的距离来对移民进行分组：①在当地县城工作；②在同省份某城市或者另外一个县工作；③在省外城市或者县工作。在2007年，有19%的移民家庭有至少一个移民家庭成员在同县县城工作，有30%的移民家庭有至少一个移民家庭成员在同省其他县工作，有44%的移民家庭有至少一个移民家庭成员在外省工作。关于迁移水平，表9－1显示移民家庭平均有0.70个家庭成员在同县县城工作，0.46个家庭成员在同省工作，0.26个家庭成员在其他省份工作。通过对比各目的地类型移民家庭占比，发现移民数量和各距离移民家庭占比反向相关。因此，尽管移民家庭参与“远距离”迁移（44%的比例），但这些迁移家庭中迁移的成员数目很少。相反的，移民家庭较少地进行“短距离”迁移（19%的比例），但是“本地”迁移的家庭中有更多的家庭成员进行了迁移。

关于迁移持续时间，我们区分了“短期”移民和“长期”移民。“短期”移民是指在2007年时最大迁移持续时间小于7年的迁移者，反之为“长期”移民。[②] 占多数比例的移民家庭中（60%）有至少一个移民成员在本村以

① 对于整个项目的细节以及调查设计和实施，参见Meng等（2010）。所覆盖省份的地图和调查问卷参见http：//cbe. anu. edu. au/schools/eco/rumic/。

② 需要注意的是，问题的设计使得我们无法区分不同的个人短期逗留，这些逗留期可能被临时性的返乡所打断。因此，所计算的迁移持续期是针对每个个人的最大值。

表 9-1　移民和非移民家庭的统计性描述

项目	总计	非移民家庭	移民家庭	均值检验
家庭数比例	100	51.9	48.1	
每个家庭移民数量	0.81	0	1.68	
至少有一个移民成员的移民家庭比例：				
在当地县城工作			18.9	
在当地省份工作			29.6	
在省外工作			43.8	
迁移时间少于 7 年			60.4	
迁移时间为 7 年及以上			44.7	
每个家庭移民数量：				
在当地县城工作	0.34	0	0.70	
在当地省份工作	0.22	0	0.46	
在省外工作	0.13	0	0.26	
迁移时间少于 7 年	0.43	0	0.89	
迁移时间为 7 年及以上	0.30	0	0.61	
家庭特征和资产				
家庭规模	3.974	3.553	4.428	***
成年男性百分比	0.514	0.507	0.521	***
老年人口数量	0.176	0.198	0.154	***
16 岁以下儿童数量	0.666	0.639	0.695	***
户主年龄	50.33	50.32	50.33	NS
户主受教育年限	7.190	7.184	7.197	NS
人均家庭土地规模	1.354	1.456	1.244	***
网络				
2005 年村内移民比重	0.167	0.142	0.194	***
家庭迁移网络	0.303	0.0855	0.537	***
地区特征				
村内有沥青道路	0.751	0.761	0.740	**
中部省份	0.362	0.331	0.397	***
西部省份	0.200	0.171	0.231	***
样本规模	8000	4152	3848	

注：NS = 不显著，* 10% 水平统计显著，** 5% 水平统计显著，*** 1% 水平统计显著。家庭网络是一个虚拟变量，表示家庭有超过一个家庭成员有迁移经历。由于数值缺失，有一些均值和百分比的计算使用了较少的观测值。我们只报告了总观测值数量。均值检验列表示移民家庭和非移民家庭之间均值差异的显著性水平。

资料来源：RUMiC 农村家庭调查，2007。

外的工作时间少于 7 年，但是描述性统计也显示有 44% 的移民家庭有至少一个移民成员在本村以外工作了超过 7 年。这些数值显示了不同持续时间的迁移规模，并且证实了短期迁移具有较高的发生率：迁移家庭平均有 0.89 个迁移成员迁移持续时间在 7 年以下，平均有 0.61 个迁移成员迁移持续时间在 7 年及以上。

总结来看，上述统计突出了有关迁移的一些典型事实。它们证实了中国较高的农村迁移率，以及这些迁移的暂时性或者至少说是短期性特征。有趣的是，这些事实也表明迁移同时包括长距离迁移和短距离迁移。

表 9 - 1 也包含了经验分析中所使用的有关移民和非移民家庭关键变量的基线特征。几乎对于所有变量均值检验都是显著地显示两个组中家庭特征具有明显的差异。移民家庭有显著更大的家庭规模和更高的成人男性比例：移民家庭的平均家庭规模为 4.4 人（非移民家庭为 3.5 人），有 52% 为成年男性。在年龄构成上，移民家庭中老年人数量更少（平均为 0.15 人，非移民家庭为 0.2 人），但是有更多的 16 岁以下儿童（平均为 0.7 人，非移民家庭为 0.64 人）。对于家庭资产，一个有趣的特征是移民家庭所拥有的平均人均土地禀赋要显著低于非移民家庭。移民家庭平均人均有 1.24 亩（或 0.08 公顷）土地，而非移民家庭平均人均为 1.46 亩（或 0.10 公顷）。这一显著差异可能反映出移民家庭中土地短缺和劳动力过剩——第四部分会对此作进一步考察。相对应的是，对家庭人力资本的描述性统计显示移民家庭和非移民家庭并无显著差异：户主平均年龄略高于 50 岁，户主平均受教育年限为 7.2 年。这比九年义务教育制度规定的 9 年少了 2 年。

对于迁移网络，数据显示 53.7% 的移民家庭有迁移经历，对于非移民家庭则只有 8.6%。在村庄层级上，相对于非移民家庭，移民家庭有显著更大的村网络。最后，地理特征在移民家庭和非移民家庭之间同样表现出显著的差异。在中部和西部省份，移民家庭出现的频率更高。同沿海省份相比，这些中部和西部省份是移民迁出省份。有趣的是，相比移民家庭，非移民家庭更多地接近沥青公路。

迁移决策

表 9 - 2 报告了 Probit 模型估计和递归二元 Probit 模型估计的边际效应

表 9-2 迁移决策的 Probit 和递归二元 Probit 估计

项目	迁移	目的地			持续时间	
		其他省份	城市	当地	少于 7 年	7 年及以上
家庭特征和资产						
家庭规模	0.133 *** (0.000)	0.0388 *** (0.00491)	0.0374 *** (0.00440)	0.0129 *** (0.00402)	0.0994 *** (0.00648)	0.0137 (.)
成年男性比例	0.246 *** (0.000)	0.0871 *** (0.0280)	0.106 *** (0.0263)	0.00546 (0.0211)	0.115 *** (0.0408)	0.140 *** (0.0325)
老年人口数量	-0.115 *** (0.000)	-0.0388 *** (0.00981)	-0.0403 *** (0.00828)	-0.0165 ** (0.00722)	-0.113 *** (0.0135)	-0.00234 (0.00957)
16 岁以下儿童数量	-0.115 *** (0.000)	-0.0439 *** (0.00695)	-0.0366 *** (0.00610)	-0.0264 *** (0.00557)	-0.170 *** (0.00986)	0.0460 (.)
户主年龄	-0.00253 *** (0.001)	-0.00106 ** (0.000512)	-0.000001 (0.000467)	-0.000931 ** (0.000390)	-0.00461 *** (0.000644)	0.00143 (.)
户主受教育年限	0.00472 * (0.081)	-0.00467 *** (0.00166)	0.00379 ** (0.00157)	0.00395 *** (0.00120)	0.00260 (0.00219)	0.000354 (0.00195)
人均家庭土地规模	-0.0166 *** (0.009)	-0.00533 (0.00411)	0.0000313 (0.00290)	-0.0201 *** (0.00518)	0.00411 (0.00385)	-0.0225 *** (0.00548)

续表

项目	迁移	目的地			持续时间	
		其他省份	城市	当地	少于 7 年	7 年及以上
网络						
2005 年村内移民比重	0.720 *** (0.000)	0.359 *** (0.0666)	0.194 *** (0.0519)	-0.0683 (0.0457)	0.258 *** (0.0664)	0.508 *** (0.0663)
家庭迁移网络	0.433 *** (0.000)	0.220 *** (0.0151)	0.164 *** (0.0141)	0.0392 *** (0.0106)	0.346 *** (0.0151)	0.307 *** (0.0149)
地区特征						
村内有沥青道路	0.0150 (0.541)	-0.0329 ** (0.0153)	0.0247 ** (0.0124)	0.0400 *** (0.0114)	0.00132 (0.0175)	0.00781 (0.0159)
中部省份	0.0676 *** (0.003)	0.311 *** (0.0214)	-0.129 *** (0.0111)	-0.0392 *** (0.0104)	0.101 *** (0.0172)	-0.00479 (0.0161)
西部省份	0.130 *** (0.000)	0.237 *** (0.0307)	-0.0423 *** (0.0127)	0.00986 (0.0162)	0.0646 *** (0.0231)	0.0706 *** (0.0222)
样本规模	7900	7900	7900	7900	7900	7900
Log Pseudolikelihood	-4109.5	-6211.7	-6180.0	-5801.2	-6376.3	-6449.5

注：见表 9.2，Probit 模型是对迁移决策的估计（第 1 列），递归二元 Probit 模型是对迁移目的地和迁移持续时间的估计（第 2 ~ 6 列）。表中报告的是边际效应。边际效应衡量了一个单位的解释变量的变动所引起的迁移发生的概率（总的和按照目的地和持续时间）变动。稳健标准误差在村庄（790 个村庄）层面上进行了集聚调整。

资料来源：笔者基于 RUMiC 农村家庭调查 2007 年数据所进行的估计。

（在均值水平上）。Probit 模型估计了家庭是否有成员迁移（第 1 列）；二元 Probit 模型估计了迁移目的地和迁移持续时间的选择（第 2 ~6 列），同时控制了基于不可观测特征的样本选择问题。①

对于迁移决策模型（第 1 列），我们观察到家庭成员迁移的概率随家庭规模和男性劳动力数量的增加而增加，但是随老年人口数量和 16 岁以下儿童数量的增加而减少。这同经验研究文献一致，这些文献指出迁移同更大的家庭规模和男性劳动力规模相关，这两者都降低了家庭成员往城市迁移的机会成本。② 相反，更高的抚养比（无论是老人还是儿童）显著减少家庭中可以进行迁移的劳动力的数量。此外，我们发现更老的家庭参与迁移的概率更低：年龄较高的户主更不愿意让家庭成员迁移到城市中去，很可能是因为年老者有更强的风险规避意愿。在其他因素中，在本省以外缺乏医疗照料服务也可能影响年老户主的意愿。作为农业劳动力需求的度量，人均土地规模意料之中地对家庭中有成员迁移的概率有负的显著影响。在中国这一具体情况下，这可能也反映了家庭为了保有其土地权利而不得不维持土地耕作这一需要③（Mullan et al.，2011）。一旦劳动力规模受到控制，只有拥有土地规模较小的家庭能够有家庭成员进行迁移。

家庭和村庄网络在家庭移民决策中的效应的重要性也突出反映在第 1 列中。家庭中有超过一个家庭成员有迁移经历显著增大了家庭中有成员进行迁移的概率——同没有迁移经历的家庭相比，迁移概率增大了 43.3%。同样的，村庄中移民的比例每增加 1%，家庭迁移的概率增大 72%。因此，家庭和社区网络看起来都促进了迁移，两者的边际效应都很重要。相对应的是，在控制了在移民迁出省份的位置之后，由沥青公路所表示的接近市场的难易程度并没有对迁移决策产生显著影响。对于那些居住在邻近沥青公路的村子里的家庭，迁移可能并不是最具有吸引力的选择，因为会有其他存在于当地的机会。

---

① 由于空间所限，第 2 ~6 列报告了目的地/持续时间方程。全部模型还包括迁移决策方程。由于迁移决策方程已经在第 1 列中单独进行了估计，并且在各种设定下估计结果都很稳健，我们没有包括递归二元 Probit 模型对迁移决策的估计结果。

② 例如，Dercon 和 Krishnan（1996）对埃塞俄比亚和坦赞尼亚的研究，Winters 等（2001）对墨西哥的研究，以及 Zhao（2003）针对中国的研究。

③ Mullan 等（2011）指出迁移同土地征用风险增大有关，因为中国农村的土地权利安排中存在为了维持平均的土地所有而对某些家庭土地进行的行政性再分配。

第2~4列估计了具体的迁移目的地：其他省份、同一个省内的其他城市以及当地的县城。对这三个估计的对比显示了有趣的差异和相似性。家庭规模对所有移民目的地都有显著的和正向的影响。有趣的是，同本地迁移相比，家庭规模对远距离迁移的边际效应高出3倍。同样的，成年人性别构成显著地（正向地）影响了家庭成员迁移到本县以外城市或其他省份的概率，然而对于本地劳动力流动，影响不显著。相反，年老和年轻家眷的出现显著降低了家庭成员向任何目的地迁移的概率，并且，对远距离迁移（相对于迁移到当地县城）的边际影响更大。因此，家庭人口学特征对于形成迁移决策和迁移目的地而言都很重要，对远距离迁移的影响看起来更大。由于远距离迁移意味着在需要的时候移民不能够很容易地返乡，这些结果高度一致且表明了家庭人口学特征在促成远距离迁移上的重要性。

有趣的是，家庭人力资本和资产的影响因迁移目的地的不同而有所不同。首先，可用的人均土地规模降低了短距离迁移的概率，但是对于长距离迁移没有显著影响。其次，户主教育水平同中等距离和短距离迁移正相关，但是同远距离迁移负相关。这一发现同文献中发现的教育对非农劳动参与影响的不确定性相一致。特别是，有证据表明，教育水平更高的个体倾向于选择在当地从事非农工作而非迁移（Zhao，2003）。

迁移网络在远距离和短距离迁移上同样扮演着显著的和差异化的角色。社区网络和家庭网络均影响远距离迁移，但是只有家庭网络对短距离迁移有显著影响。这一结果与网络是减少迁移成本的方式的直觉是一致的。由于远距离迁移通常包含更高的成本和风险，对于此类迁移决策，无论是村庄水平的还是家庭水平的网络，毫无疑问都是重要的驱动因素。

最后，我们发现迁出社区的一些位置特征所发挥的作用表现出有趣的差异。更接近市场降低了向其他省份迁移的概率，但是增大了向当地县城迁移的概率。在偏远的地方，多样化获得收入的唯一途径是向城市迁移，很可能是远距离迁移，而在那些同外界联系较好的村庄，进行短距离迁移可能就足够了。换句话说，在同外界联系较好的村庄，有更多当地的非农就业机会。中西部省份有更高的远距离迁移发生率，而中部省份有显著较低（西部省份更低）的中距离和短距离迁移发生率验证了这一点。

表9-2最后两列给出了按迁移持续时间（7年以下或7年以上）所作的递归二元Probit估计结果。同样的，迁移时长的决定因素在短期和长期迁移之

间差异很大。即使考虑家庭特征和资产，我们仍然发现家庭规模和性别构成对形成迁移决策有正向的显著影响，无论是短期还是长期迁移。有趣的是，对于短期迁移，家庭规模的边际效应更大；而对于长期迁移，男性成年人比例的边际效应则略大。这可能反映了一个事实，即男性劳动力是农业工作的一项重要投入。在这一背景下，拥有足够数量的男性家庭成员以从事耕作可能是派遣家庭成员迁移到其他城市超过7年的一个前提条件。长期迁移决策同样强烈依赖于家庭的土地拥有：更大的土地规模显著地降低了家庭成员进行7年及更长时间迁移的概率，而这并不会显著影响是否进行短期迁移的决策。另外，这一发现可以从土地所有权风险角度进行理解。由于家庭可能担心潜在的行政性土地再分配，对失去土地的恐惧会降低他们进行长期迁移的意愿。

对于迁移网络的效应，我们发现家庭迁移经历和村移民网络都强有力地增大了家庭成员迁移的概率，无论是短期还是长期。例如，相对于没有迁移经历的家庭，家庭成员进行7年以下迁移的概率增大了30%。有趣的是，对于长期迁移，社区网络的边际效应是家庭网络效应的两倍以上。

迁移水平

作为对以上迁移决策分析的补充，表9－3报告了迁移家庭成员数量的决定因素——同样分迁移目的地和持续时间。总体来讲，影响迁移家庭成员数量的因素同影响家庭有成员迁移的因素是相似的。家庭特征和资产是迁移规模的重要驱动因素，同对迁移决策的影响类似，并且我们所有关于迁移目的地和迁移时间选择的结果在针对移民成员数量的分析上都同样成立。

除了所预期到的相似性，有一项结果需要进行特别的讨论。确实，我们发现子女数量对迁移规模的影响具有不确定性：家庭中子女数量同短期移民数量负向相关，但是同家庭中长期移民数量正向（并且显著地）相关。尽管边际效应很小，家庭中子女数量同长期迁移的正向关系很可能反映了中国农村家庭所面临的取舍。对农村家庭所施加的制度约束使得全家迁移既是不可能的，也非常困难。确实，土地所有权安排导致农村家庭不得不留下一些家庭成员在农村以保护其土地使用权（Mullan et al.，2011），并且户籍制度促使他们将子女留在户籍地以确保他们能够获得免费的初等和中等教育（Demurger and Xu，2011）。面对这些强有力的制度约束，农村有子女家庭有

表 9－3　对移民成员数量的泊松估计

项目	迁移	目的地			持续时间	
		其他省份	城市	当地	少于 7 年	7 年及以上
家庭特征和资产						
家庭规模	0.173*** (0.00679)	0.0436*** (0.00345)	0.0406*** (0.00337)	0.0232*** (0.00507)	0.0885*** (0.00469)	0.0256*** (0.00394)
成年男性比例	0.191*** (0.0417)	0.0686*** (0.0211)	0.0621*** (0.0239)	－0.0231 (0.0306)	0.0488 (0.0302)	0.110*** (0.0289)
老年人口数量	－0.134*** (0.0157)	－0.0353*** (0.00827)	－0.0314*** (0.00759)	－0.0206* (0.0107)	－0.105*** (0.0123)	0.000653 (0.00784)
16 以下儿童数量	－0.161*** (0.00934)	－0.0386*** (0.00481)	－0.0427*** (0.00472)	－0.0315*** (0.00781)	－0.147*** (0.00799)	0.0210*** (0.00722)
户主年龄	－0.00218*** (0.000755)	－0.000626* (0.000368)	0.000448 (0.000354)	－0.000953* (0.000514)	－0.00338*** (0.000525)	0.00173*** (0.000456)
户主受教育年限	0.00182 (0.00226)	－0.00385*** (0.00112)	0.00278** (0.00123)	0.00423*** (0.00150)	0.00194 (0.00173)	－0.000721 (0.00149)
人均家庭土地规模	－0.0261*** (0.00775)	－0.00337 (0.00369)	－0.00132 (0.00326)	－0.0244*** (0.00734)	0.00463 (0.00304)	－0.0216*** (0.00522)

续表

项目	迁移	目的地			持续时间	
		其他省份	城市	当地	少于 7 年	7 年及以上
网络						
2005 年村内移民比重	0.517 *** (0.0743)	0.202 *** (0.0465)	0.133 *** (0.0377)	-0.0647 (0.0593)	0.127 *** (0.0454)	0.335 *** (0.0453)
家庭迁移网络	0.911 *** (0.0293)	0.309 *** (0.0235)	0.257 *** (0.0203)	0.0626 *** (0.0158)	0.557 *** (0.0236)	0.414 *** (0.0212)
地区特征						
村内有沥青道路	0.0147 (0.0198)	-0.0263 ** (0.0108)	0.0201 (0.0124)	0.0501 *** (0.0153)	-0.00463 (0.0144)	0.00406 (0.0119)
中部省份	0.0611 *** (0.0200)	0.366 *** (0.0300)	-0.135 *** (0.0104)	-0.0623 *** (0.0133)	0.0695 *** (0.0136)	0.00216 (0.0127)
西部省份	0.111 *** (0.0288)	0.319 *** (0.0458)	-0.0455 *** (0.00995)	0.0102 (0.0207)	0.0428 ** (0.0203)	0.0612 *** (0.0173)
样本规模	7900	7900	7900	7900	7900	7900
Log Pseudolikelihood	-7490.9	-4432.9	-3665.3	-3049.3	-5337.9	-4422.1

注：见表 9-1。报告的为边际效应。稳健标准误差在村庄（790 个村庄）层面上进行了集聚调整。

资料来源：笔者基于 RUMiC 农村家庭调查 2007 年数据所进行的估计。

更强的激励遣送更多成员进行更长期的迁移以支付子女未来教育成本。另外，由于分居导致潜在的高心理成本，更多子女的出现可能降低家庭成员短期迁移的积极性。

总体来讲，迁移网络的影响通过针对迁移水平的分析进一步得到了验证。家庭迁移历史不仅影响家庭中是否有成员迁移，还影响迁移成员的数量。同样的，如果一个村庄有更多的移民占比，这个村庄中的家庭相对于位于移民网络较小的村庄中的家庭就可能有更多的家庭成员迁移。对于迁移决策，相比短距离迁移，迁移网络对远距离迁移而言更为重要——迁移到城市或其他省份的家庭成员的数量同家庭迁移网络和社区迁移网络均正相关。相反，进行本地迁移的家庭成员的数量主要受家庭网络而非社区网络的影响，相比远距离迁移，家庭网络的边际效应相当小。

最后，当地特征对家庭迁移成员的影响同其对发生迁移的概率的影响类似。相比居住在沿海省份的家庭，居住在中部和西部省份的家庭可能有更多的迁移家庭成员。对于迁移目的地和持续时间，居住在中部和西部省份的家庭同样更可能迁移到距离家乡很远的地方，但是同沿海省份家庭相比，迁移持续的时间较短。

总　结

本章旨在解释影响农村家庭迁移决策的主要因素。在 2007 年，在中国农村家庭中，迁移非常普遍：样本家庭中，至少有一半家庭有至少一个成员在本村以外的地方工作，对于成员在外工作的家庭，平均有近 1.7 个移民。我们考察了迁移决策和迁移水平，突出了不同迁移目的地和迁移持续时间的差异。我们的关键结果可以根据两条主线来进行概括。首先，不同迁移距离和迁移持续时间的迁移决策的差异化凸显了不同的中国农村劳动力迁移模式。有趣的是，家庭人口学特征和构成尤其影响到了远距离迁移和长期迁移。另外，短距离迁移同家庭人均土地面积负相关——人均土地面积每增加 1 亩，家庭中有成员迁移到县城的概率减少 2 个百分点。以户主受教育年限为代理变量的家庭人力资本对迁移有负向影响，这验证了 Zhao（1990）的发现，即在 1990 年代中期，教育水平较高的农民更偏好当地的非农工作而非迁移。在我们所作的家庭层面的估计中，教育减少了远距离迁移，但是增加了短距离和中等距离迁移。其次，关于迁移网络，我们的结果表明家庭和社区网络在促进迁移上的影响不同，在此意义上，对于降低迁移成本而言，它们能够被视为互为补充的方式。尽管家庭网络一致性地影响了迁移、迁移决策、迁移目的地和迁移规模，社区网络看起来对具有相对较低成本和较低风险的短距离迁移并不重要，但是对于有更高风险的远距离迁移非常重要。

从地区发展视角出发，我们针对各种迁移模式的发现有许多有趣的含义。在 Zhao（2003：510）对 1990 年代末农村迁移的研究中，她总结认为"在有移民网络的情况下，迁移成为一种自我维持和自我增强的过程"。我们的发现表明这一过程确实随时间增强了，并且塑造了迁移的范围。伴随着移民网络，远距离迁移得到了促进，导致了省际人口的再配置。此外，在跨省人口流动中，家庭圈和社区网络以外的迁移网络也发挥了积极的作用。除了通过网络产生的迁移自增强过程，接近市场会减少迁移这一发现也凸显了其他潜在重要的空间问题。中国正在经历快速的农村劳动力流出——一个发达国家在 19 世纪和 20 世纪发生的现象——这可能会导致偏远农村地区的荒凉化。相对于接近市场的人们，住在偏远地区的人们更容易进行远距离迁移这一发现强调了出现此类荒凉化的可能。因此，在未来几年，中央政府面临的另一个关键挑战可能是寻找有效的方式以使偏远地区保持生机，阻止人口进一步向有限的几个大都市集中。

参考文献

Barrett, C., Reardon, T. and Webb, P., 2001, "Nonfarm income diversification and household livelihood strategies in rural Africa: concepts, issues, and policy implications", *Food Policy*, vol. 26, no. 4, pp. 315 - 331.

Chen, Y., Jin, G. Z. and Yue, Y., 2010, *Peer migration in China*, NBER Working Paper No. 15671, National Bureau of Economic Research, Cambridge, Mass.

Démurger, S. and Li, S., 2012, *Migration, remittances and rural employment patterns: evidence from China*, GATE Working Paper, Lyon University, St Etienne.

Démurger, S. and Xu, H., 2011, *Left-behind children and return decisions of rural migrants in China*, GATE Working Paper No. 1122, Lyon University, St Etienne.

Dercon, S. and Krishnan, P., 1996, "Income portfolios in rural Ethiopia and Tanzania: choices and constraints", *Journal of Development Studies*, vol. 32, no. 6, pp. 850 - 875.

Görlich, D. and Trebesch, C., 2008, "Seasonal migration and networks-evidence on

Moldova's labour exodus", *Review of World Economics*, vol. 144, no. 1, pp. 107 – 133.

Greene, W. H., 2008, *Econometric Analysis*, [Sixth edition], Prentice Hall, Upper Saddle River, NJ.

Hare, D., 1999, " 'Push' versus 'pull' factors in migration outflows and returns: determinants of migration status and spell duration among China's rural population", *Journal of Development Studies*, vol. 35, no. 3, pp. 45 – 72.

Haug, S., 2008, "Migration networks and migration decision-making", *Journal of Ethnic and Migration Studies*, vol. 34, no. 4, pp. 585 – 605.

Meng, X., Manning, C., Li, S. and Effendi, T., 2010, *The Great Migration: Rural-urban migration in China and Indonesia*, Edward Elgar, Cheltenham, UK.

Mullan, K., Grosjean, P. and Kontoleon, A., 2011, "Land tenure arrangements and rural-urban migration in China", *World Development*, vol. 39, no. 1, pp. 123 – 133.

Rozelle, S., Guo, L., Shen, M., Hughart, A. and Giles, J., 1999, "Leaving China's farms: survey results of new paths and remaining hurdles to rural migration", *The China Quarterly*, vol. 158, pp. 367 – 393.

Stark, O., 1991, *The Migration of Labour*, Blackwell, Cambridge, UK.

Taylor, J. E., 1986, "Differential migration, networks information and risk", in O. Stark (ed.), *Migration, Human Capital and Development*, JAI Press, Greenwich, Conn.

Taylor, J. E., 1999, "The new economics of labour migration and the role of remittances in the migration process", *International Migration*, vol. 37, no. 1, pp. 63 – 88.

Todaro, M., 1969, "A model of labor migration and urban unemployment in less developed countries", *American Economic Review*, vol. 59, no. 1, pp. 138 – 148.

Winters, P., de Janvry, A. and Sadoulet, E., 2001, "Family and community networks in Mexico-US migration", *Journal of Human Resources*, vol. 36, no. 1, pp. 159 – 184.

Zhao, Y., 1999, "Labor migration and earnings differences: the case of rural China", *Economic Development and Cultural Change*, vol. 47, no. 4, pp. 767 – 782.

Zhao, Y., 2003, "The role of migrant networks in labor migration: the case of China", *Contemporary Economic Policy*, vol. 21, no. 4, pp. 500 – 511.

Zhao, Z., 2005, "Migration, labor market flexibility, and wage determination in China: a review", *The Developing Economies*, vol. 43, no. 2, pp. 285 – 312.

Zhu, N., 2002, "The impacts of income gaps on migration decisions in China", *China Economic Review*, vol. 13, pp. 213 – 230.

（张川川　译）

第十章
攀登中国城镇、移民和农村教育的代际阶梯

Jane Golley，Sherry Tao Kong

引言

在新中国成立后的 60 年间，中国在提升全国教育质量和教育成就的平均标准上取得了伟大的成就。然而，这些成就并没有在这个国家平均地进行分配。根据最近的一项研究，直到 2000 年代晚期，尽管有超过 90% 的农村小学生升入了初中，但只有不到 20% 升入高中，并且只有 1.3% 进入大学阶段。结果是，出生在北京、上海和天津的孩子进入大学的概率是出生在农村地区孩子的 35 倍。[①] 尽管劳动力市场改革在全国范围内提高了教育的回报[②]，这些改革的不完全——特别是，持续存在的对永久性乡—城迁移的限制[③]和城镇劳动力市场的分割[④]——意味着寻求更高教育成就以取得更高工资回报的激励在城镇人口、农村人口和移民人口中是不同的。教育的非均衡

① 参见 *Barriers for the rural poor on the road to college: new evidence from REAP*, REAP Brief No. 107, Stanford University, Stanford, Calif, http: //iis - db. stanford. edu/pubs/22773/REAP_ brief_ 107_ EN_ web. pdf.

② 参见 De Brauw 和 Giles（2006）；Liu 等（2010）；Yang（2005）；Zhang 等（2002，2004，2005）。

③ 参见 Cai 和 Wang（2010）；Golley 和 Meng（2011）；Knight 等（2010）；Kong 等（2010）；Lee 和 Meng（2009）；Zhao（1999）。

④ 参见 Appleton 等（2004）；Chen 等（2007）；Démurger 等（2007，2009）；Meng 和 Zhang（2001）。

发展和偏向城镇的劳动力市场改革毫无疑问导致了中国的城乡收入差距，这一差距不仅十分巨大而且在随时间上升（Sicular et al. 2005）。

对于一个宣称要缩小城乡收入不平等的国家，理解每一个个体教育机会、教育成就和教育回报之间的联系至关重要，因为这是实现和谐和平衡社会的一个核心要素。这一联系则取决于代际动态性，在这种动态性中，一代人的教育成就和获取收入的能力——其本身是能力和机会交互作用的结果——以复杂的方式影响下一代的教育成就和获取收入的能力。

大部分有关中国教育成就代际转移的文献都仅限于农村人口或者只限于城镇人口，并且大部分关注的是“文化大革命”（1966～1976）对当时不同社会成员及其后代的影响。① 对于中国城镇，“文化大革命”政策是否成功使得相对社会出身而言的教育成就更为平等但仍然存在争论，Meng 和 Gregory（2002）得到了或许有些出人意料的结果，他们发现“文化大革命”对父母教育成就和职业地位较低的孩子的负面影响是最大的。然而，对于1978 年以来中国城镇教育不平等加重这一论断很少存在争议，城镇教育变得更有利于人群中最有优势的那部分人：高级干部和专家们的子女，大城镇居民，以及男性（Zhou et al. 1998：217）。

Sato 和 Li（2008）针对中国农村地区家庭出身对教育成就的分析本质上回应了 Meng 和 Gregory（2002）以及 Zhou 等（1998）的研究。他们的分析表明“文化大革命”时期的等级歧视并没有维持足够长的时间以对不同代际的教育成就产生永久性的影响；相反，社会阶层的高层继续在教育上超过社会阶层在他们之下的那些人。最近一些文章表明，中国农村教育体制的缺陷始于儿童时期并严重影响到农村和移民儿童的教育机会，这又继而影响了他们最终的教育程度（Luo et al. 2011；Teng，2005；Wang et al. 2010）。这些文章强调，贫困农村家庭相对于不断增加的教育成本的低收入水平以及农村教育的低质量水平是中国社会中最贫穷的社会成员实现向上的教育流动

① 在“文化大革命”期间，中国政府实施了一系列旨在提升农民和工人家庭子女教育机会和教育成就的政策，这些政策以牺牲来自更高社会地位家庭子女的教育机会和教育成就为代价。有名的措施包括自 1966 年往后的六年中关停了城镇地区的大部分学校，高中在 1972 年重新开放；将城镇青年“下放”到农村生活和工作；以及针对农村地区的地主和富农及城镇地区的干部家庭的各种歧视。对于这些政策的细节可参见 Deng 和 Treiman（1997）；以及 Meng 和 Gregory（2002）。

的主要障碍。

这些发现描绘了农村内部、农村—城镇，和城镇内部在教育机会和教育成就上的不平等不断上升的一个可能的未来，在这一未来中，父母教育成就同子女教育成就之间正向的不断强化的关系将成为一个显著特征。

本章考察了中国随时间和空间变化的教育成就的代际特征。2008 年中国和印尼农村—城镇迁移（RUMiC）调查提供了涉及中国农村、城镇和移民人口的同一家庭三代人口教育成就的独特数据。利用这一调查，我们发现，由子女和父母教育水平之间低回归系数和相关系数所反映的代际流动性，在农村人口和移民人口中比在城镇人口中更高。然而，对这一相关性来源的进一步分析显示，在中国农村居民和移民中所观察到低系数值源于这些儿童中的大部分都只完成了初中教育，其中一些儿童的教育水平实际上低于他们的父母。相反，对于城镇儿童，子女教育水平相对于其父母都是提高的。这些结果对于中国城乡分割的含义是清晰的和不言而喻的。

有大学学历的父母应当有具有大学学历的子女吗?

存在很多理由来预期父母教育水平同子女教育水平之间的一个正向关系，这一关系通过子女受教育年限对父母受教育年限所做二元回归的回归系数或者两者之间简单的相关系数来衡量。[①] 这一关系的强度——经常被称为“持续性”——不仅仅取决于可继承性的程度，还有可能会更强，例如，如果教育水平更高的父母投资更多收入去支持子女的教育（Black and Devereux, 2010）。信贷约束和教育水平较高的父母所具有的更高的平均收入是解释父母和子女之间教育正向关系的另外两个原因，尽管这些收入上的优势可能被相对于父母收入而言累进的政府教育投资所抵消（Solon，2004）。

我们所感兴趣的基础性问题是教育成就在不同代际间的持续性是否反映了先天性的能力差异，或者它们只是在对更高教育成就的追求上所存在的机会不平等所导致的结果，抑或是对更高教育成就的追求的非均衡回报的结果。这一问题是关键所在，因为它决定了在多大程度上教育政策能够减少部

① 参见 Becker 和 Tomes（1979，1986）的奠基性工作；以及 Solon（1999，2004），Black 和 Devereux（2010）出色的文献回归。

分不平等的代际传递。代际持续性的度量——或者其反面，流动性——在寻求建立起任何因果效应上提供了关键的第一步。中华人民共和国时期教育代际流动性的度量，以及教育代际流动性如何在中国农村人口、移民和城镇人口中表现出不同正是本章所关注的。

父母社会经济地位同子女社会经济地位之间的正向关系并非中国独有，而是在几乎所有社会都能见到，并且无论采用何种社会经济地位的度量指标，教育只是这些指标中的一个。Hertz 等（2007）估计了包括中国在内的42个国家在50年中教育成就的代际持续性的趋势。通过将每一个国家年龄在20～69岁之间的人口分为十个年龄队列，他们发现子女教育对父母教育的回归系数随时间大幅度下降，尽管相关系数没有这一趋势，相关系数在有些国家上升了，但是在差不多相同数量的其他国家中则下降了。Checchi 等（2008）指出，在意大利，父亲教育水平和子女教育水平之间的相关系数随时间有所减小。然而，尽管相关系数总体上下降了，他们对相关系数的分解显示在较高的教育水平上，父母和子女教育之间的持续性有所上升，其证据是相关系数中较大的和非递减的部分是由具有大学学历的子女及其拥有大学或高中学历的父亲所解释的。

按照 Hertz 等（2007）的做法，我们从简单的二元回归开始（方程10－1）。

$$y_i^j = \alpha + \beta y_i^k + \varepsilon_i \qquad \text{（方程 10 － 1）}$$

在方程10－1中，y 是教育年限；$j=c, s, d$ 分别表示子女、儿子和女儿；$k=p, f, m$ 分别表示父母、父亲和母亲；下标 i 表示子女的出生队列。回归系数是我们用于衡量教育成就代际传递的首要指标，低的取值表示低持续性或高流动性。另外一个指标是代际教育相关系数，ρ，取值在－1和1①之间，同具有如下关系（方程10－2）。

$$\beta = \frac{\sigma_i^j}{\sigma_i^k}\rho \qquad \text{（方程 10 － 2）}$$

① 尽管预期代际相关系数将会是正的（即取值范围在0和1之间），理论上相关系数有可能为负，即政策措施强大到足以消除子女和父母教育成就之间的任何不可观测的联系，尽管在实际上，这种情况几乎是极不可能出现的。

β和ρ的主要差别在于前者提供了一个相对度量，而后者抽离了每一个年龄队列内教育离散度的可能变化，是一个绝对度量指标（Checci al. 2008）。换言之，随时间下降可能是因为子女们教育的方差低于父母们教育的方差（例如，义务小学教育的开展），也可能是因为相关性本身下降了（例如，源于促进流动性的政策）。无论是或否，更高的取值都表示子女教育水平同父母教育水平的联系更强。正如 Hertz 等（2007）指出的，这两个系数可能往相反方向移动，因此 Black 和 Devereux（2010）建议同时报告这两个系数。我们在下文中同时报告这两个系数。

我们的数据来自 2008 年 RUMiCI 调查，覆盖了三组中国家庭：在 15 个所选定的城市工作的 5000 户城镇移民家庭（城镇移民调查，UMS）；在相同的 15 个城市中的 5000 户城镇本地家庭（城镇家庭调查，UHS）；和这 15 个城市所涉及的九个省份中的 8000 户有移民和无移民的农村家庭（农村家庭调查，RHS）。这九个省份或大都市区是上海、广东、江苏、浙江、安徽、湖北、四川、重庆和河南。前四个是最大的移民目的地；而后面五个是最大的移民迁出地区。据我们所知，RUMiCI 城镇移民工人调查是迄今为止中国唯一一个移民工人的随机样本。[①]

UHS，UMS 和 RHS 中的每一个家庭都提供了三代家庭成员的个人层面信息：户主和户主配偶（二代），他们的父母（一代）和他们的子女（三代）。对于第二代和第三代家庭成员，我们有教育年限信息，而第一代家庭成员只有所完成的教育程度信息，我们将其转换为教育年限。我们利用这一组信息构建了一个数据集，包含 10 个五年跨度的“子女”出生队列，从 1941 ~ 1945 年一直到 1986 ~ 1990 年。城镇调查，移民调查和农村调查的总样本规模分别为 11831、6247 和 23126。除非另外注明，下面报告的表和图均基于笔者使用这些调查数据所进行的计算。

结果：基本情况

表 10 - 1 报告了关于城镇调查，移民调查和农村调查的一些初步统计，包括每一个(子女）出生队列中没有接受过教育的人、获得小学、获得初中、

① http：//rumici. anu. edu. au 介绍有详细的抽样程序。

表 10－1　城镇、移民和农村调查的初步统计，2008 年

		最高学位(儿童出生队列百分比)					平均受教育年限	平均受教育年限(父母)	观测值个数
		无	小学	初中	高中	大学			
出生队列		城镇调查							
No.		年份							
1	1941～1945	2	13	32	31	22	10.8	3.5	454
2	1946～1950	2	14	40	28	16	10.3	4.1	749
3	1951～1955	1	9	43	32	15	10.6	4.7	1236
4	1956～1960	1	4	24	53	17	11.5	5.5	1425
5	1961～1965	0	2	23	45	30	12.3	6.6	1705
6	1966～1970	1	4	24	34	37	12.3	8.0	1685
7	1971～1975	1	2	16	33	48	31.1	8.7	1602
8	1976～1980	0	1	9	30	60	13.8	9.1	1272
9	1981～1985	1	1	5	26	67	14.1	10.3	1021
10	1986～1990	2	0	11	54	32	12.4	10.4	231
1	1941～1945	0	50	50	0	0	7.5	3.0	2
2	1946～1950	22	44	22	11	0	6.0	1.0	18
3	1951～1955	13	35	39	13	0	7.2	1.8	46
4	1956～1960	8	23	56	12	1	8.1	2.7	145
5	1961～1965	5	19	53	22	2	8.8	2.8	352
6	1966～1970	3	25	58	13	1	8.4	3.9	743
7	1971～1975	2	20	59	16	3	8.9	4.3	889
8	1976～1980	1	9	57	27	7	9.9	5.3	996
9	1981～1985	0	4	56	30	10	10.4	6.9	1439
10	1986～1990	0	3	53	39	5	10.4	7.5	1616
1	1941～1945	16	49	30	5	0	6.3	2.4	764
2	1946～1950	14	53	27	6	0	6.4	2.6	1589
3	1951～1955	12	47	31	9	1	6.8	2.8	2464
4	1956～1960	7	33	39	19	1	8.0	3.1	2140
5	1961～1965	3	25	52	18	2	8.6	3.7	3125
6	1966～1970	2	26	57	12	2	8.6	4.6	3462
7	1971～1975	1	19	60	15	5	9.1	5.7	3018
8	1976～1980	1	12	59	21	8	9.8	6.4	2676
9	1981～1985	0	8	58	20	13	10.2	7.4	2923
10	1986～1990	0	8	60	25	7	9.9	7.9	2584

资料来源：笔者基于 2008 年 RUMiCI 调查所做的计算。

获得高中和获得大学教育的人所占的百分比，以及每一个出生队列及其父母的平均受教育年限。[①] 表中结果证实了全国教育成就上升的一般趋势：在城镇调查，农村调查和移民调查中，从第一个出生队列到第九个出生队列，受教育水平在小学及以下的人口所占百分比分别从15%、50%和65%下降到了2%、4%和8%。这些趋势也反映在平均受教育年限上。平均受教育年限在所有人口组别中都随时间上升了，除了在城镇和移民调查中的1941～1945年出生队列和1946～1950年出生队列（即第一和第二出生队列）之间以及移民调查中1961～1965年队列和1966～1970年队列之间有微小下降。前者可能源于由“文化大革命”所导致的教育中断[②]，后者可能同1978年以后不断变化的人口迁移机会有关[③]。

正如预期的那样，城镇调查中受访者的教育水平最高，第九个出生队列的平均受教育年限为14.1年，而对应的农村调查受访者和移民受访者分别为10.2年和10.4年。城镇受访者中的第十个出生队列的平均受教育年限下降到了12.4年，这是由于在调查时点，这个出生队列中22%的受访者还没有结束其大学教育，因此不能被算作完成了大学教育。对于移民和农村居民，给定其较低的教育水平，这一问题不是很重要。对于RHS和移民调查中的相同出生队列，在调查试点未结束其大学教育的人所占比例分别为7%和1.7%。由于这一原因，在接下来的分析中，我们剔除了最后一个城镇出生队列的结果，但是作为合理的近似报告来自另外两个调查的结果。

① 在只有父亲或者母亲的教育水平信息的情况下，我们只使用这一教育水平以最大化观测值数量。

② 根据Meng和Gregory（2002）的研究，“文化大革命”（1966～1977）对高中教育被中断的人群的教育成就的影响最大，即那些1946～1950年出生队列的后半部分人群和1951～1955年出生队列的前半部分人群。

③ 特别的，Zhao（2003）指出在1979年和1988年之间，农村居民有很强的激励去获得高中教育来作为取得城镇户口的首要方式，而Brauw和Giles（2006）指出不断增加的迁移能力和随后1990年代的人口迁移规模的急剧增长对农村青年教育成就的上升提供了负的激励。这两个方面的发现同两个出生队列之间教育成就的下降是一致的，这两个出生队列分别对应1980年代中期到晚期的迁移年龄，和1990年代早期的迁移年龄。在UMS2008中，男性迁移率在24岁达到顶峰，而女性迁移率在21岁达到顶峰，分别对应60%和64%的迁移率。迁移率随年龄增长下降，部分地源于人口迁移的制度性障碍，像Golley和Meng（2011）所解释的。

最显著的差异出现在教育分布的较高一端上。在第九个出生队列中，有93%的城镇儿童获得了高中或大学学位，而只有40%的移民儿童和43%的农村儿童获得了高中或大学学位。正如所预期到的那样，最大的分野存在于大学教育水平，这一出生队列中，城镇儿童进入大学的概率分别是移民儿童和农村儿童的6倍和5倍。另外一点需要注意的是，在三个最年轻的出生队列中，相比移民儿童，农村儿童获得大学学位的比例更高，然而，只完成了小学教育的农村儿童所占的比例也更高。另一方面，移民儿童获得高中学位的可能性更大——这一点在第四个出生队列以外的所有出生队列中都成立。尽管教育成就在中国移民人口和农村人口之间存在明显的差异，这些差异同城镇—非城镇之间的差异相比显得微不足道。

表10-2是基于方程10-1和方程10-2所得到的子女—父母回归系数和相关系数结果，其中$i=1$，…，10，$j=c$和$k=p$。此处共有五个要点。

第一点是关于子女和父母受教育年限的标准离差以及两者之间的比值。尽管这些变量在三个样本中不同并且随时间变化，但是在每一个调查中，子女受教育年限的标准离差同父母受教育年限标准离差之间的比值，$\frac{\sigma^c}{\sigma^p}$，在个出生队列之间的变动都很小，这些变异不足以产生回归系数和相关系数时间趋势上的任何显著差异；正如在图10-1所看到的，在每一个调查中，回归系数和相关系数都是同时上升或者同时下降。同样值得注意的是，对于某一个出生队列，城镇人口中子女教育和父母教育的标准离差都高于农村人口，但是在城镇人口中，两者的比值较低。因此，较高的标准离差比值并不是导致城镇样本中相对较高回归系数的原因；是离散度以外的因素在起作用。

要指出的第二个要点是在所有三个样本中，回归系数和相关性都很低，在农村调查中最低。所有出生队列平均的回归系数和相关系数在城镇调查中为0.21和0.28，在移民调查中为0.16和0.20，在农村调查中为0.18和0.19。比较起来，Hertz等（2007）使用42个国家数据所发现的平均回归系数和相关系数的取值范围从秘鲁最高的0.88和0.66到吉尔吉斯斯坦的0.20和埃塞俄比亚（农村）的0.10，而中国农村的回归系数和相关系数分别为0.34和0.20，均为第二低。

表 10－2　子女—父母教育的回归和相关系数

出生队列		β	ρ	σ^{χ}	σ^{π}	$\sigma^{\chi}/\sigma^{\pi}$
城镇						
1	1941～1945 年	0.20	0.22	3.5	3.9	0.89
2	1946～1950 年	0.23	0.30	3.2	4.2	0.76
3	1951～1955 年	0.16	0.23	2.8	4.2	0.67
4	1956～1960 年	0.20	0.30	2.8	4.3	0.65
5	1961～1965 年	0.17	0.26	2.7	4.2	0.64
6	1966～1970 年	0.23	0.31	3.1	4.1	0.75
7	1971～1975 年	0.23	0.30	3.0	3.9	0.75
8	1976～1980 年	0.22	0.28	2.6	3.4	0.77
9	1981～1985 年	0.30	0.31	2.5	2.6	0.97
10	1986～1990 年	0.27	0.24	2.7	2.4	1.15
移民						
1	1941～1945 年	..	..	..	..	..
2	1946～1950 年	..	..	..	..	..
3	1951～1955 年	..	..	..	..	..
4	1956～1960 年	0.09	0.10	3.0	3.2	0.93
5	1961～1965 年	0.12	0.24	2.8	3.2	0.09
6	1966～1970 年	0.13	0.17	2.4	3.3	0.72
7	1971～1975 年	0.17	0.23	2.5	3.3	0.76
8	1976～1980 年	0.19	0.26	2.4	3.3	0.72
9	1981～1985 年	0.17	0.23	2.3	3.1	0.73
10	1986～1990 年	0.15	0.21	2.0	2.7	0.74
农村						
1	1941～1945 年	0.20	0.18	3.2	3.0	1.10
2	1946～1950 年	0.13	0.12	3.1	2.9	1.05
3	1951～1955 年	0.13	0.12	3.2	3.0	1.07
4	1956～1960 年	0.13	0.13	3.1	3.0	1.04
5	1961～1965 年	0.17	0.19	2.7	3.0	0.87
6	1966～1970 年	0.19	0.23	2.4	2.9	0.83
7	1971～1975 年	0.21	0.23	2.4	2.6	0.91
8	1976～1980 年	0.21	0.21	2.5	2.5	1.01
9	1981～1985 年	0.24	0.23	2.7	2.5	1.07
10	1986～1990 年	0.24	0.24	2.3	2.3	0.99

.. = 不可得

资料来源：笔者基于 2008 年 RUMiCI 调查所做的计算。

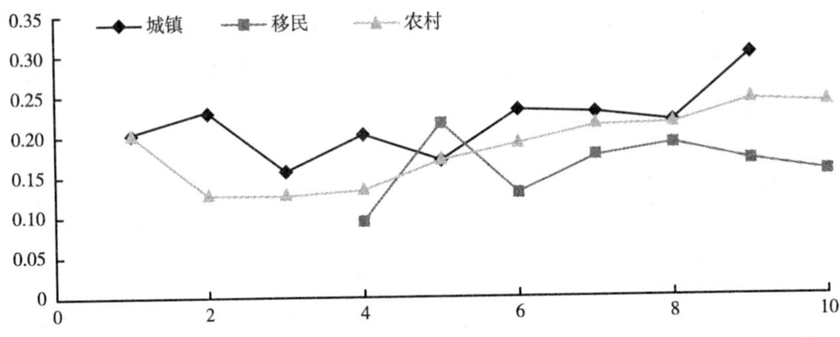

图 10 - 1a 各调查分出生队列回归系数

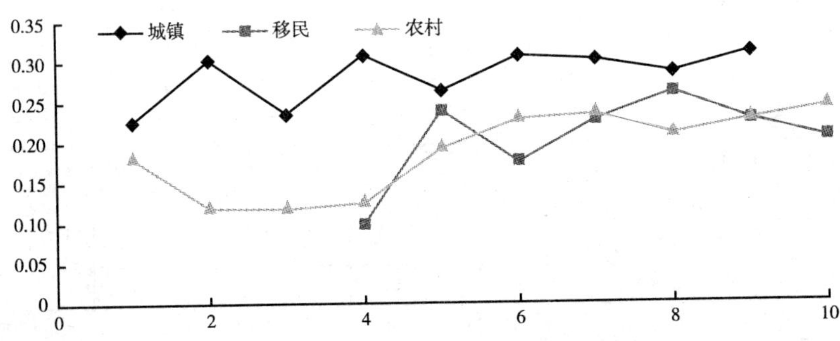

图 10 - 1b 各调查分出生队列相关性

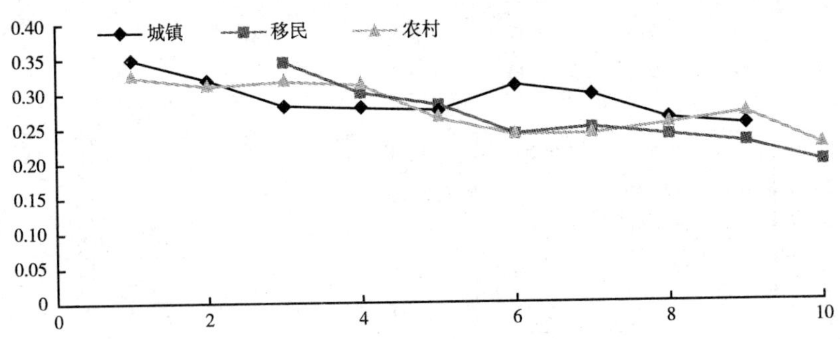

图 10 - 1c 各调查分出生队列子女教育标准离差

第三，对于全部三个调查，回归系数和相关系数都表现出随时间持续上升的趋势，尽管有一些波动。这一结果同 Hertz 等（2007）的关键发现相反，他们发现在对于大多数国家而言回归系数在半个世纪中都大幅地下降了，包括中国农村。然而，对于中国农村，我们的发现同 Hertz 等的发现没有表现出不一致，因为他们所考察的时期是 1928 ~ 1973 年，并且回归系数的下降大部分发生在 1928 ~ 1943 年之间（参见 Hertz et al. 2007：附录 1）。

第四，无论是水平还是趋势，子女教育和父母教育之间的关系在三类人群中都明显不同。如果只是很简单的情况，即中国农村的教育水平落后于城镇，而两者的教育发展有相同的轨迹，那么我们就能预期两者随时间变动的趋势是同向的。相反，这些结果表明子女—父母之间教育关系的决定因素在中国农村人口、移民和城镇人口之间在更多的方面表现出不同，而不仅仅是发展上的差异。

最后一点是子女—父母之间不同性别组合的代际关系所表现出的显著差异，反映在图 10 - 2 所显示的每一个调查中的九个出生队列的回归系数上。特别的，在所有的子样本中，女儿—父母之间的回归系数在所有年龄队列中都是最高的，这主要是由女儿—父亲之间的关系导致的，而儿子—母亲的关系是最弱的。在所有的对比中，相对儿子，女儿的教育成就更多的同父母—父亲—母亲的教育相关联。换言之，相对男性，女性由教育成就所反映的社会经济地位更紧密地受到家庭社会地位的限制。①

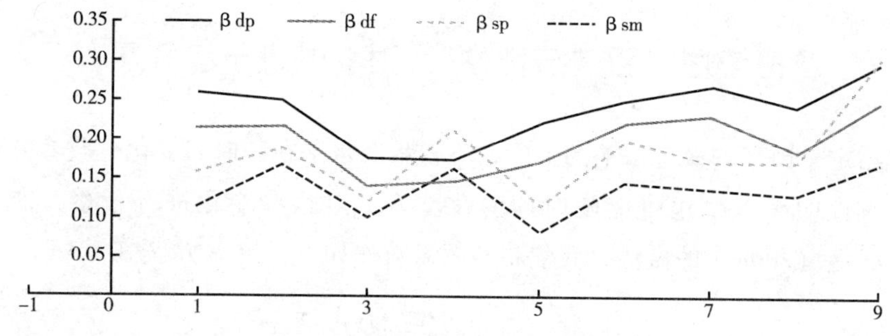

图 10 - 2a　不同性别组合的城镇回归系数

① 这与 Gong 等（2010）的发现是一致的，使用 2004 年针对 16 ~ 74 岁人口的城镇家庭教育和就业调查他们发现父—子，母—子，父—女，母—女之间教育年限的系数分别为 0.26，0.22，0.37，0.38。

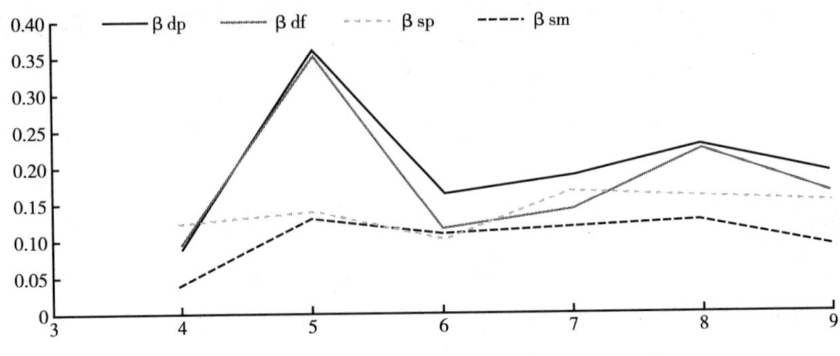

图 10－2b　不同性别组合的移民回归系数

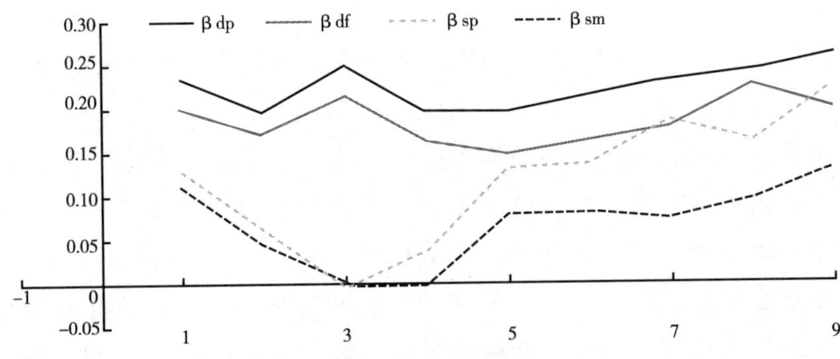

图 10－2c　不同性别组合的农村回归系数

“持续性”和“流动性”：对 ρ 的进一步考察

给定全国平均教育水平的上升，不仅教育水平在随时间变化，教育分布中持续性的来源也很可能随时间变化。为了对这些变化进行考察，借鉴 Checci 等（2008）的做法，我们将相关系数作如下分解（方程 10－3）

$$\rho = \frac{\sigma^{cf}}{\sigma^{cf}} = \frac{\Sigma_{c,p}[(y^c - \mu^c)(y^f - \mu^f)Pr(\frac{y^c}{y^f})Pr(y^f)]}{\sigma^c\sigma^f} \qquad \text{（方程 10－3）}$$

在方程 10－3 中，表示均值，教育年限的一组可能取值为｛0，6，9，12，16｝，分别对应未接受过教育（NE），小学（PS），初中（JH），高中（HS）和大学（C），σ^{cf}是子女教育 y^c 和 y^f 父母教育水平的协方差。这意味着相关系数依赖于子女和父亲教育偏离均值的离差，给定父亲教育水平子女达到特定教育水平的条件概率，以及父亲达到其教育水平的概率。[①]

只要给定的子女—父亲组合都获得了他们所属队列平均水平以上（或以下）的教育水平，这一组合就对 ρ 有正的贡献，如果一个人高于（低于）其所属队列的平均水平，而另外一人低于（高于）其所属队列的平均水平，这一组合对 ρ 就会有负的贡献。在针对意大利的研究中，Checci 等（2008）使用这一方法指出在较高年龄人口中，相关系数中的大约三分之一来自教育水平最低的父亲和儿子的组合，且其贡献是随时间下降的，而相关系数的大小和不断增加的构成源于教育水平最高的父亲和儿子。

图 10－3～10－5 分别按出生队列报告了城镇样本，移民样本和农村样本中相关系数的分解结果。这一分解用于揭示教育分布中相关性的来源。基于方程 10－3，每一个图都被分为五个部分，每一部分用于分离具有从未受过教育（NE）到大学学历（C）等各教育水平的父亲们对相关系数的贡献。对五个部分共 25 个成分的纵向加总可以得到每一个子女出生队列的相关系数。[②]

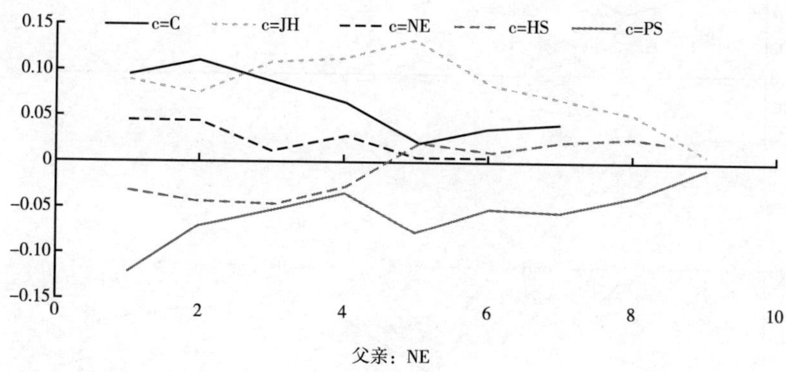

父亲：NE

① 此处关注教育水平而非教育年限对于确保足够数量的观测值和便利分解而言是必要的；否则，我们将面对 20 年的分解，而这会产生很多零值，将无法进行描述。教育水平的减少也使得只关注父母中的一个变得必要（以避免存在于所采用的不同教育水平之间的平均问题）；并且，遵照大多数文献中的做法，我们以父亲作为开始。

② 这些数值不会恰好对应表 10－2 中的数值，因为这些数值是使用五分的教育水平进行的计算，而非教育年限。

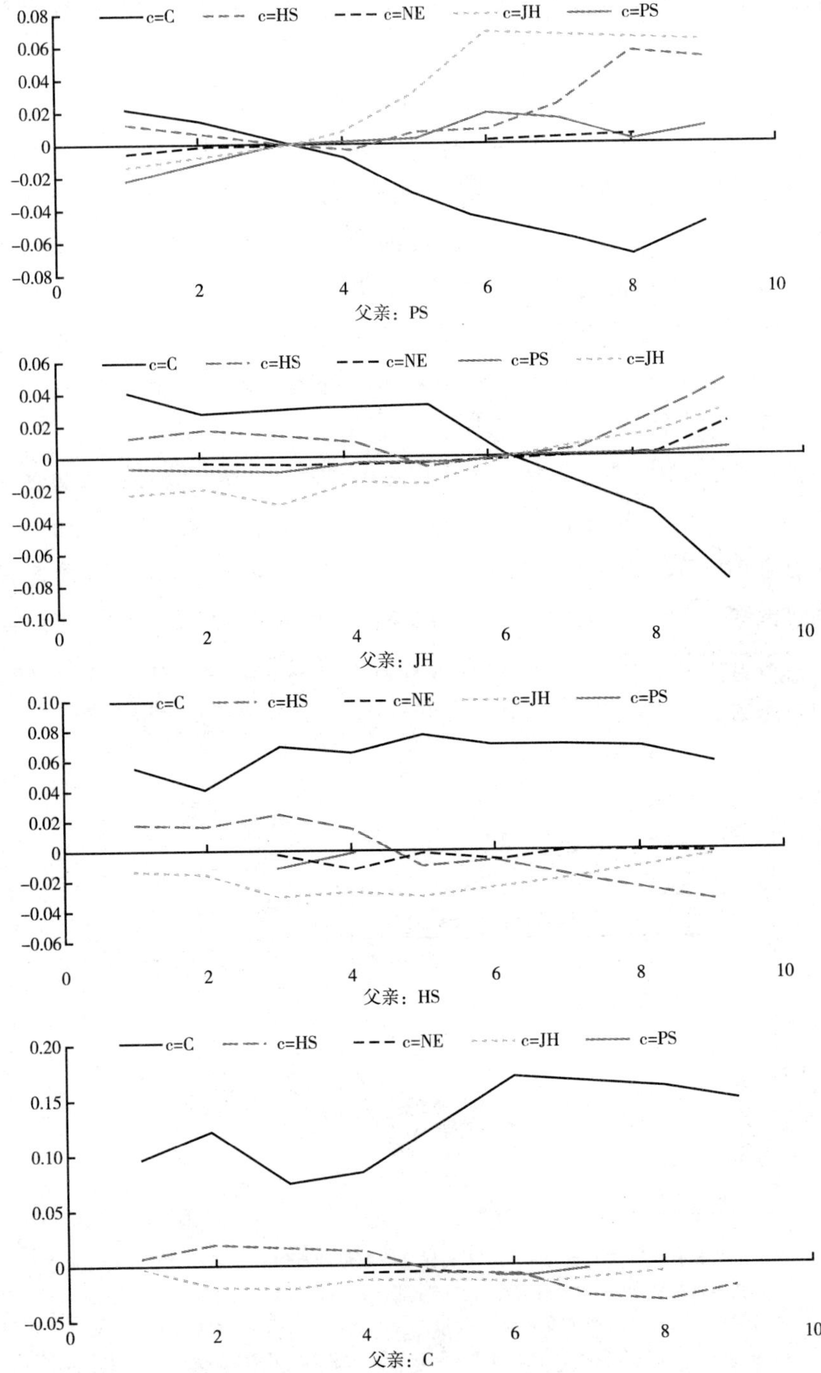

图 10－3　分教育水平和队列的城镇相关系数分解

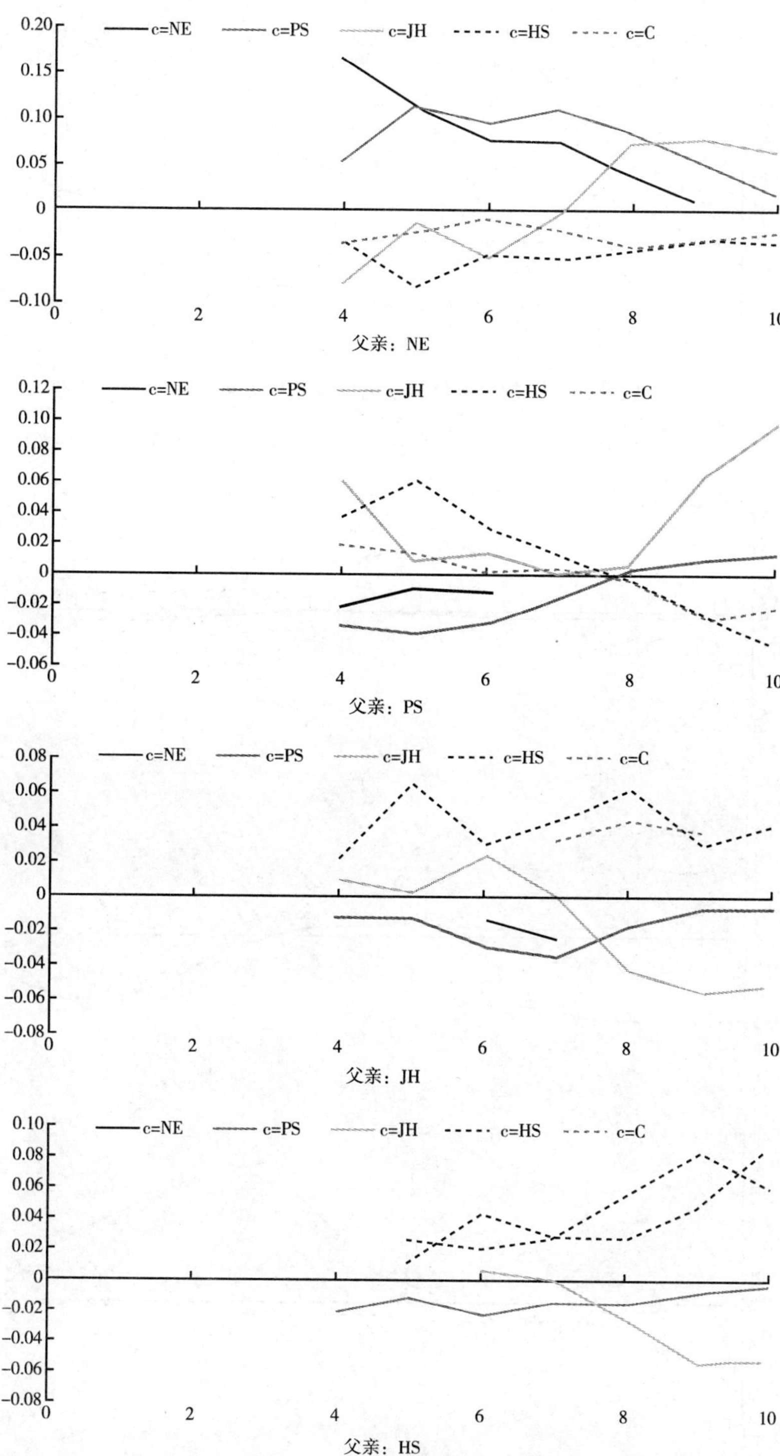
c=NE
c=PS
c=JH
c=HS
c=C
0.20
0.15
0.10
0.05
0
−0.05
−0.10
0
2
4
6
8
10
父亲：NE
0.12
0.10
0.08
0.06
0.04
0.02
0
−0.02
−0.04
−0.06
父亲：PS
0.08
0.06
0.04
0.02
0
−0.02
−0.04
−0.06
−0.08
父亲：JH
0.10
0.08
0.06
0.04
0.02
0
−0.02
−0.04
−0.06
−0.08
父亲：HS

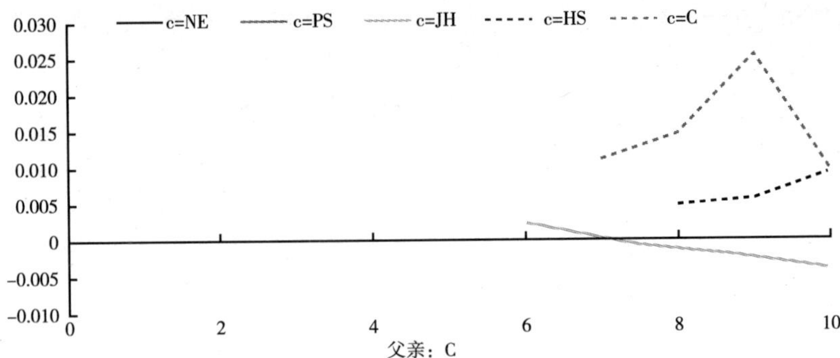

图 10-4 分教育水平和队列的移民相关系数分解

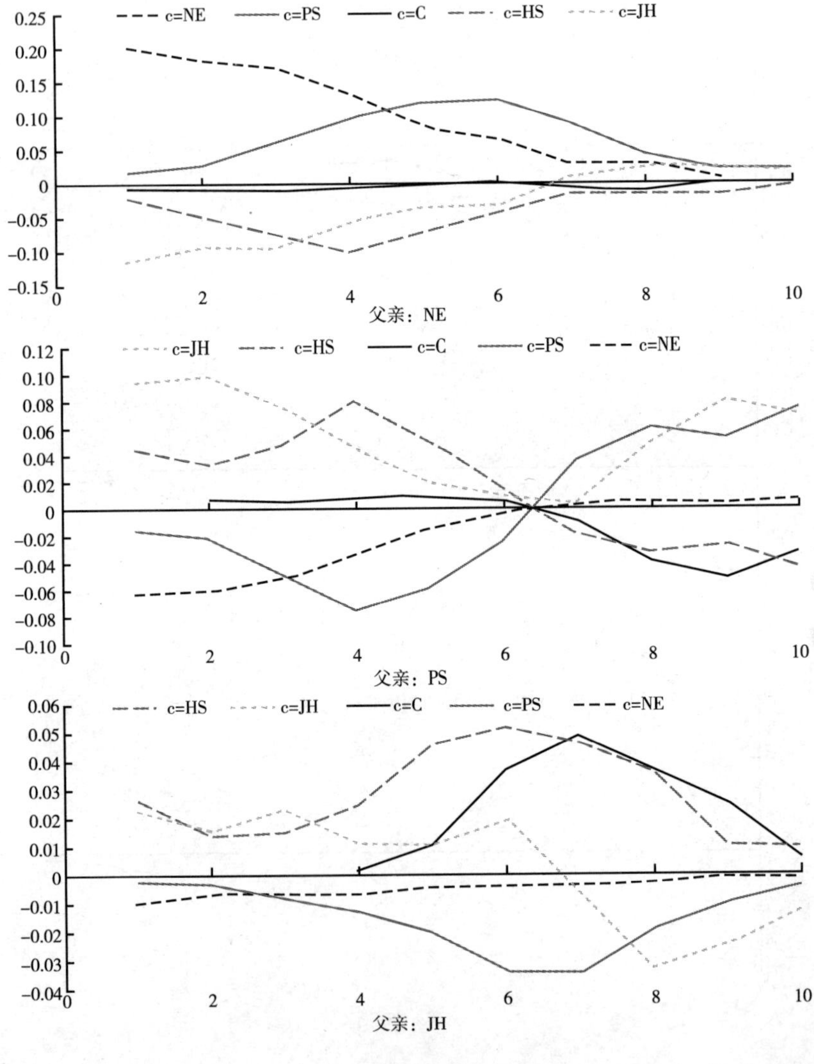

c=NE c=PS c=C c=HS c=JH

父亲：NE

c=JH c=HS c=C c=PS c=NE

父亲：PS

c=HS c=JH c=C c=PS c=NE

父亲：JH

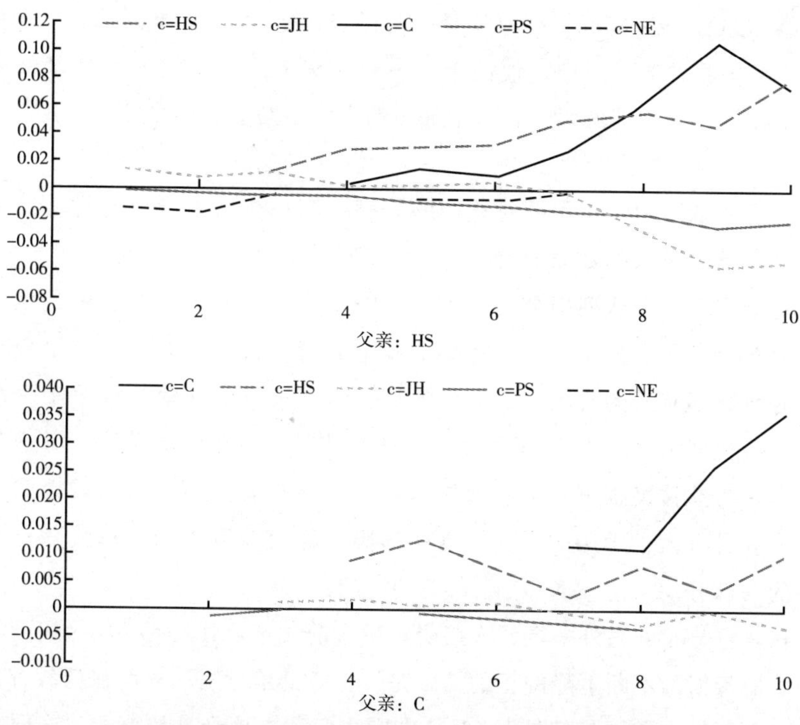

图 10－5　分教育水平和队列的农村相关系数分解

首先来看图 10－3 中的城镇分解，注意分解是如何进行的。可以注意到获得大学学历的子女及其具有高中和大学学历的父亲有正的贡献（分别对应第四和第五部分的黑色实线）；由于父母和子女的教育水平都在均值以上，他们的组合对或者说“持续性”有正的贡献。与此形成对照的是，完成初中教育的父母和完成大学教育的子女的负贡献（第六个出生队列往上的各个队列，第三部分的黑色实线）；在这种情况下，低于所属出生队列平均教育水平的父亲所拥有的子女的教育水平超过了子女所在队列的平均教育水平，这增大了“流动性”（或减少了持续性）。从城镇分解中能够看到的最为明显的一点是具有高中学历和大学学历的父亲同他们具有大学学历的子女之间的相关性对整体相关性形成了决定性的影响，在所有出生队列中都是如此，尤其是在较为年轻的出生队列中。在第九个出生队列中，在 157 个具有大学教育程度的父亲中，子女有大学学历的超过 90%，另外有 9% 完成了高中教育。在 327 个拥有高中教育程度的父亲中，他们子女中的 69% 进入了大学，另有29%完成了高中教育，只有7%教育程度低于高中。在350个完成了初中教育的父亲中，他们子女中的64%升入了大学，另有26%完成了高中教育。在中国城镇，看起来唯一的方向是向上的，并且一旦教育水平上去了，就会保持在那里。

接下来看图10－4中针对移民的分解。第一点需要指出的是移民中具有大学学历的父亲的数量很小，在第四个到第八个出生队列中小于5人，在第九个和第十个队列中分别为13人和12人。对于第九个队列，他们子女中的6个进入了大学，5个完成了高中教育，这些子女—父亲组合对整体相关系数都有正的贡献。同对应的城镇人口一样，在第九或第十个队列中，父亲教育水平为大学的移民子女全都具有初中及以上学历。考虑到这些大学学历的移民很可能会获取城镇户口，而具有大学学历的城镇父亲非常可能有具有大学学历的子女，这些移民最终会变成中国城镇代际持续性故事的一部分。

在教育分布的另外一端，未接受过教育的父亲及其具有小学及以下学历的子女所带来的不断下降的正的贡献是一个好的信号——表明在低教育水平一端上不断减小的“持续性”。但是也应注意到未接受过教育的父亲同其完成了初中教育的子女的不断上升的正的贡献。换言之，尽管父母和子女教育水平都低于他们所属队列的平均值，这两代人之间在两个教育水平上的跳跃导致了所谓的不断上升的持续性。

需要注意同样的问题发生在第二部分中具有小学教育程度的父亲和具有初中教育程度的子女，第三部分具有初中教育程度的父亲和具有高中或大学教育程度的子女，以及第四部分具有高中教育程度的父亲和具有大学教育程度的子女当中。尽管在子女教育水平超过了父母这一意义上，这些都直接地显示了代际之间向上的教育流动，他们对正的和不断上升的贡献导致了不断上升的持续性这一解释很容易机械地加以理解：上升了，因为那些父母教育水平较高的子女相比那些父母教育水平较低的子女变得更容易获得更高的教育水平——换言之，平均受教育水平在维持绝对发散的情况下上升了。然而，仍然需要注意的是，某些类型的持续性（和流动性）要好于另外一些。

我们最后感兴趣的一点是大多数移民的父亲都具有初中或高中学历，并且这些移民子女的教育成就明显不同于同他们相对应的城镇子女。例如，在第九个出生队列中，在508个父亲完成了初中教育的移民子女中，有286（56%）完成了初中教育，157（31%）完成了高中教育，53（10%）获得了大学学历。将这些结果同上述城镇调查中的对应结果进行对比所得到的启示是明显的：相对于城镇居民，移民向上的流动更为困难。然而在水平上，相比城镇，移民调查中较低的整体相关性（如图10－1b所显示的）表明代际之间的流动性在移民中更大。再一次的，这些措辞的使用可能多少具有误导性。

图10－5中的来自农村调查的结果附和了许多来自移民调查的结果。具有大学教育程度的父亲的数量很小，从队列五到队列十，其数量在15～28之间。尽管数量很小，但从第五部分得到的信息是很清晰的：具有大学教育程度的农村父亲非常可能有具有高中或大学学历的子女，在第九个出生队列中，21个具有大学教育程度的农村父亲中分别有13个和6个其子女具有高中教育程度和大学教育程度。在教育分布的另外一端，父亲和子女之间教育正相关性的主要来源是只具有小学教育程度的父亲和子女组合以及具有小学教育程度的父亲和具有初中教育程度的子女之间的组合——一种我们不愿意看到的持续性。对于具有初中学历的父亲——在农村调查中的第七队列到第十队列中接近60%——他们子女中的大多数都完成了初中教育。例如，在第九个出生队列中1329个具有初中学历的父亲当中，其子女的61%同样获得了初中学历，18%达到了高中教育程度，13%完成了大学教育。在586个具有高中学历的农村父亲中，他们子女的45%只完成了初中教育，29%和20%分别达到了高中教育程度和大学教育程度。这些百分比数值明显不同于上文报告的城镇结果。特别的，这些结果表明中国农村的教育代际流动性同时包括向上的移动和向下的移动。

为了进一步阐明这一点，图10－6针对城镇样本、移民样本和农村样本分别报告了一个5×5的流动性矩阵，反映第九个队列中的父亲—子女之间的教育流动性。每一个单元格a_{ij}表示给定父亲教育水平为j，子女教育水平达到i的条件概率。例如，城镇矩阵显示父亲为大学学历的子女中的90%也获得了大学学历（C－C，低端右侧单元格），另外10%则获得了低于其父亲的教育水平。如图中突出显示的灰色部分所表明的，子女教育水平相对父亲教育水平出现下降的很少，尤其是对比移民调查和农村调查。

城镇调查

父亲 \ 子女	NE	PE	JH	HS	C
NE	0.00	0.00	0.10	0.50	0.40
PE	0.00	0.02	0.18	0.34	0.46
JH	0.20	0.01	0.07	0.26	0.64
HS	0.00	0.01	0.02	0.29	0.69
C	0.00	0.01	0.00	0.09	0.90

移民调查

父亲 \ 子女	NE	PE	JH	HS	C
NE	0.01	0.13	0.60	0.21	0.06
PE	0.00	0.03	0.63	0.26	0.07
JH	0.00	0.02	0.56	0.31	0.10
HS	0.00	0.02	0.42	0.38	0.18
C	0.00	0.00	0.15	0.38	0.46

移民调查

父亲 \ 子女	NE	PE	JH	HS	C
NE	0.02	0.14	0.57	0.25	0.01
PE	0.00	0.12	0.63	0.16	0.09
JH	0.00	0.07	0.61	0.18	0.13
HS	0.00	0.06	0.45	0.29	0.20
C	0.00	0.00	0.21	0.36	0.43

图 10－6　第九个队列中子女—父亲组合的“流动性”矩阵

总而言之，城镇子女同其父母教育成就之间较高的整体相关性很大程度上来自具有大学和高中教育程度的父亲同他们具有大学教育程度的子女之间的正相关性，而移民和农村子女—父亲组合中较低的教育相关性来自这样一个事实，即在移民和农村样本中几乎没有具有大学学历的父亲，并且无论父亲们的教育程度如何，大部分子女都完成了初中教育。因此，在中国农村子女中看起来更大的“流动性”可能只是反映了大多数人都只有极为有限的机会。

结 论

我们对中国代际间教育成就传递性的兴趣始于我们对中国城镇居民的观察，我们观察到城镇居民投入大量的时间、资源和精力以确保他们的子女获得最高的学历——并且在大多数情况下他们都成功了：以任何标准衡量中国城镇居民的大学入学率都很高。相反，有大量的证据表明中国农村居民在拼命努力获取初中以上的教育。Wang 等（2009）的文章“是什么把穷人挡在大学之外”（*What is keeping the poor out of college*）显示农村贫困人口的大学入学率之所以低是由于进入障碍存在于整个农村教育系统——这一点得到了 Luo 等（2011）的发现的支持，他们的发现显示中国农村儿童的劣势开始于早期儿童教育阶段，并且可能阻碍了农村儿童终其一生的学习经历。Luo 等（2011）的文章标题恰如其分地写到：“落后在起点：中国农村早期儿童教育的挑战”（*Behind before they begin*：*the challenge of early childhood education in rural China*）。城乡教育的分割对未来中国乡—城收入差距的含义是清晰的，并且是不言而喻的。

教育成就的跨代际持续性或流动性以及其随时间的变化是由许多因素以复杂方式交互作用决定的。教育分布的顶端存在的持续性一定程度上反映了通过基因从父母传递到子女的高能力，人们可能会接受作为其结果的收入不平等，认为这是不可避免的，甚至是可欲的。“文化大革命”的迫害结束后，中国城镇和农村“精英”们及其子女的教育成就有所“反弹”的证据（Meng 和 Gregory，2002；Sato 和 Li，2008）为这种看法提供了一些支持；即使是“文化大革命”的政策也无法阻止那些注定能够取得教育成功的人们获得教育上的成功。然而，如果这一持续性反映了一些其他的东西，那么就有理由对其做进一步的思考。

本章所报告的结果对不断增长的文献做出了补充，这些文献表明中国正在发生的，不仅仅是高能力父母有能够获得高教育成就的高能力子女这一条简单的路线。正如 Black 和 Devereux（2010）所指出的，考虑到同教育相关的禀赋（即大脑）的可继承性不可能随时间在不同国家之间（或国家内）表现出明显差异①，对跨国差异的解释倾向于关注教育回报或政府投资的差

① 注意不同空间具有相同（如果不可知的话）“可继承性”程度的假定不同于不同空间具有相同“能力”的假定。

异，后者是机会平等的重要决定因素之一。例如，他们指出在北欧发现的相对低的回归系数可以由扁平化的收入分配（对技术的低回报）或者由倾向于均等化儿童受教育机会的社会政策和教育政策来解释。类似的，Ichino 等（2009）发现有更好公共教育系统的国家趋向于有更高的代际流动性，或者更低的回归系数，尤其是对于初等教育。

如果将这一逻辑应用于我们此处的发现，中国农村相对较低的回归系数和相关系数可能同相对更低的收入有关，而这源于持续受到限制的永久性乡—城迁移①和城镇劳动力市场分割。② 与此同时，农村教育体系投资的明显缺乏导致大多数农村儿童只能获得相对较低水平的教育，尽管表面上显示了流动性或平等的机会，因为无论父母教育程度如何，他们很可能都只完成了初中教育。只有最聪明的农村和移民学生有机会升入大学，并最终加入城镇儿童中的大多数的那个群体，他们最终构成了具有高教育程度的城镇精英的下一代。如果只是基于能力，并且是在一个所有人都有平等机会的国家中，那么可以肯定的是来自中国农村的精英所占的比例会更高。尽管我们的结果并没有确定性的证明这些论断中的任何一个，这些结果推进了正在进行的研究，这些研究将深化我们对那些限制和促进中国农村和城镇儿童攀登教育阶梯的因素的理解。

参考文献

Appleton, S., Knight, J., Song, L. and Xia, Q., 2004, 'Contrasting paradigms: segmentation and competitiveness in the formation of the Chinese labour market', *Journal of Chinese Economic and Business Studies*, vol. 2, no. 3, pp. 185 – 205.

Becker, G. and Tomes, N., 1979, 'An equilibrium theory of the distribution of income and intergenerational mobility', *Journal of Political Economy*, vol. 87, pp. 1153 – 1189.

Becker, G. and Tomes, N., 1986, 'Human capital and the rise and fall of families', *Journal of Labour Economics*, vol. 4, no. 3 (2), S1 – 39.

Black, S. E. and Devereux, P. J., 2010, *Recent developments in intergenerational mobility*,

① 参见 Cai 和 Wang（2010）；Golley 和 Meng（2011）；Knight 等（2010）；Kong 等（2010）；Meng 和 Lee（2009）；Zhao（1997）。

② 参见 Appleton 等（2004）；Chen 等（2007）；Démurger 等（2007，2009）；Meng 和 Zhang（2001）。

UCD Geary Institute Discussion Paper Series, Prepared for *Handbook of Labour Economics*.

Cai, F. and Wang, M., 2010, 'Urbanisation with Chinese characteristics', in R. Garnaut, J. Golley and L. Song (eds), *China: The next twenty years of reform and development*, ANU E Press and Social Sciences Academic Press, Canberra and China.

Checchi, D., Fiorio, C. V. and Leonardi, M., 2008, *Intergenerational persistence in educational attainment in Italy*, IZA Discussion Paper No. 3622, Institute for the Study of Labor, Bonn.

Chen, Y., Démurger, S. and Fournier, M., 2007, 'The evolution of gender earnings gaps and discrimination in urban China, 1988 - 1995', *Developing Economies*, vol. 45, no. 1, pp. 97 - 121.

De Brauw, A. and Giles, J., 2006, *Migrant opportunity and the educational attainment of youth in rural China*, IZA Discussion Paper No. 2326, Institute for the Study of Labor, Bonn.

Démurger, S., Fournier, M., Shi, L. and Zhong, W., 2007, 'Economic liberalisation with rising segmentation in China's urban labour market', *Asian Economic Papers*, vol. 5, no. 3, pp. 58 - 101.

Démurger, S., Gurgand, M., Shi, L. and Ximing, Y., 2009, 'Migrants as second-class workers in urban China? A decomposition analysis', *Journal of Comparative Economics*, vol. 37, pp. 610 - 628.

Deng, Z. and Treiman, D. J., 1997, 'The impact of the Cultural Revolution on trends in educational attainment in the People's Republic of China', *The American Journal of Sociology*, vol. 103, no. 2, pp. 391 - 428.

Golley, J. and Meng, X., 2011, 'Has China run out of surplus labour?', *China Economic Review*, vol. 22, pp. 555 - 572.

Gong, C. H., Leigh, A. and Meng, X., 2010, *Intergenerational income mobility in urban China*, IZA Discussion Paper No. 4811, Institute for the Study of Labor, Bonn.

Hertz, T., Jayasundera, T., Piraino, P., Selcuk, S., Smith, N. and Verashchagina, A., 2007, 'The inheritance of educational inequality: international comparisons and fifty-year trends', *The B. E. Journal of Economic Analysis and Policy*, vol. 7, no. 2, pp. 1 - 46.

Ichino, A., Karabarbounis, L. and Moretti E., 2010, 'The political economy of intergenerational income mobility', NBER Working Paper 15946, April.

Knight, J., Deng, Q. and Li, S., 2010, *The puzzle of migrant labour shortage and the rural labour surplus in China*, DoE Working Paper Series No. 494, Oxford University, Oxford.

Kong, S. T., Meng, X. and Zhang, D., 2010, 'The global financial crisis and rural-urban migration', in R. Garnaut, J. Golley and L. Song (eds), *China: The next twenty years of reform and development*, ANU E Press and Social Sciences Academic Press, Canberra and China.

Lee, L. and Meng, X., 2010, 'Why don't more Chinese migrate from the countryside? Institutional constraints and the migration decision', in X. Meng and C. Manning, with S. Li and T. Effendi (eds), *The Great Migration: Rural-urban migration in China and Indonesia*, Edward Elgar, Cheltenham, UK.

Liu, X., Park, A. and Zhao, Y., 2010, *Explaining rising returns to education in urban China in the 1990s*, IZA Discussion Paper No. 4872, April, Institute for the Study of Labor, Bonn.

Luo, R., Zhang, L., Liu, C., Zhao, Q., Shi, Y., Rozelle, S. and Sharbono, B., 2011, 'Behind before they begin: the challenge of early childhood education in rural China', *Australian Journal of Early Childhood*, http://foodsecurity.stanford.edu/publications/behind_before_they_begin_the_challenge_of_early_childhood_education_in_rural_china/.

Meng, X. and Gregory, R. G., 2002, 'The impact of interrupted education on subsequent educational attainment: a cost of the Chinese Cultural Revolution', *Economic Development and Cultural Change*, vol. 50, no. 4, pp. 935 – 959.

Meng, X. and Zhang, J., 2001, 'The two-tier labour market in urban China: occupational segregation and wage differentials between urban residents and rural migrants in Shanghai', *Journal of Comparative Economics*, vol. 29, pp. 485 – 504.

Sato, H. and Li, S., 2008, *Class origin, family culture, and intergenerational correlation of education in rural China*, Global COE Hi-Stat Discussion Paper Series 007, Institute of Economic Research, Hitotsubashi University, Tokyo.

Sicular, T., Yue, X., Gustafsson, B. and Li, S., 2005, The urban-rural gap and income inequality in China, Paper prepared for UNU – WIDER Project Meeting on Inequality and Poverty in China, Helsinki, 26 – 27 August.

Solon, G., 1999, 'Intergenerational mobility in the labour market', in O. Ashenfelter and D. Card (eds), *Handbook of Labour Economics. Volume 3A*, North-Holland, Amsterdam, pp. 1761 – 1800.

Solon, G., 2004, 'A model of intergenerational mobility variation over time and place', in M. Corak (ed.), *Generational Income Mobility in North America and Europe*, Cambridge University Press, Cambridge.

Teng, M. F., 2005, 'Unequal primary education opportunities in rural and urban China', *China Perspectives*, vol. 60 (July-August).

Wang, X., Liu, C., Zhang, L., Luo, R., Glauben, T., Shi, Y., Rozelle, S. and Sharbono, B., 2010, *What is keeping the poor out of college? Enrollment rates, educational barriers and college matriculation in China*, Working Paper 210, September, Stanford University, Stanford, Calif., reapchina.org/reap.stanford.edu.

Yang, D. T., 2005, 'Determinants of schooling returns during transition: evidence from Chinese cities', *Journal of Comparative Economics*, vol. 33, no. 1, pp. 244 – 264.

Zhang, J., Liu, P. – W. and Yung, L., 2007, 'The Cultural Revolution and returns to schooling in China: estimates based on twins', *Journal of Development Economics*, vol. 84, pp. 631 – 639.

Zhang, J., Zhao, Y. Park, A. and Song, X., 2005, 'Economic returns to schooling in urban China, 1988 to 2001', *Journal of Comparative Economics*, vol. 33, no. 4, pp. 730 – 752.

Zhang, L., De Brauw, A. and Rozelle, S., 2004, 'China's rural labour market development and its gender implications', *China Economic Review*, vol. 15, pp. 230 - 247.

Zhang, L., Huang, J. and Rozelle, S., 2002, 'Employment, emerging labour markets, and the role of education in rural China', *China Economic Review*, vol. 13, pp. 313 - 328.

Zhao, Y., 1999, 'Labor migration and earnings differences: the case of rural China', *Economic Development and Cultural Change*, vol. 47, no. 4, pp. 776 - 782.

Zhou, X., Moen, P. and Tuma, N. B., 1998, 'Educational stratification in urban China: 1949 - 1994', *Sociology of Education*, vol. 71, no. 3, pp. 199 - 222.

（张川川　译）

第十一章
我国农村人口年龄结构的地区比较及政策含义

——基于江苏、安徽、河南、湖南和四川的调查

钟甫宁　向晶*

一　引言

改革开放以来农业和农村经济中最引人注目的现象之一是亿万农村人口和劳动力流向城市和非农产业部门。广泛而持久的人口迁移和劳动力流动不仅对农业和农村经济产生了巨大的影响，而且也成为推动城市和非农产业部门发展的主要动力。与此同时，农村人口迁移和劳动力城乡流动的潜在负作用也引起了各方面的关注。人们特别关注的是，农村家庭部分人口和劳动力的流动远远大于举家迁移的数量，必然显著地改变农村剩余人口和劳动力的年龄性别结构，进而影响农业的长期可持续发展和粮食安全状况。除了影响农业生产经营方式以外，农村人口结构的显著变化必然影响对教育、养老和医疗卫生等社会保障体系的需求，甚至影响基层民主政治和社区治理方式。对城市和非农部门的发展来说，农村人口年龄和性别结构的变化意味着适宜转移的劳动力在农村劳动力总量中的比重不断下降；尽管农村剩余劳动力的绝对量依然很大，潜在的可转移劳动力却可能已所剩无几。

事实上，人口迁移以及计划生育政策的影响已经迅速地改变了农村人口

* 钟甫宁、向晶，南京农业大学经济管理学院。

结构。计划生育政策实施之后农村人口的自然增长率不断下降；加上人口的迁移或流动造成农村青年人口的不断流失，农村人口老龄化的速度远比城市发展得快，且老龄化程度远比城市高（W. Lavely，2001；王涤、顾宝昌，2005；周祝平，2008）。中国农村将不得不面临养老、土地制度、农业生产以及基础民主和社区治理方式等方面的挑战（Zeng Yi，Linda George，2000；Scott Rozelle，J. Edward Taylor and Alan Debrauw，1999；李建民，2004；《中国农村情况报告》，2009；陈锡文、陈昱阳、张建军，2011）。

应当看到农村现有的人口结构明显不同于全国的状况，无论是年龄还是性别结构，都有别于全国的平均状况。现有的人口结构不仅必然影响自然增长率，也影响人口迁移和劳动力转移的速度。因此，无论是研究未来农业生产可能面临的影响，还是研究人口迁移和劳动力转移对经济增长的影响，甚至研究人口迁移和劳动力转移对城市基础设施建设和社会福利、保障制度的压力，都必须清楚地了解农村人口结构的现状和变动规律。但是，尽管农村剩余人口结构的重要性不断增长，也引起了各方面的关注，但已有的调查研究却很难提供关于农村人口结构的全面景象。

目前有关劳动力以及农村人口状况的研究数据，主要来自官方调查数据和研究项目组组织的调查数据。其中，农村人口状况的官方数据主要依靠人口普查，而劳动力的数据主要是人口普查和“三合一”劳动统计①。十年一度的人口普查，以及中间年份的1%人口抽样调查能够提供关于人口和劳动力的详细信息。与人口普查相比，“三合一”的信息量有限，仅限于就业人员，同时也缺少劳动力的年龄性别等信息（岳希明，2005）。农村劳动力迁移的动态数据主要来源于两个独立的覆盖全国范围的农户抽样调查系统：一个是全国固定观察点农户抽样调查系统；另一个是由国家统计局农村社会经济调查总队运作的全国农村住户抽样调查系统。这两套数据都采用分层抽样和随机抽样的方法，但样本并不完全重合。

值得注意的是，农调队的农村住户调查不包括举家迁移的数据；虽然其在村一级调查表中包括当年行政村举家外出的户数、人数和劳动力数量，但是更为详细的农村住户举家外出的流出或是流入的结构状况数据却并没有公

① “三合一”劳动统计指的是由城镇单位的劳动统计、工商行政管理局对私营企业和个体工商户的行政登记以及农调队负责的相关就业人员组成的劳动统计。

开。在“农村迁移劳动力”的调查中，得不到外出务工时间小于6个月的“农村外出劳动力”的状况信息；关于外出务工时间大于或等于6个月的“农村转移劳动力”，有些年度调查只有他们的汇寄款指标数据（刘建进，2006a；2006b）。抽样调查的一个可能问题是遗漏已经转移或常年在外打工的家庭及其成员，在农村人口大量转移的情况下样本的代表性可能有偏，因而难以反映农村现有人口结构的全面状况，更不能解释农村人口结构的动态变化及其规律。

除了官方数据外，还有大量依托具体的研究目标进行的农村社会经济分析调查（如李建民，2004；苑会娜，2009）。几乎所有研究都采用抽样调查的方法，区别在于样本的大小和具体的抽样原则。但是，这些有关农村经济和社会生活的数据同样可能有偏，即遗漏或是排除农村人口部分信息。

全面刻画农村人口结构的现状和变化趋势，需要对农村社区所有住户和居民的居住和教育、就业等情况进行全面调查。常用的抽样调查方法很容易漏掉全家长期或短期外出的住户，或者仅仅取得这些住户的不充分的零星资料从而被排除在有效样本之外；人口普查的数据既全面又权威，但是，真正公开发表可供研究之用的数据通常是加总或平均数据，不仅缺乏农户和社区层面的资料，而且时间严重滞后，很难用于实证研究。

为了弥补现有调查和研究的不足，有必要在对地区进行抽样的基础上以村民小组为样本调查农村社区全体人口的整体情况。由于经费的限制，本研究仅选择几个公认的农村劳动力输出大省作为试验性调查样本，希望积累资料和经验，并且待筹集到更多经费后进一步扩大并完善对农村人口结构的调查和分析。

二　调查数据

（一）抽样标准

如上所述，这次调查的主要目的是了解农村人口迁移和劳动力流动的情况。受经费限制，我们选择安徽、湖南、河南和四川4个通常公认的农村劳动力转移大省，加上江苏，一共5个省，委托相关农业大学组织来自农村的学生利用春节假期回家进行整村调查。抽样原则是各省根据本省分县市的农村人均收入排序，分别等距抽取20个县，然后根据学生家庭地址每个县确定2个村民小组，按户口登记原则全面调查村民小组内每个住户所有人口的居住信息，包括已迁出（即无人在家居住）、在家居住少于3个月、在家居住3~6个月、6~10个月和超过10个月5种情况。

受学生来源地的限制，按照收入水平等距抽取样本县的原则在实施过程中略有变通，但大体可以实现；样本村则只能迁就学生家庭住址。这样做有利有弊：学生回自己所在村民小组调查，对象是长期居住在同一块狭小地理范围内的左邻右舍，其中很多具有亲缘关系，需要调查的居住情况信息相对准确，可信度较高，且费用较低；缺点是样本的代表性取决于学生所在村民小组能否代表全县平均水平。一般来说，如果学生家庭所在地不是城镇郊区，人口流动情况的误差就可能在可接受范围内；同时，这次调查的样本比较大，在一定程度上也可以弥补抽样上的不足之处。

（二）样本分布

整村抽样要求记录村内所有的住户和人口的相关信息。江苏、安徽、湖南和河南4省基本上按照这一原则进行调查，而四川的调查有一些出入（要求调查员完成一定数量的问卷调查）。经统计，四川省共调查了25个县级市的79个村民小组，其中部分村民小组只调查了零星的几户。根据本研究的目标，这些信息不完整的村民小组样本在后面具体的分析中将被剔除。

表11－1是经过整理的样本分布数据，覆盖5个省、121个县、203个村民小组、7317户、28021人，平均每个村民小组36户，每户3.83人。

表11－1　样本地区分布

省　份	江苏	安徽	湖南	河南	四川	合计
县数(个)	24	20	21	36	20	121
村民小组数(个)	51	42	40	39	31	203
户数(户)	2246	1276	929	1305	1561	7317
人口数(人)	8950	4833	3506	5230	5502	28021

资料来源：根据实地调查数据整理。

（三）样本可信度检验

样本可信度的检验标准在很大程度上取决于研究的目的。本研究主要调查和分析农村居民住户的年龄和性别结构，试图解释农村人口和劳动力迁移、流动与年龄、性别之间的关系，以及剩余农村人口和劳动力的年龄和性别结构对农业生产、社会保障和乡村治理的可能影响，样本是否具有代表性主要取决于样本中的农户家庭人口结构是否与总体相同（或者接近到什么程度）。因此，下面主要根据农户家庭结构的数据进行检验。

样本中 2010 年末平均每户 3.83 人，与《中国人口统计年鉴》中 2009 年农村住户抽样调查中平均每户 3.98 人的数据十分接近①。就本研究的目的而言，更直接相关的指标是不同年龄人口的分布状况。根据 5 个省调查数据绘出的整个样本 2010 年末农村住户人口（包括外出人口）的年龄和性别结构图（通常称为人口年龄结构金字塔，见图 11 －1），形状与 2008 年末全国农村人口年龄与性别结构金字塔十分相近（国家统计局：2010）（见图 11 －2）。

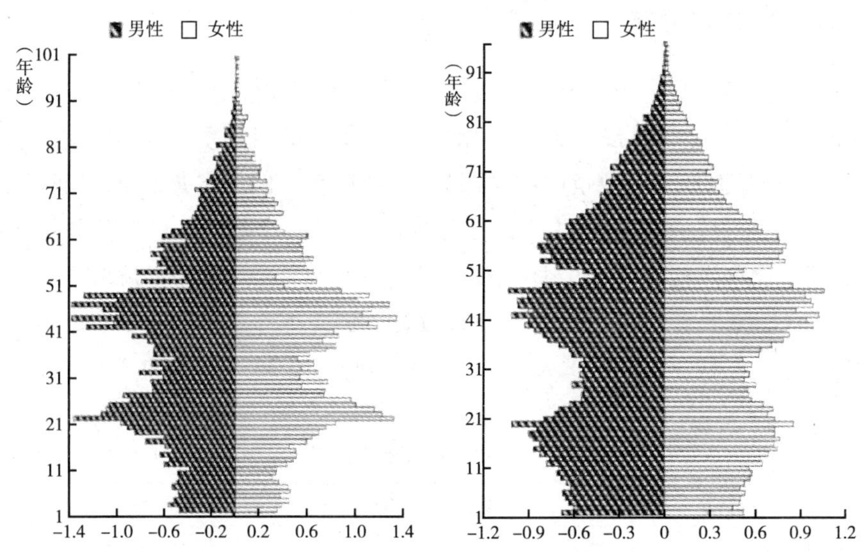

图 11 －1　2010 年末总样本农村人口结构　　**图 11 －2　2008 年全国农村人口结构**

资料来源：《中国人口统计年鉴》。　　资料来源：调查样本汇总。

全国农村人口年龄与性别结构图的形状并不平滑，不仅在典型的金字塔形状上出现三个明显的缺口，而且缺口呈现随时间而扩大的趋势。第一

① 农村住户调查中平均每户人口数在逐步减少，因此，当年的数据应当更加接近。

个缺口出现在接近50岁的年龄组，其原因显然是20世纪60年代初严重自然灾害导致饥荒，进而降低了那几年的婴儿出生率。由于人口再生产的规律，一旦出现延续数年的明显的低出生率，就可能以20～25年的周期反复出现。第二个缺口的出现就是上一周期出生率低、后一周期进入婚育年龄人口偏少的结果；但是缺口迅速扩大的原因则是20世纪80年代初期开始提倡并且在随后数年比较严格推行的独生子女政策。第三个缺口主要是以往人口出生率周期性重复的表现。当然，人均收入的增长、农村人口的流动状况、教育和社会保障制度的变迁，都可能在一定程度上影响人口出生率的变化。

从图形上看，样本人口的年龄金字塔与全国农村人口年龄金字塔十分相近。考虑到数据的时点差别，如果把样本金字塔往下移动两年，相似性将进一步提高。两者的主要差别在于20世纪60年代初人口出生率的第一个缺口在样本图形中不那么明显。可能的原因在于粮食可获性的地区差异：长期以来样本所在的5个省始终是输出粮食的主要余粮省，相比需要调入粮食的缺粮省，余粮地区农村人口的粮食可获性显然要高一些，受饥荒的影响也相对小一些。因此，这些地区饥荒时期的人口出生率也可能相对比全国平均水平高一些。

三　人口结构基本分析

（一）人口和劳动力流动状况

在被调查的28021人中，在农村居住时间超过10个月的有13169人，占样本总人数的47%，即仍然长期居住[①]在家乡的农村人口已经低于原有人口总数的一半，而且这部分人口中有相当数量的劳动力已经主要从事非农行业的生产活动。已经迁移出农村、不再在农村居住的有8020人，占样本总人数的28.62%；如果加上在农村居住时间每年低于3个月的人口（18.46%），已经离开农村或者主要在居住地以外就业的人口也已经达到人口总数的47%，与继续长期在原村庄居住的人口基本持平。在原住地和现

① 本研究中以在家居住超过10个月作为长期居住（或常住）人口的判断标准。

就业地之间往返来回并且在农村居住时间超过3个月的人口并不多，还不到人口总数的6%（见表11－2）。

表11－2　总样本人口居住情况

按居住时间分类	人数(人)	比重(%)
已经迁移出去的人口	8020	28.62
仍在农村，但居住时间少于3个月	5174	18.46
在农村居住超过3个月，但少于6个月	899	3.21
在农村居住超过6个月，但少于10个月	759	2.71
在农村居住超过10月	13169	47.00
合　计	28021	100.00

资料来源：根据实地调查统计。

由于地区发展不平衡，样本中5个省农村人口迁移和劳动力流动的比重也有很大差异（见表11－3）。江苏已迁移的农村人口比重高达47%以上，加上外出时间超过3个月的人口，基本脱离农村和农业生产的人口已超过58%；除了在家居住超过10个月的人口，短期外出（3～10个月）的人口比重很小，不到总人口的5%。四川的情况与江苏比较接近，基本脱离农村和农业生产的人口超过53%，短期外出的不到4%，基本在家的约占43%。相比之下，安徽、湖南和河南3省已经迁移的比重明显较低，分别相当于江苏的1/4、1/3和1/5，而基本在家的人口比重则高出13～19个百分点。

表11－3　各地区农村人口居住情况

单位：%

在家居住时间	江苏	安徽	湖南	河南	四川	全样本
已经迁移	47.31	12.48	16.69	9.16	38.51	28.62
<3个月	11.04	24.73	26.30	24.24	14.56	18.46
3～6个月	1.90	3.06	3.85	6.44	1.98	3.21
6～10个月	2.37	2.79	2.88	4.13	1.73	2.71
超过10月	37.39	56.94	50.29	56.02	43.22	47.00
合　计	100.00	100.00	100.00	100.00	100.00	100.00

资料来源：根据实地调查统计整理。

从这5个省的情况看，农村人口迁移的比重明显与经济发展水平相关；其原因之一可能在于举家迁移需要的一定的成本，包括迁移直接产生的经济成本，也包括寻找相对高收入职业所需要的人力资本和社会资本。

另外，任一时点上人口迁移和劳动力流动的可能性在一定程度上取决于现有人口的年龄和性别结构。在人口总数相同的情况下，老龄化意味着潜在的流动性降低，继续迁移的可能性也下降。因此，我们不仅需要知道农村人口迁移和流动的总体情况，更需要知道农村剩余人口的年龄和性别结构。根据此次人口调查数据可以绘制出全样本农村现有人口的年龄和性别结构图（见图 11 -3）。

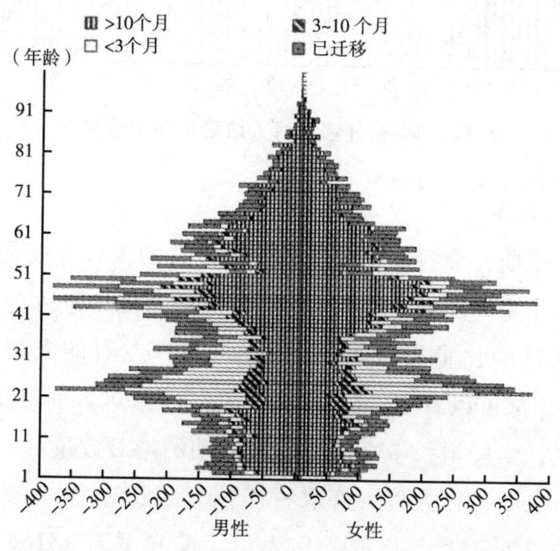

图 11 -3　总样本农村现有人口年龄和性别结构

资料来源：根据实地调查数据绘制。

从图 11 -3 中可以清楚地看出：①农村常住人口明显呈“老龄化、妇女化、儿童化”特点。②分年龄看，16 ~ 50 岁的人口外出比例都很高，其中 20 岁上下的人口外出比例最高；随着年龄的增长，在外人口的比重逐步下降。③女性留在农村的比例相对较高，这一倾向随着年龄的增长而增长。

如果进一步剔除已经迁移的家庭，以仍然间断性地返回农村居住的人口为样本，那么，不同年龄人口在农村居住的时间差异就更加明显（见图 11 -4）。从图 11 -4 中可以看出，16 岁以上的农村人口外出已经相当普遍，外出人口的比重随年龄的增长而增长。到 25 岁左右，在家居住时间超过 10 个月的农村人口大约只占同龄人的 25%，而低于 3 个月的则高达 60%。30 岁以上外出人口的比重逐步下降；但是，直到 50 岁仍有 30% 以上的农村人口时间长短不同地离开居住地。

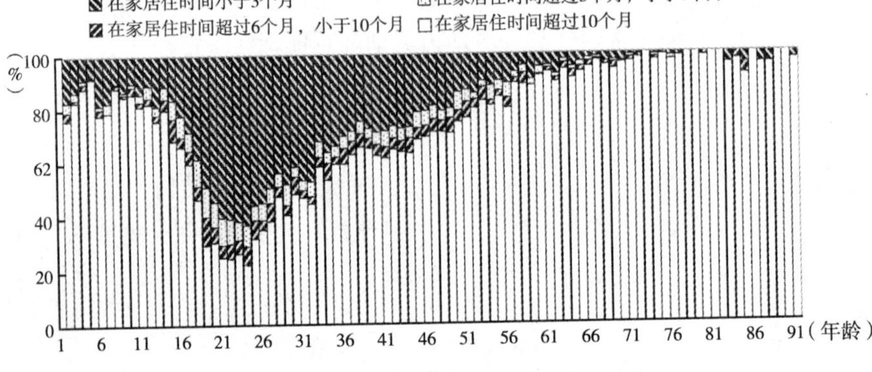

图 11－4　未迁移农村人口居住时间分布

资料来源：根据实地调查数据绘制。

可以合理地预期，今后继续向城镇地区转移的人口主要是目前尚未进入劳动年龄的少年儿童。随着 15 岁以下的少年儿童陆续进入劳动年龄，同龄人中继续留在农村的比重很可能低于目前 25 岁左右的人口。但是，从图 11－2 和图 11－3 都可以看出，15 岁以下人口的绝对数明显低于 20 岁上下的年龄组，因此，年龄增长带来的劳动力流动的绝对数量有可能逐渐减少。

本次调查中农村常住人口（在农村居住时间超过 10 月以上的人口，不同于官方统计中以 6 个月为界的常住人口标准）共有 13169 人，其中男性 6421 人，女性 6748 人，男女比为 95∶100（见图 11－5）。

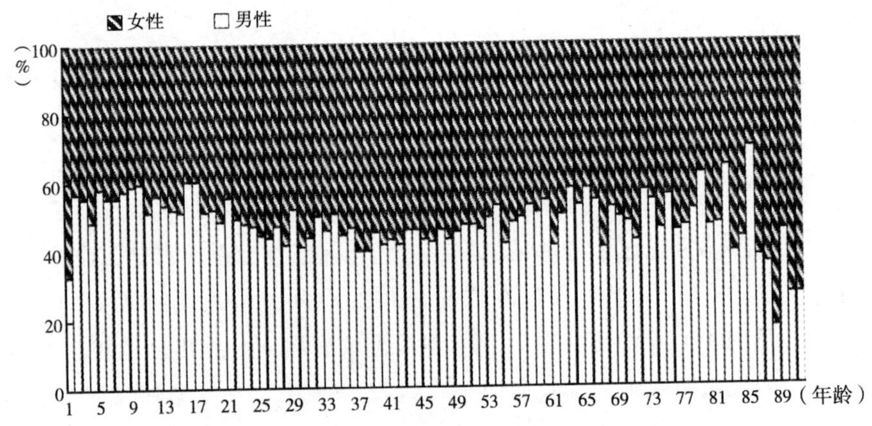

图 11－5　农村常住人口的性别结构

资料来源：根据实地调查数据绘制。

图 11－4 从人口流动状况角度描述了农村剩余人口（在家居住超过 10 个月的常住人口）占同龄人的比重，从一个侧面描绘了农村剩余人口老龄化、儿童化的景象。图 11－5 则从一个侧面描绘了农村剩余人口妇女化的倾向。尽管从总数来看妇女的比重并不太高（男女比例为 95∶100），但是，如果仔细比较不同年龄组的性别差异，主要劳动力妇女化的趋势还是比较明显的。20 岁以下年龄组的男性明显偏多，我们没有理由认为外出父母倾向于把女孩带出去而把男孩留在家中，因而只能假定近 20 年婴儿出生时就存在明显的性别失调。60 岁以上年龄组的女性偏多，这与女性平均寿命较长相关，但也不能排除老年妇女留在农村的比例高于男性。最重要的证明在于 25～50 岁的主要劳动力年龄组，这一年龄段的妇女占农村剩余人口的比重也超过男性，尽管差异并不是很大。

不同年龄和性别人口在农村居住时间的地区差异并不明显，为简便起见，这里就不再详细分析了。

（二）农村现有劳动力结构

对于农业生产活动而言，剩余劳动力的年龄和性别结构更具有直接意义。无论是从农业劳动对体力的要求来说，还是从农业现代化对劳动力人力资本的要求来说，农村剩余劳动力的年龄、性别结构及其变化趋势都可能具有长远的影响。如果把 16～65 岁作为经济活动人口的年龄标准，可以更清楚地看到不同年龄组的劳动力外出或留在农村的比例（见表 11－4）。

表 11－4　总样本经济活动人口流动情况

单位：%

年龄组＼在农村居住时间	少于 3 个月	3～6 个月	6～10 个月	多于 10 个月	合计
16～25 岁	54.54	8.12	5.91	31.43	100.00
26～35 岁	41.25	5.00	4.48	49.27	100.00
36～45 岁	25.75	4.77	4.31	65.17	100.00
46～55 岁	15.80	4.37	4.09	75.73	100.00
55～65 岁	5.34	1.99	1.75	90.92	100.00
合　计	30.66	5.19	4.35	59.80	100.00

资料来源：根据实地调查数据统计。

从表11－4可以看出，无论是外出2个月、2～6个月、6～9个月还是9个月以上，16～25岁年龄组的外出人口占同龄人的比重都最高，这一比重随着年龄的增长而下降；相应的，在家居住超过10个月的人口则呈现相反的趋势。图11－6更直观地表现出外出人口占同龄人比重与年龄的关系。

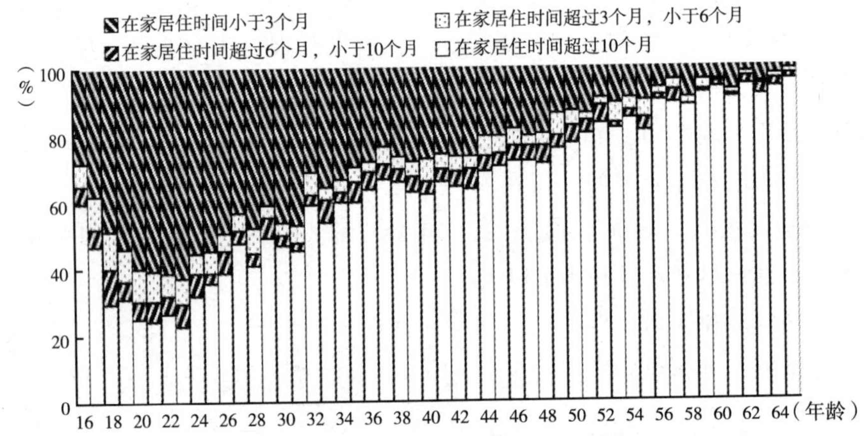

图11－6　总样本经济活动人口流动情况

资料来源：根据实地调查数据绘制。

由于低年龄段劳动力外出人数占同年龄人口的比重大，农村剩余劳动力老年化的趋势很明显。尽管以20岁为中心上下若干年的人口处于两个缺口之间的高峰期，但由于这一年龄段外出劳动力的比例更大，剩余劳动力当中20岁左右的人口比例仍然远远低于35岁以上年龄组（见表11－5）。

表11－5　总样本农村常住劳动力年龄构成

年龄组	男	女	合计	男	女	合计	男女比
	数量(人)	数量(人)	数量(人)	占比(%)	占比(%)	占比(%)	(女＝100)
16～25岁	610	602	1212	6.57	6.49	13.06	101.33
26～35岁	575	667	1242	6.20	7.19	13.39	86.21
36～45岁	1094	1434	2528	11.79	15.45	27.24	76.29
46～55岁	1130	1295	2425	12.18	13.96	26.14	87.26
55～65岁	972	900	1872	10.48	9.70	20.18	108.00
合　计	4381	4898	9279	47.21	52.79	100.00	89.44

资料来源：根据实地调查数据统计。

表 11－5 的数据清楚表明，如果以在家居住超过 10 个月的 16～65 岁人口为常住劳动力的样本，那么，可以明显看到农村劳动力老龄化、妇女化的趋势。表中的数据以 10 岁为一个年龄组，16～25 岁和 26～35 岁两个年龄组的人数只有 36～45 岁和 46～55 岁两个年龄组人数的一半；同时，26～35 岁、36～45 岁和 46～55 岁三个年龄组的男女比例表明男性劳动力外出的比重明显高于女性。

表 11－6 对农村常住劳动力的就业类型进行粗线条的划分，进一步表明农业劳动力老龄化的程度远远高于农村劳动力的老龄化。16～25 岁、26～35 岁和 36～45 岁三个年龄组从事非农产业的劳动力数量基本相等，加上 16～25 岁年龄组中大约 30% 的人口不参加劳动（也许还在读书），16～25 岁年龄组中从事农业的劳动力占农业劳动力总量的比重大约相当于 26～35 岁年龄组的 55%、36～45 岁年龄组的 17.5% 和 46～55 岁年龄组的 16%。这就是说，农业劳动的主力军是 26～35 岁、36～45 岁和 46～55 岁三个年龄组的农村常住人口，而 16～25 岁年龄组中从事非农业的劳动力占同龄农村常住人口的比例比其他年龄组高出一倍。可以合理地推论，16～25 岁年龄组中尚未就业的那一部分人当中以后从事农业生产的比例不会很高。

表 11－6　总样本农村常住劳动力就业结构

年龄组	农业		非农业		农业和非农业		不工作		合计	
	数量（人）	占比（%）	数量（人）	占比（%）	数量（人）	占比（%）	数量（人）	占比（%）	数量（人）	占比（%）
16～25 岁	154	1.66	240	2.59	458	0.49	360	3.88	1212	13.06
26～35 岁	286	3.08	268	2.89	633	0.68	55	0.59	1242	13.39
36～45 岁	881	9.49	260	2.80	1322	1.42	65	0.70	2528	27.24
46～55 岁	967	10.42	164	1.77	1202	1.30	92	0.99	2425	26.13
55～65 岁	908	9.79	67	0.72	725	0.78	172	1.85	1872	20.17
合　计	3196	34.44	999	10.77	4340	4.68	744	8.02	9279	100.00

资料来源：根据实地调查数据统计。

（三）留守儿童现状

与农村人口迁移和劳动力流动相关的一个重要问题是所谓“留守儿童”的状况。从我们的调查样本看，已经有 28% 的农村人口举家迁移，这部分家庭不存在所谓“留守儿童”的问题；未举家迁移的农村人口中，大约有20%15岁以下的儿童在家居住时间少于10个月，很可能与父母（或其中1人）在外流动。这部分儿童的教育和一般福利当然也存在严重问题，但他们不能算真正的“留守儿童”。在我们的调查中，15岁以下没有外出的儿童总数为3169人，其中父母双方在家的有1595人，占同龄人总数的一半，他们也不能算“留守儿童”。另外1574名15岁以下的儿童是真正的“留守儿童”，其中685人由母亲在家监护，54人由父亲在家监护，815人由祖父母（或其中1人）监护，20人由其他亲属监护。

由此可见，在15岁以下的全部农村儿童中，将近30%的儿童已经与父母离开家乡，但不一定已经在城镇定居，其中相当一部分可能随父母在外长期流动；另外有大约15%的儿童随父母（或其中1人）在外短期流动并间断性回乡居住一段时间。其余55%以上的儿童中大约有一半随父母双方在家，另一半（即为总数的27%～28%）或者由父母中的一方（通常是母亲）照看，或者由祖父母（或其中一方）照看。也就是说，在家的儿童大约有一半属于“留守儿童”，需要特别关注（见表11－7）。

表11－7　在家儿童监护情况

单位：%

监护人	江苏	安徽	湖南	河南	四川	总样本
父母双方	40.63	47.98	50.00	53.43	64.36	50.33
母　亲	25.19	22.94	16.15	28.52	7.13	21.62
父　亲	2.78	2.10	1.55	0.96	0.84	1.70
祖父母	29.87	26.17	32.08	16.85	27.67	25.72
其　他	1.52	0.81	0.22	0.24	0.00	0.63
合　计	100.00	100.00	100.00	100.00	100.00	100.00

资料来源：根据实地调查数据统计。

表11－7表明，除了举家外出的情况以外，江苏的农村儿童只有40%在父母双方的监护之下，而这一比重从安徽、湖南到河南逐步上升，四川达到最高点，大约65%的农村儿童可以得到父母双方的照顾。与此相应，四川儿童由母亲单独照顾的比重最低，仅约为7%；湖南其次，约占16%；安徽、江苏和河南依次上升，都超过20%。

如果以有15岁以下儿童的家庭为样本，上述表格也可以推导出下列结论：河南省夫妻一方外出、一方留守的比例最高，占全部有15岁以下儿童家庭的近30%；四川这一比例最低，不到8%；湖南、安徽、江苏依次上升，分别约为18%、25%和28%。这一比例的比较说明，四川省的农民比较倾向于夫妻双方同时外出（或者同时留在家中），背后的原因可能是外出打工的地点比较远且交通不便、时间比较长，许多农民夫妻已经不愿意常年分居。相对而言，河南、江苏、安徽就近打工的机会比较多，交通也比较便利，因而夫妻一方留守的比重也比较高。湖南则处于上述两种情况之间，夫妻一方留守的比重也处于两者之间。

四 初步结论

本研究仅仅是对调查数据的简单统计分析，进一步的实证研究还有待于逐步进行。从上述统计分析中可以得出如下几个初步结论。

1. 我国农村人口和劳动力向城镇的迁移和转移还将继续，但速度将减缓

回顾图11－3，我们可以看到以下几个特点：

（1）随着婚育年龄的推迟和生育率的下降，我国农村人口金字塔上的缺口不但在扩大，而且其周期也可能延长。目前15岁以下的人口比20～40岁年龄段的人口大约少30%，即使今后平均每个家庭生两个孩子，每年出生的人数也只相当于现在的水平。与此同时，上一个出生率高峰到现在已经超过20年，但儿童出生人数尚未恢复增长，什么时候进入高峰还不清楚；由于独生子女政策的影响，即使达到新的高峰，恐怕也低于上一个高峰的水平。

（2）15～55岁农村人口已经大量常年或季节性转移，受人口金字塔原有缺口的影响，居住在农村10个月以上的常住人口在30岁左右的年龄段最少，而15岁以下儿童则多数或者已经随父母迁移，或者常住家乡。随着年龄的增长，现在15岁以下的儿童会大量迁移，继续留在农村的数量很可能低于目前20～40岁年龄段的青年。但由于出生率下降和已有迁移的结果，常住农村儿童的总数不多，因而继续转移的总量会明显下降。

（3）15～30岁年龄段的外出农村劳动力回乡时间大部分低于3个月，即介于迁移和继续流动之间。随着城乡劳动力市场的进一步整合和社会保障体系的进一步完善，加上逐渐积累的经济实力以及对子女未来福利的追求，这部分人中的相当一部分可能会逐步在城镇定居下来；至少他们中的许多人会努力寻求在城镇定居的机会。

因此，由于人口变迁的结果，今后 20 ~ 30 年我国农村人口总数（包括迁移和转移）可能会经历明显下降的过程（全国人口总数也一样）；加上人口迁移和劳动力转移的影响，农村常住人口总数更可能大幅度下降。但是，由于现有人口年龄结构和已经迁移、转移等因素的共同作用，农村人口迁移和劳动力转移的总量可能逐年减少，逐渐减轻对创造就业的压力；与此同时，随着已经转移的农村劳动力年轻化，从劳动力转移到举家迁移、最终实现市民化的压力将不断增大。

2. 我国农村主要务农劳动力将继续趋于老龄化，以后再大幅度下降

回顾表 11 –5 和表 11 –6 以及图 11 –1，我们可以看到以下几个特点：

（1）以 10 岁为一个年龄组，16 ~ 25 岁和 26 ~ 35 岁年龄组常住农村的人数仅仅相当于 36 ~ 45 岁和 46 ~ 55 岁年龄组的一半，甚至比 56 ~ 65 岁年龄组的人数还要低 1/3 以上。如果比较主要从事农业生产的劳动力数量，16 ~ 25 岁年龄组仅仅相当于 26 ~ 35 岁年龄组的 53.8%、36 ~ 45 岁年龄组的 17.5% 和 46 ~ 55 岁年龄组的 15.9%；26 ~ 35 岁年龄组主要从事农业生产的劳动力数量也仅仅相当于 36 ~ 45 岁年龄组的 32.5% 和 46 ~ 55 岁年龄组的 29.6%。

（2）15 岁以下农村常住人口不仅明显少于 20 岁以上年龄段，而且已经大量随父母迁移，继续留在农村常住的儿童将来迁移或外出流动的比例很可能大于目前 20 ~ 40 岁年龄段的父兄辈。

总体上看，我国农村主要从事农业生产的劳动力已经表现为上大下小的纺锤形；随着今后的人口变迁，纺锤形状可能逐步变瘦，即一方面老龄化，一方面随着老人逐渐退出而表现为农业劳动力大幅度减少。

3. “留守儿童”的问题与非农就业机会相互影响

回顾表 11 –7，我们可以看到以下几个特点：

（1）如果把父母双方至少有一方外出的儿童定义为“留守儿童”，那么，常住农村的儿童大约有一半属于“留守儿童”。

（2）“留守儿童”的监护人存在较明显的地区差异：江苏、安徽两省“留守儿童”由父母中的一方（绝大多数是母亲）或祖父母（或其中一方）照顾的大约各占一半；四川由父或母照顾的仅占 1/5，而由祖父母照顾的比例则接近80%；湖南由父或母照顾的大约占1/3，而由祖父母照顾的占2/3；河南由父或母照顾的比例也比较高，大约占63%，而由祖父母照顾的占37%。

“留守儿童”由祖父母照顾，说明父母双方都已经外出。在其他条件相同的情况下，这或者意味着外出就业的机会很好，或者说明外出打工的距离较远，交通成本较高。从四川和湖南外出打工人数和地点的实际看，由祖父母照顾“留守儿童”比例较高的原因多半在于第二种情况；相反，江苏和安徽近距离就业的几率显然大大高于其他几个省，因而夫妻一方外出的比例相对较高。从发展趋势看，如果打工的就业机会更加稳定、更容易在城镇定居，“留守儿童”的数量就会显著下降。另外，随着儿童年龄的增长，不仅他们自己可能更倾向于外出，而且可以提高原来留在家中照顾他们的父亲或母亲向外转移的可能性。

五 进一步研究的方向

本研究仅仅是对农村住户调查数据的初步统计分析，下一步可以深入研究的问题很多，例如：

（1）把农村人口年龄和性别结构数据应用于人口学模型，系统模拟、预测今后的农村总人口及其结构变化规律和趋势；

（2）利用农村人口迁移和劳动力流动的年龄、性别结构数据，加上调查中获得（但没有列出）的具体转移时间的资料，建立农村人口迁移和劳动力流动的动态模型，系统模拟和预测农村人口迁移和劳动力流动的规律和趋势；

（3）利用“留守儿童”与父母就业情况的信息，用适当的数学模型系统模拟和预测“留守儿童”与父母就业情况的相互关系和影响因素；

（4）利用分省数据描述和分析计划生育政策实施情况以及新生儿男女性别比例的差异，联系就业和收入水平及其他经济社会因素探索地区差异的原因；

（5）利用分省数据描述和分析农村人口老龄化的现状和趋势及其地区差异，联系收入水平及其他经济社会因素探索地区差异的原因。

现有的调查分析仅仅是一个开端，而今后的研究前景十分诱人，但也需要更多的努力：筹集更多的资金、完善调查方案、扩大调查范围，同时构建更加科学合理的分析框架，进行更深入、更系统的研究。

参考文献

王涤、顾宝昌：《从人口学的视角看中国“三农”问题——试论中国农村人口数量变化与社会经济发展的交互影响》，《人口学刊》2005 年第 6 期。

刘建进：《中国农村劳动力数量的统计数据研究》，社会科学文献出版社，2006a，第 103 ~ 117 页。

刘建进：《中国农村劳动力转移实证研究》，《中国劳动经济学》，2006b（1）。

周祝平：《中国农村人口空心化及其挑战》，《人口研究》2008 年第 8 期。

陈锡文、陈昱阳、张建军：《中国农村人口老龄化对农业产出影响的量化研究》，《中国人口科学》2011 年第 2 期。

Scott Rozelle, J. Edward Taylor, Alan Debrauw. Migration, "Remittances and Agricultural Productivity in China", *American Economic Review*, Vol. 89, No. 2, pp. 287 - 291.

Lavely, W., "First impressions of the 2000 census of China", *Population and Development Review*, 2001, December, 27 (4), 755 - 770.

Zeng Yi, Linda George, "Extremely Rapid Aging and the Living Arrangements of the Elderly: the Case of China", New York, N. Y. (The United Nations Secretariat, Population Division), Technical Meeting on Population Aging and Living Arrangements of Older person: Critical Issues and Policy Responses. UN/POP/AGE/2000/8.

《中国农村情况报告》，中国农业出版社，2009。

李建民：《中国农村计划生育夫妇养老问题及其社会养老保障机制研究》，《中国人口科学》2004 年第 3 期。

岳希明：《我国现行劳动统计的问题》，《经济研究》2005 年第 3 期。

苑会娜：《农村已婚女性的流动与留守》，《人口与经济》2009 年第 3 期。

国家统计局：相应年份《中国人口统计年鉴》。

（钟甫宁　译）

第十二章
中国的社会福利建设：一个转型经济体的养老收入供给

Andrew Watson

引　言

自 1978 年以来，迅猛的经济增长与结构性转型已经改变了中国福利体系的经济和社会基础。那些曾在雇用单位中固定服务的人口，已被流动的劳动力大军所取代；同时进入他们生活的，还有市场经济以及对“用者付费”原则的更加坚定的信心。直到 20 世纪 80 年代，中国的福利供给都建立在计划经济模式的基础之上，雇主有责任承担为雇员提供方方面面福利的义务，包括向雇员发放养老金。在城镇，养老金的发放是通过工作单位——无论企业还是政府机构——来进行的；而在农村，则由人民公社负责向其社员发放养老金（Dixon，1981）。当市场经济改革被引入后，上述体系变得难以为继。劳动力开始流动，企业开始追逐利润，人民公社解体，而引发贫困与不利社会条件的原因也发生了变化。中国也因此面临着重建其福利体系的要求，国家在这方面所提供的服务，需要更好地向全社会统一标准、对全体公民开放、与政府预算相挂钩，并且通过专业的服务提供者来运作。事实上，工作单位再也没有能力向其在岗和退休的职工提供包括住房、医疗、福利和退休金在内的全方位待遇了，而这些待遇在以前被认为是天经地义的。中国必须建立一个包含市场经济体中常见的服务的社会福利体系，包括失业救济、医疗保险、工伤保险、产假保障和老年退休收入。

社会福利供给制度不仅对维护社会正义、平等和稳定具有重要作用，而且既可以被视为一种基本保障网络，又可以被发展为一种事前准备机制；作为基本保障网络，社会福利供给制度可以向有需要的公民提供事后支持，而作为一种事前准备机制，社会福利供给制度则可以被用来应对由结构性经济变革所带来的挑战（Cook et al.，2003）。换句话说，通过向公民提供应对冲击与建立信心的资源，社会福利供给制度可以缓解那些由高速增长和结构性经济变化所引发的动荡，并且维持新一轮增长所必需的人力资本。对于中国而言，发展一套公平而可靠的社会福利体系，还可以被视作一项为平衡经济而做出的细小但却重要的努力，它能帮助经济告别高投资与高储蓄率带来的问题，扩大消费，并且促进实现更高程度的收入平等。

这份简要的研究报告将首先回顾一些解释性因素，以说明为什么发展一套新的社会保障体系是平衡与维系中国下一阶段经济发展的关键所在。随后，本研究将聚焦于老年退休收入问题，讨论模式选择、政策演进及该体系目前的运行状况等。在最后的结论部分，将总结通过研究和分析所得出的一些经验教训，并指出中国社会福利体系现在及未来可能面临的几个挑战。

潜在挑战

在市场经济中，社会保障是分担风险和管理市场失灵的一种形式。通过确保有需要的公民能够获得基本收入与服务，社会保障制度能够使社会变得公平而稳定；而社会保障的实质，就是在不同部门和代际实现对于收入的再分配。在中国，计划经济模式曾经希望在工作单位内部实现上述目标，而这样做的结果，就是使得个人所能获得服务的水平取决于他们工作单位所掌握资源的多寡。贫穷的人民公社只能给其社员提供很少的东西，而富裕地区的人们则能够拥有更高的生活质量。一个条件良好的国有企业能为其员工提供高质量的房屋和退休收入；相对而言，那些效益差、收入低的工厂所能提供的东西就要少许多。随着向拥有大规模私有部门的市场经济体系的转型，中国不可避免地要告别社会福利供给的单位制，转而建立一个由政府进行管理的社会化体系。因此，从20世纪80年代中期开始，在中国的社会保障体系中首先出现了县级和地级统筹的地方社会保障基金，在此基础上，社会保障基金逐渐走向地区和全国统筹（Saunders and Shang，2001；Wang，2001；

3－12）。在这个过程中，一系列关键性因素逐渐显现出来，在这些因素的共同驱动下，建立全国统筹的社会福利体系成为一种现实需求。

首先，劳动市场整合与建基于单位和地方的社会保障系统之间存在矛盾。后者主要是为那些固定人口而设计的，在这套机制中，资源是通过官僚化的分配系统进行调配的。经济改革解放了劳动力，也要求劳动力能够拥有更高的灵活性和流动性，以便应对不断变化的市场和生产条件。这方面最明显的标志，就是从20世纪80年代开始出现的大规模城乡人口流动。虽然因为这批人口的流动性太强，难以对其进行准确而可靠的统计，但是，据报道，中国在2011年共有2.52亿农民工，其中包括9400万进入当地企业工作的农民，以及1.58亿离开本地的流动劳动力（SSB，2012）。这部分劳动力对于经济增长和结构变革的贡献是巨大的，但由于他们所持有的是农村户口，因而被排除在城镇社会保障体系之外（Watson，2009）。因为农民工在城市和农村两套系统之间流动，使得为他们建构一套社会保障体系变得十分复杂。然而，劳动力流动性所引发的问题，并不仅仅存在于农民工这个群体。城镇社会保障统筹资金的建立，促使地方市场中的各个主体分担责任，也引发了地方层面的劳动力流动；然而，那些试图在不同城市与省份之间流动的人口，却面临着难以在不同统筹区域之间转移其社会保障登记记录与福利权益的问题。事实上，由于对劳动力的流动造成了障碍，地方保障系统甚至有可能阻碍经济结构的进一步转型。

要求迅速改革社会保障系统的第二个因素是人口的老龄化问题。为老年人提供养老金、健康医疗和其他支持性服务的要求，已经在相当长的时间内成为对于那些最发达经济体公共政策和社会保障的一大挑战。由于中国迅猛的社会与经济转型，加之计划生育政策的作用，使其进入了转向老龄化社会的人口学拐点，而这个过程比其他许多国家都要来得更加迅猛（Wang，2011）。根据联合国所进行的估测（UN，2011a：103），在2010年，60岁以上人口已经占到中国总人口的12.7%；2020年，这个比例将上升至18.4%；而到2040年，这个比例将上升至40.1%。无论这个估测的可靠性如何——其他学者的研究认为联合国此前所进行的一些计算或许低估了实际情况（Zhao and Guo，2007）——即便中国今天会改变其人口政策，人口发展趋势也会告诉我们：一个充满丰富年轻劳动力的时代已经走到了尾声，老年人相对于年轻人的比例将不断上升，而工作人口相对于老龄人口的比例则将不断下降。这个事实意味着：设计与落实有效的社会保障制度——特别是针对老年退休收入的一揽子政策——已经成为迫在眉睫的优先任务。如果政府现在不能很好地对此着手准备，那么未来就会背上沉重的财政负担。

因此，资金问题就成为中国社会保障制度改革所必须面对的另一个迫在眉睫的挑战。不仅如此，对于个人而言，虽然只会在特定时期对社会保障的许多方面——如失业、工伤、生育和医疗——有所需求，而且还可以通过各种形式的保险来对这些需求进行管理，但是，养老金的供给却要持续多年，而且这个过程包括两个时段：其一是在退休前多年就开始进行积累，以便为退休后的负债做好准备；其二是获得补贴资金，直至离开人世。在一个老龄化的社会中，不断缩减的年轻人口在为自己准备养老资金的同时，是无法向不断增多的老年人支付养老金的。因此，显然应该为这种情况做好资金准备。如果政府决定依靠财政收入来支付退休金，那么其财政负担肯定会持续增加。此外，如果政府采用了供款保险和养老金计划等方式来筹集资金，那么其制度设计必须是可靠而透明的，而积累起来的资金也必须能够做到保值增值。不仅如此，如果这些计划是针对一个庞大的人口对象所制定的，那么其总资金的规模势必非常庞大。这样，收集起来的养老基金势必会导致资本存量出现显著增长，这些基金也势必能在资本市场发挥举足轻重的作用，而为了确保这些资金的安全性，就需要强有力的规制机制。

最后，中国社会保障制度发展的另一个重要维度，与该制度在帮助经济重新实现平衡方面所能发挥的作用有关。学者们很早就意识到，中国经济增长模式需要重新平衡（Dollar，2007；Kujis and Wang，2006；Pettis，2011）。收入与区域不平等的加剧、对于出口导向制造业投资的严重依赖、消费与工资比重的下降、与低回报相伴生的高储蓄率，以及落后的社会保障体系，都意味着中国经济的结构必须实现变革。在这个过程中，工资水平与国内消费水平应该得以提升，服务业与小型企业应当得以增长，而社会福利则应当得以改进。在这个背景下，引入一个更具公平性与可进入性的社会保障体系，不仅能够带来更好的社会福利产出，还可以降低个人储蓄的必要性，提升社会中低阶层的消费能力，促进收入的再分配。

考虑到上述情况，社会保障便毫不奇怪地成为中国政府的关键性政策目标。民意调查显示，这个问题也同样成为普通老百姓关注的焦点（《中国日报》，2011 年 2 月 22 日）。然而，正如我们在下文中将要讨论的那样，政治经济学是一个非常复杂的领域，而政策执行的过程更会面临诸多挑战。在过去的十年中，社会保障已经成为领导人讲话的重要内容，而“十二五”规划也对这一问题给予了足够的重视（Xinhua，2011）。在 2012 年 3 月 5 日向全国人民代表大会所做的《政府工作报告》中，温家宝总理宣布，社会保障体系已经开始扩展。

在中国，社会保障工作的主管部门是人力资源与社会保障部及其下属的相关司局，这些部门构成了一个贯穿中央、省、地、县各个层面的等级化管理体系，而每个层级的社会保障主管机构则负责其辖区内的社会保障工作。社会保障工作的主管机构不仅要负责起草和执行相关法律法规，还要对社会保障系统进行管理和规制。2010 年 10 月，全国人民代表大会批准了《中华人民共和国社会保险法》。这部法律的酝酿过程长达数年之久，并最终于 2011 年 7 月 1 日生效实施（NPC，2010）。依据这部法律，中国社会保险的总体模式建立在供款保险的基础之上，涵盖了医疗、失业、工伤、产假和退休等多项保险。考虑到这个背景，本研究将转而对中国的养老保险系统进行考察，这个系统非常复杂，因而有利于我们深入观察中国社会保障体系可能面临的挑战。

老年退休收入的模型选择

许多年来，诸如世界银行、亚洲开发银行和经济合作与发展组织这样的国际经济机构，投入了相当可观的资源用以研究政府在为老年人提供退休收入时所可以选择的政策方案（World Bank，1994；World Bank and OECD，2008）。在上述机构的支持之下，与政策相关的研究在许多国家中陆续开展起来，这些研究指出，以下几个问题与涉及老年退休收入的关键性政策选择密切相关：

- 国家能在多大程度上为老年人口提供支持？
- 个人在多大程度上应当负责筹措自己的养老金？
- 养老退休收入所希望达到的目标水平有多高？
- 较之于采用累积现阶段收入来支付远期退休金的“完全积累”（fully founded）模式，使用当期收入支付养老金的“随收随付”（pay-as-you-go）

模式具有哪些优点?

- 采用什么样的机制来收集资源以支付退休金?
- 采用什么样的机构来分配福利?

在许多国家中，采用固定份额的当期财政收入来支付养老金的“随收随付”，模式，已经让位给“固定缴款”（defined contribution）模式。在“固定缴款”模式下，雇主和雇员在工作期间都要缴纳一定比例的养老保险金，这些资金被累积起来，用于支付雇员退休后的收入。换句话说，某人在退休后获得多少收入，取决于其退休前在相关账户中积累了多少储蓄，而与此人退休时的工资无关。这是因为：退休金并不是按照人们退休时工资的一定比例所确定的，也不从国家的当期财政收入中支付。这一发展趋势目前已经促使澳大利亚和许多欧洲国家对其退休金支付体系进行了改革。

与上述变革相关的挑战，包括以下几个方面：首先，政府面临着要求提高退休年龄的压力，如果退休年龄被提升，那么人们工作的时间会更长，而享受退休生活的年限则会被相应削减；其次，有人呼吁让男性与女性在同样的年龄退休；最后，养老保险需要从“固定收益”（defined benefit）模式向“固定缴款”模式变革，但已经退休的公民有权享受“老人老办法”的待遇，即依然按照退休时工资的一定比例来领取养老金。将养老金标准规定为退休时工资一定比例的做法，一般被公共服务部门和政府机构所广泛认可。这些领域退休人员的养老金，则通常是由财政资金通过“随收随付”的模式来筹集的。

总的来说，基于市场经济体实践所达成的共识，集中体现在以下将要介绍的三支柱模型（three-pillar model）中。这个模型中的三个支柱分别为国家养老金、强制性供款项目、自愿性供款项目。

1. 国家养老金

一般来说，国家养老金可以为退休人员提供一笔由国家财政支付的低水平收入。对于那些个人养老金账户中缺乏足够积累额度以及没有其他收入来源的公民来说，国家养老金可以满足他们在退休后最基本的需要。

2. 强制性供款项目

这部分资金来源于雇员和/或雇主的供款。供款被存入一个以雇员名义开设的养老保险账户中不断累积，并在雇员退休后最终以退休年金保险或者养老金等方式返还给本人。

3. 自愿性供款项目

国家鼓励公民在强制性供款之外，自愿向本人的养老保险账户中注入更多资金。国家可以通过税收减免等手段来激励公民这么做。

“三支柱模型”的目标，在于提升个人为养老金所进行的积累额度，并且减轻国家的财政负担。上述目标对于一个走向老龄化的社会格外重要，因为在这样的社会中，处于工作年龄故而能够贡献税收以便支付老年人退休金的人口，其规模将会越来越小。

如同上文所讨论过的那样，中国在计划经济时期的养老保险制度，实际上可以被理解为一种基于工作单位的“固定收益”模式。因此，在不同地区或者不同单位退休的人们，养老金收入各不相同，而这种差距在城乡之间尤为显著。改革开放以来，在上文所讨论过的一系列关键因素的影响下，中国的养老保险系统正在朝着包含“三支柱模型”要义的“固定缴款”模式变革。这种趋势反映在以下几个方面：第一，城市中基于单位的养老保险模式实现了向地方和区域统筹的转变；第二，统筹的范围从县级向省级逐渐扩大；第三，最终的改革目标是构建一个全国统筹的养老保险体系。

然而，中国的养老保险中如今尚不存在“三支柱模型”中的第一个支柱，即国家养老金。目前，启动于1993年的“低保”制度构成了中国最基本的社会安全网，这套制度是由民政部负责运行的。然而，扩大“低保”覆盖范围的过程却并不顺畅，特别是对农村而言，不同地区的覆盖率存在较大的差异。此外，既有研究也发现，“低保”制度并不非常有效（Chen et al.，2006；Tang，2012）。在中国，“三支柱模型”中的第二个支柱是由以下一些计划共同实现的，城镇企业职工的养老保险计划（于2010年开始实施并且逐步推开的新型农村社会养老保险计划），以及正在涌现出的针对城市个体和无业居民的养老保险计划。目前，公务员的养老金仍然继续按照“固定收益”模式支付，这部分资金来源于政府的财政收入，并且随着工资上涨而实现了充裕的指数化增长（Chen，2008）。然而，正在讨论中的政府机关改革方案可能表明，公务员养老保险或许最终也会采用“固定缴款”的模式。而“三支柱模型”中的第三个支柱，则是通过个人和企业自愿建立的退休年金保险计划来实现的。

政策演进

如同上文所提到的那样，在20世纪80年代的经济改革早期，中国基于单位的社会保障体制就开始让位于县级统筹或者地级统筹的地方社会保障体制，在这种地方统筹体制当中，当地的社会保障主管部门会对辖区内所有地方国有企业照顾退休职工的义务进行统筹安排。到了20世纪90年代中期，随着城市经济改革的深入，国有企业实现了关停并转，而市场经济和私有企业则获得了成长，任何原有系统的遗存都变得不再稳定。在那个时期，并没有先前累积下来的资金能被用于支付退休金，而养老金占工资的比重则在不断提升（Zhao et al.，2006）。亏损的国有企业，已经不可能保证按照其雇员在退休时工资的一定比例来发放养老金，而政府必须要找到能够持续提供稳定收入来源的替代渠道，以便为退休的人们提供收入。考虑到越来越多的人将要依靠退休金来生活，人口老龄化问题加剧了改革的紧迫性。因此，自1990年以后，中国开始制定一系列新政策。

1991～1998年，政府逐步为企业员工制定了一套基本的养老保险制度（Wang，2011，2002：4－9；Zhao et al.，2006）。雇主被要求将一定比例的工资上缴给养老保险基金，而员工也被要求上缴一部分收入。这两部分资金构成了社会统筹的基础，也为每个人建起了养老保险个人账户。上述措施在1998年8月得到了拓展。当时，中央决定将统筹范围提升为省级，而将11项既有的行业养老基金整合为社会保障基金（SC，1998）。随后，国家颁布了一系列法规与决定，以明晰社会保障体系的管理、要求和权益问题，提升社保基金的征缴比例（要求企业缴纳20%，职工个人缴纳8%），并且允许从事个体劳动的公民参加社会保险（SC，2005）。最终，《中华人民共和国社会保险法》以法律形式确立了社会保险计划的基本原则（NPC，2010），而更多的补充性规定则不仅将农民工纳入社会保险范围，而且简化了城镇居民在不同统筹地区转移社会保险的程序（Watson，2009）。然而，上述过程的一个重要方面是将那些已经退休或者即将退休的人员也纳入社会保险体系之中，虽然他们并不能够向社会保险基金提供个人累积资金。因此，社会保险基金必须要同时覆盖“老人”（即只有“空账”而没有个人账户实际积累的参保人）、“中人”（个人账户中有部分资金积累的成员）

和“新人”（从参加工作开始就对个人账户进行积累的成员）（Wang, 2005）。因此，为了履行向那些没有个人积累基础的人的偿付责任，社会保险基金面临着负债的威胁，而地方政府则面临界定统筹资金范围的压力。

由于上述社会保险计划是为企业职工制定的，那些未被雇用的城市居民则没有被纳入其中。在2000年发布的关于改进城市福利体系的政策文件中，国务院承认了这一点，并且呼吁为城市无业人员提供特别的收入来源（SC, 2000）。考虑到城市居民不仅需要缴纳用于统筹的社会保险金，还要偿付其他个人支出，有必要在社会保险中为无业人员设置专门目录。于是，作为试点，国家建立了针对无业人员的社会保障体系，这部分资金由个人贡献和政府补贴共同构成。与此同时，下文即将讨论的新型农村养老保险计划也逐渐涌现出来，一些城市将针对城市失业居民与农村失地居民的养老保险计划合二为一，因为失地农民随城市扩展也被纳入城市范围（Chen and Li, 2012; State Council, 2011; Yang, 2012）。

相比而言，在农村，取代旧有集体制结构的过程要缓慢得多。直到最近的创新性政策颁布以前，农村福利系统仍然主要依赖村庄或者个人所能提供的收入。最初，在中央于1992年颁布政策指导意见之后，确实出现了一些旨在为农民提供社会保险的试验项目，而一些省份和地方也引入了由民政部负责运行的供款式养老保险计划（Luo and Lü, 2006; Song, 2008: 436 - 438; Su, 2009: 53 - 61; Zhao et al., 2002: 120 - 133）。上述政策被统称为“老农保”制度，这些政策试验存在一系列问题，包括单纯依赖农民个人缴费、回报率低、管理混乱、政府与企业运作的界限模糊，以及由此带来的相关风险。据估计，到1997年末，“老农保”仅仅覆盖了大约8000万农民，而这项计划在此之后出现了萎缩的趋势。

在城乡不平等持续扩大的情况下，缺乏针对农民的福利保障、农村家庭保障系统的衰落以及进城务工农民数量的增长，都使得改进农村社会保险制度的要求变得越来越迫切。2007年，中央政府重申了发展农村养老保险制度的重要性（Institute of Economics, Chinese Academy of Social Science, 2010: 353）。在2007年召开的第十七次全国人民代表大会上，中国共产党呼吁“探索建立农村养老保险体系”，而在2008年10月，中国共产党更提出“按照个人缴费、集体补助、政府补贴相结合的要求，建立新型农村社会养老保险制度”。这一决定确立政府直接通过财政资金支持农村养老保险项目的原则。2009 年 8 月，中央正式宣布了建设新型全国农村养老保险体系的决定，并且从 2010 年开始在 10% 的县进行试点，以期在 2020 年实现覆盖全国的目标（SC，2009）。不过，从实践来看，新型农村养老保险计划扩展的速度非常迅速，到 2012 年 3 月，国务院总理温家宝在《政府工作报告》中宣布，有 60% 的县市已经开始对新型农村养老保险进行试点，而参保人数已经达到了 3.58 亿之多，其中 0.99 亿人已经开始领取养老金。然而，正如我们在下文将要讨论的那样，新型农村养老保险计划所支付的退休金额度并不高，而且面临着许多实施上的困难，不过，新型农村养老保险计划还是标志着中国在农村福利政策方面取得了持续的进展。

在养老保险政策的发展过程中，另一个经常被提及的群体是从农村进入城市的流动工人（关于这个问题更为全面的讨论，参见 Watson，2009）。基本城市养老系统是针对持有特定区域户口的居民而建立的，但农民工所持有的是农村户口，因而他们被城市养老保险体系排除在外。然而，如果将乡镇企业职工计算在内，中国现在共有大约 2.52 亿农民工，他们构成了中国制造业的主力劳动大军。农民工群体的特征包括年龄相对较低（平均年龄大约在 29 岁）、流动性高、收入低以及常常处于非正式的雇佣关系当中。除户口制度带来的障碍之外，将他们整合进入城市养老系统的努力，还会面临许多系统上和政治经济学意义上的挑战。首先，这批工人所具有的流动性，使得他们与分散的养老保险金地方统筹机制之间出现了张力，因为只有那些缴纳养老金时间超过 15 年，并且最后 5 年在同一地点缴费的职工，才能享受由地方养老基金所发放的退休金。其次，跨地区转移养老金账户面临着许多技术上和行政上的困难。同时，许多雇主抵制为员工缴纳社会保险的要求，因为他们的用工成本会因此而增加。最后，地方政府非常乐意将任何以农民工名义缴纳的社会保险纳入其统筹范围，以增加其社保基金的规模，但当农民工离开其辖区时，地方政府却不愿意让农民工将其已经缴纳的社保基金一并带走。在以上各种因素的综合作用下，农民工这支不可忽视的劳动力大军，却在他们最可能为养老保险基金做出贡献的时候被排除在养老保险体系之外。

起初，部分地区针对农民工群体的养老保险进行了试点，这些地区允许流动人口加入地方的社会保险计划，或是为流动人口建立特殊的社会保险计划（Han，2009：480 - 482；Liu and Xu，2008：209 - 243）。不过，向农民工提供社会保障的需求，以及反对歧视农民工的斗争，最终得到了国家层面的认可。2006 年的中央第五号文件呼吁对农民工问题进行全面评估，并且号召建立养老保险计划以满足农民工的需求（SC，2006）。随后，人力资源和社会保障部起草了一份讨论稿，在其中提出为农民工制定单独的养老保险项目，这个项目允许参保者缴纳更低的保费，也提供了更灵活的账户转移条件。然而，发展这一项目的计划却被新型农村养老保险计划所迅速取代了。针对农民工的独立养老保险计划，意味着地方社会保险体系的分散性将进一步加剧。现在看起来，农民工或许最终要在参与基本城市养老保险计划、参与专门针对农民工的社会保险计划以及参与新型农村养老保险计划之间做出选择。而管理不同养老保险计划转制过程的行政复杂性，也是非常大的。为了应对上述挑战，政府在 2009 年末做出了决定，要求农民工参加基本城市社会保险计划，但如果农民工希望的话，他们也可以在将来转而参加农村养老保险计划，同时，在不同统筹基金之间转移养老保险账户的机制，也相应得到了改进。此后，政策关注点转向了如何设计管理机制，以确保将农民工养老保险转向被整合了的城市养老保险统筹计划，确保在城乡养老保险计划之间实现账户转移，以及确保在不同的统筹区域之间实现账户转移。

以上对于政策发展过程的讨论，说明了决定中国社会福利发展走向的两个核心特征。第一，改革在很大程度上深受计划经济遗产的影响。第二，新的养老保险系统在地区和领域之间是分散的。城市与农村在社会福利方面的分野，与户口登记制度有关，而这种分野如今依然持续发挥着重要的影响。在实行地方统筹的过程中，来自不同地区并在不同领域从事劳动的人们，仍然要加入不同形式的养老保险计划，并且享受不同水平的待遇。所以从总体来看，针对企业职工、农民工、失业居民、农民和公务员的养老保险系统仍是互不相干的。或许，任何过渡系统都不可避免地要建立在既有实践与期望的基础之上。因此，就像渐进式改革过程的许多方面一样，现存的既得利益、理解方式与义务责任使人们不可能将所有东西推倒重来。上述因素所导致的结果，就是中国的社会保障系统仍然在不同区域之间和不同工作领域之间呈现碎片化的态势，而这正是对整个制度进行持续改进时所要面临的核心挑战。

制度运作及其风险

社会保险政策是通过社会保障主管部门来实施的。社会保障主管部门从中央的人力资源和社会保障部开始向下延伸，构成了一个贯穿省级、地级、县级和街道的等级系统。如同在中国行政体系内普遍可以看到的那样，社会保障主管系统内的技术官员主要供职于中央部委，而地方政府则对于具体的行政管理工作负有责任。每级地方政府都有负责社会保障的厅、局或者办公室，这些机构负责管理社保账户，也负责对社会保险基金进行运作，还设有为雇主与参保人办理手续的服务中心。社保账户需要由雇主为员工开设。开设账户以后，社保主管机构就会计算出雇主和员工每个人需要缴纳的费用，并且通过雇主收取这笔费用。雇主一般会从工资中直接扣除员工所需要缴纳的那部分费用。收缴上来的费用会直接进入社保主管机构的账户（在有些地方，社保资金是通过税务机构来征缴的，但这些费用也会进入社会保障系统的专项账户当中）。社保专项账户中的基金，是由财政部门具体运转的，对于这笔资金的监管规则严格而保守，以确保社保资金的安全性。在这种情况下，认识到对于“地方”的定义非常负责，是很重要的。企业在他们自己所运行的层级上为职工开设账户。省属企业会在省级社会保障主管部门为职工开设账户，而市属企业则会在地级社会保障主管部门为职工开设账户。社会保障的主管部门则负责收缴资金和发放福利。

在20世纪90年代，许多账目记录和行政管理工作都是在纸面上完成的，而对于整个系统进行电子化，则要求对管理系统与信息系统进行改进，并且实现电脑办公。这一切都不可避免地要求引入一个相互整合的全国系统。1999年，当时的劳动和社会保障部开始引入社保卡，这些智能卡主要被应用于相对发达的地区。2002年，当信息化改革被提上政府日程之后，“金保”工程得以启动，社会保障系统逐步实现了信息化（State Council, 2002）。如今，这个系统由人力资源和社会保障部负责运行，其目标是构建一个包含两方面内容的单一而整合的平台：一方面是社会保障服务，另一方面是为就业工作服务。该系统在中央、省级和地级三个层面上运行，需要引入和改进电子计算机系统，以同时实现服务提供、内部管理、基金管理等多项功能，并为个人提供对其记录进行查询的网络通道。由于电脑网络系统尚未在全国范围内实现标准化，而区域数据库之间的链接仍在开发当中，目前“金保”工程距离成为一个真正整合的系统，还尚需时日。上述技术问题还因为地方行政能力的不一致而被放大，不过，规模可观的投资业已到位，足以支撑在全国范围内实现系统整合的基础设施也逐渐被建立起来。

城镇职工基本养老保险制度的运作方式十分直接，虽然不同地区在运行细节上可能存在着一些区别。具体方式是：雇主按工资额度的20%为雇员缴纳养老保险金，而雇员则拿出工资收入的8%缴纳养老保险金。雇主缴纳的部分进入地方养老保险统筹资金，而雇员缴纳的部分直接进入个人养老保险账户。个人在达到退休年龄之后（目前男性为60周岁，而女性一般为55周岁），可以申请每月领取退休金。退休金包括两个部分：来自社会保险基金的经费和来自个人账户的经费。社会保险基金所支付的金额，按当地平均社会工资的60%计算，而获得这笔资金的前提，是参保人的缴费年限不少于15年，且最后5年是在本地上缴社保金的。因此，这部分资金的数额与当地平均社会工资水平相关，而与个人退休前的实际工资水平无关。随着地方平均工资水平的变动，这部分资金的标准会随着时间而进行调整。退休金中来自个人账户的部分，则取决于个人在此前积累的数额。每个人所能支取的数额为全部个人账户数额的1/139（也就是说，在设计制度时，假设人们在退休后的寿命还有139个月）。总的来说，以下一些特点加剧了这个系统的复杂性，并且使其在本阶段的发展中呈现出碎片化的结构。

（1）虽然实现全国范围内的整合是城市养老保险计划项目的长期目标，但目前整个系统并未实现统一，而是由一系列地方统筹基金实际运营的。地方性统筹基金实质上是彼此独立的，而且具有一些独特的结构，例如：与国家标准存在差异，取决于地方工资水平，其所获额外补贴的可能性取决于地方财政能力等。因此，不同地方的养老保险缴费水平和退休金水平也各不相同。虽然有越来越多的省份开始建设全省统筹的养老保险基金，但实际上许多养老保险基金还是在地级和县级的层面上进行统筹的。在不同城市或地区之间转移账户，仍然面临着许多困难。

（2）社会统筹基金与个人账户同时存在，证明这两套系统是分开管理的。地方政府将社会统筹基金视为地方性资源，并且依赖这一资源来为其辖区内的参保人提供养老金。因此，当有职工从本地转向外地时，地方政府有动机将他们已经缴纳的社会保险金最大限度地扣留下来。2009年出台的关于社保金账户转移的规定承认了上述压力，它允许地方统筹基金留下账户转出人已缴费用的40%，而只有60%的费用可以随账户转移到其他统筹基金中去。

(3) 之所以会出现强烈的地方利益意识，与整个养老保险系统于1996年被引入时的情况有关。当时，并没有额外的资源可以被用于向那些已经或者即将退休的职工支付养老金。因此，地方统筹的养老基金继承了既有系统所留下的负担，那些拥有大量破产国有企业的地区有较高的负债，而经济新发展的地区，则因为历史负担较小和新兴产业发展而具有比较健康的地方财政状况。

(4) 上述养老保险系统对于工作领域不同的人并未一视同仁。如同上文所讨论的那样，在政府机关、事业单位和类似机构中工作的员工，其养老金计算和领取方式依然与计划经济时期一致，并没有参加基本城市养老保险计划。从事个体劳动的居民虽然可以加入这一系统，却需要同时缴纳企业和个人需要支付的费用，城市失业居民则由另一套系统提供福利。

上述特征凸显了为农民工等流动人口设计一套养老保险计划的困难。相对收入而言，较高的缴费水平、由地方统筹基金所导致的转移账户的困难性、缺少正规的劳动合同以及企业对于向地方社保基金缴费的抵触情绪，都意味着农民工缺乏加入基本城市养老保险计划的积极性。农民工所具有的流动性、他们更换工作的频繁性以及他们所经常处于的非正式雇佣关系，都加剧了他们参与基本城市养老保险计划的困难。农民工无法保证他们能持续缴纳15个年头的社会保险（也无法保证最后5年能在同一个地方缴纳这笔费用），这也使得他们难以满足享受基本城市养老保险的条件。直到2009年，在不同统筹区域转移养老保险账户，还是阻碍农民工参加社会保险计划的主要障碍，即便是在那些允许农民工参与城市社保计划的地方，当农民工需要到其他地方工作时，他们也只能取回个人账户里的资金，而雇主为他们缴纳的经费则被留在本地。事实上，这部分经费被用于维持地方社保基金平衡，特别是用来削减那些因支付本地退休职工工资而造成的亏空。农民工个人账户则意味着他们被要求把自己收入的一部分储蓄起来，直到更换工作时才能取回这笔资金。2009年出台的政策措施旨在解决这一问题。农民工对于地方统筹基金的贡献，也被允许随其个人账户的转移而进行转移，但许多执行层面的问题仍然有待解决。对于雇主而言，为农民工开设社保账户意味着用工成本的提高。对于社会保障系统而言，持续不断的账户转移意味着维护档案和管理资金的工作变得更复杂了。这些问题对于女性农民工而言尤其严重，因为她们比男性农民工更加经常地变换工作、更容易处于非正式雇佣关系当中，也更容易因为照看孩子和履行家庭责任而无法保持就业档案前后一致。因此，毫无疑问，农民工不仅缺乏加入社会保险计划的动机，也对这套系统缺乏信心。

2009 年出台的政策要求农民工加入城市养老保险计划，并且试图通过这种方式解决一些问题。新的政策要求以下方面：①强制农民工参保并且不允许退保；②通过允许农民工缴纳相对较少的社保金来降低农民工参保的准入门槛；③当农民工转移时，确保其在地方统筹基金中的账户是密封的；④建立农民工社保档案的全国数据库；⑤在最终居住地建立统筹一生缴费贡献的机制；⑥设计连接城市养老保险计划和农村养老保险计划的机制，以便利那些退休后返回农村的农民工获取养老金。设计实现上述政策目标的机制，需要一个灵活、准确并且整合情况良好的信息管理系统。良好的档案管理则可以保证农民工及其雇主所缴纳的养老金能在不同统筹基金中都被保留下来，在此基础上实现整合，并最终转移到他们的退休地。

农村养老保险计划每个月向超过 60 岁的所有农村居民——无论男性还是女性——提供一小笔额度为 55 元人民币的收入。这笔费用由政府确保提供，资金来自中央财政、各省财政和集体贡献。那些仍在工作的农民，可以自愿加入农村养老保险计划，并且每年向计划缴纳一定的费用。如果他们这么做的话，就可以在到达退休年龄后，每月同时领到由政府发放的退休金以及个人账户在退休时所积累金额的 1/139（也就是说，从政策设计来看，对于农村居民和城市居民的寿命预期是一致的）。随着这个体系的逐渐成熟，最终将形成类似基本城市养老保险计划的两个组成部分：退休金和个人账户资金。两个计划的不同之处在于，农村养老保险计划中的退休金是由政府财政负责支付的。所有年满 16 周岁而不属于农民工因此无法参与城市养老保险计划的农民，都有资格在其户口所在村庄加入农村养老保险计划。

这项计划的基本设计思路简单明了，而政府从预算中划拨资金支付养老金，则标志着中国的老年退休收入供给制度实现了一个创新。这项创新还被扩展应用于城市失业居民，他们也能享受到由政府财政提供的养老金。这项制度也实现了性别平等，因为男女农民所得到的养老金是一致的。虽然每人每月 55 元的收入并不太高，但这笔款项是通过现金支付的，因而对于居住在贫困的农村地区的人们而言还是非常重要的。养老金的额度也有望随着时间发展而提升。

在 2010 年对于新型农村养老保险计划的试点中，地方性的政策差异是被允许存在的。[①] 对于比较贫困的西部省份而言，中央财政给予 100% 的资金补贴；对于地处中部和西部的省份，中央财政补贴 50% 的资金，省级行政单位则需要筹集另外 50% 的资金。而每省内部不同区域之间也存在显著的政策差异。以福建省为例，对于比较贫穷的县，省级财政提供 30% 的资金，地方负责自行筹措剩下的 20% 资金；对于经济条件处于中等的县，省级财政提供 10% 的资金，地方负责自行筹措剩下的 40% 的资金；而对于那些比较富裕的县则需要自行筹措所有中央财政补贴之外的资金，即总投入的 50%。不仅如此，如果那些比较富裕的县愿意的话，它们可以将每月支付给农民的养老金标准向上提升 10 元。另外，正在工作的农民每月应当向其个人账户存入的金额，在这个问题上的地方政策差异性更加明显。国家指导标准提供了五档标准，建议仍在工作的农民每个月向自己的个人账户存入 100 ~500 元不等的金额。福建省意识到富裕地区可以积累更多的资金，于是引入了 12 档标准，最低存入额为每月 100 元，最高存入额则为每月 1200 元。不仅如此，为了鼓励更多农民参加"新农保"，福建省尝试着对那些选择基本缴费金额的农民提供每人 30 元的国家补贴，直接打入农民的个人账户。如果行政村具有经济资源，它们也被允许为自己的村民缴纳额外的养老保险金。因此，在比较富裕的地区，最低养老金标准可能要高于其他地区，而比较富裕的农民则会在个人账户中进行更高程度的积累。

新型农村养老保险的试点工作，也暴露出了一些困难和潜在的问题，包括以下方面：

- 如何识别所有符合条件的参保人（有些年纪较大的农民没有身份证，也没有其他可靠的证件来证明其年龄）；
- 如何维护档案更新的及时性，以便每月向那些新近达到退休年龄的农民提供养老金，并且将那些已经死亡的参保人清除出数据库；
- 如何在基层配置人员以便运转整个项目；
- 如何便利老年人开设银行账户，以便退休金能够及时汇入他们的账

① 下述讨论基于笔者在 2010 年 3 月 29 日对福建省社会保险中心的访谈。

户，然而，考虑到许多老年人并不识字，也考虑到许多村庄中并无储蓄所，这项工作面临许多困难；

● 如何说服年轻人参保，并说服参保家庭也为女性缴纳保险金；

● 有些试点计划将家庭成员的权利和义务进行了“绑定”，规定只有那些年轻成员参加保险计划并支付保险金的家庭，其老年成员才能领取到养老金，这使原本自愿参加的养老保险计划变成了强制参加的计划。

在新型农村养老保险计划发展的过程中，出现上述实践性问题并不会让人意外，不过，尽管如此，新型农村养老保险制度的建立，仍然标志着中国在为农村地区和农村老年人提供福利方面实现了一项主要的政策创新。不仅如此，新型农村养老保险制度的建立，也对农民工以及他们运作自己养老计划的方式提出了挑战。农民工群体现在面临着许多选择。他们可以选择在自己户口所在村庄加入当地的农村养老保险计划，也可以在自己工作的城市加入当地的基本城市养老保险计划。或许随着工作变动，他们还需要在以上不同计划之间实现转换。由于不同计划之间存在着隔阂，而从每个养老金计划中所能得到的最终收益也不明晰，农民工在面对不同养老保险计划时，往往很难做出简单明了的决策。从行政管理的角度来看，确保那些具有高度流动性的农民工的档案的可靠与准确，以及计算农民工在不同养老保险计划之间进行转换时所能够带走的权益比例，都具有相当的难度。从长期来看，国家需要为所有公民——无论他们在何地生活和工作——提供标准化的、全国整合的养老保险服务，而上述与农民工群体相关的挑战，则可能会给这一目标的实现带来压力。

养老保险制度所面临的另一个核心问题，就是如何对积累起来的资金进行管理。在供款式的养老保险制度下，每名参保人进行累积的年份与领取退休金的年份之和，要达到或者超过 60 年。只有当人们对于养老保险资金的安全性有信心并且相信自己的养老金能够保值增值时，他们才会长期支持这一计划。如果养老保险制度不透明或没有绩效，抑或人们担心其中存在腐败或者养老金被滥用的情况，那么这一计划所获得的支撑程度就会降低。养老保险的参保人同样需要获取信息的途径，以便能够了解整个系统的运行情况以及他们自己个人账户的情况。中国的养老保险制度正处于转型之中，这意味着许多退休职工因参保时没有个人账户资金积累而存在着“空户”，养老保险基金的安全性也因此仍然存在问题。根据赵人伟等学者的研究，1999 年全国共有 26 个省级行政单位的养老保险基金处于负债运行状态，而 2001

年许多省份养老保险的当期支出额甚至比当期收入额要高出30%（Zhao et al.，2006：55）。有学者估计，全国养老金的收支差距高达25000亿元人民币（Wang，2005：8）；由赵人伟等专家在最近做出的估算则表明，个人养老保险的空账总额可能高达17000亿元人民币（《东方早报》，2012年3月16日，A30版）。一些研究认为，上述数据将在今后的50年内持续恶化。虽然这些研究的可靠性值得怀疑，但既有数据已经说明养老保险基金所面对的问题是巨大的。因此，毫不奇怪，《中华人民共和国社会保险法》第56条明确规定“社会保险基金通过预算实现收支平衡”以及“县级以上人民政府在社会保险基金出现支付不足时，给予补贴”。不仅如此，“中国社会保险”网站不得不强调对空头账户或许会通过政府补贴的方式予以解决（CNSS，2012）。实际上，中国的养老保险制度从总体来看尚未建成完全积累模式，而在许多方面仍在以“随收随支”的方式进行运作。

中国养老保险制度所涉及的资金规模是可观的。2010年，《人民日报》报道当时的社会保障资金规模大约为1300亿美元，而这个数字到2015年要上升到3000亿美元（《人民日报》，2010年4月11日）。根据人力资源和社会保障部在2010年发布的报告，养老保险基金的总收入为13500亿元人民币（其中包括19.5亿元人民币的财政补贴）（MOHRSS，2011）。因此，养老保险基金可以被视为一股巨大而持续增长的资本。然而，目前中国政府对于养老保险资金的管理方式十分保守，这些资金只能被转化为银行存款和用于购买国债。养老保险基金尚未进入股票市场、不动产市场和其他资本市场。考虑到养老保险基金可能面临腐败和被滥用的风险，政府现在所采取的谨慎措施是可以理解的。然而，这种措施也意味着养老保险基金应对通货膨胀而保值的能力面临着潜在的挑战，养老保险基金通过实现增值来匹配不断上涨的收入与期望的空间也十分有限。毫不奇怪，人力资源与社会保障部目前已经开始考虑进行一些旨在推动养老保险基金投资绩效的政策试验，不过维护这笔资金的安全性仍然是政府部门最主要的考虑（《中国日报》，2011年10月26日）。

上述讨论凸显了中国养老保险制度发展过程中所面临的许多挑战，包括：

- 由旧的制度所留下的遗产及期待；
- 克服分散型结构的复杂性；

• 向“完全积累”模式转型过程中的负担；

• 管理和信息系统亟须重大改进；

• 利益冲突的政治经济学：地方政府、雇主、地方居民、农民工与不同层级的政府的利益都与养老保险制度如何运行密切相关。

不过，尽管面临以上挑战，从总体来说，中国的养老保险制度还是处于持续发展之中的。表 12－1 列示了关于养老保险计划参与人数的最新统计，数据来源于不同的资料。当然，我们不可避免地要小心对待表格中的数据，但这些统计指标确实说明中国养老保险计划所覆盖人口的规模正在增长，而整个养老保险制度也变得越来越精细了。这些数据也说明，还有许多处于不同工作领域的人们尚未参加养老保险，而农民工仍在很大程度上被排除在养老保险制度之外。不过，这些问题已经成为公众所关注的焦点。如果在检索中文资料的搜索引擎中键入“我如何领取养老金”和“我能否在领取失业保险的同时享受医保”等问题，就可以找到许多对于相关法规和实施细则的讨论。

表 12－1　养老保险计划覆盖人数

单位：百万人

项目	2009 年	2010 年	2011 年
总人口	1334.7	1341	1347.4
城市职工数	311	347	359
流动工人总数	230	242	253
基本城市养老保险覆盖人数	235.5	257	284
其中：			
养老金领取人数	58	63	68.2
流动人口	26.5	32.8	
农村养老保险计划参加人数	86.9	102.8	326
其中：			
养老金领取人数	13.6	28.6	98.8
城镇失业人员社会保障计划			13.34
其中：			
养老金领取人数			6.4

资料来源：人力资源与社会保障部 2009 年和 2010 年统计报告，温家宝所做《2011 年政府工作报告》，国家统计局于 2012 年 3 月所发布的《经济与社会发展年度公报 2009/2010/2011》。

虽然在政策制定与执行之间仍然存在着较大距离，而完成社会保障全覆盖的工作仍要跨越许多鸿沟，但人口老龄化对养老保险制度所带来的压力，似乎已经得到了官方重视。因此，2011 年 3 月公布的“十二五”规划要求：

- 全面实施农村养老保险制度；
- 继续推进落实基本城镇居民社会养老保险和失业保险制度；
- 实现社会保险资金的省级统筹；
- 实现基础养老金全国统筹；
- 完善基本养老保险关系转移接续办法；
- 逐步推进城乡养老保障制度有效衔接；
- 推动机关事业单位养老保险制度改革。

以上议程的涉及面无疑相当广泛，但如果无法实现这些议程的话，中国发展的可持续性就可能会面临显著的不利影响。

经验和结论

本研究描绘了中国社会保障系统发展过程中的主要特点，并特别针对中国的养老保险计划进行了重点讨论。本研究强调了上述改革在促进社会公正与平等以及保证持续增长与经济平衡两个方面的重要性。本研究指出，为了确保中国相关政策成功并且具有可持续性，需要对以下几个方面多加注意。第一，一个全国统筹并且对所有公民开放的社会保障制度最能确保社会公平，也最易于管理。因为这样的制度有助于削减劳动力流动过程中面临的壁垒，并且降低社会服务供给的复杂性。第二，也是十分重要的一点，是国家应当持续为社会保障制度提供担保，并且继续为未能进入社会保障体系或者在社会保障体系中处于不利地位的公民提供资金，以确保他们在退休后的基本生活。第三，可转移性与灵活性是社会保障制度设计的关键。在经济结构持续变动以及经济和人口形势在老龄化社会中持续发生变化的情况下，公民个人所面临的环境也将不断变化，社会保障系统必须具备为应对这些变化而不断进行调整的能力。上述挑战对于农民工群体尤为迫切。农民工群体代表着中国目前的年轻劳动力，在他们尚能工作的时候，就应该考虑如何为他们退休以后继续获得收入而筹措资金。第四，必须要设计出能够确保社会保障资金保值增值的机制，同时也要削减或者消除社会保障资金与市场挂钩后所面临的风险。第五，考虑到男人和女人的预期寿命与生活经历不同，在设计社会保障制度时应当考虑性别差异。否则的话，就可能会造就出一代年老而贫穷的妇女。第六，那些最为成功的公共政策的发展和管理过程，都是公开和透明的，并且都建立在广泛征求意见的基础上。社会保障制度需要得到公民的理解与信任，而那些彼此平衡的竞争性利益，则需要被讨论，并需要得到充分的表达。因为只有这样，公众才能对政策充满信心，从而使政策得到广泛支持，以便得以顺利施行。

参考文献

Chen, C. and Li, W. , 2012, ‘Chengzhen jumin jiben yanglao baoxian zhidu: moshi yu pingjia [The basic old-age insurance system for urban residents: an evaluation of the models]’, *Shehui Baozhang Yanjiu*, no. 1, pp. 177 – 186.

Chen, J. , 2008, ‘Gongwuyuan yanglao baoxian zhidu gaige yanjiu [Research on the reform of the system of old-age insurance for public servants]’, *Fuzhou Daxue Xuebao*, no. 2, pp. 59 – 62.

Chen, S. , Ravallion, M. and Wang, Y. , 2006, Di Bao: *a guaranteed minimum income in China's cities*?, World Bank Policy Research Working Paper, WPS3805, The World Bank, Washington, DC.

CNSS, 2012, ‘Yanglao baoxian kongzhang 1. 7 wan yi shi zenme hui shi? [What is the 1. 7 trillion of empty accounts in the social insurance fund?]’, CNSS, 26 March, viewed 3 April 2012, <http: //www. cnss. cn/new/bjzm/xjj/201203/t20120326_ 252923. htm>

Cook, S. , Kabeer N. and Suwannarat, G. , 2003, *Social Protection in Asia*, Har – Anand Publications, New Delhi.

Dixon, J. , 1981, *The Chinese Welfare System* 1949 – 1979, Praeger, New York.

Dollar, D. , 2007, *Poverty, inequality and social disparities during China's economic reform*, World Bank Policy Research Working Paper, WPS4253, The World Bank, Washington, DC.

Han, J. (ed.), 2009, *Diaocha Zhongguo Nongcun* [*Surveying the Chinese Countryside*], 2 vols, Zhongguo Fazhan Chubanshe, Beijing.

Institute of Economics, Chinese Academy of Social Sciences, 2010, ‘Xinxing nongcun shehui yanglao baoxian yu nongcun nüxing de xuqiu yanjiu [Research on the new rural social old-age insurance and the needs of rural women]’, in Ministry of Human Resources and Social Security, *Nongmingong yanglao baoxian yanjiu chengguo huibian* [*Collection of research results on old-age insurance for migrant workers*], Reports on the China – Australia Governance Program Project, Internal Publication, September, pp. 352 – 372.

Kuijs, L. and Wang, T. , 2006, 'China's pattern of growth: moving to sustainability and reducing inequality', *China and the World Economy*, vol. 145, no. 1, pp. 1 – 14.

Liu, C. and Xu, J. , 2008, *Zhongguo nongminggong shiminhua jincheng yanjiu* [*Research on the Process of Urban Transformation of China's Farmer – Workers*], Renmin Chubanshe, Beijing.

Luo, Z. and Lü, J. (eds), 2006, *Nongcun Shehui: Yanglao Baoxian Shouce* [*Rural Society: Handbook on Old-age Insurance*], Zhongguo Shehui Chubanshe, Beijing.

Ministry of Human Resources and Social Security (MOHRSS), 2011, 2010 *niandu renli ziyuan he shehui baozhang shiye fazhan tongji gongbao* [2010 *statistical report on the development of human resources and social insurance*], 20 July, Ministry of Human Resources and Social Security, Beijing, viewed 3 April 2012, < http://www.mohrss.gov.cn/page.do? pa = 402880202405002801240882b84702d7&guid = e60c0ef72ddd4e8eb968ac5f11900f59&og = 8a81f0842d0d556d012d111392900038 >

National People's Congress (NPC), 2010, *Zhonghua Renmin Gongheguo Shehui Baoxian Fa* [*The Social Insurance Law of the People's Republic of China*], 28 October, National People's Congress, Beijing, viewed 6 March 2012, < http://www.china.com.cn/policy/txt/2010 – 10/29/content_ 21225907.htm >

Pettis, M. , 2011, 'The contentious debate over China's economic transition', *Carnegie Endowment for International Peace Policy Outlook*, 25 March, viewed 5 March 2012, < http:// www.relooney.info/SI_ FAO – Asia/0_ Important_ 42.pdf >

Saunders, P. and Shang X. , 2001, 'Social security reform in China's transition to a market economy', *Social Policy and Administration*, vol. 35, no. 3, pp. 274 – 289.

Song, H. (ed.), 2008, *Zhongguo Nongcun Gaige Sanshi Nian* [*Thirty Years of Rural Reform in China*], Zhongguo Nongye Chubanshe, Beijing.

State Council of China (SC), 1998, *Guanyu shixing qiye zhigong jiben yanglao baoxian shengji tongchou he hangye tongchou yijiao defang guanli youguan wenti de tongzhi* [*Circular concerning issue related to the raising of pooling for basic*

old-age insurance for enterprise employees to provincial level and the transfer of industry pools to the administration of local government], State Council of China, Beijing, viewed 12 March 2012, < http://www.gdsi.gov.cn/upload/resource/zcfg_ content.jsp? contentId = 647 >

State Council of China (SC), 2000, *Guanyu yinfa wanshan chengzhen shehui baozhang tixi shidian fangan de tongzhi* [*Circular on the distribution of the program of the experimental sites for the improvement of the urban social insurance system*], 15 December, State Council of China, Beijing, viewed 3 April 2012, < http://www.51labour.com/lawcenter/lawshow – 19332.html >

State Council of China (SC), 2002, *Guanyu zhuanfa 'Guojia Xinxihua Lingdao Xiaozu guanyyu woguo dianzihua zhengwu jianshe zhidao yijian' de tongzhi* [*Circular on the transmission of 'The National Leading Group for Informatisation's Guidance on Developing Electronic Government Business'*], August, State Council of China, Beijing, viewed 4 April 2012, < http://www.hbzx12333.gov.cn/look.asp? vid = 88 >

State Council of China (SC), 2005, Guanyu wanshan qiye zhigong jiben yanglao baoxian zhidu de jueding [Decision on Improving the Basic Old - Age Insurance System for Enterprise Employees], State Council of China, Beijing, viewed 12 March 2012, < http: //www. china. com. cn/chinese/PI - c/1061304. htm >

State Council of China (SC), 2006, *Guanyu jiejue nongmingong wenti de ruogan yijian* [*Some Proposals for Resolving the Problems of Migrant Workers*], 31 January, State Council of China, Beijing, viewed 3 April 2012, < http: //www. gov. cn/jrzg/2006 - 03/27/content_ 237644. htm >

State Council of China (SC), 2009, *Guanyu kaizhan xinxing nongcun shehui yanglao baoxian shidian de jidao yijian* [*Guidance on the trial sites for the new rural social old-age insurance*], Document 32, September, State Council of China, Beijing, viewed 4 January 2011, < http: //www. gov. cn/zwgk/2009 - 09/04/content_ 1409216. htm >

State Council of China (SC), 2011, *Guanyu kaizhan chengzhen jumin shehui yanglao baoxian shidian de zhidao yijian* [*Guidance on Developing Experimental Sites for the Old - Age Insurance of Urban Residents*], June 2011, State Council of China, Beijing, viewed 3 April 2012, < http: //www. gov. cn/zwgk/2011 - 06/13/content_ 1882801. htm >

State Statistical Bureau (SSB), 2012, 2011 *nian Zhongguo nongcun jumin shouru zengsu kuai yu chengzhen* [*The Rate of Increase of Rural Residents' Income in* 2011 *was Faster than that of the Cities*], 17 January, State Statistical Bureau, Beijing, viewed 10 April 2012, http: // www. gov. cn/jrzg/2012 - 01/17/content_ 2046902. htm

Su, B., 2009, *Zhongguo Nongcun Yanglao Wenti Yanjiu* [*Research on China's Rural Old - Age Insurance*], Qinghua Daxue Chubanshe, Beijing.

Tang, J., 2012, 'Cheng-xiang dibao zhidu: lishi, xianzhuang yu qianzhan [The urban and rural guaranteed minimum income system: history, current state and prospects]', China Sociology web site, viewed 12 March 2012, < http: //www. sociology. cass. cn/shxw/shzc/P020051002830994538742. pdf >

United Nations (UN), 2011a, *World Population Prospects*: *The* 2010 *revision*, *highlights and advance tables*, United Nations, New York, viewed 5 March 2012, < http: //esa. un. org/unpd/wpp/Documentation/pdf/WPP2010_ Highlights. pdf >

United Nations (UN), 2011b, *World Population Prospects*: *The* 2010 *revision. Volume II. Demographic profiles*, United Nations, New York, viewed 5 March 2012, < http: //esa. un. org/unpd/wpp/Documentation/pdf/WPP2010_ Volume - II_ Demographic - Profiles. pdf >

Wang, D., 2005, *China's urban and rural old age security system*: *challenges and options*, Working Paper Series No. 53, October, Institute of Population and Labor Economics, Chinese Academy of Social Sciences, viewed 16 November 2009, < http: //iple. cass. cn/file/dw17. pdf >

Wang, F., 2011, 'The future of a demographic overachiever: long-term implications of the demographic transition in China', *Population and Development Review* (*Supplement*), vol. 37, pp. 173 - 190.

Wang, M. (ed.), 2001, *Zhongguo Shehui Baozhang Tizhi Gaige* [*Restructuring China's Social Security System*], Zhongguo Fazhan Chubanshe, Beijing.

Wang, M. (ed.), 2002, *Restructuring China's Social Security System*, Foreign Languages

Press, Beijing.

World Bank, 1994, *Averting the Old – Age Crisis: Policies to protect the old and promote growth*, Oxford University Press, Oxford.

World Bank and Organisation for Economic Cooperation and Development (OECD), 2008, *Pensions at a Glance: Asia Pacific edition*, World Bank and Organisation for Economic Cooperation and Development, Washington, DC, viewed 16 November, 2009, < http: //www.oecd.org/dataoecd/33/53/41966940.pdf >

Watson, A., 2009, 'Social security for China's migrant workers—providing for old age', *Journal of Current Chinese Affairs*, vol. 38, no. 4, pp. 85 – 115.

Xinhua, 2011, *Zhongguo Renmin Gongheguo Guomin Jingji he Shehui Fazhan Di Shi' erge Wunian Guihua Gangyao* [*Twelfth Five – Year Plan of the People's Republic of China*], 16 March, Xinhua, Beijing, section 33.

Yang, C., 2012, 'Chayi yu gongxing: difang chengxiang jumin shehui yanglao zhengce de bijiao yu fenxi—jiyu dui 6 ge chengshi shidian fangan de kaocha [Differences and commonalities: comparison and analysis of local old-age policies for urban residents—based on a survey of experimental plans in 6 cities]', *Sichuan Xingzheng Xueyuan Xuebao*, no. 1, pp. 67 – 70.

Zhao, R., Lai, D. and Wei, Z., 2006, *Zhongguo de Jingji Zhuanxing he Shehui Baozhang Gaige* [*The Transformation of the Chinese Economy and the Reform of Social Security*], Beijing Shifandaxue Chubanshe, Beijing.

Zhao, R., Wang, A. and Ren, L., 2002, *Zhongguo Nongmin Yanglao Baozhang zhi Lu* [*The Road to Old – Age Security for China's Farmers*], Heilongjiang Renmin Chubanshe, Harbin.

Zhao, Z. and Guo, F. (eds), 2007, 'Introduction', *Transition and Challenge: China's population at the beginning of the 21st century*, Oxford University Press, Oxford.

（陶郁　译）

第十三章 转型时期中国高技术产业创新能力实证研究

赵志耘　杨朝峰*

摘要：本研究应用随机前沿知识生产函数模型对转型时期中国高技术产业创新能力进行了实证分析。研究结果结论表明，2005～2010年：相对于R&D经费和人员投入，知识存量对我国高技术产业创新的作用不突出；国外技术引进对我国高技术产业创新能力的影响不明显；国内技术引进对我国高技术产业R&D产出起到了明显的促进作用，但经济效益不明显；我国高技术产业中企业规模对创新能力有负面的影响。

关键词：高技术产业　创新能力　转型时期　随机前沿生产函数

一　引言

改革开放以来，中国经济增长模式的两个基本特征是，经济增长过度依赖投资和出口，过度依赖低成本资源和要素的高强度投入。这种模式在中国经济总量占世界比重较小，发展比较落后的情况下具有一定的合理性，但随着中国经济的不断增长，这种增长模式所付出的代价也越来越大：资源枯

* 赵志耘、杨朝峰，中国科学技术信息研究所。

竭、环境破坏、贫富差距逐步扩大、社会矛盾明显增多、国际贸易摩擦越来越频繁……国际金融危机及其引发的世界经济自“二战”以来最严重的衰退，终结了20世纪80年代以来特别是21世纪以来世界经济较快增长的态势，引发全球经济的深度调整，使我国发展的外部环境发生广泛而深刻的变化，对我国经济转型提出了迫切要求，即要求我国尽快实现从传统的资源、资本、劳动力驱动的经济增长方式转变为以创新为主要驱动力的经济发展方式。

高技术产业具有高成长性、高带动性、高附加值的特点，它是国民经济的战略性先导产业，对产业结构调整和经济发展方式转变发挥着重要作用。2010年中国高技术产业总产值达到74708.9亿元，占当年规模以上工业总产值的10.56%。中国已成为世界上重要的高技术产品生产制造基地，在国际高技术产业分工中占据重要地位。但在发展过程中，我国高技术产业还存在创新能力不强、技术密集度不高、经济效益欠佳等问题。如何提高我国高新技术产业的创新能力，使之在经济转型中发挥更大的作用，是产业界和学术界面临的亟待解决的问题。

近几年，已经有一些学者从区域和产业角度对我国的创新绩效进行了实证研究。从区域角度对我国创新效率问题进行研究的主要有：史修松等（2007）运用随机前沿函数分析方法，以省级区域为样本，测算并分析了中国区域创新效率及其空间差异①；李习保（2007）以职务发明专利申请量和授权量作为创新产出的指标，实证分析影响我国区域创新能力差异的效率因素②；郭国峰等（2007）通过构建知识生产函数模型，对我国中部六省技术创新能力的影响因素展开了分析③；杨晔（2008）采用因子分析法研究了各地区的企业技术创新能力并进行了综合性评价④。从产业角度对我国创新效率问题进行研究的主要有：张国强和冯涛（2007）通过对中国高新技术产业28个行业

① 史修松、赵曙东、吴福象：《中国区域创新效率及其空间差异研究》，《数量经济技术经济研究》2009年第3期，第45~55页。

② 李习保：《中国区域创新能力变迁的实证分析：基于创新系统的观点》，《管理世界》2007年第12期，第18~30页。

③ 郭国峰、温军伟、孙保营：《技术创新能力的影响因素分析——基于中部六省面板数据的实证研》，《数量经济技术经济研究》2007年第9期，第134~143页。

④ 杨晔：《我国各省市企业自主创新能力的综合评价——基于投入产出绩效视角的实证研究》，《财经研究》2008年第6期。

的面板数据分析，探讨了在具有不同行业特征条件下市场结构、R&D 投资与经济绩效三者之间的相互关系[①]；支燕（2009）利用随机前沿方法对我国电子信息业的技术创新绩效进行分析[②]；韩晶（2010）应用随机前沿函数对中国高技术产业创新效率进行了实证分析[③]。毋庸置疑，这些研究取得了一定的成果，为提升我国的创新能力提出了很多很好的建议。但是，这些研究普遍存在以下三个方面的不足：第一，在对创新产出的指标选择上，多数学者选择了新产品销售收入和专利申请数量作为产出指标进行研究。尽管学者普遍认为专利数量能够较好地反映创新产出，而且专利数据相对容易获得，统计也较方便。但专利在衡量创新产出时也有诸多缺陷，因为不是所有的创新都会注册为专利，申请专利的倾向也因企业规模的不同而存在较大差异。大企业通常依靠市场和技术的垄断地位来保护创新，而小企业更愿意申请专利以免其创新成果被拥有更多资源的企业侵犯（Comanor and Scherer，1969）[④]。这是未来研究中需要解决的问题。第二，在对创新投入的指标的选择上，多数学者没有考虑到知识存量，新知识的产生不仅依赖于研发经费和人员的投入，而且还高度依赖于现有的知识存量。第三，在对影响创新效率的因素的选择上，多数学者考虑的是市场结构、政府对创新活动的支持等因素的影响，这些因素对于考察不同国家的创新能力很重要，但对于同一个国家的不同产业来说，这些指标的差别已经不大。对于中国这样一个转型经济体来说，还需根据转型时期区域或者产业发展的特点来确定影响创新效率的因素。

鉴于此，本研究将力争在上述几个方面有所突破，建立分析模型对中国高技术产业创新能力进行评价，并对创新能力的影响因素进行探讨。文章的结构安排如下：第一部分是引言；第二部分简要分析转型时期中国高技术产业发展的特点；第三部分是模型设定和变量选择；第四部分是实证分析；最后是研究结论和政策建议。

---

① 张国强、冯涛：《市场结构、R&D 投资与经济绩效关系的经验研究——以我国高新技术产业为例》，《科技管理研究》2007 年第 12 期，第 42 ~ 47 页。

② 支燕：《创新能力、技术转化与创新绩效——来自我国电子信息业上市公司的实证》，《科学学与科学技术管理》2009 年第 3 期，第 96 ~ 99、131 页。

③ 韩晶：《中国高技术产业创新效率研究——基于 SFA 方法的实证分析》，《科学学研究》2010 年第 3 期，第 467 ~ 472 页。

④ Comanor, W. S., Scherer, F. M., 1969. "Patent Statistics as a Measure of Technical Change". *Journal of Political Economy*, 77: 392 - 398.

二 转型时期中国高技术产业发展的特点

加入 WTO 以来，我国通过积极参与经济全球化进程，高技术产业得到快速发展，规模跻身世界前列，但中国同发达国家不同，正处于经济体制转型期，是历史上的特殊时期，其高技术产业的发展与同时期发达国家高技术产业相比，有着明显的不同。

（一）研发活动明显加强

近几年，我国高技术产业 R&D 经费和人员投入增长迅猛，其中 R&D 经费从 2005 年的 362.5 亿元，迅速增加到 2010 年的 967.8 亿元，6 年增长了 1.7 倍，其中 R&D 人员从 2005 年的 17.3 万人（全时当量），快速增加到 2010 年的 39.9 万人，6 年增长了 1.3 倍（见图13－1）。

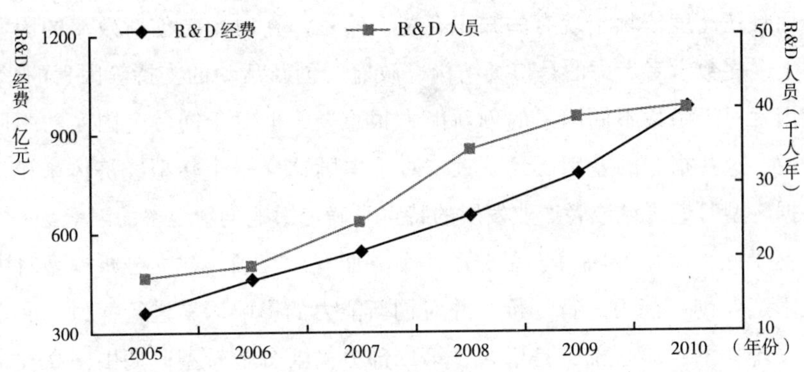

图 13－1 我国高技术产业 R&D 投入变化趋势（2005～2010 年）

在这些投入的带动下，我国高技术产业的 R&D 产出也增长迅速。从发明专利的申请数来看，2005 年，我国高技术产业发明专利的申请数还不足 1 万件，而到 2010 年，已经达到 3.5 万件，年均增长 29.7%。这种增长速度在发达国家也是绝无仅有的。与此同时，我国高技术产业拥有的有效专利数也直线上升，到 2010 年超过 5 万件（见图 13－2）。

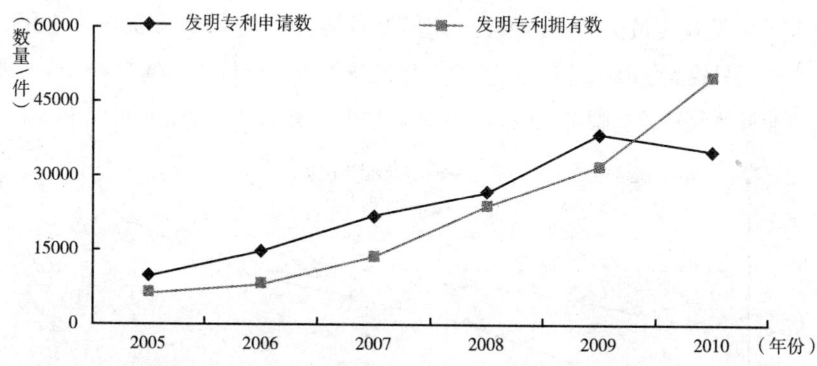

图 13-2　我国高技术产业发明专利申请数和拥有数变化趋势（2005~2010 年）

（二）高技术产业的 R&D 强度较低，发展的效率仍然不高

技术密集度高是国际上对高技术产业进行界定的一个基本标准，技术密集度明显高于或数倍高于全部制造业平均值的那些行业才被界定为高技术产业。R&D 经费强度是反映技术密集程度的一个重要指标，美国、德国、法国、英国等发达国家高技术产业 R&D 强度均为制造业平均水平的 3 倍或 4 倍以上，相比之下，2010 年我国高技术产业 R&D 强度（1.3%）只有制造业（0.62%）的 2 倍左右，远远低于上述国家（见图 13-3）。这表明我国高技术产业技术密集程度很低，企业的创新能力仍然处在较低水平。

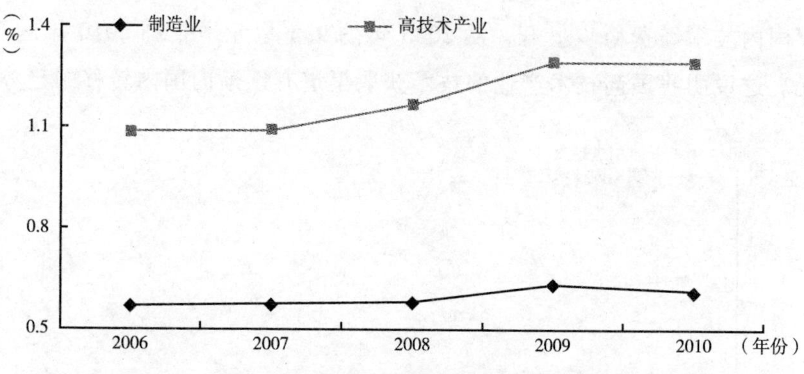

图 13-3　我国高技术产业 R&D 强度变化趋势（2006~2010 年）

由于我国高技术企业始终没有摆脱低技术的特征，虽然生产的是高技术产品，但仍主要以加工为主，产业规模的扩大更多地依靠制造和装配环节的扩大。

2010 年，制造业全员劳动生产率为人均 72.64 万元，比 2005 年提高了 1 倍，而高技术产业只提高了 0.32 倍，并且 2010 年高技术产业全员劳动生产率已经开始低于制造业整体水平，反映了我国高技术产业的生产效率提升缓慢（见图 13 -4）。

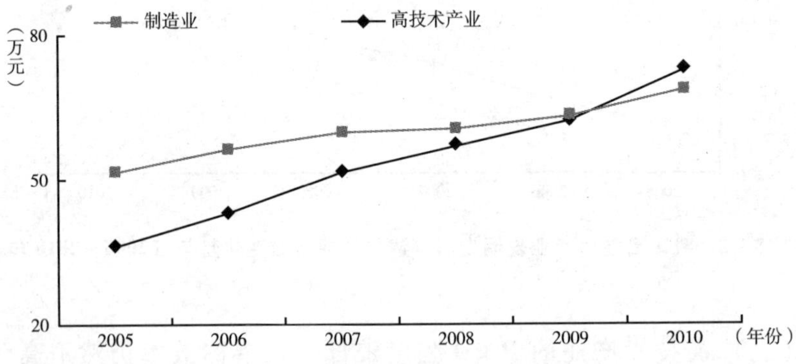

图 13 -4　我国高技术产业和制造业劳动生产率变化趋势（2005 ~ 2010 年）

（三）技术获取渠道逐渐向国内转移

我国高技术产业的外部技术获取渠道主要包括国外技术和购买国内技术。2005 ~ 2010 年，我国高技术产业的技术引进经费经历了一个由低到高，又由高走低的过程。2007 年我国高技术产业的技术引进经费达到 130 亿元的历史高点，随后不断降低，到 2010 年只有 68.8 亿元，几乎是 2007 年的一半，比 2005 年还低 16 亿元（见图 13 -5）。与此同时，我国高技术产业购买国内技术经费稳步上升，从 2005 年的 9.5 亿元增长到 2010 年的 21.3 亿元。这说明我国高技术产业的技术获取渠道有逐渐向国内转移的趋势。

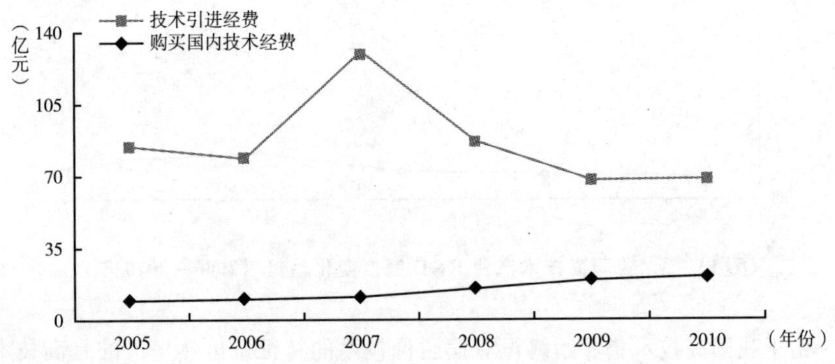

图 13 -5　我国高技术产业技术引进和购买国内技术经费变化趋势（2005 ~ 2010 年）

三　研究方法和数据

创新是一个知识生产和商业化的过程，因此考察产业的创新能力可从知识生产函数（Knowledge Production Function，KPF）入手。知识生产函数最初是 Griliches（1979）在利用生产函数估算 R&D 对于经济增长的贡献时提出来的[①]。后来经过 Jaffe（1989）完善后形成了 Griliches-Jaffe 知识生产函数模型[②]。知识生产函数把创新投入和创新的产出联系起来，对知识生产函数的研究可以探明知识生产的动力、性质及其影响因素，促进知识生产和创新。大量实证研究结果发现，作为一个经验模型，知识生产函数确实存在，而且在知识和创新研究中是一个很好的统计模型，并在国家层面和产业层面为大多数经验研究所证实（Anselin 等，1997；Blind 和 Grupp，1999；Bode，2004）[③]。Griliches-Jaffe 知识生产函数的柯布道格拉斯（Cobb Douglas）形式为：

$$K_i = RD_i^{\alpha} Z_i^{\delta} e_i \tag{13-1}$$

式（13－1）中，K 为创新产出，RD 为 R&D 投入，Z 为一系列影响创新产出的因素，譬如知识存量等，e 为随机扰动项，i 为决策单元（本研究为高技术产业中的各行业）。

鉴于专利数量在衡量创新产出方面的缺陷，在本研究中我们使用新产品开发项目数和新产品销售收入来衡量创新产出。根据《中国科技统计年鉴》的定义，新产品是指“采用新技术原理、新设计构思研制、生产的全新产品，或在结构、材质、工艺等某一方面比原有产品有明显改进，从而显著提

① Griliehes, Z. , 1979. “Issues in Assessing the Contribution of Research and Development to Productivity Growth”. *Bell Journal of Economics*, 10: 92－116.

② Jaffe, A. B. , 1989. “Real Effects of Academic Research”. *American Economic Review*, 79 (5): 957－970.

③ Anselin, L. , Varga, A. , Acs, Z. J. , 1997. “Local Geographic Spillovers between University Research and High Technology Innovations”. *Journal of Urban Economics*, 42: 422－448; Blind, K. , Grupp, H. , 1999. “Interdependencies between the Science and Technology Infrastructure and Innovation Activities in German Regions: Empirical Findings and Policy Consequences”. *Research Policy*, 28 (5): 451－468; Bode, E. , 2004. “The Spatial Pattern of Localized R&D Spillovers: An Empirical Investigation for Germany”. *Journal of Economic Geography*, 4: 43－64.

高了产品性能或扩大了使用功能的产品”。新产品既包括那些已经申请专利的新产品，也包括那些尚未申请专利的新产品。使用新产品开发项目数可以克服各产业因专利申请趋向差异而导致的估计偏差。另外，为了弥补新产品开发项目数无法衡量创新对经济增长的直接贡献，我们还将用新产品销售收入来衡量创新产出。需要说明的是，如果只用新产品销售收入来衡量创新产出也不妥，因为不同行业的市场规模不一样，新产品销售收入大并不一定就意味着该行业的创新能力就强。所以最好将这两个指标结合起来使用。

相对于创新产出的衡量而言，创新投入的衡量相对比较容易。针对知识生产的特点，除了常用的 R&D 经费和 R&D 人员两种创新投入外，我们还将知识存量作为知识生产的重要投入要素，这是因为知识存量反映了一个产业或一个地区的知识生产状况和技术创新的发展潜力，也是测度产业或区域创新能力的关键所在。知识存量的测算至今没有统一的标准，本研究借鉴 Acs 等（2002）的做法，用有效发明专利数来度量知识存量①。

对于影响创新产出的因素，结合转型经济体的特征，我们 D 考虑技术引进经费、购买国内技术经费和企业规模三个因素。在发达国家，创新主要是通过 R&D 活动来实施的，而在一个转型经济体中，创新更重要的是建立在技术学习上，主要是通过对外部技术的吸收而不是自主的研发努力（Gil 等，2003）②。此外，关于企业规模对创新产出的影响，尽管不同学者有不同的见解，有的认为小企业的创新效率更高，有的认为大企业的创新效率更高，但都认为这种影响是存在的。本研究采用行业内平均每个企业的产值来衡量高技术产业中的企业规模。

运用传统回归分析方法估计知识函数的一个缺陷是假定生产都是一直在生产前沿上进行，而现实经济中大部分生产者常常偏离于最优生产计划，存在着无效率项。识别无效率项的方法通常包括两类：参数方法和非参数方法。其中非参数方法主要是数据包络分析法（data envelopment analysis），这种方法通过线性规划构建生产前沿面，使用距离函数得到生产单元的效率，

---

① Acs, Z. J., FitzRoy, F. R., Smith, I., 2002. “High-technology Employment and R&D in Cities: Heterogeneity vs Specialization”. *The Annals of Regional Science*, 36 (3): 373 - 386.

② Gil, Y., Bong, S., Lee, J., 2003. “Integration Model of Technology Internalization Modes and Learning Strategy: Globally Late Starter Samsung's Successful Practices in South Korea”. *Technovation*, 23: 333 - 347.

其优点是无须假定特定的生产函数形式，也无须对所研究样本的非效率分布做先定假设，但是它的一大缺陷是假设没有随机误差影响产出。参数方法主要是随机前沿函数法（stochastic frontier analysis），基本思路是将实际生产单元与前沿面的偏离分解为随机误差和无效率误差两项，使用计量的方法对前沿生产函数进行估计。相对而言，随机前沿函数法有更稳固的经济理论基础，可以剥离随机误差所可能造成的潜在影响，而且可以为判断模型拟合质量提供各种统计检验。因而，在本研究中我们运用随机前沿模型对知识生产函数进行估计。随机前沿模型最早由 Aigner 等（1977）、Meeusen 和 Broeck（1977）提出，后由 Jondrow、Battese 和 Coelli 等学者对其进行了不断地拓展和发展，提高了随机前沿模型的灵活性和适用性①。根据 Battese 和 Coelli（1995）关于随机前沿生产函数的定义，我们设定如下形式的随机前沿知识生产函数模型②：

$$y_{it} = \alpha^{o} \cdot RDK_{it}^{\alpha 1} \cdot RDL_{it}^{\alpha 2} \cdot KS_{it}^{\alpha 3} \cdot exp(v_{it} - u_{it}) \tag{13-2}$$

$$v_{it} \sim N(0, \sigma_v^2) \tag{13-3}$$

$$u_{it} \sim TN(m_{it}, \sigma_v^2) \tag{13-4}$$

$$m^{it} = \delta_0 + \delta_0 TIF_{it} + \delta_1 TID_{it} + \delta_2 ES_{it} \tag{13-5}$$

式中 *RDK* 为 R&D 经费投入，*RDL* 为 R&D 人员投入，*KS* 为知识存量，用拥有有效发明专利数来衡量，v_{it}为随机观测误差，其分布服从正态分布，且独立于 u_{it}，u_{it}为无效率误差，服从均值为 m_{it}，方差为 σ_v^2 的截尾正态分布。m_{it}被表示为一组影响因素的线性组合。其中，*TIF* 表示技术引进经费、*TID* 表示购买国内技术经费，*ES* 表示企业规模。

由于随机前沿函数相对于传统估计方法的优势在于其对无效率项的考虑，那么如何判断随机前沿函数的有效性呢？如果模型中不存在无效率项或者无效率项不明显，则采用传统方法更为合适。根据 Battese 和 Corra（1977），可

① Aigner, D., Lovell, C. A. K., Schmidt, P., 1977. "Formulation and Estimation of Stochastic Frontier Production Function Models". *Journal of Econometrics*, 6 (1): 21 - 37; Meeusen, W., van den Broeck, J., 1977. "Efficiency Estimation from Cobb-Douglas Production Functions with Composed Error". *International Economic Review*, 18: 435 - 444.

② Battese, G. E., Coelli T., 1995. "A Model of Technical Inefficiency Effects in Stochastic Frontier Production for Panel Data". *Empirical Economics*, 20: 325 - 332.

以用变差系数来判断前沿函数模型的有效性，变差系数定义为①：

$$\gamma = \frac{\sigma_u^2}{\sigma_u^2 + \sigma_v^2}, 0 \leq \gamma \leq 1 \tag{13-6}$$

当γ接近于1时，说明无效率项在生产单元与前沿面的偏差中占主要成分，此时采用前沿函数模型就是合适的；若接近0，说明随机误差是主要成分，此时采用传统估计方法即可。

模型通过有效性检验后，可通过下式计算出创新效率的估计值(Kumbhakar和Lovell，2000)②：

$$IE_{it} = E\{exp(-u_{it}) \mid (v_{it} - u_{it})\} \tag{13-7}$$

本研究的数据来源于《中国统计年鉴》及《中国科技统计年鉴》。根据国家统计局相关统计指标，我国高技术产业分为医药制造业、航空航天器制造业、电子及通信设备制造业、电子计算机及办公设备制造业和医疗设备及仪器仪表制造业5个大类，17个小类。本研究采用的是各小类行业的数据，将每个小类行业视作一个决策单元。研究时间跨度为2005~2010年。各变量的描述统计量如表13-1所示。

表13-1 变量描述性特征

	最大值	最小值	均值	标准差
新产品销售收入(万元)	42748772.60	37857.00	6742440.14	8750481.42
新产品开发项目数(万个)	9316.00	57.00	2179.94	2162.41
R&D经费(万元)	3047068.40	14160.00	382918.57	491888.58
R&D人员(人·年)	98637.00	341.00	16845.96	19518.94
拥有专利(件)	23979.00	2.00	1428.87	3040.46
技术引进经费(万元)	335532.00	0.00	50658.77	76498.78
购买国内技术经费(万元)	222193.00	0.00	10357.91	24574.96
企业规模(亿元/户)	64.48	0.44	4.06	9.72

① Battese, G. E., Corra, G. S., 1977. "Estimation of a Production Frontier Model: with Application to the Pastoral Zone of Eastern Australia". *Australian Journal of Agricultural Economics*, 21 (3): 169-179.

② Kumbhakar, S. C., Lovell, C., 2000. *Stochastic Frontier Analysis*. Cambridge University Press, Cambridge, UK.

四 实证结果和分析

（一）模型估计结果

本研究使用的计量分析软件是 FRONTIER 4.1，在估计中以上所有变量均取自然对数值。这样的处理不仅可以降低离群值对估计结果的影响，而且估计系数具有弹性系数的意义。此外，投入产出的滞后期问题是在模型估计中必须面对的问题，大多学者在研究 R&D 直接产出（如专利申请数）时，滞后期设定为 1 年；如果研究 R&D 投入对经济增长的贡献，则滞后期设定为 2 年。遵从上述惯例，本研究以新产品销售收入为创新产出指标时，滞后期设定为 2 年，在以新产品开发项目数作为创新产出指标时，滞后期设定为 1 年。表 13－2 给出了不同设定条件下的估计结果。

表 13－2 模型估计结果

变量	新产品开发项目数			新产品销售收入		
	系数	标准差	T 值	系数	标准差	T 值
影响函数边界的因素						
常数项	0.57993	0.92501	0.62694	5.04503 **	2.43261	2.07392
RDK	0.40839 **	0.18123	2.25345	1.41651 *	0.25939	5.46102
RDL	0.20830 **	0.20996	1.99205	0.71739 *	0.22210	3.22998
KS	0.11571 **	0.06575	1.75985	0.02347	0.11030	0.21274
影响效率的因素						
常数项	0.97835	0.62917	1.55498	4.28012 *	1.49926	2.85482
TIF	－0.03579	0.03065	－1.16755	－0.14040	0.13325	－1.05366
TID	－0.12382 *	0.03564	－3.47410	－0.21459	0.19943	－1.07600
ES	0.34534 *	0.10922	3.16196	－0.78163 ***	0.65169	－1.29939
模型的检验及其他设定						
变差系数	0.82484	0.11044	7.46872	0.89179	0.08528	10.45677
滞后期	1			2		
样本数	85			68		

注：*、**、*** 分别代表参数估计值在 1%、5% 和 10% 水平上显著。

表 13－2 的倒数第三行给出了根据随机前沿模型估计结果算出的变差系数值，可以看出，无论在何种假设条件下，相当一部分的方差可以归因于效

率因素。这为本研究使用随机前沿分析模型提供了一个有力的证据。

从表 13－2 还可以看出，新产品开发项目数与 R&D 经费、R&D 人员以及知识存量显著相关，但是新产品销售收入却只和 R&D 经费、R&D 人员显著相关，与知识存量的相关性不明显。造成这种差异的一个可能原因是，中国高技术产业 R&D 成果的质量不高，很多专利可以用来作为进一步开展 R&D 活动，并产出专利，但这些成果中成功实现商业的比例较小。此外，从系数的大小来看，假定其他变量不变，R&D 经费投入增加 1%，新产品开发项目数和销售收入分别增加 0.41% 和 1.42%；R&D 人员增加 1%，新产品开发项目数和销售收入分别增加 0.21% 和 0.72%。研发投入的直接产出系数高，而最终产出系数低，这在一定程度上印证了前文所提到的我国高技术产业的扩张更多的是一种低技术水平的规模扩张，经济增长的质量没有得到相应水平的提高。

在影响高技术产业创新效率的因素中，无论是以新产品开发项目数还是以新产品销售收入来衡量创新产出，技术引进经费的系数估计值均为负数，但不显著，表明在考察期内国外技术引进对我国高技术产业的创新能力的影响不大。造成这种现象的一个可能的原因是，相比其他产业而言，发达国家对发展中国家高技术的封锁更严厉，因此国内高技术产业从国外技术引进中的获益十分有限。

在以新产品开发项目数衡量创新产出时，购买国内技术经费系数的估计值为负，并且非常显著。表明购买国内技术经费支出越高，无效率水平的均值越低，创新效率也就越高。这说明高技术产业外的国内研发机构的 R&D 成果对高技术产业 R&D 活动起到了明显的促进作用。在以新产品销售收入衡量创新产出时，购买国内技术经费的系数估计值为负，但在统计意义上并不显著，表明高技术产业引进的国内技术对其最终的创新产出没有明显的影响。这个结果也在一定程度上说明了我国高技术企业重引进，轻消化吸收和转化。

在以新产品开发项目数衡量创新产出时，企业规模系数的估计值为正，并且非常显著。表明高技术产业中企业规模对创新产出有负面的影响。在以新产品销售收入衡量创新产出时，企业规模的估计值为负，并且显著，表明高技术产业中企业规模越大，其创新产出越高。这个结果初看起来比较让人费解，但与我们的观察其实并不矛盾，国内规模大的企业对 R&D 的忽视是一个普遍的问题，但是他们可以通过其市场控制力，在少量的创新上获得更多的经济收益。

（二）创新效率比较

根据模型的估计结果，我们可以方便地计算出 17 个行业每年创新效率的估计值（见表 13－3、表 13－4）。

表 13－3　创新效率估计值（以新产品开发项目数衡量创新产出）

行业	2006 年	2007 年	2008 年	2009 年	2010 年	平均
化学药品制造业	0.732	0.661	0.807	0.791	0.622	0.723
中成药制造业	0.706	0.617	0.750	0.714	0.447	0.647
生物、生化制品的制造业	0.426	0.475	0.702	0.664	0.274	0.508
飞机制造及修理业	0.575	0.642	0.497	0.463	0.447	0.525
航天器制造业	0.222	0.391	0.172	0.077	0.046	0.181
通信设备制造业	0.210	0.223	0.386	0.442	0.199	0.292
雷达及配套设备制造业	0.592	0.541	0.503	0.398	0.484	0.504
广播电视设备制造业	0.711	0.270	0.570	0.487	0.185	0.445
电子器件制造业	0.534	0.707	0.746	0.706	0.392	0.617
电子元件制造业	0.898	0.724	0.827	0.763	0.594	0.761
家用视听设备制造业	0.688	0.679	0.634	0.506	0.495	0.600
其他电子设备制造业	0.374	0.321	0.808	0.474	0.272	0.450
电子计算机整机制造业	0.250	0.136	0.142	0.110	0.555	0.239
电子计算机外部设备制造业	0.235	0.247	0.324	0.279	0.372	0.291
办公设备制造业	0.152	0.310	0.293	0.307	0.180	0.248
医疗设备及器械制造业	0.314	0.357	0.685	0.619	0.227	0.440
仪器仪表制造业	0.698	0.721	0.894	0.852	0.456	0.724
平　均	0.489	0.472	0.573	0.509	0.367	0.482

从表 13－3 可以看出，若以新产品开发项目数衡量创新产出，电子元件制造业、仪器仪表制造业和化学药品制造业的创新效率相对其他产业具有明显的优势，这可能与中国这些行业较早融入全球价值链，从而在全球竞争中得到历练密切相关。而航天器制造业平均创新效率是最低的，创新效率只有 0.181，与创新效率最高的电子元件制造业创新效率 0.761 相比，相差近 58%。电子计算机整机制造业的创新效率也比较低，而这些都是关乎国家产业安全的重要行业，可见，提高高技术产业创新能力仍然是任重道远。

从高技术产业创新效率的动态发展来看，2006～2010 年中国高技术产业创新效率一直在低位徘徊，2008 年高技术产业创新效率达到阶段顶点，随后又直线下降，这可能与 2008 年爆发的国际金融危机有一定的关系。整体看来，中国高技术产业创新效率增长乏力，产业创新效率仍然有很大的提升空间。

表 13－4 创新效率估计值（以新产品销售收入衡量创新产出）

行业	2007 年	2008 年	2009 年	2010 年	平均
化学药品制造业	0.591	0.695	0.743	0.730	0.690
中成药制造业	0.387	0.444	0.507	0.563	0.475
生物、生化制品的制造业	0.381	0.627	0.573	0.312	0.473
飞机制造及修理业	0.776	0.762	0.369	0.404	0.578
航天器制造业	0.038	0.104	0.067	0.064	0.068
通信设备制造业	0.833	0.825	0.878	0.846	0.846
雷达及配套设备制造业	0.551	0.231	0.149	0.375	0.326
广播电视设备制造业	0.531	0.400	0.481	0.305	0.429
电子器件制造业	0.721	0.767	0.800	0.729	0.754
电子元件制造业	0.726	0.619	0.738	0.770	0.713
家用视听设备制造业	0.694	0.710	0.777	0.733	0.729
其他电子设备制造业	0.590	0.869	0.781	0.520	0.690
电子计算机整机制造业	0.905	0.884	0.809	0.874	0.868
电子计算机外部设备制造业	0.865	0.866	0.670	0.894	0.824
办公设备制造业	0.804	0.480	0.385	0.681	0.587
医疗设备及器械制造业	0.264	0.444	0.445	0.174	0.332
仪器仪表制造业	0.691	0.828	0.801	0.613	0.733
平　均	0.609	0.621	0.587	0.564	0.595

从表 13－4 可以看出，若以新产品销售收入衡量创新产出，电子计算机整机制造业、通信设备制造业和电子计算机外部设备制造业的创新效率相对其他产业具有明显的优势，这可能与中国这些产业的巨大消费市场密切相关。航天器制造业平均创新效率是最低的，创新效率只有 0.068，与创新效率最高的电子计算机整机制造业创新效率 0.868 相比，相差近 80%。可见，我国航天器制造业研发成果的产业化还面临着巨大的障碍。

无论是以新产品销售收入衡量创新产出还是以新产品开发项目数衡量创新产出，我国高技术产业创新效率的变动轨迹是一致的。

五　结论与政策建议

高技术产业的创新能力决定着一个国家国际竞争力的高低及其在世界经

济中的分工地位，也是发展中国家实现经济转型的重要途径。本研究应用随机前沿知识生产函数模型对转型时期我国高技术产业创新效率进行了实证分析。研究结果结论表明，2005～2010年：①相对于R&D经费和人员投入，知识存量对我国高技术产业创新的作用不突出。②国外技术引进对我国高技术产业的创新能力的影响不明显。③国内技术引进对我国高技术产业R&D产出起到了明显的促进作用，但经济效益不明显。④我国高技术产业中企业规模对创新能力有负面的影响。

上述研究结论对我国高技术产业的发展有着重要的政策启示。

第一，由于发达国家的技术封锁，国外技术引进对高技术产业的促进作用远不如一般的制造业。随着中国经济的国际地位的不断提高，发达国家对中国的技术封锁将会进一步加剧，尤其在高技术产业的关键技术上。因此，在提高我国高技术产业创新能力的过程中，要以自主研发为主，技术引进为辅。这就要求国家R&D经费投入应进一步向高技术产业，尤其是战略性高技术产业的创新优势企业倾斜，以增强其创新能力和国际竞争力，使其在国际产业分工和全球经济格局中占据制高点。

第二，针对我国高技术产业发展质量偏低的问题，我国应改变那种注重以高技术产业产值来衡量地区经济转型的做法，加紧研究和制订科学的指标体系，引导地方政府更加注重高技术产业的发展质量，改变那种在推动经济转型的过程中，将高技术产业作为政府新的“政绩工程”的现象。此外，还要创新良好的市场环境，对垄断进行规制，让真正有价值的研究成果能在市场上获得相应的收益。同时，要大力培育各类中介机构，建立将重大技术推向市场转化为利润的完整商业模式，弥补我国广泛存在的技术突破后的商业缺位，提高企业进行技术创新的积极性，这样才能真正从源头上解决我国高技术产业R&D成果不高和产业发展质量偏低的问题。

第三，“国内技术引进对我国高技术产业R&D产出起到了明显的促进作用，但经济效益不明显”，这说明我国企业的技术转让与合作，确实有助于推动企业间的技术研发与应用。国内企业的技术转让由于不存在技术壁垒，因此企业可以通过技术转让与合作，真正使得企业关键技术的合作研发具有实际效率，这也进一步说明，在企业间建立产业技术创新联盟是可取的，是在政府引导下加速企业技术融合、解决制约产业和行业发展的关键共性技术难题的一条行之有效的途径。但另一方面，经济效益不明显，说明在企业技术创新联盟的后端运营方面还存在巨大的提升空间，除了完善商业运营模式外，在行业关键共性技术研发获得突破后，如何协调不同类型的企业在行业关键共性技术的基础上分工协作开展更具商业价值的应用技术与实用研发也是很重要的。这可以保证在同一产业技术创新联盟内，企业对各自占主导地位的产品技术的定位与研发可以根据本产业的产品价值链进行合理的分工，有规划地对产品市场进行战略布局和分割。而在这一过程中，市场机制是主体决定因素，政府只起到一定的引导作用，在市场和政府之间可能发挥更大作用的也许是行业协会等中介组织，这也正是中国在未来需要大力培育和发展的推动创新的第三种力量。

第四，从“我国高技术产业中企业规模对创新能力有负面的影响”这一分析结论，我们初步可以得到两种判断：一是由于我国规模以上的高技术企业大多为国有大中型企业，这再一次说明了国有企业的体制障碍一直是阻碍企业创新能力发挥的一个重要因素，国有大中型企业的创新动力不足，一直是中国当前在经济转型以及体制改革中的一个突出问题。如何建立有效的激励机制激发国有企业的创新动力，是摆在当前改革和转变经济发展方式中一个非常突出的问题，需要引起有关部门的高度重视，也可以说是关系到转变发展方式成败的关键因素之一。二是进一步说明了中小高新技术企业在经济结构调整和发展方式转变过程中的地位和作用。如何保护中小高新技术企业的创新热情，提高他们的创新能力，将是未来中国经济发展方式转变是否能够成功实现的一个重要保障。我国中小企业为数众多，由于规模小，转型相对容易，转型的机会成本也相对低些。这也更加说明，当前把政策的重点放在解决中小企业融资难题、提高中小企业创新能力上的政策取向是正确的，是需要保持一定的政策持续性的。

第五，通过上述分析，我们认为，在未来相当长的时期内，还应当继续坚持和深化推动自主创新、建设创新型国家的发展战略，把提高企业自主创新能力摆在突出位置，进一步加大以企业为主体的 R&D 投入力度，推动新技术的自主研发，抓住全球技术变革的良机，抢占高技术前沿，推动中国企业向全球价值链高端迈进，通过高新技术产业创新能力的提升带动经济结构调整和经济发展方式的转变。同时，要通过政策引导，推动产学研的结合，激励技术成果向市场价值的转化，提升企业对技术成果的产业化能力和水平。要采取多种模式加快技术孵化，创新商业运营模式提升高技术产业的市场附加值，把技术创新、金融创新、产业创新与商业模式创新紧密结合起来，形成政策合理，有效提升我国高技术产业的整体创新能力，为加快经济发展方式转变发挥好科技创新的支撑和引领作用。

最后，需要说明的是，本研究仍然存在一些有待改进的地方。在确定影响创新效率的因素时，由于数据的可得性，仅仅只考虑了国内、外技术引进和企业规模三个因素，忽略了产业的市场结构、利润率等其他方面的一些因素。从这个意义来讲，本研究的结论具有一定的限制，这些问题有待我们在未来的研究中加以克服和改进。

参考文献

史修松、赵曙东、吴福象：《中国区域创新效率及其空间差异研究》，《数量经济技术经济研究》2009 年第 3 期，第 45 ~ 55 页。

李习保：《中国区域创新能力变迁的实证分析：基于创新系统的观点》，《管理世界》2007 年第 12 期，第 18 ~ 30 页。

郭国峰、温军伟、孙保营：《技术创新能力的影响因素分析——基于中部六省面板数据的实证研》，《数量经济技术经济研究》2007 年第 9 期，第 134 ~ 143 页。

杨晔：《我国各省市企业自主创新能力的综合评价——基于投入产出绩效视角的实证研究》，《财经研究》2008 年第 6 期。

张国强、冯涛：《市场结构、R&D 投资与经济绩效关系的经验研究——以我国高新技术产业为例》，《科技管理研究》2007 年第 12 期，第 42 ~ 47 页。

支燕：《创新能力、技术转化与创新绩效——来自我国电子信息业上市公司的实证》，《科学学与科学技术管理》2009 年第 3 期，第 96 ~ 99、131 页。

韩晶：《中国高技术产业创新效率研究——基于 SFA 方法的实证分析》，《科学学研究》2010 年第 3 期，第 467 ~ 472 页。

Comanor, W. S., Scherer, F. M., 1969. "Patent Statistics as a Measure of Technical Change". *Journal of Political Economy*, 77: 392 - 398.

Griliehes, Z., 1979. "Issues in Assessing the Contribution of Research and Development to Productivity Growth". *Bell Journal of Economics*, 10: 92 - 116.

Jaffe, A. B., 1989. "Real Effects of Academic Research". *American Economic Review*, 79 (5): 957 - 970.

Anselin, L., Varga, A., Acs, Z. J., 1997. "Local Geographic Spillovers between University Research and High Technology Innovations". *Journal of Urban Economics*, 42: 422 - 448.

Blind, K., Grupp, H., 1999. "Interdependencies between the Science and Technology

Infrastructure and Innovation Activities in German Regions: Empirical Findings and Policy Consequences". *Research Policy*, 28 (5): 451 - 468.

Bode, E., 2004. "The Spatial Pattern of Localized R&D Spillovers: An Empirical Investigation for Germany". *Journal of Economic Geography*, 4: 43 - 64.

Acs, Z. J., FitzRoy, F. R., Smith, I., 2002. "High-technology Employment and R&D in Cities: Heterogeneity vs Specialization". *The Annals of Regional Science*, 36 (3): 373 - 386.

Gil, Y., Bong, S., Lee, J., 2003. "Integration Model of Technology Internalization Modes and Learning Strategy: Globally Late Starter Samsung's Successful Practices in South Korea". *Technovation*, 23: 333 - 347.

Aigner, D., Lovell, C. A. K., Schmidt, P., 1977. "Formulation and Estimation of Stochastic Frontier Production Function Models". *Journal of Econometrics*, 6 (1): 21 - 37.

Meeusen, W., van den Broeck, J., 1977. "Efficiency Estimation from Cobb-Douglas Production Functions with Composed Error". *International Economic Review*, 18: 435 - 444.

Battese, G. E., Coelli T., 1995. "A Model of Technical Inefficiency Effects in Stochastic Frontier Production for Panel Data". *Empirical Economics*, 20: 325 - 332.

Battese, G. E., Corra, G. S., 1977. "Estimation of a Production Frontier Model: with Application to the Pastoral Zone of Eastern Australia". *Australian Journal of Agricultural Economics*, 21 (3): 169 - 179.

Kumbhakar, S. C., Lovell, C., 2000. *Stochastic Frontier Analysis.* Cambridge University Press, Cambridge, UK.

（赵志耘　译）

第十四章
中国经济增长对其水资源的影响
——基于区域性多部门评估

杨 红 张卓颖 石敏俊

引 言

过去四十年随着经济飞速发展，中国在国家发展上取得了举世瞩目的成就，人民的生活水平也得到很大的改善。然而，水资源匮乏以及水质恶化的问题在不断加剧。在1980～2010年间，中国的总用水量从4437亿立方米增至6022亿立方米，增长了35.8%（Liu and Chen，2001；MWR，1997－2010）。在同一时期，工业和家庭污水排放总量翻了一番。

总体而言，中国水资源的状况不容乐观。目前我国人均水资源占有量仅为世界人均占有量的四分之一。水资源时空分布不均匀也加重了水质恶化问题。中国大部分的水资源都集中在南方，而土地辽阔的北方水资源所占份额较小。中国的气候主要是以东亚季风气候为主，每年降雨量主要集中在夏季，其他季节的降雨量几乎可以忽略不计。从20世纪80年代末开始，缺水现象就在中国许多区域出现，特别是北方地区。近些年缺水现象不仅加剧，覆盖的范围也扩大了。据报道，在一些北方城市，旱季时供水量仅能满足需求的70%。在600个大中城市中，超过一半的城市供水不足，其中超过100个城市正经历着严重的水荒（Jiang，2009）。水资源匮乏导致人民生活困难，经济也失去活力。在许多北方城市，水资源匮乏已经成为经济继续增长的瓶颈。由于水资源是有限的，经过重新分配农业用水被调至城市部门，这让北方许多区域的农业灌溉面临巨大压力。粮食生产非常依赖灌溉，这样一来农业部门将面临着更大的挑战——以更少的用水量来生产更多的粮食。同时，用来维持健康环境和生态系统功能的用水不得不减少，以优先考虑经济部门的用水需求。

随着缺水现象的加剧，水资源污染和环境恶化也在全国范围内出现。目前，在东部地区许多河流和湖泊的水质都低于V级，这就意味着水污染非常严重，已经不能提供给任何部门使用。恶化的水质又进一步加剧了水荒。在华北平原，大多数的河流现在不是完全干涸就是季节性干旱。而那些还有水的河流也都受到严重的污染，无法被使用。

自20世纪90年代末开始，中国水资源匮乏和水污染问题引起了越来越广泛的关注。政府陆续出台了许多措施以增加水供给减少水需求。然而这仍然没有扭转严峻的形势，在很多地方水问题甚至进一步恶化。中国糟糕的水资源状况也引起了人们对于水资源和环境可持续发展的思考。中国如何处理水资源匮乏和水污染的问题将会影响到中国经济的长期发展。

由于中国同世界各地的贸易关系越来越紧密，中国水资源的问题也同样引起了全球的关注。两国之间的国际贸易需要虚拟水的流动，虚拟水是指在贸易产品生产的过程中所使用的水量（Allan，1997；Yang and Zehnder，2007）。通过贸易而流入的虚拟水减少了居民生活用水的压力，不过虚拟水的流出则增加了这种压力。作为“世界工厂”，中国用了很大一部分水来生产出口的产品。目前从总体来看，中国是一个净“虚拟水出口国”，也就是说，出口产品生产过程中的用水量要大于进口产品所节约的水量。中国缺水现象的加剧可能影响到其国际贸易，而国际贸易是中国自20世纪70年代以来经济飞速发展的一个重要支柱。

当中国努力实施有效的措施来缓解水资源匮乏和水污染问题时，清晰地认识到水资源状况及其对中国经济发展的影响也非常重要。相关问题包括：还有多少水资源是可以利用的，不同的区域水质又是如何？有多少水资源在被使用，目的又是什么？哪个经济活动是污染水资源的罪魁祸首？中国国际贸易在多大程度上影响其水资源的利用？本研究将会一一解答这些问题。

中国水资源水量和水质的状况

水资源及其空间分布

中国的可再生水资源年平均量约为28120亿立方米，包括地表水和地下水（MWR，1997－2011）。用这个水量除以中国2010年总人口数13.3亿，那么平均供水量则达到了约每人2100立方米。这个数值约占世界平均水平的四分之一，是美国的六分之一。因此以世界标准来看，中国可以说是一个贫水国家。

从地理上看，中国水资源可以分为九大流域/区域：长江流域、黄河流域、海河滦河流域、淮河流域、松花江流域、珠江流域、东南诸河流域、西南诸河流域及内陆河流域（见表14－1）。水资源空间上的分布非常不均。黄河流域、海河滦河流域和淮海流域（下文称3H区域）拥有平均每年300～700立方米的水资源——这远远低于由Falkenmark（1995）定义的“水稀缺”的阈值——每年1700立方米。中国内陆地区主要是以干旱及半干旱气候为主，极其缺乏水资源。在这里，人均水资源占有量比较大，主要原因在于这一区域地广人稀。西南诸河流域拥有丰富的水源，一些国际河流就发源于此，包括湄公河（Mekong，在中国地区水域称为澜沧江）、萨尔温江（Thanlwin，在中国地区水域称为怒江）及布拉马普得拉河（Brahmaputra，在中国地区水域称为雅鲁藏布江）。不过，由于地理上的阻碍以及共享水域所涉及的国际政治敏锐性，西南地区大部分的水资源中国不能使用。

表14－1　水资源利用率和主要流域取水量（2006年）

各大流域	人均可用水资源（立方米/人）	可利用水资源（10亿立方米）	用水量（10亿立方米）	用水量/可利用水资源（%）
松花江流域	1704	172.07	64.38	37.42
海河滦河流域	358	29.75*	37.00	124.37
黄河流域	749	61.06	46.67**	76.43
淮河流域	505	89.06*	63.97	71.83
长江流域	2388	839.60	197.04	23.47
珠江流域	3327	453.62	87.68	19.33
东南诸河流域	2962	173.52	34.36	19.80
内陆河流域	5270	132.34	64.13	48.46
西南诸河流域	31914	594.44	11.18	1.88
全　国	2100	2475.52	596.52	24.10

*该数据包括从海河流域流到淮河流域的水量。

**该数据包括从黄河流域流出的水量。

资料来源：MWR（1997到～2011）。

用水量和可利用水资源之比是用水资源利用强度的一个指标，也是判断用水量对生态系统压力大小的指标。40%是凭经验预估的比率，一般作为用水临界的一个基准（Alcamo et al. 1999）。比率越高，从可利用水资源中取水的压力越大，取水越依赖生态系统。表14－1表明了中国主要流域的用水量和可利用水资源之比。

国际建议的用水量/可利用水资源比率为40%，这能保证用水的可持续性，然而目前海河、黄河和淮河的用水量/可利用水资源比率过高，这意味着这些流域承载着过多的用水压力。海河流域的这一比率约为124%，说明这一流域的取水量远远大于其本身的蓄水量。其原因主要是华北平原对于深层非可再生水资源的开采，而这种深水资源则来源于少量淡化海水。因此，地下水位以惊人的速度不断下降，华北地区的水资源渐渐枯竭。据估计，在过去20年华北平原地下水的累计透支已经超过了900亿立方米（Yang and Zehnder, 2005）。地下水枯竭则会造成严重的后果，包括地面沉降、海水侵袭以及生态系统功能丧失。由于取水量达到了过高的水平，北方地区许多河流以其支流面临着前所未有的恶劣生态状况。黄河已经变成了季节性河流，在20世纪90年代常常断流（MWR，1997～2011）。

水质状况

过去40年随着中国经济快速发展，其水质也在不断恶化。在中国，水质被分为5种类型，分别为“好”（I，II，III级）和“差”（IV，V或V+级）。

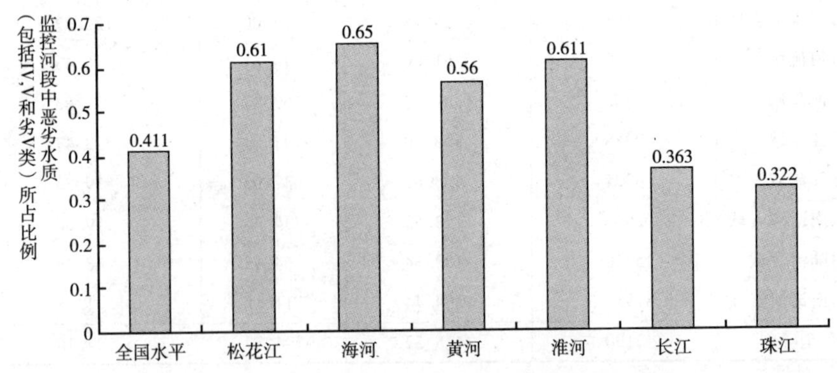

图14－1　2010年中国重要河流监测水段的水质

资料来源：MWR（1997～2011）

从图 14 - 1 可以看出中国水质的特点，在监测水段中恶劣水质占比较大。从整个国家来看，目前超过 40% 的河段水质很糟。在中国北部，所有重点河流（其监控水段水质为差的比例已经超过 60%）都存在严重的水质恶化。在南部的长江流域和珠江流域，超过 30% 的监控水段水质较差。水质状况指出了中国所面临的严峻形势：水量缺乏及水质恶化相互作用，加强了彼此的负面影响。

值得指出的是，自 20 世纪 90 年代起中国水质问题引起了广泛关注，政府也将更多的投资用于废水处理设施的建设。然而，迄今为止却没取得显著成果。在许多地区，水质仍然在不断恶化，尤其是南部河流的水质恶化引起了更多的关注。在过去的 20 年里，长江流域和珠江流域呈现出明显的水质恶化趋势（MWR，1997 - 2011）。

当河流中的水质变差时，湖水的水质总体上会变得更糟糕，这是因为湖水的水循环缓慢，而且湖泊周边都集中着很多污染源。在中国 44 个主要湖泊中，56% 的湖泊水质只有 IV，V 和 V + 级别。整个太湖的水质低于 III 级。在滇池和巢湖，水质甚至低于 V 级。过去的十年，政府将大量的投资用于改善太湖、滇池和巢湖的水质状况，然而仍收效甚微（MWR，1997 - 2011）。

不同部门用水量及用水价值的变化

不同部门的用水趋势

快速的经济发展同持续的人口增长催生了不断增长的用水需求。图 14 - 2表明了 1980 ~ 2010 年不同部门用水量的变化。

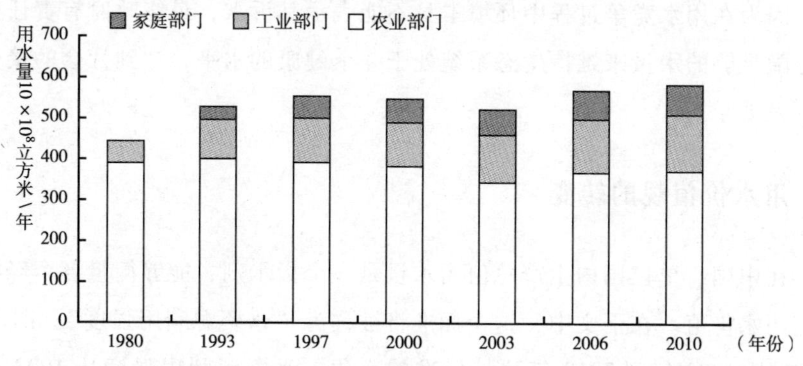

图 14 - 2　1980 ~ 2010 年工业、家庭（居民）及农业部门的用水趋势

资料来源：Liu 和 Chen（2001）；MWR（1997 ~ 2011）。

1980～2009年，中国的总用水量增长了34%。然而这些增加的用水量完全来自工业部门和居民部门。工业部门的用水量从457亿立方米增长至1391亿立方米，增长了3倍。居民部门的用水量也迅速提升，从68亿立方米增至748亿立方米，增长了11倍。与此相反的是，农业用水减少了5%，从3912亿立方米降至3723亿立方米。近190亿立方米的农业用水被重新分配，供给工业部门和居民部门使用。

尽管农业用水量减少了，但中国灌溉区域的总面积却增长了34%，从4489万公顷增长至6035万公顷（国家统计年鉴）。农业灌溉用水效率得到了提高。灌区平均用水从8240立方米/公顷（549立方米/亩）降至6280立方米/公顷（417立方米/亩）。华北平原率先实现突破，目前的灌溉用水量为3000～4000立方米每公顷。据报道，在北京用水效率已升至0.8（*China Daily*，2011）。但是在其他的大部分区域，灌溉用水效率仍然很低。在黄河上游及中游区域和西北地区，这一比率低于0.5。因此，提高灌溉用水利用率的潜力可以说很大。

近些年，人们已经开始关注为环境分配（保留）水资源。不过，对于需要多少水量来维持健康的生态系统各方面仍然存在着困惑或不同意见。部分原因在于测量生态系统用水比较复杂，另一方面生态系统用水的需求同社会对水生环境质量的要求有很紧密的关系，而且正如环境库涅兹曲线所描述的那样（Jia et al. 2006），社会对水生环境质量的要求也会随着经济发展而变化。尽管想要决定环境最佳用水量很困难，不过我们可以很清楚地看到，随着各经济部门对于用水量的竞争，北方区域河流的水量日趋下降所剩无几。因为在用水竞争过程中环境本身不能表示其诉求，最终政府有责任来保证分配足够的水量来维持生态系统处于一个健康的水平，达到社会的接受程度（及要求）。

用水价值观的转变

在中国，单位国内生产总值用水量是一个指示剂，能够衡量各个经济部门的用水价值。在下文中，这个标准将被称为“水资源利用强度”。图14－3表明从1993年到2010年这一标准的变化。水资源利用强度从1993年的771立方米降至2010年的382立方米。在工业部门，这一数值从363立方米降至230立方米（注意GDP数值来自基于2000年固定物价计算数列，即假设以2000年为基准年）。

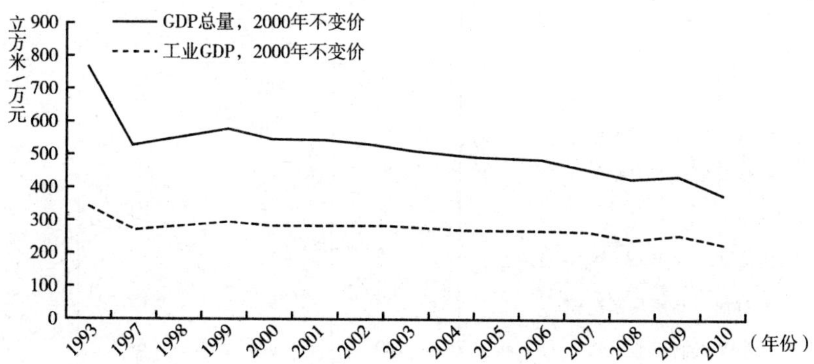

图 14－3　1993～2010 年各部门单位国内生产总值用水量

资料来源：1993 年数据来源于刘 陈（2001）。其他数据来源于中国各年统计年鉴。

对独立经济部门量化水资源利用强度非常复杂，因为部门间的投入产出关系使得各部门用水量相互联系。例如，在纺织工业中生产一个产品的用水也许部分来自农业部门，因为农业部门提供了原材料。因此，独立部门的用水价值能够由直接用水系数（direct water-use coefficient，以下简称 DWUC）和总用水系数（total water-use coefficient，以下简称 TWUC）来说明，这两个数值都是以测量总水资源利用强度的方式得到。DWUC 反映了生产链最后一步的直接水资源利用强度（一个企业或工厂的运作阶段），而 TWUC 则反映的是生产链整个过程的用水——例如，从棉花生产到最后成品（一条牛仔裤）的过程。因此，它也被称为“用水系数的生命循环”。DWUC 是测量部门水资源利用强度的传统方式，但是它并不反映用于最终产出的总用水量，这是因为大量的水用在了上游的供给链上。所以，TWUC 为用水情况提供了一个更全面的了解。基于中国省际 2002～2007 年投入产出表及私营经济部门的用水配额，能够估算出 DWUC 和 TWUC。为简单起见，完整的产业分类被压缩为 20 个部门。表 14－2 表明了 2002～2007 年的 DWUC 和 TWUC 估计值。

表 14－2　2002～2007 年的用水系数

单位：立方米/万元

部门		2002 年		2007 年	
		DWUC	TWUC	DWUC	TWUC
1	农业	1582	2068	924	1181
2	煤炭开采及其加工业	38	268	22	140
3	食品及烟草加工业	39	991	23	523
4	纺织业	37	652	21	520
5	服装业	7	543	4	306
6	木材加工及家具制造业	3	543	2	279
7	造纸及纸制品业	109	506	64	320
8	石油加工业	30	257	18	144
9	化工业	58	417	34	239
10	非金属矿采选业	27	351	16	184
11	金属冶炼及金属制品业	49	386	29	217
12	机械及设备制造业	6	270	3	152
13	交通设备业	7	291	4	147
14	电子设备及电信设备业	4	246	2	140
15	其他制造业	6	288	3	165
16	电力、燃气及水的生产和供应业	985	1250	575	840
17	建筑业	5	271	3	159
18	批发零售贸易及客运业	48	226	28	124
19	餐饮酒店业	206	785	120	441
20	其他服务业	28	196	16	114

资料来源：Zhang 等（2011，2012）。

DWUC 和 TWUC 的区别在于有些部门比较小，有些却比较大，这反映了每个部门生产链中不同的用水特征。总之，“农业”和“电力、燃气及水的生产和供应业”是直接用水为主的部门，这可以通过 DWUC 值占 TWUC 的较高比例看出来。相反的是，大多数制造业部门非直接用水量很大。在“食品与烟草加工业”、“服装业”、“木材加工及家具制造业”、“机械及设备制造业”、“交通设备业”、“电子设备及电信设备业”中，超过 95% 的用水都是以间接的形式使用，也就是说，在最终环节前的加工环节用水。例如，服装业在2002年的DWUC是7立方米/万元，TWUC是543立方米/万元。这就意味着其99%的用水都发生在产业的上游供应链环节。

无论是2002年还是2007年，农业部门都有着最高的水资源利用强度，农业TWUC在2002年为2068立方米/万元，2007年则为1181立方米/万元。第二名是电力、燃气及水的生产和供应业，它在2002年的TWUC为1250立方米/万元，2007年为840立方米/万元。其他几个TWUC比较高的部门分别是“食品及烟草加工行业”、“纺织业”及“餐饮酒店业”，它们都是间接用水为主的行业。其上游供应链担负了主要的用水，通常都是农业部门生产原材料时的用水。

同2002年相比，2007年时所有的部门在DWUC和TWUC上都有显著的下降。下降的程度主要为20%～50%，这表明，2007年每单位产品所用的水量大幅下降。TWUC下降幅度最大的部门为“木材加工及家具制造业”、“交通设备”、“煤炭开采及其加工业”和“非金属矿采选业”，下降幅度分别约为49%、49%、48%和48%。然而，DWUC和TWUC的下降幅度并不足以抵消由于过大生产而增加的耗水量。全国范围的总用水量从2002年的5497亿立方米增长至2007年的5818亿立方米。

水污染的主要来源

水污染的来源主要为：工业、家庭排放污水及农业非点源污染物（例如化肥、农药、农业加工残留物等）。根据官方的统计，污水排放仅仅包括工业和家庭排放污水。在工业部门，污水排放的统计只计算县级及以上的企业。乡镇及以下级别的企业不包括在内。根本没有农业用水污染的任何信息，部分原因在于农业非点源污染很难测量。图14－4表明了1981～2010年来自工业部门和居民部门污水排放的趋势。

在这几年里，工业污水排放量并没有发生很大的变化，但居民污水排放量却迅速增长。在20世纪80年代，工业污水是污水排放的主要来源。而从90年代开始，居民污水排量放就超过了工业部门，成为污水排放的主要来源。工业和居民污水排放中，只有一部分经过处理达到了国家污水排放质量标准。根据中国官方统计数据，在工业部门达到污水排放标准的比例已经在稳步地增长。目前，近92%的工业污水排放达到了国家标准（各年国家统计年鉴），然而，污水排放及污水处理比例数

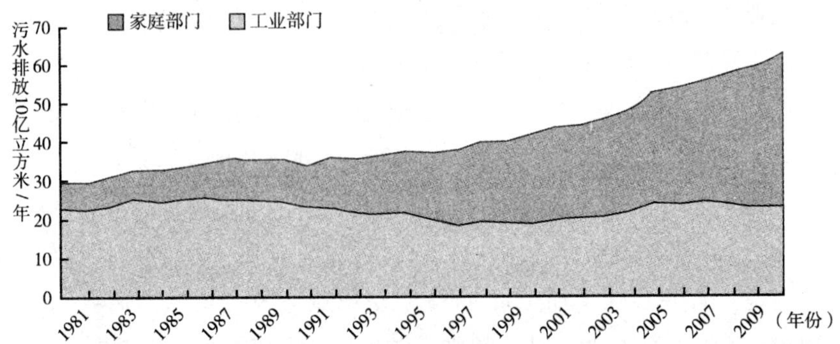

图 14－4　1981～2010 年工业（县级以上企业）及家庭（居民）污水排放趋势

资料来源：各年国家统计年鉴。

据由地方政府机构提供，所以很有可能少报了这些数据，因为官方数据少报的动因很大，特别是在当地污水排放远远低于排放标准的情况下。事实上，无论是工业部门还是居民部门，其污水处理率都可能非常低。

除此之外，由于很难测量农村企业的污染排放量，所以官方数据并没有涵盖这部分污染排放。必须指出的是，即使不算这些企业排出的污水量，工业水污染的情况还是不容乐观。乡村企业的共同特征就是规模小技术低，由于排放未经处理污染严重的废水，乡村企业往往声名狼藉。

一般来说，工业废水往往会经过系统处理才排放入排水沟，而家庭污水则不然，它需要集中且就地处理，或者流到中央污水处理厂。事实上，家庭污水缺乏集中处理点和处理设备或空间，而且通常污水处理业务的经济回报很低，因此，大部分的家庭污水不经处理直接流入贮水池中。在小城市，未处理的家庭污水比重高达 90%（环保部，SEPA，2010）。

废水排放强度也会因工业部门的不同而有所差异。从表 14－3 可以看出主要工业污水排放比较严重的部门。在全国层面上，表 14－3 中的各部门占全国工业总产值的 34%，然而，它们却产生了占工业污水排放总量 71% 的污水。污水排放强度最高的部门分别是采矿业、纺织业、造纸业和化工相关行业。值得注意的是，农村小企业都高度集中在这几个部门，这些企业排放的未处理的污水对水质的影响非常大。这或许部分说明了一个情况：我们观察到的水质往往比官方数据所说的更为严重。

表 14－3　2010 年主要污染部门及它们的产值

部　门	行业废水排放	行业总产值	废水/产值
	万吨	亿元	立方米/亿元
煤炭开采和洗选业	80235.5	16404.27	48.91
非铁金属矿石开采及加工业	37307.31	2814.67	132.55
农业、食品加工业	143837.66	27961.03	51.44
食品制造业	52699.09	9219.24	57.16
纺织业	239115.6	22971.38	104.09
皮草业及相关行业	24964.32	6425.57	38.85
造纸及纸制品行业	392604.14	8264.36	475.06
化学原材料及化学产品行业	297061.66	36908.63	80.49
医药行业	52718.39	9443.3	55.83
化纤业	43854.81	3828.32	114.55
金属冶炼及加工业	125978.31	42636.15	29.55
总　值	1490376.79	186876.92	
平均值			79.75
占全国总比重	71%	34%	

资料来源：各年统计年鉴。

中国国际贸易对其水资源的影响

国际贸易需要虚拟水的流动——也就是用于生产贸易产品的水。一方面中国制造的产品布满全球，另一方面中国大部分地区持续出现愈来愈严重的水压力。因此，中国货物和服务贸易对其水资源的影响足以证明政府应该仔细审查用水状况。在本研究中我们用了 2002～2007 年 30 个省市（除西藏）投入产出表来研究此问题。

部门评估

部门间的虚拟水贸易都已经在整个生产链中量化，不再只是最后环节测量虚拟水量，也就是说，在广度上虚拟水可以用来同上文估计的 TWUC 值作对比。这样一来，独立部门最终产品的总用水量能够得到很好地反映。与贸易产品相关的虚拟水包括了中间产品生产所使用的水（往往来自其他部门）——主要来自初始的部门。从表 14－4 可以看出与中国国际贸易相关的预估虚拟水流量。

表 14－4　2002～2007 年各部门虚拟水贸易

单位：百万立方米

部门		2002 年			2007 年		
		虚拟水出口	虚拟水进口	虚拟水净出口	虚拟水出口	虚拟水进口	虚拟水净出口
1	农　业	7080	10247	－3167	18212	21137	－2925
2	煤炭开采及其加工业	273	27	246	678	123	555
3	食品及烟草加工业	5595	2783	2812	7288	5137	2151
4	纺织业	11644	829	10815	6329	313	6016
5	服装业	8375	700	7675	19392	1363	18029
6	木材加工及家具制造业	2833	469	2364	5239	402	4837
7	造纸及纸制品业	3446	785	2661	4928	753	4175
8	石油加工业	499	1536	－1037	1139	3167	－2028
9	化工业	6635	4107	2528	10430	4653	5777
10	非金属矿采选业	1383	390	993	2170	434	1736
11	金属冶炼及金属制品业	4059	2321	1738	13278	4493	8785
12	机械及设备制造业	2286	5858	－3572	6085	6990	－905
13	交通设备业	1344	1337	7	3735	1334	2401
14	电子设备及电信设备业	12575	5011	7564	32067	10028	22039
15	其他制造业	2802	1761	1041	1532	736	796
16	电力、燃气及水的生产和供应业	60	3193	－3133	1325	7090	－5765
17	建筑业	124	89	35	481	2352	－1871
18	批发零售贸易及客运业	6449	375	6074	5074	1431	3643
19	餐饮酒店业	1749	18	1731	1184	291	893
20	其他服务业	3430	1765	1665	2067	2229	－162
总　计		82641	43601	39040	142633	74456	68177

资料来源：Zhang 等（2011，2012）。

整个中国是一个虚拟水净出口国。据估计，年虚拟水净输出在 2002 年达到 390.4 亿立方米，在 2007 年达到 681.8 亿立方米。也就是说，在这五年内虚拟水输出增长了 74%。与此同时，之前所提及的总用水量也以此趋势增长。鉴于这五年间国际贸易的扩大，独立部门用水效率的提高并不能抵消增加的输出到国外的虚拟水。

在本次研究中的 20 个部门中，只有农业、石油加工业、机械及设备制造业及公共事业虚拟水净输入。剩下的部门全为虚拟水净输出。纺织业、服装行业、电子设备及电信设备业、批发零售贸易及客运业、金属冶炼及金属制品业是五大主要虚拟水净输出部门，它们的虚拟水净输出量占到了全国总量的85%以上。这些部门也是中国的主体行业，为中国成为“世界工厂”做了很大的贡献。

值得注意的是，食品及烟草加工业、纺织业和服装业都是典型的农业下游产业，也就是说它们都会使用农业产出的原材料。尽管农业部门是虚拟水净出口部门，但其下游产业却不是。这种状况说明农业部门进口的虚拟水，通过下游产业的商品贸易再次出口了。

虚拟水净出口部门主要集中在以下产业：纺织业、服装业、电子设备及电信设备业。这些部门是典型的劳动密集型行业，雇用了很多农民工。在用水方面，纺织业和服装业的TWUC值很高，是用水相当多的部门。而这些行业往往分布在缺水地区，诸如天津、河北和山东。因此在缺水省份，国际贸易对水资源的影响更为显著。

国际贸易除了对水量有影响之外，它同样对水质也有影响。食品及烟草加工业、纺织业、服装业、造纸及纸制品业和金属冶炼及金属制品业的污水排放量在工业污水排放总量中占了很大的比例（见表14－3）。小规模低技术的乡村企业大多都集中在这些行业里。因此，中国在出口大量虚拟水的同时，还在不断加重自身的水污染。

地区评估

中国每年水资源总量为28120亿立方米，虚拟水净出口量为每年682亿立方米，约为总量的2.4%。由于地理上的约束，中国大部分的水资源不能为贫水地区所用，因此中国国际贸易对水资源的影响非常大，尤其是当我们在区域层面上看待这个问题的时候。在水资源极其短缺的黄淮海（HHH）地区，由于虚拟水的出口，有5.1%的水资源消失了。

2007年中国总用水量约为5260亿立方米（2008年统计年鉴）。虚拟水净出口量占了总用水量的11.5%（见表14－5）。在水资源极其短缺的黄淮海地区，总用水量中约有7%为虚拟水出口。在这个区域，天津是水资源极其匮乏的城市，它的虚拟水出口已达到总用水量的63%。在北京和山东，这一比例分别为17.9%和20%。这一数据表明，中国经济得益于其“世界工厂”（McKay and Song，2010）的地位，然而它在水资源和环境方面付出了高昂的代价，特别是在北方地区。

表 14－5　2007 年不同地区水资源（WR）、用水量（WU）及虚拟水净出口量（NVWE）

地区	省份	NVWE	NVWE/WR	NVWE/WU
		百万立方米	%	%
华北	北京、天津、河北、山西、山东、河南	5240	5.1	6.9
东北	辽宁、吉林、黑龙江	378	0.3	0.7
东中部	上海、江苏、浙江、安徽、江西、湖北、湖南	21662	3.5	10.8
南部	福建、广东、广西、海南	26044	5.2	25.7
西南	重庆、四川、贵州、云南	423	0.1	0.8
西北	内蒙古、陕西、甘肃、青海、宁夏、新疆	14429	5.6	14.2
全国		68176	3.1	11.5

资料来源：水资源和用水量数据来自 2008 年国家统计年鉴，NVWE 的数据来自 Zhang 等（2012）。

需要平衡社会和自然之间的用水量

中国水资源典型的问题是水量不足、水质较差。中国经济高速发展，城市化取得一定成果，人口在增长，与此同时水供给和需求之间的矛盾也在加剧。预计未来恶劣的气候变化也会给中国水荒造成重击。

管理不善是造成中国水问题的重要因素之一。因此，为了缓解中国缺水问题，改善水资源管理至关重要。要想解决中国水问题，就需要全面综合且科学的方法，并且要和各部门协调并长期付诸行动。近些年，为了促进经济长期的发展、恢复水生生态系统功能，中国已经在努力改善水源管理。

中国正在努力改善制度体系来调节取水用水。水利部直属的各大河流水利委员会已经被赋予更大的权力，它们能够处理与水文循环一致的在流域边界限定内的水资源行政管理事务。一些流域已经渐渐实施了曾发布的用水许可。在这方面，黄河水利委员会（YRCC）起到了很好的带头作用。目前，黄河水分配计划正在有力地执行，不仅做到了总量控制，也做好了跨省污水排放监督。近几年，专家对黄河流域提出了所谓的“节水投资和水权流转措施”，它主要关注从农业到工业的水资源再分配。由于从缺水流域获取更多的水一直非常困难，工业用水需求的增长量不得不与农业部门转移水量持平。鉴于灌溉用水效率普遍比较低，节水被认为是最可能的手段（Yang and Jia，2008）。国家鼓励各行业尤其是大型企业向现有的灌溉计划节水工程投资，从而交换权利来使用这些节省的水。这一方法被视为一个双赢方案，能够解决缺水地区用水效率低和缺水的问题。然而到现在为止，所有的水权转让都是在各个省内执行，跨省水权转让还没有实现。总之，各省份都不愿意放弃它们手中应得的水份额。部分原因在于跨省水权转移的管理复杂性增大。更重要的是，在中国许多地区对水荒的认识仍需要一个长期的过程，每个省份都想将自己所持有的水份额用在自己区域的经济发展上。水权转让仍处在发展的初期，它对促进用水效率的规模和整体效果拭目以待。

自20世纪90年代开始，强调以经济激励为基础的方法——以水价和污水处理费为典型——来努力构建一个节水型社会。由于在主要河流中适合开展节水工程的地点已经用完，同时北方河流抽水量非常高的区域也所剩无几，增强供水则显得愈加困难，且代价高昂。实施经济激励的方法就能让市场来调节水资源的供需。不断增长的水价是所有经济部门看到的一个总的趋势。然而，定价机制却没能有效地在一个可持续发展总水量中控制用水上限。在许多地方，总用水量在继续增长，而水污染也在不断恶化。这种境况意味着我们需要用综合的方法（包括经济和非经济的措施）来解决水资源缺乏和水污染的问题，而这些问题通常都是相互关联的。

自20世纪90年代开始，环境用水和生态系统用水已经得到越来越多的关注。用来估计生态用水需求量的标准常常是主观的。河流平均流量的30%通常都被用作保持健康的水生生态系统的需水量经验法则。正如上文所述，在北方河流中，取水量与总水量的比例全都超过了70%，这就意味着仅剩不到30%的水用于生态维护。在海河流域，这一比例超过了100%，基本没有给环境留下一滴水。有趣的是我们注意到，关于华北地区河流中需要满足生态系统用水需求的争论一直是决定南水北调工程建设的一个重要因素（Yang and Zehnder，2005）。

中国政府面对着水资源短缺和水污染这样巨大的挑战，一直在对用水和污水排放实施更加严格的控制。2012年1月，国务院发布了一个“红头”文件（3号文件），专门设定了几个水资源控制红线。到2030年，总用水量将维持在7000亿立方米，而2010年这一数值约为6000亿立方米。水资源利用强度将降至40立方米（GDP以2010年价格为基准）。农业灌溉用水效率将从现在的 0.5 提升至 0.6 以上。水质将达到 95% 水体为“良好”(SC, 2012)。在完成这些目标之前仍然要面临很多挑战。这就要求建立负责的水资源管理评估体系、良好的监管系统、投资机制、法律法规、执法机构和社会监督。中国能否成功地实现这些目标尚无定论。

结论

无论按照水量（相对于人口基数）还是空间分布，中国的水资源禀赋都不容乐观。由于工业化和城市化的快速发展，水污染也因减少了可用水而加剧了实物的稀缺。在许多地区，水资源短缺已经成为当地经济发展的瓶颈，而水污染却对人类身体健康造成越来越大的危害，也威胁着环境的可持续发展。中国作为低附加值、用水资源利用强度高的产品主要输出国，一直在不断出口大量的虚拟水，同时也在不停地向自己排放严重超标的污水。

中国用水效率低，这伴随着普遍的资源利用低效率，其经济增长也依赖于扩大资源供给。这就需要一个综合方案，其中涵盖经济（如水的定价）和非经济的措施。有了综合方案，就能够同时解决水资源短缺和水污染问题。将经济增长同不断增加的用水量和水污染分离，这对经济长期发展非常重要。一个地区的经济结构调整考虑到当地水资源禀赋，这将有利于减少缺水地区在有限水资源上的压力。同样，建立授权机构也十分重要，这能保证必要措施的有效执行，从而推动水资源管理。

水资源缺乏和水污染是非常棘手的问题。中国如何面对这些挑战将对其经济的长期发展和环境可持续发展至关重要。鉴于其在世界经济中的中心地位，中国在应对这些问题上的成功程度对于世界其他地区来说将有重大的影响。

参考文献

Alcamo, J., Henrichs, T. and Rosch, T., 1999, World water in 2025. Global modeling and scenario analysis for the World Commission on Water for the 21st century, Kassel World Water Series Report 2, University of Kassel, Germany.

Allan, J. A. , 1997, ‘Virtual water: a long term solution for water short Middle Eastern economies?’, Occasional paper, Water Issues Group, School of Oriental and African Studies, London.

China Daily, 2011, Boost in capital's water efficiency, http://www.chinadaily.com.cn/cndy/2011-04/28/content_12409302.htm.

Falkenmark, M. , 1995, ‘Land-water linkages-a synopsis. Land and water integration and river basin management’, FAO Land and Water Bulletin, no. 1, pp. 15-16.

Jia, S. F. , Yang, H. , Zhang, S. F. , Wang, L. and Xia, J. , 2006, ‘Industrial water use Kuznets Curve: evidence from industrialized countries and implications for developing countries’, Journal of Water Resources Planning and Management, vol. 132, no. 3, pp. 183-191.

Jiang, Y. , 2009, ‘China's water scarcity’, Journal of Environmental Management, vol. 90, pp. 3185-3196.

Liu, C. M. and Chen, Z. K. , 2001, China Water Resources Status Assessment and Supply and Demand Trend Analysis, China Hydro-Engineering Publishing House, Beijing.

McKay, H. and Song, L. , 2010, ‘China as a global manufacturing powerhouse: strategic considerations and structural adjustment’, China and World Economy, vol. 18, no. 1 (February), pp. 1-32.

Ministry of Water Resources (MWR), 1997-2011, Water Resources Bulletin, Ministry of Water Resources, Beijing, http://www.chinawater.net.cn.

Shen, D. J. , 2010, ‘Climate change and water resources: evidence and estimates in China’, Climate Change and Water Resources, vol. 98, no. 8, pp. 1063-1128.

State Council of China (SC), 2012, State Council Proposal for Implementing the Most Strict Water Resources Management Systems, State Council of China, Beijing, viewed 15 February 2012, http://www.mwr.gov.cn/slzx/slyw/201201/t20120119_312981.html.

State Environmental Protection Administration (SEPA), 1994, China Environmental Statistical Data Compilation. 1981-1990, China Environmental Science Publishing House, Beijing.

State Statistical Bureau (SSB), various years, China Statistical Yearbook, China Statistics Press, Beijing.

State Statistical Bureau (SSB), 2008, Regional Input-Output Table of China, 2002, China Statistics Press, Beijing.

State Statistical Bureau, 2009, Input-Output Table of China, 2007, China Statistics Press, Beijing.

Yang, H. and Jia, S. F. , 2008, ‘Meeting the basin closure of the Yellow River in China’, International Journal of Water Resources Development, vol. 24, no. 2, pp. 265-274.

Yang, H. and Zehnder, A. , 2007, ‘“Virtual water”: an unfolding concept in integrated water resources management’, Water Resources Research, vol. 43, doi: 10.1029/2007WR006048.

Yang, H. and Zehnder, A. J. B. , 2005, 'The South-North Water Transfer Project in China: an analysis of water demand uncertainty and environmental objectives in decision making', Water International, vol. 30, no. 3, pp. 339 – 349.

Zhang, Z. Y. , Shi, M. J. , Yang, H. and Chapagain, A. , 2012, 'An input-output analysis of trends in virtual water trade and the impact on water resource and uses in China', Economic Systems Research, vol. 23, no. 4, pp. 431 – 446.

Zhang, Z. Y. , Yang, H. and Shi, M. J. , 2011, 'Analyses of water footprint of Beijing in an interregional input-output framework', Ecological Economics, vol. 70, pp. 2494 – 2502.

（李娜 译）

第十五章
中国在全球搜寻能源安全：为何利益如此攸关？

张中祥*

概 论

自全球开始关注气候变化相当长一段时间以来，中国一直是仅次于美国的世界第二大碳排放国。按照八、九十年代的趋势，美国能源信息署（USEIA 2004）估计中国二氧化碳的排放直到 2030 年才有可能赶上美国。然而，中国的能源使用量飙升，从 2000 年到 2007 年几乎翻了一番。尽管实际经济增长率相同，但在此期间中国能源使用增长率是 20 世纪八、九十年代的两倍多（NBS 2009）。其结果是，中国在 2007 年就已成为世界最大碳排放国，而不是像 2004 年预计的要到 2030 年才能赶上美国。

面对严峻的环境污染问题与健康风险，还有温室气体排放和其导致的气候变化，中国的最大挑战在于如何在保持经济快速增长的同时控制能源消费与二氧化碳的排放（Zhang 2010a，2011c）。中国面临的另外一个巨大挑战是随着经济快速发展，石油进口大幅增加，导致碳排放增加。这极大地引发对中国能源安全的担忧，因为其快速增长的石油进口主要来自政治不稳定的地区，并且运输要途经中国没有影响力的漫长海上航线。鉴于全球石油市场非常不稳定，中国的石油需求增量又使任何一个国家都相形见绌，因而中国

* 复旦大学经济学院“千人计划”特聘教授。

如何应对其不断增长的能源安全问题就成了全球关注的焦点。在此背景下，中国在全球寻求资源，尤其是石油和天然气，得到了前所未有的全球范围内的关注和审视。部分原因是中国自己高级别、积极的国家外交以及国有石油企业在主要石油和天然气出口地区开展的收购。但依笔者之见，更重要的原因则是国内外误解中国对能源安全的追寻，而不断将中国能源安全问题政治化。在中国国内，这些误解涉及美国主导对中国的石油封锁以及中国误以为投资海外石油油田就能帮助其提高能源安全。西方政治言论把中国努力获取海外能源供应描述为主要威胁。此言论进一步加剧中国对国际石油市场的不信任，从而激发中国对获取发展所需石油可能受阻的恐惧。在国外，对中国政策性银行的运作及石油和天然气贷款有广泛的错觉和误解。中国的贷款常常被误认为要求借款人在合约期间以预定的价格向中国出售固定数量的石油，这样当合同期内石油价格上涨时，中国就可以获得意外收入。

本章的目的是在于“去政治化”地看待中国在全球寻求能源资源的争议，并把有关这个问题的讨论放在相应的背景下。为此，本章首先划分中国能源结构的主要特点，并讨论为什么中国能源安全在很大程度上等同于石油安全。接下来本章着重分析对美国主导对中国的石油封锁、中国政策性银行及其石油和天然气贷款、中国投资海外石油和天然气在中国全球搜寻能源资源中的作用等存在的错觉和误解。本章最后提出更具建设性的结论。

能源安全在中国意味着什么？

如果对中国的能源结构没有深入的了解就不能更好地理解中国的能源安全问题。本节将中国的能源结构的主要特点进行分类，并讨论为什么中国能源安全在很大程度上等同于石油安全。

主要依赖于国内能源资源

中国能源主要靠国内供应。即使是在20世纪50年代几乎所有的石油都靠进口，97%的能源供应仍然来自国内资源（Zhang 1998）。中国的能源平衡并没有受到第一次世界石油价格上升的影响。中国的确是一个能源消费大国。随着经济的快速增长，能源消耗增加，中国现在成为对进口石油的依赖程度越来越高的世界上最大的能源消费国。但与此同时，中国也是世界上最大的能源生产国。2010 年，国内一次能源生产量为 29.6 亿吨标准煤，国内能源消费总量为 32.5 亿吨标准煤（Hua 2011），国内供应提供了中国能源消费总量的 91% 左右，这意味着中国对国外能源的依赖（即一个国家能源进口与总消费的比）约为 9%。随着进一步扩大国内供应能力的各种政策和投资的付诸实施，中国未来将继续主要依靠国内供应来满足其日益增长的能源需求。

严重依赖煤炭作为主要能源来源

一个国家的燃料和技术的选择在很大程度上取决于其资源禀赋和相对价格。中国有丰富的煤炭资源（BP 2011）。丰富的煤炭供应和其低于其他环境友好替代品的价格使中国主要能源需求比其他任何主要经济体更多地依赖于煤炭。作为世界上最大的煤炭生产国和消费国，2010 年中国煤炭生产和消费是世界排名第二的美国的两倍左右，几乎占全球煤炭消费量的一半（USEIA 2011a）。几十年来，煤炭一直占中国一次能源消费量的三分之二以上。今后相当一段时期，中国的能源结构仍将以煤为主（IEA 2010，2011；Zhang 1990）。

日本至少从 1975 年起就一直是世界上最大的煤炭进口国，2011 年中国取代日本成为世界最大煤炭进口国。这引发了人们对中国是否能满足自己的煤炭需求的担忧。在笔者看来，这是一种过度解读。2011 年，中国进口了 1.824 亿吨煤炭，与中国的煤炭消费总量相比这是非常小的。中国成为煤炭最大进口国可以归因于一些特殊因素。在日本方面，2011 年 3 月 11 日日本福岛核电厂事故导致电力短缺。再加上日元升值，钢铁企业遏制生产，导致焦煤需求疲软。此外，9.0 级地震损坏了日本东北部海岸的燃煤电厂，导致日本用于发电的动力煤进口减少。在中国方面，由于对用于发电和水泥生产的煤炭需求旺盛，国内煤炭生产成本上升，因此，从国外进口煤炭对那些远离国内煤炭生产基地的地区特别有吸引力（Tsukimori 2012）。

天然气进口量将上升，但没有石油的情况令人担忧

自 2006 年以来，中国一直是天然气进口国。随着能源消费总量上升，中国的天然气进口量也将增加。到 2020 年，中国希望国内的天然气产量能增至一年 1500 亿 ~1800 亿立方米，而进口量将达到每年 1200 亿 ~1500 亿

立方米（Oxford Analytica 2012）。即使到那个时候，其天然气的依赖率仍远远低于石油。另外，在中国大多数天然气用于化学原料和发电。有许多天然气替代品可用于此。此外，中国非常规天然气储量使天然气的使用可更快于预期而无需引起对进口的巨大依赖。根据美国能源信息署数据分析（USEIA 2011b），中国被认为拥有世界上第三大煤层气储量和全世界最大可采页岩气储量（36 万亿立方米）。中国已经显著地增加了对非常规天然气产量的期望。2012 年 2 月宣布计划投资人民币 1166 亿元，把煤层气产量从 2010 年的每年 150 亿立方米提高到 2015 年的每年 300 亿立方米。到 2020 年，页岩气的产量预计在每年 150 亿～300 亿立方米到每年 600 亿～1000 亿立方米之间（NDRC et al. 2012；Oxford Analytica 2012）。即使非常规天然气产量只达到最低期望，也将大大减少中国天然气的进口，并降低其未来的天然气依赖率。

然而，中国实现页岩气商业化生产的尝试受阻碍于缺乏专业知识和复杂的地质构造。与北美相比，中国的页岩气埋藏更深、所处地质条件更复杂。此外，中国企业一直在努力掌握用于开发页岩气资源的水力压裂和水平钻探技术。为此，中国国家石油公司（NOC）与其他国家石油公司和国际石油公司（IOCs）建立战略合作伙伴关系，以便在中国国有石油公司缺乏技术专业知识的领域获得技术诀窍（Welsch and Lee 2012）。中国石油—中国国家石油天然气公司（CNPC）在香港的上市公司，2012 年 2 月购买壳牌公司在东北英国哥伦比亚的 Groundbirch 天然气开发 20% 的股权，以期从壳牌获取开采页岩气的经验。2012 年 1 月，中石化与 Devon 公司签署了一项协议，投资 22 亿美元以获取 Devon 控制的五个美国页岩气和油气开采区域三分之一的股份（Xinhua 2012）。中国海洋石油总公司（CNOOC）正在与道达尔在位于尼日利亚的 Akpo 油田和 Egina 深水油田开展合作（Jiang and Sinton 2011）。2010 年 3 月，中国石油与壳牌合作，收购澳大利亚煤层气生产商 Arrow Energy100% 的股份。最近，一系列中国国家石油公司与国外公司在这一领域的签约，更多是出于技术的考量，而不是资源商品本身，以便中国国家石油公司能更好地勘探和开发中国国内处在类似情况下的资源（深水储量、煤层气和页岩气）

2012 年中国页岩气的产量几乎为零。为了实现上述雄心勃勃的目标，中国允许外资以合作伙伴进入这一领域。2012 年 3 月，荷兰皇家壳牌公司和中石油签署中国第一份勘探、开发和生产页岩气产量分成合同。该协议是中国在开发页岩气资源方面一个里程碑式的标志，它与中国引进国外先进技术和运营经验来开发页岩气的整体战略相吻合。根据协议，壳牌公司将利用其先进的技术、专业运营知识和国际经验，在四川盆地超过 3500 平方公里富顺 - 永川区块与中国石油天然气集团公司共同开发页岩气（W. Ma 2012）。该条约将作为产量分成合同的模式，以期外国公司与国内公司相互合作，帮助中国获取这种非常规燃料。

对进口石油的依赖程度越来越高和中国对马六甲海峡的关注

在过去 20 年间中国石油需求量飞速增长，从 1990 年的 230 万桶/日跃增至 2000 年的 440 万桶/日（IEA 2000）。2010 年中国的需求量增至 890 万桶/日（IEA 2011）。国际能源署（IEA 2011）预计，到 2035 年中国的石油需求量将达到 1490 万桶/日，超过美国，成为世界上最大的石油消耗国。

自中华人民共和国成立 60 年以来的大部分时间内，中国石油自给自足。但自 1993 年以来，中国一直是石油净进口国。中国经济的蓬勃发展和其停滞不前的国内石油产量导致对石油进口的需求越来越多。截至 2003 年，中国成为仅次于美国的世界第二大石油进口国。2009 年，中国平均每天进口 430 万桶石油，占其需求总量的 51.3%（IEA 2010）。这是中国首次进口石油需求超过其石油总量的一半以上。中国国家能源局数据显示，2011 年中国石油对外依存度已达到 56.5%（Zhong 2012）。据中国海关总署，2011 年中国的石油进口支出达到 1967 亿美元，约占其总进口支出的 11.3%（J. Ma 2012；Zhong 2012）。

中国预计能把目前 410 万桶/日的石油产量水平维持到 2025 年，之后随着资源枯竭而不断下降（IEA 2011）。因此，在未来的几十年里，其石油进口量将继续攀升。国际能源署（IEA 2011）估计，为了满足 1490 万桶/日的石油需求量，到 2035 年中国石油进口量将达 1260 万桶/日。也就是说，到 2035 年中国石油对外依存度将高达 84.6%。届时，国际石油供应中断给中国带来的风险将远比现在大得多。能源安全已成为中国外交政策的重要一环，成为改变中国和中东、俄罗斯和能源丰富的中亚、非洲和拉丁美洲国家之间关系至关重要的因素（Yi 2005）。

事实上，中国对石油的依赖率已经很高且不断增加。但是，这并不需要从一个纯粹消极的角度来看待它。作为一个国家的整体贸易强度（定义为进口加出口之和占国内生产总值的比例），比例越高，意味着该国与全球经济越融合。这并不一定表明该国经济上的不安全性在增加。此外，许多大国的石油依赖率比中国更高，中国首当其冲只是因为其巨大的需求数量。另外，中国在20世纪50年代发现其石油储备之前，完全依赖外国石油。内战后，中国在地缘政治上孤立无援，不得不进口几乎所有的石油。综合以上几点我们可以得出，单凭石油对外依存度并不能决定一个国家能源安全或不安全的真实水平。要合理衡量一个国家的能源安全度，还必须考虑其他因素，包括石油供应的来源和路径。具体来说，我们需要看以下几个方面：

- 石油进口是否集中来源于几个国家——更多元化的供应来源显然是首选
- 主要石油出口国家的政治是否稳定
- 石油进口的运输途径是否被认为容易受到破坏，进口国对这些运输路经有多大影响力

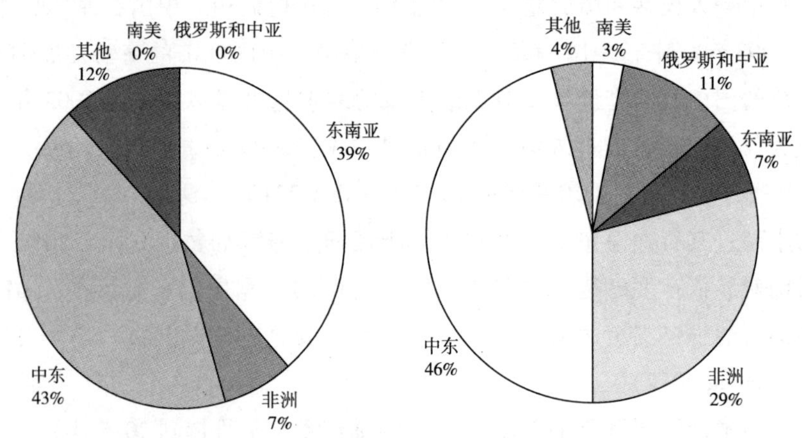

图 15-1　中国在1995年（左图）和2005年（右图）从其他地区原油进口情况

资料来源：Chen（2010）和 Zhang（2011b）。

如图15-1所示，1995年中国82%的原油进口来自中东和东南亚（主要是印尼，占中国进口总量的近三分之一）。中东在过去和现在显然对中国的石油供应都非常重要。因此，中国将继续巩固其在中东的基础。近年来，中国开始关注非洲新的油气田，中国领导人频繁访问这一地区的产油国。这种高级别的、友好的能源外交帮助中国与石油资源丰富的非洲国家达成能源交易（Zhang 2007，2010b）。到2005年，这一战略使中国石油进口来源更

加多元化。如图 15 - 1 所示，2005 年非洲占中国石油进口的 30%，而 1995 年时只占 7%；俄罗斯占总进口的 10%，而十年前只占不到 1%（Downs 2006）。

2005 年，中国比 10 年前更依赖于中东，47% 的进口来自波斯湾。此外，对非洲和中东的严重依赖导致中国比以往更依赖马六甲海峡这一要塞，中国将近 77% 的进口石油都要通过该海峡。这一情况在之后 5 年仍是如此：2010 年，中国 78% 的进口原油仍来自中东和非洲（BP 2011；Kennedy 2011）。

过去 30 年外贸已成为中国经济惊人增长的支柱之一，石油与之密切相关。由于大多数来自中东和非洲的原油进口都必须通过马六甲海峡，因此马六甲海峡对中国的经济和能源安全具有极其重大的战略和经济意义。马六甲海峡直接影响中国石油进口的海上航道，但中国对其却没有直接影响力。因此，中国有充分的理由担心其石油运输的安全和顺利行驶。北京对这一战略致命点感到担忧。任何发生在马六甲海峡的负面事件都可能中断中国的贸易运输，尤其是石油进口，这可能会打击中国的经济发展、社会稳定和军事能力（Chen 2010；Zhao 2007）。

显然，石油给中国带来的挑战，不仅仅是因为中国石油对外依存度高，且仍在继续上升，更重要的是，因为石油进口来自政治不稳定的国家，同时，运输至中国的路径易受中断影响，且不在中国的掌控之中。因此，本文认为中国的能源安全很大程度上等同于石油安全。

从中国全球寻求能源安全的角度来分析

在过去几年中，中国高层已将马六甲海峡视为战略脆弱点（Blumenthal 2008；Holmes 2007）。2003 年 11 月，胡锦涛主席宣布“某些大国”一心想控制马六甲海峡，并呼吁采用新的策略来减轻其影响。此后，中国媒体相当关注中国面对的“马六甲困局”问题（Lanteigne 2008；Storey 2006）。中国主要报刊《中国青年报》指出，可以“毫不夸张地说，谁控制了马六甲海峡，谁就扼制住了中国的能源通道。对这条水道的过度依赖，给中国的能源安全带来了重大的潜在威胁”（Shi 2004）。

鉴于马六甲海峡的战略重要性和中国缺乏对这条运输航道的影响力，中国已经努力在能源需求和供应方面采取措施以应对“马六甲困局”，并提高能源安全。

在需求方面，中国努力控制其能源和石油需求的上升，这样就能控制对进口石油的需求。中国首次在五年经济规划中引入投入指标作为约束，要求在2006年至2010年的“十一五”期间单位GDP的能源消耗降低20%。设立这一投入指标约束被广泛地认为是通过“科学发展”向建立一个“和谐社会”迈出的重要一步。哥本哈根气候变化峰会之前，中国进一步承诺到2020年碳排放强度要比2005年的水平削减40%至45%，以帮助哥本哈根或在以后的国际谈判上达成国际气候变化协议（进一步的讨论，请参阅 Zhang 2010a，2011a，2011c）。实现这些能源强度和碳排放强度的目标将不仅有助于限制中国的碳排放量的增长，而且也将减少中国对外国石油的不断增长的需求，为世界石油市场留出更多的石油，从而有助于稳定世界石油价格。

在供应方面，为解决石油进口依存度不断提高的问题，中国推出了多项政策。在尽力维持现有产量的同时，支持中国国有石油企业通过“走出去”政策在海外扩张，通过与富油国的合作伙伴在中国建立合资炼油企业、并由这些伙伴负责提供原油等措施来使石油供应的来源和路径多元化，开发自己的战略石油储备，并加强海军实力以保护供应渠道安全畅通（Chen 2010；Jiang and Sinton 2011；Kennedy 2011；Wang and Wu 2011；Zhang 2007、2010b、2011b）。显然，中国已采取这些单边和双边措施，以提高其能源安全和应对马六甲困局。

在此背景下，中国在全球寻求资源，尤其是石油和天然气，得到了全球前所未有的关注和审视。部分原因是中国高调能源外交和中国国有石油公司在管理及运作上的一些值得商榷的问题。但依笔者之见，更重要的原因则是国内外对中国探寻能源安全的错觉与误解。在中国国内，这些误解涉及美国主导对中国的石油封锁以及中国投资海外油田的作用。在国外，这些误解主要关于中国政策性银行的运作及石油和天然气贷款。以下部分，旨在阐明这些误解。

美国主导对中国石油封锁？

马六甲海峡对中国的战略重要性和中国对该运输航道缺少影响力这两方面已经引起人们对美国主导对中国石油封锁威胁的担忧。

如前所述，中国已经努力在能源需求和供应两方面采取措施以应对“马六甲困局”，并提高能源安全。在供应方面采取的一项重要措施是支持中国国有石油企业通过“走出去”政策，在海外扩张、提高海外石油产量。如果中国国有石油企业的海外石油产量是为帮助提高中国的能源安全，那么，这些石油需要被运回中国。可是，如果担心美国石油封锁，那么，把中国国有石油企业的权益油运回中国也面临同样的封锁问题。

美国作为世界上目前唯一的超级大国，当然不愿意看到和接受中国的崛起，并谨防对其霸权形成任何挑战。从地缘政治上看，美国一直试图遏制中国日益增强的全球影响力。随着美国从伊拉克和阿富汗的长期战争中撤出，并重新把焦点放在亚太地区，其重返亚太战略目前主要表现在与中国周边国家一起实施“包围联盟”（The Economist 2012a）。但是，想要推出一个抑制中国经济的政策却是非常不可能的，因为这两个世界上最大的经济体之间的融合和互相依赖程度很高，根本无法承受对方经济崩溃对自己的影响。这种政策只会引火自焚。美国试图影响（但不干预）最近中国台湾总统选举，以避免台湾海峡的不稳定，此举明确佐证以上观点。在 2012 年 1 月中国台湾大选之前的一周左右，反对党的总统候选人与执政党的被提名人在民调并驾齐驱。反对党反对旨在中国大陆和台湾和平统一的“九二共识”，如果它的候选人当选总统，美国认为该结果可能导致台湾海峡不稳定。因此，在最后时刻，现任和前任美国官员不顾反对党对其在以前的台湾大选一贯保持政治中立的诉求，抵达台湾。相反，这些美国官员明确地说服选民要珍惜当前两岸关系的稳定，这种支持显然对执政党更有益。

有些人可能会拿以美国为首的跨太平洋伙伴关系（TPP）自由贸易协定（一个目前正在美国、澳大利亚、文莱、智利、马来西亚、新西兰、秘鲁、新加坡和越南之间的谈判的自由贸易协定）来反驳。但是我不同意美国利用 TPP 在经济上孤立中国的观点。相反，我认为美国想要利用 TPP 敦促中国遵守在贸易和知识产权领域规则。美国还希望利用 TPP 实现其私营部门和其他国家国有企业在公平的竞争环境中竞争的主要目标。这个目标反映了美国对其认为中国国有企业在世界贸易中拥有的不公平优势所产生的严重的失望（Bussey 2012；Davis 2011）。

退一步说，即使美国想要实施封锁，也很可能不会太成功（Collins and Murray 2008），并且从实际操作上来说是极其困难的。如果在靠近中国的地方实施封锁，用于封锁的舰艇很容易受到中国的攻击。相反，如果在远离中国的地方实施封锁，则难以区分准备运往中国的石油和运往其他国家的石油，因为一艘船上的石油可能是运往多国的，并且在运送途中石油的所有权也可以轻易发生改变（Kennedy 2011）。

综上所述，美国主导对中国实施石油封锁的威胁从很大程度上来说只是想象。如果这种封锁是不可能发生的，再退一步讲，即便美国有这样的意图，其成功的几率也很低，那么，中国能源安全政策如此重视这个潜在威胁看起来有些奇怪。

不可否认的是，西方强国都获得了最好的油田的控制权。作为国际油田竞赛的后来者，中国只能与所谓的“无赖国家”达成交易，并冒险在石油资源丰富、但政治不稳定的国家和地区进行收购，此外别无选择（Zhang 2007, 2010b）。这也解释了为什么中国国有石油企业积极争取在西非和拉丁美洲的资产。然而，在我看来，国有石油企业的行为和在推进扩大海外业务的过程中，夸大了潜在的石油供应中断的程度。以能源安全的名义，国有石油企业使中国在世界敏感地区的外交关系变得复杂化。这可能会劫持中国政府走出去的政策，因为国有石油企业不顾中国的整体国家利益，首先优先考虑自己的利润。

中国政策性银行的运作

在1994年金融业改革时，中国政府设立了两家政策性银行：国家开发银行和中国进出口银行（Bräutigam 2009）。他们的贷款将明确支持政府的政策目标。指定的政策性银行的建立在理论上使商业银行不负责政策性贷款，只负责理性的、以市场为基础的贷款。

这两家政策银行为中国国有石油企业和国外企业（主要为其他国家的国有石油企业）提供信用贷款，以支持其国际扩张和签订油气协议。如表15-1所示，自2009年以来，国家开发银行把对巴西、厄瓜多尔、俄罗斯、土库曼斯坦和委内瑞拉的国家能源公司和政府实体的信贷额度扩大到850亿美元（Downs 2011a）。

有一种普遍的认知，以为国家开发银行提供这些贷款仅仅是为了达到中国政府的政策目的，而没有商业考虑。与这种普遍认知相反，国家开发银行不是中国政府的傀儡。它是全资国有的，但不是由政府运作的。

诚然，国家开发银行有帮助中国政府在海内外达成政策目的的义务，包括获取油气供应。但是，这个服务于中国政府利益的义务并不妨碍其追逐自己在国内外扩展业务、追逐利润的目标。事实上，国家开发银行在平衡商业和政策方面做地很成功，因此，它获利高并且与所有其他中国主要商业银行相比，其资产负债表更为健康。自 2005 年起，国家开发银行的不良贷款率一直低于 1%，比所有其他中国大型商业银行都要低。它提供贷款的利率以市场为基础。该行在 2009 年提供给巴西国家石油公司、俄罗斯石油公司和石油运输公司和在 2010 年提供给委内瑞拉经济和社会发展银行 456 亿美元的信贷额度，其利率都以伦敦银行同业拆息提供利率（LIBOR）为基准，尽管表 15 -1 所列采用的伦敦银行同业拆息利率率差可能比西方银行要求的小(Downs 2011a)。

表 15 -1　国家开发银行以油气供应支持的贷款

年份	借款方	贷款额度（十亿美元）	贷款期限（年）	贷款利率	获得贷款要提供的油气量**
2005	俄罗斯 Rosneft	6*	6	LIBOR +3.0%（2005） LIBOR +0.7%（2006 -10）	180 kp/d
2008	委内瑞拉 BANDES	4	3	NA	100 kp/d
2009	俄罗斯 Rosneft	15	20	LIBOR +5.69%	180 kp/d
2009	俄罗斯 Transneft	10	20	LIBOR +5.69%	120 kp/d
2009	巴西 Petrobras	10	10	LIBOR +2.8%	150 ~200 kp/d
2009	委内瑞拉 BANDES	4	3	NA	107 ~153 kp/d
2009	土库曼斯坦 Turkmengaz	4	NA	NA	NA
2010	委内瑞拉 BANDES	20.6	10	LIBOR +0.5 -2.85%	200 ~300 kp/d
2010	厄瓜多尔财政部	1	4	6.00%	36 kp/d
2011	土库曼斯坦 Turkmengaz	4.1	NA	NA	10 bcm
2011	委内瑞拉 BANDES	4	NA	NA	NA
2011	厄瓜多尔财政部	2	8	6.90%	67.58 kp/d

NA = 不适用

* 包括中国进出口银行的资金

** kb/d = 千桶/日

资料来源：Downs（2011b）。

国家开发银行一直在调动中国庞大的外汇储备，以支持跨境能源及天然资源交易。国家开发银行行长陈元曾被引述说，投资于能源和矿产是防范美元贬值和大宗商品价格上涨的好方法，并可作为防止把中国外汇储备转为低收益的金融工具的媒介。因此，国开行向俄罗斯和中亚、西亚、非洲和拉丁美洲这些资源丰富的国家或地区提供巨额贷款。2010 年，中国向拉美国家提供的 370 亿美元贷款超出同年世界银行、美洲开发银行和美国进出口银行为其提供贷款的总额。

一些说法随之而来，说相较于国际金融机构和西方政府，中国为拉丁美洲提供的贷款有更多优惠条款、没有附加政策条件和环境要求也没有那么严格。但 Gallagher 等人发现事实并非如此。他们发现，国家开发银行贷款比世界银行贷款条款更苛刻。2010 年，国家开发银行以高于伦敦银行间同业拆借利率 600 个基点的利率给阿根廷提供了 100 亿美元的贷款。同年，世界银行集团的国际复兴开发银行（IBRD）发放给阿根廷 3000 万美元贷款，利率息差仅为 85 个基点。在 2009 年，国开行以 280 个基点给巴西提供了 100 亿美元的贷款。2000 年，国际复兴开发银行以 30 ~ 55 个基点的点差为巴西提供了 4340 万美元贷款。

与此相反，中国进出口银行一般提供比美国进出口银行较低的利率。这主要是因为中国银行对商业融资和发展援助的成套服务不同于他们的外国同行。中国通过中国进出口银行而不是通过国开行提供发展援助。国际复兴开发银行和其他开发银行以发展援助的官方形式提供优惠利率，而国开行不是这样。尽管国开行贴上“开发银行”的标签，但它一般收取借款人的全额融资成本。出于这个原因，Bräutigam（2009）把国开行称作“不提供援助的开发银行”。因此，国开行的利率较高就不足为奇了（Gallagher et al. 2012）。

不过，国家开发银行一方面提供基于市场的贷款利率，另一方面又没有附加政策条件。为了降低贷款风险，国家开发银行确实会要求借款方购买设备，有时与之签订石油出售协议作为某种附属实物担保。这样，中国可以贷款给一些信用不那么好的借款者。国开行创始人陈元认为以石油供应支持的贷款“有效地将风险降至最低水平”（Forsythe and Sanderson 2011）。这似乎能够解释为什么国家开发银行能够给委内瑞拉提供 200 亿美元的贷款，浮动利率仅比 Libor 高 50 至 285 个基点，远低于主权债务市场上 935 个基点的借贷成本（Gallagher et al. 2012）。到目前为止，这种借贷方式似乎对借贷国很奏效，它们需要相对低廉的中国投入来开发它们自己的能源、矿产、基础设施、交通和房地产。在下一节中，我们将进一步讨论这一问题。

贷款换油气交易

利用贷款换取油气的交易来确保长期供应并不是中国人发明的。早在20世纪70年代，日本就给中国贷款以换取石油。这种类型的交易对中国来讲并不陌生，中国国有石油企业已使用了一段时间。2004年，中国石油天然气集团公司借给俄罗斯石油公司Rosneft 60亿美元以换取2010年每日18万桶的石油供应（Downs 2011a）。但是，这些交易与中国在2009年与俄罗斯达成的交易相比，相形见绌。自20世纪90年代初中国和俄罗斯一直在讨论跨境原油管道问题，但未能达成协议。在大多数其他经济大国经济衰退的时候，凭借其相对雄厚的资金实力，中国最终于2009年2月17日与俄罗斯达成期待已久的大型贷款换石油交易。根据此长期协议，国开行借给俄罗斯Rosneft石油公司（俄罗斯最大的石油生产商）和Transneft石油运输公司（石油管道运营商）250亿美元。作为交换，从2011年到2030年，俄罗斯将每年提供中国额外的1500万吨原油，这意味着中国通过于2011年1月1日开始商业交付使用的新管道，在20年内每天从俄罗斯进口30万桶原油，大约相当于中国2009年进口石油量的7%。该协议不仅为两个俄罗斯石油公司提供急需的信贷，同时也有助于俄罗斯锁定客户，减少其对西欧市场的依赖。另一个引人注意的交易是与巴西国有石油巨头巴西石油公司100亿美元的贷款协议，这是在中美洲和南美洲最大的一笔交易。这笔贷款是为了帮助巴西国家石油公司开发其新发现的近海石油资源，从而使巴西成为世界主要石油出口国。根据国家开发银行的10年期贷款条款，2009年巴西国家石油公司向中国石油化工股份有限公司（简称中国石化）每天提供15万桶石油，在随后的2010年到2019年9年间，上升到每天20万桶（Ma 2009; The Economist 2010）。

但是，需要指出的是这种用贷款换取油气的交易并非没有风险。合同可能因政权更迭而作废。资源丰富的国家也可能提供不出承诺的数量。再者，由于石油本身并不是贷款的附属担保，如果借款方威胁切断石油供应，贷款方将无法获得额外的石油或石油收入来弥补可能的损失。因此，贷款换油气交易并不是国有石油企业获得外国供应的首选方法（Jacob 2010; Jiang and Sinton 2011）。然而，现在优质资产很少出售，即使出售，外国政府已多次阻止中国国有石油企业购买油田，中国国有石油企业可能也无法公平地中标。在这些限制下，用贷款换取油气的交易是中国多元化其石油供应的次优选择（Arnson and Davidow 2011；Jiang and Sinton 2011；The Economist 2010）

在全球金融危机中，中国通过贷款换取油气的交易进一步将其能源进口结构多元化。在2009年和2010年，中国国有银行为9个中东以外的不同的石油和天然气生产国提供价值770亿美元的贷款（Jiang and Sinton 2011）。许多外国观察家明确或含蓄地假定，这些交易为中国国有石油企业提供折扣。在这个假设下，借款方在预设价格下运送石油到中国以偿还贷款，一旦石油价格上涨，就会蒙受损失。这是对交易如何进行的误解，也是对事实的误读。中国国有石油企业在价格上不能讨价还价，所有的交易都与市场价格、而不是石油的数量相关联。俄罗斯，巴西和委内瑞拉都是以石油市场价格向中国销售石油（Downs 2011a；Gallagher et al. 2012；Jiang and Sinton 2011）。这些以市场为基础的安排将确保石油交付，因为如果市场价格超过谈判的价格，那么毁约的可能性将是非常大的。长期合同脱离现货市场的其他商品市场（如铁矿）的困境反映了这个现实。

然而，中国国有石油企业得到中国政府和中国政策性银行的支持，的确利用在全球金融危机中受影响的外国公司的机会达成了否则不太可能达成的交易，并获得长期的油气供应。此外，尽管没有强加的政策条件，这些交易得到国开行的贷款支持，要求借款方从中国购买产品和雇用劳工，以减轻贷款风险（Gallagher et al. 2012）。与巴西国家石油公司签订的协议规定，100亿美元贷款中的30亿美元必须用来从中国购买石油设备。2010年中国为阿根廷提供100亿美元的贷款，用来购买中国火车。因此，这其实是一个为中国的铁路公司在阿根廷投资10个独立的铁路项目提供的信用额度贷款，贷款金额有效地留在中国。国家开发银行贷给委内瑞拉经济和社会发展银行206亿美元贷款的一半金额以中国人民币计值，从而锁定委内瑞拉购买中国设备和雇用中国公司（De Cordoba 2011；Downs 2011b；Hall 2010）。显然，除了保证石油供给安全，这些交易也为政府的目标服务，既为中国企业创造新的出口市场，同时减少其违约风险和借款方潜在的滥用和腐败（Bräutigam 2009）。这些借款方发现，附加于中国贷款的购买要求不那么令人反感，因为他们可以廉价使用中国的投入和设备，建立自己的能源、矿业、基础设施、交通运输和住房。

中国国有石油企业的份额油

21世纪初，中国政府实施所谓的“走出去”政策来帮助国有企业，包括国有石油企业，实现其发展国际业务的目标。可以说，政府还通过支持中国国有企业在海外进行油气兼并和收购，把外汇储备从低收益的金融工具（如美国国库债券）转向收益率较高的资产（Downs 2011b）。实施受中国政策性银行支持的“走出去”政策，目前，使得这些国有石油企业在20个国家拥有权益。截至2010年一季度，国有石油企业的海外石油权益产量达到136万桶/日，是2009年中国净进口量的近三分之一（Jiang and Sinton 2011）。

石油作为国际贸易商品，中国努力扩大石油的全球搜索和生产都不断面临一个问题，即由于中国国有石油企业报价过高并在海外投资亏损，这个策略是否优于简单地在开放的市场购买石油。

中国石油企业历来以更高的价格购买股权（Balfour 2002），原因是为了确保能源资源，中国一向把比竞争对手支付更高的价格看作国家安全问题，而不是纯粹的商业决定（Bradsher 2005）。中国公司和其竞争对手之间的竞购战进一步加剧了中国石油公司出价要远远高于竞争对手出价的趋势。在金融危机之前，中国比印度出价至少高10%。2006年1月，中国海洋石油总公司在尼日利亚以22.7亿美金的竞购获得Akpo海上石油和天然气田45%的股权，高出其竞争对手印度国有石油和天然气公司（ONGC）20亿美元的出价，后者因印度内阁担心所涉及的风险而退出竞标（Aiyar 2006；Masaki 2006）。2005年8月，中国石油天然气集团公司支付41.8亿美元收购加拿大石油公司的哈萨克斯坦石油公司，是当时中国最大的外资并购（Bradsher 2005）。中国石油天然气集团公司原本出价36亿美元。由于印度竞购方（ONGC－Mittal）出价38亿美元，为确保交易，中石油上调其报价为41.8亿美元（Basu 2005）。

金融危机加上全球石油需求减少使石油产业成为买方市场，虽然这只是暂时的。那么，中国石油企业是不是能得到比金融危机前更好的并购交易呢？2009年6月24日，中石化斥资82.7亿加元（72.2亿美元）收购国际油气勘探公司阿达克斯石油公司（Addax Petroleum），是中国企业在海外最大的收购。通过收购，中石化能够获得阿达克斯在西非沿海地区和伊拉克地区的油田资产（Zhang 2010b）。当时，韩国国家石油公司出价 69 亿美元收、购阿达克斯（The Chosun IIbo 2009），中石化出价 72 亿美元赢得了这笔交易。中石化的出价仅比竞争对手高 4.6%，远低于信贷危机前的 10%。但从不同的角度看，结论会不一样。中石化的出价相当于探明储量 34 美元/桶，探明和可能储量 14 美元/桶。2009 年的交易价格与 2007 年的平均原油价格类似。2007 年，非洲平均交易价格为探明储量 14.4 美元/桶，探明和可能储量 9.9 美元/桶。以探明储量价格计算，2007 年这笔交易价值 31 亿美元。也就是说，72 亿美元的成交价意味着溢价 135%（Xu 2009）。2008 年 12 月，中石化支付 21 亿加元收购坦噶尼喀石油公司，一家在叙利亚拥有油田的加拿大公司。其 95% 股权的收购标志着中国公司第一次拥有前北美所属油气公司的几乎完全的所有权。开始洽谈这笔 21 亿加元的交易时，石油价格为每桶 90 美元。同年 12 月，当价格下跌至每桶 40 美元时，定价被普遍认为过高。该公司仍然坚持购买（Vaidyanathan 2012）。2011 年 10 月 8 日，中石化以 22 亿加元的现金购买加拿大石油和天然气生产商日光能源。根据交易条款，中石化每股付 10.08 加元。这比日光最后交易日收盘价 4.59 加元的两倍还多，并超过其 60 日加权平均交易价格的 43.9%。中国最大的炼油企业完全收购日光能源付出了比其股价高出很多的溢价（De La Merced 2011）。

不过，出价高并不意味着就能在政治色彩强烈的能源产业赢得交易。2005 年，中海油出价 185 亿美元竞购优尼科公司（Unocal），虽然雪佛龙报价 164 亿美元低于中海油，但最终却凭借其他因素成交。报价高在一定程度上反映出中国国有企业需要克服近年来阻碍其海外收购的政治阻力。尽管如此，中国国有石油企业不再像以前那样愿意为了资产而出高价，原因有二，首先，中国国有石油企业提升了国际石油公司主导的技术和项目管理的学习曲线，在国际上变得越来越有能力应对各种复杂情况。其次，他们一直在通过检查其投标的财务回报来紧缩溢价。中国海洋石油总公司已开始使用可以使其投标价格更准确的财务指标系统，现在连中石油和中石化这些更大的国有石油公司也开始效仿中国海洋石油总公司的做法（Vaidyanathan 2012）。国际能源署最近的一项研究发现没有证据表明近期的收购有意支付高价（Jiang and Sinton 2011）。但是，这仍是一个有待讨论的问题，还存在着分歧。一些美国分析家，例如 Herberg（2012）等，认为中国国有石油企业还在继续支付大量的溢价以收购海外资产。保守的传统基金会 Derek Sissors 也被引述说，中国公司通常比其他公司多支付 20% 至 30% 溢价以确保获取资产（Vaidyanathan 2012）。溢价通常被看做必要的支出，它既可以让股东满意，又可以平息因某些圈子抵制中国的情绪带来的政治问题。说到底，长期来看，资产是否值得支出溢价，取决于油气资产的价值是否会上涨以及上涨的幅度。

另一个问题是与海外投资造成巨额损失有关。中国石油大学的一份研究表明，截至 2010 年底，中国石油“三巨头”投资了 144 个总价值达 700 亿美元的海外项目，但三分之二的项目面临亏损（Fu and Lin 2012；Oxford Analytica 2011）。由于这些国有企业可以在国内获得资本来弥补海外亏损，因此产生了这些国有企业对国家资金使用不负责任的看法。

有些人认为，如果中国国有石油企业在海外的石油产量能够帮助提升中国的能源安全，那经济考量可以退为其次。但问题是，国有石油企业的权益石油份额是否能提升中国的能源安全呢？

如上所述，把国有石油企业的权益份额油运回中国同样面临美国主导的石油封锁问题——如果这个问题出现的话，尽管我怀疑这种封锁的有效性。

其次，与国有石油企业权益油的产量以及其获得石油资产和积累海外权益油投资的速度相比，中国进口石油的速度要快得多。因此，权益油战略根本不足以作为重要的能源安全战略（Herberg 2012）。

第三，国有石油企业愿意出高价很大程度上是因为他们有保证中国能源安全的责任，但是并没有证据表明，国有石油企业必须将他们的权益石油送回中国。相反，国有石油企业明显倾向于让市场决定是送回中国还是跟其他国际石油公司一样，在地区或国际市场上卖个好价钱（Jiang and Sinton 2011；Kennedy 2011）。在 2009 年哈萨克斯坦 - 中国石油管道建成之前，中国从哈萨克斯坦的阿克纠宾（Aktobe）油田获得的权益油要通过管道运到阿特劳，然后再到国际市场上销售。即使新管道运营以后，中国石油天然气集团公司来自哈萨克斯坦的权益油仍然不运回中国。中石油国际公司—中国石油天然气集团公司的海外勘探和生产子公司，决定将其生产的石油卖给中国联合石油总公司是否有利可图。作为中石油的贸易公司，它也负责评估在管道开始点附近当地（阿塔苏，在 2009 年之前）购买原油是否比中石油的勘探和生产子公司在阿克纠宾购买原油并运输它到阿塔苏更为经济（Jiang and

Sinton 2011)。中国在委内瑞拉的权益油也没有被运回中国。这主要是因为长途运送太昂贵，还有部分原因是因为在中石油与委内瑞拉国有石油企业PDVSA 在广东省揭阳市合作建立炼油厂处理重质原油之前，中国现有的炼油厂还不具备处理从委内瑞拉进口的重质原油的能力（Jiang and Sinton 2011)。

第四，目前也没有证据显示，在发生供应危机时，国有石油企业生产的石油会给中国消费者提供更低的价格或更多的数量。这些国有石油企业并未表现出当油价高时为中国客户提供折扣的倾向（Kennedy 2011)。事实上，在 2008 年之前，当原油价格上涨时，国有石油企业通过减少对中国市场油品的供应，导致加油站油品供应普遍短缺，因为政府对成品油价格的控制不允许他们将原油成本的上升转嫁给成品油消费者（Downs 2010)。

同时，中国对海外油田的投资帮助油田开采出更多石油，并提高了世界市场中石油的总的供应量，但这并不仅仅对中国消费者有利，其他国家的消费者同样也从中受益。考虑到以上几点，中国对海外油田的投资提高了世界市场的石油总供应量，因此，中国国有石油企业获取海外油气权益对美国或西方能源安全并不是一个威胁，但也并不能提高中国的能源安全，因为国有石油企业并不一定将权益油运回中国（Herberg 2012；Jiang and Sinton 2011；Kennedy 2011)。

结　论

中国是世界上最大的能源消费国，但同时也是世界上最大的能源生产国。中国一直并会继续在很大程度上依赖国内能源资源以推动其经济发展。这使得中国不同于许多其他大型经济体。在需求和供应方面，中国都扮演着举足轻重的作用。那些持“中国能源威胁论”指责中国的石油需求和进口推高油价的人们往往忽视了这一基本事实。

这不是要否认中国越来越依赖进口石油这一事实。事实上，这一点，再加上严重依赖马六甲海峡把进口石油运送到中国，对中国提出了无与伦比的安全挑战。鉴于马六甲海峡对中国的重要战略意义以及中国对这条航道有限的影响力，中国已经在能源需求和供应两方面做出了大量的努力，以应对马六甲困局，提高其能源安全。中国在需求方面的应对规划较好，也合理，但在供应方面就不好恭维了。一些措施，例如，建立自己的战略石油储备是很好的，但其他措施，如走出去的政策和夸大石油供应中断的可能性，就有待商榷。它们可能会被认为是误导和没有根据的。

不用说，国有石油企业的扩张对企业本身是积极的发展。如果国有石油公司的交易能提高中国的能源安全，那么允许其把寻求赢利作为第二优先来考虑是合理的。但是，如果第一个条件没有满足，那么整个战略则值得商榷，因为许多国有石油公司的交易并没有合理的经济理由。

中国咄咄逼人的全球扩张以获取资源往往被视为一种威胁。这是对事实的曲解，因为中国石油企业确保海外石油和天然气供应的努力不会威胁到美国或西方的能源安全。中国国有石油企业在国外生产的大部分石油在国际市场上出售，不仅有益于中国消费者，也有益于全球其他消费者。但是，这种威胁可能导致中国国有石油企业支付更高的成交价格，并推高世界资源价格。以能源安全的名义，采取一种咄咄逼人并保持不必要高调的策略，中国国有石油企业使中国在世界敏感地区的外交关系更为复杂，他们可以劫持中国政府的走出去的政策，以中国的整体国家利益为代价增加自己的利润。

在中国能源安全的讨论中，有过高估计石油中断可能性和对能源贸易稳定持悲观看法的趋势。这在很大程度上反映了中国对全球石油市场的不信任。而证据表明，以市场为基础的能源合同是持久的，并且超越意识形态的差异、战争和出于政治动机的行为。有证据表明，在商业合同下前苏联天然气出口到西欧几乎不受阻碍，即使在冷战时期也是如此。但是，如果不遵循市场规律，兄弟之间也会有冲突。2005 年俄罗斯和乌克兰之间的天然气纠纷就清楚地反映了这一点，尽管事实上，后者是前苏联加盟共和国，他们之间关系仍非常密切。因为在出售给乌克兰的天然气支付方面产生了分歧，俄罗斯试图停止对乌克兰的天然气供应。当时，俄罗斯供应乌克兰的天然气每 1000 立方米 50 美元，而其天然气出口到西欧的价格近其 5 倍（Mao 2006）。很显然，这起纠纷的根本原因是政治原因，因为此天然气供应没有建立在商业合同之上，而是一个政治交易。因此，一方因另一方政治条件不断变化而不遵守交易就不足为奇了。在这一纠纷中，俄罗斯认为乌克兰存在自治和政治独立的显著倾向。

此外，以石油输出口国组织（OPEC）为首的石油禁运是最不可能重现的。首先是 OPEC 自身的缘故。即使禁运，也不会像 20 世纪 70 年代那样损害严重，因为主要的能源消耗经济体已不再像当时那样能源密集，主要能源供应已多元化，并建立了紧急石油储备，以应对任何可能的供应中断。其次，利用资源作为政治武器在国际上广受谴责。俄罗斯因在对前苏联加盟共和国供应天然气价格方面持续的差别待遇已经受到严厉谴责。俄罗斯以低廉的价格向那些政治上靠近俄罗斯的共和国提供天然气，高价给那些政治上接近西方的共和国。尽管中国否认禁运的威胁，2010 年 9 月，日本在钓鱼岛逮捕中国渔船船长之后，中国因所谓的禁运稀土出口到日本受到严厉批评。

中国和西方国家都需要去政治化地看待中国在全球寻求能源权益的问题。西方政治家要知道，他们把中国获取海外能源供应描绘成“威胁”的言论，只会加剧中国对获取发展所需石油可能受阻的恐惧。中国也需要重新认识其在国际石油市场中的位置，并意识到咄咄逼人地开展海外油田和石油权益的收购对加强其能源安全并无益处。和其他石油进口国一样，中国能源安全越来越深度地取决于国际石油市场的稳定以及有可靠和不断增加的石油供应给这个市场。

鸣谢

谨以此文献给笔者的 2012 年 4 月 3 日去世的母亲郭喜娥，她在中国那个特殊动荡的年代把笔者兄弟姊妹六人扶养成人，并都有幸从中国大学毕业。文中的主要观点曾在 2012 年 2 月 23 ~ 24 日在新加坡国立大学主办的“十二五及之后中国能源问题”国际会议上报告过。本文受益于澳大利亚国立大学、布鲁金斯学会、全球发展与环境研究院和国际能源署在这一领域开展的工作。

参考文献

Aiyar, P. , 2006, ‘No “great game” between India and China’, *Asia Times*, 13 January, http: //www. atimes. com/atimes/China_ Business/HA13Cb01. html。

Arnson, C. and Davidow, J. , 2011, *China*, *Latin America*, *and the United States*: *The new triangle*, Woodrow Wilson International Center for Scholars, Washington, DC.

Balfour, F. , 2002, ‘A global shopping spree for the Chinese: Mainland companies are snapping up more overseas assets’, *Business Week*, 18 November, http: //www. businessweek. com/magazine/content/02_ 46/b3808162. htm.

Basu, I. , 2005, ‘India discreet, China bold in oil hunt’, *Asia Times*, 29 September, http: //www. atimes. com/atimes/South_ Asia/GI29Df01. html.

Blumenthal, D. , 2008, ‘Concerns with respect to China’ s energy policy’, in G. B. Collins, L. Goldstein, A. S. Erickson and W. S. Murray (eds), *China’ s Energy Strategy: The impact of Beijing’ s maritime policies*, Naval Institute Press, Annapolis, Md, pp. 4184 - 36.

Bradsher, K. , 2005, ‘Chinese company to buy Kazakh oil interests for MYM4 billion’, *The New York Times*, 22 August.

Br? utigam, D. , 2009, *The Dragon’ s Gift: The real story of China in Africa*, Oxford University Press, Oxford.

British Petroleum (BP), 2011, *BP Statistical Review of World Energy* 2011, British Petroleum, London.

Bussey, J. , 2012, ‘US attacks China Inc. ’, *Wall Street Journal*, 3 February.

Chen, S. , 2010, ‘China’ s self-extrication from the “Malacca dilemma” and implications’, *International Journal of Chinese Studies*, vol. 1, no. 1, pp. 1 - 24.

Collins, G. and Murray, W. , 2008, ‘No oil for the lamps of China?’, in G. Collins, L. J. Goldstein and A. S. Erickson (eds), *China’ s Energy Strategy: The impact of Beijing’ s maritime policies*, Naval Institute Press, Annapolis, Md, pp. 387 - 407.

Davis, B. , 2011, ‘US targets state firms, eyeing China’, *Wall Street Journal*, 25 October.

De Córdoba, J. , 2011, ‘China—oil deal gives Chávez a leg up’, *Wall Street Journal*, 9 November, http: //online. wsj. com/article/SB10001424052970203733504577026073413045462. html。

De La Merced, M. J. , 2011, ‘Sinopec to buy Daylight Energy for MYM2. 1 billion’, *The New York Times*, 9 October, http: //dealbook. nytimes. com/2011/10/09/sinopec-to-buy-daylight-energy-for-2-1-billion/.

Downs, E. , 2006, *China*, Foreign Policy Studies Energy Security Series, Brookings Institution, Washington, DC.

Downs, E. , 2010, ‘China’ s energy rise’, in B. Womack (ed.), *China’ s Rise in Historical Perspective*, Rowman & Littlefield, Lanham, Md.

Downs, E. , 2011a, ‘China Development Bank’ s oil loans: pursuing policy—and profit’, *China Economic Quarterly*, vol. 15, no. 4, pp. 43 - 47.

Downs, E. , 2011b, *Inside China Inc. : China Development Bank’ s cross-border energy deals*, John L. Thornton China Center Monograph Series No. 3, Brookings Institution, Washington, DC.

Forsythe, M. and Sanderson, H. , 2011, ‘Financing China costs poised to rise with CDB losing sovereign-debt status’, *Bloomberg*, 2 May, http: //www. bloomberg. com/news/2011 -

05 – 02/financing-china-costs-poised-to-rise-with-decision-on-cdb-debt. html.

Fu, M. M. and Lin, X. , 2012, 'Overseas investment of Chinese enterprises suffers losses of nearly USMYM100 billion, 70% of the investment does not make money', *China Times*, 11 February, http: //finance. sina. com. cn/china/hgjj/20120211/081311358170. shtml.

Gallagher, K. P. , Irwin, A. and Koleski, K. , 2012, *The New Banks in Town: Chinese finance in Latin America*, Inter – American Dialogue, Washington, DC.

Hall, S. , 2010, 'China to invest in Argentine railways', *Wall Street Journal*, 13 July, http: //online. wsj. com/article/SB10001424052748704518904575364523811330964. html。

Herberg, M. , 2012, China' s global quest for resources and implications for the United States, Testimony before the US – China Economic and Security Review Commission, Washington, DC, 26 January, http: //www. uscc. gov/hearings/2012hearings/written _ testimonies/12_ 01_ 26/12_ 1_ 26_ herberg_ testimony. pdf.

Holmes, J. , 2007, China' s energy consumption and opportunities for US – China cooperation to address the effects of China' s energy use, Testimony before the US – China Economic and Security Review Commission, Washington, DC, 14 June, http: // www. uscc. gov/hearings/2007hearings/transcripts/june _ 14 _ 15/holmes _ prepared _ remarks. pdf.

Hua, Y. , 2011, 'China leads the world in energy production during the 11th five – year period', *Sina Finance*, 6 January, http: //finance. sina. com. cn/g/20110106/10009212106. shtml.

International Energy Agency (IEA), 2000, *World Energy Outlook* 2000, International Energy Agency, Paris.

International Energy Agency (IEA), 2010, *World Energy Outlook* 2010, International Energy Agency, Paris.

International Energy Agency (IEA), 2011, *World Energy Outlook* 2011, International Energy Agency, Paris.

Jacob, J. , 2010, 'Ecuador, China sign MYM1 billion cash-for-crude loan deal', *International Business Times*, 1 September, http: //www. ibtimes. com/articles/48140/20100901/ecuador-china-energy-crude-latinamerica-petrochina--petroecuador-opec-loan. htm.

Jiang, J. and Sinton, J. , 2011, *Overseas investments by Chinese national oil companies: assessing the drivers and impacts*, February, Information Paper prepared for the Standing Group for Global Energy Dialogue of the International Energy Agency, Paris.

Kennedy, A. , 2011, 'China' s petroleum predicament: challenges and opportunities in Beijing' s search for energy security', in J. Golley and L. Song (eds), *Rising China: Global challenges and opportunities*, ANU E Press, Canberra, pp. 121 – 135.

Lanteigne, M. , 2008, 'China' s maritime security and the "Malacca dilemma"', *Asian Survey*, vol. 4, no. 2, pp. 143 – 161.

Ma, J. T. , 2012, The national economy maintained steady and rapid development in 2011, 17 January, National Bureau of Statistics, Beijing, http: //www. stats. gov. cn/tjfx/jdfx/t20120117_ 402779443. htm.

Ma, W., 2012, 'Shell reaches Chinese shale-gas deal', *Wall Street Journal*, 21 March.

Ma, Y. D., 2009, 'China and Brazil signed USMYM10 billion loan-for-oil for a period of 10 years', *Oriental Morning Post*, 20 May, http://www.dfdaily.com/node2/node23/node220/userobject1ai169877.shtml.

Mao, Y. S., 2006, 'Politics vs market', *China Security*, no. 3, pp. 106 - 115.

Masaki, H., 2006, 'Japan takes on China in Africa', *Asia Times*, 15 August, http://www.atimes.com/atimes/Japan/HH15Dh01.html.

National Bureau of Statistics of China (NBS), 2009, *China Statistical Yearbook* 2009, China Statistics Press, Beijing.

National Development and Reform Commission (NDRC), Ministry of Finance, Ministry of Land and Resources and National Energy Administration, 2012, *Development Plan for Shale Gas*, 13 March, National Development and Reform Commission, Ministry of Finance, Ministry of Land and Resources and National Energy Administration, Beijing, http://zfxxgk.nea.gov.cn/auto86/201203/P020120316383507834234.pdf.

Oxford Analytica, 2011, 'China: state firms face scrutiny for overseas losses', *Oxford Analytica*, 20 October.

Oxford Analytica, 2012, 'China: gas consumption set to soar', *Oxford Analytica*, 7 February.

Shi, H. T., 2004, 'China's "Malacca dilemma"', *China Youth Daily*, 15 June, http://zqb.cyol.com/content/2004-06/15/content_888233.htm.

Storey, I., 2006, 'China's "Malacca dilemma"', *China Brief*, vol. 6, no. 8 (12 April), http://www.jamestown.org/single/?no_cache=1&tx_ttnews%5Btt_news%5D=31575.

The Chosun IIbo, 2009, 'South Korea fought against China for natural resources despite repeated losses', *IFeng*, 10 August, http://finance.ifeng.com/news/hqcj/20090811/1071120.shtml.

The Economist, 2010, 'Brazil/China economy: deeper inroads—Latin America', *The Economist*, 16 August, http://latinamerica.economist.com/news/brazilchina-economy-deeper-inroads/200.

The Economist, 2012a, 'Lexington: buttering-up and scolding', *The Economist*, 18 February, p. 36.

The Economist, 2012b, 'Nuclear energy in France: fallout', *The Economist*, 18 February, p. 67.

Tsukimori, O., 2012, 'China overtakes Japan as world's top coal importer', *Reuters*, 26 January, http://www.reuters.com/article/2012/01/26/us-coal-china-japan-idUSTRE80P08R20120126.

United States Energy Information Administration (USEIA), 2004, *International Energy Outlook* 2004, Energy Information Administration, Washington, DC.

United States Energy Information Administration (USEIA), 2011a, *International Energy Outlook* 2011, DOE/EIA - 0484 (2011), Energy Information Administration, Washington, DC, http://205.254.135.24/forecasts/ieo/pdf/0484 (2011).pdf.

United States Energy Information Administration (USEIA), 2011b, *World Shale Gas Resources: An initial assessment of 14 regions outside the United States*, Energy Information Administration, Washington, DC, http://www.eia.gov/analysis/studies/worldshalegas/pdf/fullreport.pdf.

Vaidyanathan, G., 2012, 'China: with energy investments rising, vice president heads to US', *Greenwire*, 14 February.

Wang, X. and Wu, P., 2011, 'China's strategic oil reserves in 2020 will increase to about 85 million tons', *China Economic Weekly*, 18 January, http://news.sina.com.cn/c/sd/2011-01-18/001821830415.shtml.

Welsch, E. and Lee, Y., 2012, 'China fuels its global energy supply', *Wall Street Journal*, 3 February.

Xinhua, 2012, 'Sinopec buys shale interest from Devon for USMYM2.2b', *Xinhua*, 4 January, http://www.china.org.cn/business/2012-01/04/content_24316460.htm.

Xu, J., 2009, 'Is China Inc. overpaying in its merger deals?', *Wall Street Journal*, 25 June, http://blogs.wsj.com/deals/2009/06/25/is-china-inc-overpaying-in-its-merger-deals/.

Yi, X., 2005, 'Chinese foreign policy in transition: understanding China's "peaceful development"', *Journal of East Asian Affairs*, vol. 19, no. 1, pp. 74 - 112.

Zhang, Z. X., 1990, *Evolution of Future Energy Demands and CO_2 Emissions up to the Year* 2030 *in China*, ECN-I-91-038, The Energy Research Centre of the Netherlands, The Netherlands.

Zhang, Z. X., 1998, *The Economics of Energy Policy in China: Implications for global climate change*, New Horizons in Environmental Economics Series, Edward Elgar, Cheltenham, UK.

Zhang, Z. X., 2007, 'China's hunt for oil in Africa in perspective', *Energy and Environment*, vol. 18, no. 1, pp. 87 - 92.

Zhang, Z. X., 2010a, 'China in the transition to a low-carbon economy', *Energy Policy*, vol. 38, pp. 6638 - 6653.

Zhang, Z. X., 2010b, 'Energy policy in China in the transition to a low-carbon economy', in F. Fesharaki, N. Y. Kim and Y. H. Kim (eds), *Fossil Fuels to Green Energy: Policy schemes in transition for the North Pacific*, Korean Energy Economics Institute Press, Seoul, pp. 176 - 225.

Zhang, Z. X., 2011a, 'Assessing China's carbon intensity pledge for 2020: stringency and credibility issues and their implications', *Environmental Economics and Policy Studies*, vol. 13, no. 3, pp. 219 - 235.

Zhang, Z. X., 2011b, 'China's energy security, the Malacca dilemma and responses', *Energy Policy*, vol. 39, pp. 7612 - 7615.

Zhang, Z. X., 2011c, *Energy and Environmental Policy in China: Towards a low-carbon economy*, New Horizons in Environmental Economics Series, Edward Elgar, Cheltenham, UK.

Zhao, H., 2007, 'Rethinking the Malacca dilemma and China's energy security',

Contemporary International Relations, no. 6, pp. 36 - 42.

Zhong, J. J., 2012, 'Crude oil imports rose by 6% year-on-year, dependence rate reached 56. 5% in 2011', *China News Net*, 13 January, http://finance. chinanews. com/ny/2012/01 - 13/3601502. shtml.

（李国欣 译 张中祥 校）

图书在版编目(CIP)数据

中国经济再平衡与可持续增长/（澳）麦凯（McKay H.），宋立刚主编. —北京：社会科学文献出版社，2013.4
（“中国经济前沿”丛书）
ISBN 978-7-5097-4380-5

Ⅰ.①中… Ⅱ.①宋… ②麦… Ⅲ.①中国经济-经济均衡-研究 ②中国经济-经济可持续发展-研究 Ⅳ.①F124

中国版本图书馆CIP数据核字（2013）第045771号

·“中国经济前沿”丛书·
中国经济再平衡与可持续增长

主　　编/〔澳〕Huw McKay　宋立刚

出 版 人/谢寿光
出 版 者/社会科学文献出版社
地　　址/北京市西城区北三环中路甲29号院3号楼华龙大厦
邮政编码/100029

责任部门/经济与管理出版中心（010）59367226　　责任编辑/张　扬
电子信箱/caijingbu@ssap.cn　　责任校对/岳宗华
项目统筹/恽　薇　　责任印制/岳　阳
经　　销/社会科学文献出版社市场营销中心（010）59367081　59367089
读者服务/读者服务中心（010）59367028

印　　装/北京季蜂印刷有限公司
开　　本/787mm×1092mm　1/16　　印　　张/21
版　　次/2013年4月第1版　　字　　数/355千字
印　　次/2013年4月第1次印刷
书　　号/ISBN 978-7-5097-4380-5
定　　价/59.00元